Der Schutz von Minderheitsaktionären nach rumänischem und deutschem Aktienrecht unter Berücksichtigung des EU-Acquis

# Saarbrücker Studien
## zum Privat- und Wirtschaftsrecht

Herausgegeben von Johann Paul Bauer,
Michael Martinek (geschäftsführender Herausgeber)
und Helmut Rüßmann

Band 65

PETER LANG
Frankfurt am Main · Berlin · Bern · Bruxelles · New York · Oxford · Wien

Ionuţ Rădulețu

# Der Schutz von Minderheitsaktionären nach rumänischem und deutschem Aktienrecht unter Berücksichtigung des EU-Acquis

PETER LANG
Internationaler Verlag der Wissenschaften

**Bibliografische Information der Deutschen Nationalbibliothek**
Die Deutsche Nationalbibliothek verzeichnet diese Publikation in der Deutschen Nationalbibliografie; detaillierte bibliografische Daten sind im Internet über http://dnb.d-nb.de abrufbar.

Zugl.: Saarbrücken, Univ., Diss., 2009

D 291
ISSN 1433-8866
ISBN 978-3-631-60056-6



www.peterlang.de

# Saarbrücker Studien zum Privat- und Wirtschaftsrecht

herausgegeben von
Prof. Dr. Johann Paul Bauer
Prof. Dr. Dr. Dr. h.c. mult. Michael Martinek
Prof. Dr. Dr. h.c. Helmut Rüßmann

Die Schriftenreihe „Saarbrücker Studien zum Privat- und Wirtschaftsrecht" bildet in erster Linie ein Forum für rechtswissenschaftliche Doktorarbeiten der Universität des Saarlandes auf zwei juristischen Schwerpunktgebieten: Zum einen sollen Dissertationen im klassischen Privatrecht, vor allem im Bürgerlichen Vermögensrecht der ersten drei Bücher des BGB und ihrer Nebengesetze vorgestellt werden. Zum anderen findet das Wirtschaftsrecht im Sinne des Wirtschaftsprivatrechts besondere Berücksichtigung, womit namentlich die Gebiete des Handelsrechts einschließlich des Bilanzrechts, des Personen- und Kapitalgesellschaftsrechts einschließlich des Konzernrechts, des Gewerblichen Rechtsschutzes sowie des Wettbewerbs- und Kartellrechts bezeichnet sind. Es versteht sich, dass nicht nur rechtsdogmatische Studien, sondern auch rechtstatsächlich, rechtspolitisch oder interdisziplinär angelegte Arbeiten in die Schriftenreihe Aufnahme finden. Denn die Rechts- und Wirtschaftswissenschaftliche Fakultät der Universität des Saarlandes vereinigt unter *einem* Dach die Fachbereiche Rechtswissenschaft und Wirtschaftswissenschaft und regt damit Studenten und Hochschullehrer in besonderer Weise zur fachübergreifender Lehre und Forschung an. Die Schriftenreihe steht aber nicht nur sehr guten und ausgezeichneten Dissertationen, sondern auch anderen „Studien" zu privat- und wirtschaftsrechtlichen Themen offen, bis hin zu Materialien und Skripten des akademischen Unterrichts. Die drei Herausgeber, die zugleich stellvertretend für ihre anderen Saarbrücker Fakultätskollegen des Privat- und Wirtschaftsrechts handeln, verbinden mit den „Saarbrücker Studien zum Privat- und Wirtschaftsrecht" den Wunsch, dass die hier veröffentlichten Arbeiten die verdiente Resonanz in der breiteren juristischen Fachöffentlichkeit finden.

# Danksagung

Mit Christus Hilfe habe ich diese Dissertation abgeschlossen. Herzlichen Dank schulde ich auch meinen Eltern Ion und Sevastina sowie meinem Bruder Sebastian und seiner Frau Camelia. Für seine wertvolle Betreuung während meiner Forschung sowie für die Erstellung des Erstgutachtens gilt Herrn Professor Dr. Dr. Dr. h. c. mult. Michael Martinek mein aufrichtiger Dank. Herrn Professor Dr. Günther Hönn danke ich für die Anfertigung des Zweitgutachtens. Ich möchte mich ebenso bei Frau Dr. Christa Jessel-Holst für die Möglichkeit der Zusammenarbeit zum rumänischen Aktienrecht am Max-Planck-Institut für internationales und ausländisches Privatrecht in Hamburg in 2006 sowie für die Sprachüberprüfung des Textes bedanken. Sehr hilfreich für meine Forschung waren auch das Praktikum in der Gesellschaftsrechtsabteilung der Generaldirektion Binnenmarkt der Europäischen Kommission in Brüssel in 2005, der Aufenthalt am Forschungsinstitut für Mittel- und Osteuropäisches Wirtschaftsrecht der Wirtschaftsuniversität Wien sowie das Praktikum am Europäischen Gerichtshof in Luxemburg in 2007. Den Professoren der juristischen Fakultät der Universität Craiova und des Europainstituts in Saarbrücken danke ich ebenfalls, sowie allen denjenigen die an meiner Ausbildung mitgewirkt haben. Besonderer Dank gebührt zudem meinen Vorgesetzten und meinen Kollegen in der Direktion für Gesetzgebungsqualität des EU-Rates. Die Promotionsforschung wurde dankenswerterweise von der Friedrich-Naumann-Stiftung durch ein Stipendium finanziert.

# Inhaltsverzeichnis

# Abkürzungsverzeichnis

| | | |
|---|---|---|
| ABl. | = | Amtsblatt der Europäischen Union |
| AG | = | Aktiengesellschaft |
| AEUV | = | Vertrag über die Arbeitsweise der Europäischen Union |
| AGB | = | Allgemeine Geschäftsbedingungen |
| AktG | = | (deutsches) Aktiengesetz vom 6. September 1965 (BGBl. I S. 1089) |
| AnO | = | Anordnung der rumänischen Regierung |
| AnSVG | = | Gesetz zur Verbesserung des Anlegerschutzes (BGBl. I S. 2630) |
| ARUG | = | Gesetz zur Umsetzung der Aktionärsrechterichtlinie vom 30. Juli 2009 (BGBl. I S. 2479) |
| A.V.A.S. | = | *Autoritatea pentru Valorificarea Activelor Statului* (Behörde für die Verwertung von Staatsvermögen) |
| BaFin | = | Bundesanstalt für Finanzdienstleistungsaufsicht |
| BGB | = | (deutsches) Bürgerliches Gesetzbuch vom 18. August 1896, in der Fassung der Bekanntmachung vom 2. Januar 2002 (BGBl. I S. 42, 2909; 2003 I S. 738) |
| BGH | = | Bundesgerichtshof |
| BGHZ | = | Sammlung der Entscheidungen des Bundesgerichtshofs in Zivilsachen |
| BIP | = | Bruttoinlandsprodukt |
| BörsG | = | Börsengesetz vom 16. Juli 2007 (BGBl. I S. 1330, 1351) |
| BörsZulV | = | Verordnung über die Zulassung von Wertpapieren zum regulierten Markt einer Wertpapierbörse, in der Fassung der Bekanntmachung vom 9. September 1998 (BGBl. I S. 2832) |
| BVB | = | *Bursa de Valori Bucureşti* (Bukarester Wertpapierbörse) |
| BVerfG | = | Bundesverfassungsgericht |
| BVerfGE | = | Entscheidungen des Bundesverfassungsgerichts |
| CESR | = | Committee of European Securities Regulators |
| CNVM | = | *Comisia Naţională a Valorilor Mobiliare* (Nationale Wertpapierkommission) |
| DCGK | = | Deutscher Corporate Governance Kodex |
| DringAnO | = | Dringlichkeitsanordnung der rumänischen Regierung |

| | | |
|---|---|---|
| ECGI | = | European Corporate Governance Institute |
| ebd. | = | ebenda |
| EG | = | Europäische Gemeinschaft |
| EGMR | = | Europäischer Gerichtshof für Menschenrechte |
| EGV | = | Vertrag zur Gründung der Europäischen Gemeinschaft vom 25. März 1957 |
| EU | = | Europäische Union |
| EuGH | = | Gerichtshof der Europäischen Gemeinschaften |
| Fn. | = | Fußnote |
| FSAP | = | Financial Services Action Plan |
| FTSE | = | Financial Times Stock Exchange |
| GG | = | Grundgesetz für die Bundesrepublik Deutschland |
| GmbH | = | Gesellschaft mit beschränkter Haftung |
| HV | = | Hauptversammlung |
| insb. | = | insbesondere |
| IPO | = | Initial Public Offering |
| iVm | = | in Verbindung mit |
| KonTraG | = | Gesetz zur Kontrolle und Transparenz im Unternehmensbereich vom 27. April 1998 (BGBl. I S. 786) |
| KWG | = | Kreditwesengesetz in der Fassung der Bekanntmachung vom 9. September 1998 (BGBl. I S. 2776) |
| LPC | = | *Legea pieţei de capital* (Kapitalmarktgesetz) Nr. 297 vom 28. Juni 2004 |
| LSC | = | *Legea societăţilor comerciale* (Handelgesellschaftengesetz) Nr. 31 vom 16. November 1990 |
| MEBO | = | Management and Employees Buy-Out |
| MitbestG | = | Mitbestimmungsgesetz vom 4. Mai 1976 (BGBl. I S. 1153) |
| M. Of. | = | *Monitorul Oficial* (rumänisches Amtsblatt) |
| NASDAQ | = | National Association of Securities Dealers Automated Quotations |
| NaStraG | = | Gesetz zur Namensaktie und zur Erleichterung der Stimmrechtsausübung vom 18. Januar 2001 (BGBl. I S. 123) |
| OECD | = | Organisation for economic co-operation and development (Paris) |
| ONRC | = | *Oficiul Naţional al Registrului Comerţului* (Rumänisches Nationales Amt des Handelsregisters) |
| PR | = | *Pandectele Române* (rumänische Privatrechtszeitschrift) |
| RASDAQ | = | Romanian Association of Securities Dealers Automated Quotations |
| RCGK | = | Rumänischer Corporate-Governance-Kodex |

| | | |
|---|---|---|
| RDC | = | *Revista de drept comercial* (Zeitschrift für Handelsrecht) |
| RG | = | Reichsgericht |
| RGZ | = | Sammlung der Entscheidungen des Reichsgerichts in Zivilsachen |
| RL | = | Richtlinie |
| ROSC | = | Report on the Observance of Standards and Codes |
| rVerf | = | rumänische Verfassung |
| TransPuG | = | Gesetz zur weiteren Reform des Aktien- und Bilanzrechts, zu Transparenz und Publizität vom 19. Juli 2002 (BGBl. I S. 2681) |
| uA | = | unter Anderem |
| UMAG | = | Gesetz zur Unternehmensintegrität und zur Modernisierung des Anfechtungsrechts vom 22. September 2005 (BGBl. I S. 2802). |
| UmwG | = | Umwandlungsgesetz vom 28. Oktober 1994 (BGBl. I S. 3210, (1995, 428)) |
| u/o | = | und/oder |
| vgl. | = | vergleiche |
| VO | = | Verordnung |
| WM | = | Wertpapier-Mitteilungen |
| WpHG | = | Wertpapierhandelsgesetz vom 26. Juli 1994 in der Fassung der Bekanntmachung vom 9. September 1998 (BGBl. I S. 2708) |
| WpPG | = | Gesetz vom 22. Juni 2005 über die Erstellung, Billigung und Veröffentlichung des Prospekts, der beim öffentlichen Angebot von Wertpapieren oder bei der Zulassung von Wertpapieren zum Handel an einem organisierten Markt zu veröffentlichen ist (BGBl. I S. 1698) |
| ZGR | = | Zeitschrift für Unternehmens- und Gesellschaftsrecht |
| ZPGB | = | (rumänisches) Zivilprozessgesetzbuch vom 7. September 1865 |

# Einleitung

Die vorliegende Doktorarbeit beabsichtigt eine rechtsvergleichende Darstellung der Rechtsmechanismen zum Schutz der Minderheitsaktionäre nach rumänischem und nach deutschem Aktienrecht. Von Anfang an sollen zwei Elemente hervorgehoben werden: Einerseits wird sowohl das jeweilige Gesellschaftsrecht als auch das entsprechende Kapitalmarktrecht miteinbezogen; andererseits ist das deutsche Konzernrecht kein Gegenstand dieser Doktorarbeit, weil keine entsprechende Regelung im rumänischen Recht besteht, die als Vergleich dienen könnte. Die Untersuchung betrifft hauptsächlich diejenigen Rechtsinstitute, die sowohl im rumänischen als auch im deutschen Recht ihren Niederschlag gefunden haben und die oft auf eine europarechtliche Vorgabe zurückzuführen sind.

Während der Untersuchung wurden drei Eckpunkte des Minderheitsschutzes identifiziert, die mit folgenden Begriffen wiedergegeben werden können: Vermögen, Information und Kontrolle (oder in der angelsächsischen Terminologie: *ownership*, *information* und *control*). Dementsprechend wurden unter den Aktionärsrechten sowohl nach rumänischem als auch nach deutschem Recht drei Hauptkategorien festgestellt: die Vermögensrechte, die Informationsrechte und die Mitwirkungs- und Klagerechte. Zwei Hauptargumente können für diese Einteilung vorgebracht werden. Die Aktionäre dürfen aufgrund ihrer Vermögens- und Informationsrechte eine gewisse Kontrolle über die Tätigkeit der Gesellschaft ausüben, die die Form von Mitwirkungs- und Klagerechten annimmt. Und die Vermögensrechte der Aktionäre sind durch die Rechtspersönlichkeit der Aktiengesellschaft relativiert, so dass die Informations- und Kontrollrechte als eine Kompensierung für die Schwäche der Vermögensrechte im Aktienrecht betrachtet werden können. Aber unabhängig davon, welche Rechtfertigung für diese Dreiteilung der Aktionärsrechte gewählt wird, besteht zwischen diesen drei Kategorien von Aktionärsrechten eine gewisse Funktionalität, der in dieser Untersuchung nachgegangen werden soll. Die vorliegende Doktorarbeit widmet jeder dieser Kategorien ein Kapitel, wobei ein einführendes Kapitel zu Rahmen und Grundlagen des Minderheitsschutzes nach beiden Rechtsordnungen vorangestellt wird.

Das erste Kapitel stellt zu Beginn die aktienrechtlichen Grundsätze des Minderheitsschutzes dar. Dazu zählen das Verhältnis zwischen Mehrheitsprinzip und Minderheitsschutz, der Einfluss der Fremdorganschaft in der Aktiengesellschaft und des Gläubigerschutzes auf die Mechanismen des Minderheitsschutzes, die

Unterscheidung zwischen Individualrechten und Gruppenrechten der Aktionäre sowie der Aktionärsschutz durch allgemeine Rechtsgrundsätze wie das Gleichbehandlungsprinzip und die Treuepflicht der Aktionäre. Im Anschluss daran geht das erste Kapitel auf den rechtlichen und wirtschaftlichen Kontext des Minderheitsschutzes in Rumänien und Deutschland ein: Nach einem Umriss der historischen Entwicklung der rumänischen und deutschen Vorschriften zum Schutz der Minderheitsaktionäre vom Ende des 19. Jahrhunderts bis heutzutage folgt eine wirtschaftliche Analyse der aktuellen Eigentumsstruktur der Aktiengesellschaften in beiden Ländern. Zusätzlich werden der Einfluss der europäischen Integration und der Übernahme des EU-*Acquis* auf das jeweilige nationale Aktienrecht sowie der heutige Stand dieser nationalen Gesetzgebungsrahmen dargestellt. Schließlich wird kurz die Rolle der Judikatur bezüglich des Aktionärsschutzes besprochen. Der letzte Teil des ersten Kapitels behandelt Fragen der *Corporate Governance*, die für den Minderheitsschutz relevant sind, wie den *Shareholder-value*-Ansatz, die nationalen gesellschaftsrechtlichen oder speziellen Bestimmungen zur Unternehmensführung, die Frage der *Corporate Citizenship* sowie diejenige der Rechtsangleichung im Aktienrecht und des Regulierungswettbewerbs zwischen nationalen Rechtsordnungen, und stellt im Ergebnis eine gewisse Konvergenz der *Corporate-Governance*-Systeme fest.

Das (zweite) Kapitel über die Vermögensrechte fängt mit einer allgemeinen Betrachtung des Rechts der Aktionäre auf Aktieneigentum an und ermittelt dessen doppelte, gesellschaftsrechtliche und verfassungsrechtliche Natur. Genauer gesagt, werden in diesem Rahmen das Verhältnis zwischen Aktieneigentum und AG-Mitgliedschaft einerseits sowie das Verhältnis zwischen Mehrheits- und Minderheitsbeteiligungen der Aktionäre andererseits betrachtet. Die Frage des Grundrechtsschutzes des Aktieneigentums schließt diesen einführenden Teil des zweiten Kapitels ab. Weiter werden einzelne Aktionärsrechte dargestellt, die zusammen einen Mechanismus des Vermögensschutzes innerhalb der Aktiengesellschaft bilden: der Anspruch auf die Dividenden, das Bezugsrecht und das Recht auf den Abwicklungsüberschuss. Schließlich endet das zweite Kapitel mit einer Darstellung des Vermögensschutzes beim erzwungenen oder beim freiwilligen Exit der Aktionäre aus der Aktiengesellschaft. Und zwar betrifft dies den Schutz der Vermögensinteressen der Aktionäre beim *Squeeze-out* bzw. beim *Sell-out*.

Das dritte Kapitel betrifft die Informationsrechte der Aktionäre, die aus einem funktionalen Gesichtspunkt das Bindeglied zwischen Eigentum und Kontrolle in der Aktiengesellschaft darstellen. Die Informationen werden an die Aktionäre entweder aufgrund allgemeiner handelsregisterrechtlicher und (bei börsennotierten Aktiengesellschaften) kapitalmarktrechtlicher Publizitätspflichten oder aufgrund interner gesellschaftsrechtlicher Bestimmungen erteilt. Im ersten Fall wird in diesem Kapitel von informationellem Außenschutz, im zweiten Fall von informationellem Innenschutz gesprochen. Die Handelsregister- und Kapitalmarktpublizität ist in beiden Rechtsordnungen intensiv geregelt. Dies ist auch durch die entwickelten europarechtlichen Vorgaben in diesen Bereichen zu erklären. Die kapitalmarktrechtlichen Informationspflichten ergeben sich in beiden Länder hauptsächlich aus den Börsenzulassungsvoraussetzungen, aus den materiellrechtlichen (prospektbezogenen, regelmäßigen und laufenden) Publizitätspflichten sowie aus den Transparenzpflichten bezüglich der Kapitalmarktaufsicht. Der informationelle Innenschutz besteht einerseits aus den hauptversammlungsbezogenen Informationsrechten der Aktionäre und andererseits aus solchen Informationsrechten, die von den Aktionären im Wege einer Bestellung von Sonderprüfern oder einer Beanstandung gegenüber Zensoren oder interne Wirtschaftsprüfern ausgeübt werden.

Das letzte (vierte) Kapitel behandelt sowohl die Mitwirkungsrechte der Aktionäre innerhalb der Aktiengesellschaft als auch deren Klagerechte. Die Mitwirkungsrechte stehen in direkter Verbindung mit der Hauptversammlung. Deshalb werden zuerst die Rolle und Zuständigkeiten der Hauptversammlung nach beiden Rechtsordnungen dargestellt, um danach die Einberufung und die Teilnahme an der Hauptversammlung, die Ergänzung der Tagesordnung, die Einbringung von Beschlussvorlagen und schließlich das Stimmrecht rechtsvergleichend zu untersuchen. Das Stimmrecht nimmt im Rahmen der Mitwirkungsrechte eine zentrale Stelle ein, so dass diesbezüglich folgende Elemente genauer analysiert werden sollen: die Rechtsnatur des Stimmrechts, der Grundsatz „eine Aktie – eine Stimme“, die Mehrheitsbedingungen, die Stimmbindungsverträge und die Stimmrechtsvertretung. Im zweiten, prozeduralen Teil dieses Kapitels werden die Klagerechte und der gerichtliche Aktionärsschutz dargestellt. Dies schließt die Geltendmachung von Ersatzansprüchen der Gesellschaft durch die Hauptversammlung und durch die Aktionäre sowie die Klagen gegen Hauptversammlungsbeschlüsse (die Nichtigkeits-, die Anfechtungs- und die Unwirksamkeitsklage) ein. Die Verfahrensrechte sind selbst ein Mittel zur Einwirkung auf die Tätigkeit der Gesellschaft, deshalb erschien als Herangehensweise im letzten Kapitel eine kombinierte Untersuchung der Verwaltungsrechte und der Klagerechte angebracht.

Der mit dem Minderheitsschutz umschriebene Problemkreis entfaltet sich horizontal und erfasst alle Bereiche des Aktienrechts. Deshalb wäre es kompliziert, eine einheitliche vertikale Analyse vorzuschlagen, die linear von einem Hauptproblem zu einer pauschalen Lösung kommt. Vielmehr ist es notwendig, die Probleme in jedem einzelnen Bereich hervorzuheben, um dann rechtsvergleichend konsequente Lösungen zu finden, die zueinander in einem funktionalen Verhältnis stehen. In diesem Sinne ist die durch die vorliegende Arbeit vorgeschlagene Herangehensweise nicht erschöpfend, sondern funktional. Deren Zweck ist es, die Schwächen des rumänischen Aktienrechts bezüglich des Schutzes der Minderheitsaktionäre zu identifizieren und mit Hilfe der deutschen Rechtsordnung und der europarechtlichen Vorgaben Verbesserungen zu empfehlen.*

* Viele Lösungen konnten bereits im rumänischen Recht im Rahmen der Gesellschaftsrechtsreform von 2006-2007 eingearbeitet werden. Der Autor war Mitglied des vom rumänischen Justizministerium im Herbst 2005 eingerichteten Reformausschusses, unter der Leitung von Frau Dr. Christa Jessel-Holst. Als Ergebnis der Arbeit des Ausschusses können das Gesetz Nr. 441 vom 27. November 2006 zur Änderung und Ergänzung des Handelsgesellschaftengesetzes Nr. 31/1990 und des Handelsregistergesetzes Nr. 26/1990 (M.Of. Nr. 955 vom 28.11.2006) sowie die DringAnO Nr. 82 vom 29. Juni 2007 zur Änderung und Ergänzung des Handelsgesellschaftengesetzes Nr. 31/1990 (M.Of. Nr. 446 vom 29.6.2007) verzeichnet werden. Die vorliegende Arbeit ist deshalb nicht nur eine Reformempfehlung, sondern in gewissem Sinne zugleich auch eine Berichterstattung über die Tätigkeit des genannten Reformausschusses.

# Erstes Kapitel: Rahmen und Grundlagen des Minderheitsschutzes

## I. Allgemeine aktienrechtliche Grundsätze

### *A. Mehrheitsprinzip und Minderheitsschutz*

#### *1. Das Mehrheitsprinzip als Grundsatz des Aktienrechts*

Die Aktiengesellschaft wird als eine Vereinigung von Kapitalgebern definiert, die zum Zweck gegründet wird, ein gewerbliches Unternehmen zu betreiben. Sie ist weiter nicht persönlichkeitsbestimmt, sondern zweckbestimmt. Das Gesellschaftsrecht gewährt der Aktiengesellschaft eine eigene Rechtspersönlichkeit, die sie zum selbständigen Handeln im Rechts- und Wirtschaftsleben berechtigt.[1] Für den Willensbildungsprozess sieht das Gesetz als Organe den Verwaltungsrat (im monistischen Verwaltungssystem) bzw. das Direktorat oder den Vorstand und den Aufsichtsrat (im dualistischen Verwaltungssystem) sowie die Hauptversammlung vor. Eine direkte Verwaltung der Gesellschaft durch die Aktionäre wäre wegen ihrer in der Regel großen Zahl nicht möglich. Die Aktionäre beteiligen sich an einer Aktiengesellschaft, um Gewinn zu erzielen, und in der gleichzeitigen Erwartung, ihre Beteiligung ohne Wertverlust weiter übertragen zu können. Die Funktion der Aktiengesellschaft besteht darin, als „Sammelbecken" zahlreicher Kapitalbeiträge zu einem Unternehmensbetrieb zu dienen, während der Aktie die Rolle eines Finanzierungsinstruments zukommt. Was die Aktiengesellschaft in diesem Rahmen kennzeichnet, ist ein bestimmter Zielkonflikt zwischen den Einzelinteressen der Aktionäre[2] und den Interessen der Gesellschaft als Zweckgemeinschaft (nämlich das erfolgreiche Betreiben und die Entfaltung des Unternehmens). Diese Interessen können manchmal komplementär sein, sie können aber auch kollidieren. Als Lösung für dieses Problem sieht das Gesetz eine „demokrati-

---

1 *Götz Hueck, Christine Windbichler*, Gesellschaftsrecht, München 2008, S. 266 ff.

2 Der Kleinaktionär kann z. B. eine periodische Gewinnbeteiligung erzielen, während der Großaktionär eher am Aktienbesitz zwecks Einflussgewinnung oder Beherrschung der Gesellschaft interessiert ist. Beide können aber, insbesondere bei börsennotierten Gesellschaften, an einem rein einmaligen Spekulationsgewinn interessiert sein. Siehe *Eugen Klunzinger*, Grundzüge des Gesellschaftsrechts, München 2004, S. 150.

sche“ Willensbildung innerhalb der Hauptversammlung anhand des Mehrheitsbeschlusses vor (Art. 112 und 115 LSC* in Rumänien bzw. §§ 133 ff. AktG in Deutschland). Dem Mehrheitsprinzip folgend sollen sich alle Aktionäre den mit der erforderlichen Mehrheit getroffenen Entscheidungen der Hauptversammlung grundsätzlich unterwerfen, auch wenn sie diesen nicht zugestimmt haben und sogar wenn diese für sie nachteilig sind, weil sie durch Beteiligung an der Gesellschaft bestimmte Bindungen eingehen.[3] Der Mehrheit ist die Macht gewährt, über das Gesellschaftsvermögen mit Wirkung für und gegen alle Aktionäre nach dem Mehrheitsprinzip zu verfügen, und in diesem Zusammenhang sind Nachteile einzelner Aktionäre oder einer Aktionärsminderheit nicht ausgeschlossen, soweit sie bestimmte formelle und materielle Rahmen nicht überschreiten.

Das Mehrheitsprinzip als Grundmerkmal des Aktienrechts unterscheidet dieses vom Personengesellschaftsrecht, das vom Einstimmigkeitsprinzip gekennzeichnet ist. Die Mehrheitsbeschlussfassung gewährt der Aktiengesellschaft eine bestimmte Flexibilität, ohne die sie bei ihrer gewöhnlichen Größe praktisch handlungsunfähig würde. Die juristische Persönlichkeit der Aktiengesellschaft ist Ausdruck dieser rechtlichen Verselbständigung der Gesellschaft gegenüber den einzelnen Gesellschaftern aufgrund ihrer technisch-mehrheitlichen Willensbildung.[4] Innerhalb der Gesellschaft selbst ist dann eine Institutionalisierung der Entscheidungsorgane zu verfolgen, die ihrerseits Träger von Rechten und Pflichten werden. Bemerkenswert ist weiter, dass sich das Aktionariat ziemlich oft ändern kann, ohne dass die Gesellschaft dadurch eine strukturelle Änderung eingeht. Das Mehrheitsprinzip kann in diesem Sinne einen geeigneten Spielraum für die sich ändernden Machtverhältnisse innerhalb des Aktionariats bieten.

Die Leitungsmacht ist im Rahmen der Aktiengesellschaft „demokratisch“[5] organisiert, d.h. es gibt eine „Gewaltenteilung“ (i.e. unter Hauptversammlung

---

* LSC ist die Abkürzung für *Legea societăților comerciale* (Handelsgesellschaftengesetz Nr. 31 vom 16. November 1990 – siehe auch Punkt 1.II.A.1.3 unten). Eine deutsche Fassung des LSC in der Übersetzung von Dr. Peter Leonhardt (München) ist im Handbuch Wirtschaft und Recht in Osteuropa-WIRO Band 3, München 2007, HGG 300 RO zu finden. Alle rumänischen Rechtsakten sind auf folgender Webseite der rumänischen Abgeordnetenkammer (*Camera deputaților*) in Originalfassung zugänglich: http://www.cdep.ro/pls/legis/legis_pck.frame

3 *Friedrich Kübler*, Gesellschaftsrecht, Heidelberg, 1998, 14 III.

4 Die dogmatische Debatte über die Selbständigkeit des Verbandes gegenüber seinen Mitgliedern ist in der deutschen Doktrin bis auf die Auseinandersetzungen zwischen von Savigny und von Gierke zurückzuführen. Siehe *Karsten Schmidt*, Gesellschaftsrecht, Köln 2002, § 16 I 2 b.

5 Von Anfang an galt das Mehrheitsprinzip als Ausdruck einer Art *Demokratisierung* des Aktienrechts, so wie die Beseitigung des früheren staatlichen Konzessionszwanges (der die ersten Aktiengesellschaften charakterisierte) als *Liberalisierung* der Aktiengesetz-

und Verwaltungsrat bzw. Direktorat oder Vorstand und Aufsichtsrat), zudem werden die Beschlüsse der Hauptversammlung durch die direkte mehrheitliche Abstimmung legitimiert, während die Entscheidungen des Verwaltungsrats bzw. des Direktorats oder Vorstandes indirekt durch die Mehrheitsbesetzung dieser Organe kontrolliert werden. Der Aufsichtsrat wiederum ist ein Kontrollorgan, das eine weitere Eindämmung der Geschäftsführung gewährleistet und damit eine Überwachungsfunktion zugunsten der Gesellschaft und ihrer Aktionäre erfüllt. Dieser demokratischen inneren Verfassung der Aktiengesellschaft liegt das Mehrheitsprinzip zugrunde.

Die Legitimation der Beschlüsse einer Aktiengesellschaft oder ihrer Hauptversammlung ist aber nicht ausschließlich auf diese demokratische Organisierung zurückzuführen, weil sich die Mehrheitsverhältnisse innerhalb der Hauptversammlung nicht auf eine autonome Willensentscheidung der Aktionäre als gleichberechtigte Gesellschafter gründen.[6] Anders als bei einem politischen Grundsatz ist das aktienrechtliche Mehrheitsprinzip als Vermögensverwaltungsprinzip Ausdruck einer wirtschaftlichen Interessenabwägung, da es praktisch an die Kapitalbeteiligung gebunden ist und demzufolge eine Modalität der Kapitalherrschaft darstellt. Das Mehrheitsprinzip ist deshalb als ein Vermögensrisikoprinzip in dem Sinne zu verstehen, dass demjenigen Gesellschafter, der mehr in der Aktiengesellschaft angelegt und damit wirtschaftlich mehr riskiert hat, auch die Risikoverwaltung überlassen werden soll.[7]

Einem die Aktienmehrheit besitzenden Gesellschafter steht also die Gestaltungsbefugnis der Gesellschaftstätigkeit zur Verfügung, oft als eine Art Verwender Allgemeiner Geschäftsbedingungen, während die anderen Gesellschafter als „Kunden“ diese AGB entweder annehmen oder aus der Gesellschaft austreten können. Die Aufgabe des Einstimmigkeitsprinzips zugunsten des Mehrheitsprinzips in der aktienrechtlichen Beschlussfassung bringt umgekehrt die Notwendigkeit des Minderheitenschutzes, als Korrektur dieser engeren Legitimationsbasis mit sich.

gebung betrachtet wurde. Damit hat das Aktienrecht eine bestimmte Parallelevolution im Vergleich zur allgemeinen politischen Entwicklungen ab Ende des 18. Jahrhunderts durchlaufen – siehe auch *Götz Hueck, Christine Windbichler*, a.a.O., S. 278 ff.

6 Wie schon erwähnt ist die AG nicht persönlichkeitsbestimmt, sondern kapitalanteilsbestimmt.

7 *Karsten Schmidt*, a.a.O., § 28 IV 4.

## 2. *Der Minderheitsaktionär und die Minderheitsrechte*

### 2.1. *Definitionen und Rechtsstellung*

Das Mehrheitsprinzip im Aktienrecht wird wie schon erläutert als ein notwendiger Kompromiss zwischen der Legitimationsbedürftigkeit der Beschlussfassung und der Aktionsfähigkeit der Gesellschaft gedacht. Es wird aber durch das Institut des Minderheitsschutzes ergänzt. Darunter sind jene Tatbestände zu verstehen, in denen eine Minderheitsgruppe von Aktionären in der Lage ist, auf legale Weise einen Mehrheitsbeschluss zu blockieren oder ihren Willen gegen die ablehnende Haltung der Mehrheit durchzusetzen. Die entsprechenden Schutzmechanismen sollen dazu beitragen, dass die Rechte der Aktionäre, die wegen ihres geringeren Kapitalanteils nicht an der Gesellschaftsleitung (durch Berufung des Geschäftsführungsorgans) beteiligt sind, entsprechend berücksichtigt werden.[8]

Der Minderheitsaktionär kann also als Einzelaktionär definiert werden, der nur eine geringe Beteiligung am Aktienkapital einer Aktiengesellschaft hält. Aufgrund dieser geringen Beteiligung verfügt er über kein gewichtiges Mitsprache- und Stimmrecht. Die Minderheit wird weiter als ein Personenkreis in einer Körperschaft erklärt, „der dauernd und institutionell auf die Willensbildung in einem Verband keinen Einfluss gewinnen kann und dessen Angelegenheiten daher ständig, soweit die Verbandssphäre reicht, von der Mehrheit mitbesorgt werden“.[9] Neben dieser allgemeinen Definition der Minderheit sind im Aktienrecht konkretere Bestimmungen des Minderheitsbegriffs zu finden, je nach den Rechten und Zuständigkeiten, die der entsprechenden Aktionärsgruppe zugeschrieben werden. Hier kommt es also auf den gesetzlich oder satzungsmäßig vorgeschriebenen Kapitalanteil der Aktionäre und auf die damit verbundenen Rechte an. Subjekt dieser Rechte kann sowohl eine Gruppe von Aktionären als auch der einzelne Aktionär sein, der diesen Kapitalanteil bzw. Nennbetrag vertritt.

Die geltenden Minderheitsrechte bezwecken, den Aktionären ein Mittel zur Überwachung der Geschäftsführung und der in den Gesellschaftsorganen tätigen Personen zur Verfügung zu stellen. Die Minderheitsrechte fungieren als ein Mechanismus, der die Verteidigung des Interesses der Minderheit gewährleisten soll, sowohl präventiv als auch nachträglich, falls es durch missbräuchliche Handlungen oder Unterlassungen der Gesellschaftsorgane verletzt worden ist.

Der Schutz des Interesses der Minderheit wird aber durch das Interesse der Gesellschaft begrenzt. Besondere Schranken, die das Interesse der Gesellschaft

---

8 *Günter Henn*, Handbuch des Aktienrechts, Heidelberg 2002, § 20 743 ff.; *Karsten Schmidt*, a.a.O., § 16 III.

9 *Herbert Wiedemann*, Gesellschaftsrecht, Bd. 1, München 1980, § 8 I 3 a.

schützen, bleiben aber außer Betracht, wenn das Gesellschaftsinteresse durch die Ausübung der Minderheitsrechte unberührt bleibt. So besteht z.B. kein Grund für die Festlegung von Schranken beim Recht der Minderheit auf Geltendmachung von Ersatzansprüchen der Gesellschaft gegen die im Art. 155[1] I iVm 155 I LSC bzw. § 147 AktG bezeichneten Personen, weil hier das Gesellschaftsinteresse nicht bedroht (sondern sogar gefördert) wird.

Die gesetzliche Terminologie zur Bezeichnung der „Minderheit" ist nicht einheitlich. Während das rumänische Handelsgesellschaftengesetz den Begriff „Minderheit" oder „Minderheitsaktionär" überhaupt nicht erwähnt, wird der letztere in Art. 207 LPC[*] verwendet. Im deutschen Recht kommt die Bezeichnung „Minderheit von Aktionären" in §§ 120 I, 147 I, 265 III AktG vor, wogegen die Formel „Aktionäre, deren Anteile zusammen ... den zehnten bzw. zwanzigsten Teil des Grundkapitals oder den Nennbetrag von 500.000 / 1 Mio. Euro erreichen" in §§ 103 III, 122 I und II, 142 II, 254 II AktG verwendet wird. Komplementär wird in der Theorie auch der Begriff Minderheit zur Bezeichnung des entsprechenden Rechtssubjekts gebraucht.

### *2.2. Rechtspolitische und dogmatische Begründung der Minderheitsrechte*

Das Mehrheitsprinzip und der damit verbundene Minderheitenschutz sind ursprünglich Kategorien der politischen Philosophie und des Staatsrechts. Im Unterschied zu einer politischen Gemeinschaft ist aber eine Aktiengesellschaft eine frei gewählte Gemeinschaft. In diesem Rahmen kann die Frage entstehen, in wieweit eine besondere Berücksichtigung der Minderheitsrechte gerechtfertigt ist, soweit ein gemeinsamer Zweck über die Interessen der einzelnen Aktionäre vereinbart ist und ein Beitritt zur bzw. Austritt aus der Gesellschaft formell geregelt ist und bewusst vollzogen werden kann. Die Mehrheitsherrschaft wäre also a priori geregelt und dadurch prinzipiell begründet. Das Problem ist, dass die Interessenhomogenität der Aktionäre in der Praxis beschränkt ist, während die Beziehung zwischen Mehrheit und Minderheit sich als eher unflexibel erweist.[10] Ein Verband bzw. eine AG, in denen ständig wechselnde Mehrheiten entscheiden, sind nur Idealtypen.

Durch die über das Handelsgesellschaftengesetz Nr. 31/1990 in der neuesten Fassung (in Rumänien) bzw. über die Aktienrechtsreform von 1965 (in Deutsch-

---

* LPC ist die Abkürzung für *Legea pieței de capital* (das Kapitalmarktgesetz Nr. 297 vom 28. Juni 2004 – siehe auch Fn. 110). Die rumänische kapitalmarktrechtliche Gesetzgebung [sowohl das Kapitalmarktgesetz als auch die Durchführungsverordnungen (VO) der rumänischen nationalen Wertpapierkommission (CNVM)] ist in englischer Sprache auf die CNVM-Webseite verfügbar: http://www.cnvmr.ro/en/legislatie.htm.

10 *Herbert Wiedemann*, a.a.O., § 8 I 1.

land) bereitgestellten juristischen Instrumente des Minderheitsschutzes wurde einerseits beabsichtigt, die Aktie zum Mittel der Finanzierung der Wirtschaft zu gestalten, indem die Aktienanlagen auch für Kleinaktionäre sicherer und kontrollierbarer gemacht wurden, um damit die Anlagebereitschaft des Publikums zu erhöhen. Andererseits versuchte der rumänische bzw. der deutsche Gesetzgeber durch die im Aktienmarkt minderheitsschützend zu erfolgende Eigentumsstreuung das gesellschaftspolitische Grundprinzip der Beteiligung einer möglichst breiten Schichte der Bevölkerung am Produktivvermögen zu fördern und damit eine Kapitalkonzentration zugunsten eines beschränkten Personenkreises zu vermeiden.

Dogmatisch bauen die Minderheitsrechte auf den Grundsätzen des Eigentumsschutzes, des Haftungsrisikos und des Gleichbehandlungsgebotes auf. Für das erste ergibt sich das Problem, dass die Minderheitsaktionäre aufgrund ihres Eigentums zwar die Erweiterung der Rechte gegenüber der Verwaltung, nicht aber gegenüber den Mehrheitsaktionären rechtfertigen können, weil diese ebenfalls Eigentümer sind. Dem zweiten Grundsatz gemäß, hinge der Umfang der Befugnisse des Aktionärs vom Beitrag ab, den er zur Förderung des Gesellschaftszwecks leistet, und damit von Art und Umfang seiner Haftung für die Verpflichtungen der Gesellschaft. Falls aber der Umfang der Rechte des Aktionärs nur von der Höhe der Kapitalbeteiligung abhinge, würden diese Rechte nur in einer quantitativen Perspektive betrachtet, was an sich keine feste Garantie für ihre Ausübung darstellt. Die Minderheitsrechte sind drittens Auswirkungen des Grundsatzes der gleichmäßigen Behandlung der einzelnen Mitglieder der Aktiengesellschaft (Art. 94 I LSC bzw. § 53a AktG[11]). Allerdings tritt bei diesen Rechten nicht der Aktionär als Person, sondern das kapitalbezogene Element seiner Mitgliedschaft in den Vordergrund. Wie unten ausführlicher erörtert wird, stellt die Mitgliedschaft eine notwendige, aber für sich allein nicht hinreichende Voraussetzung für die Geltendmachung der Minderheitsrechte dar. Der Aktionär (bzw. die Minderheitsaktionäre) muss (müssen) zusätzlich den Nachweis eines Kapitalanteils oder eines festen Nennbetrags erbringen können. Deshalb empfiehlt es sich, bei der Begründung der Minderheitsrechte diese Grundsätze nicht getrennt, sondern zusammen und gleichzeitig in Betracht zu nehmen. Schließlich sind die erwähnten Prinzipien durch das *affectio societatis* bzw. das Treuepflichtgebot ergänzt, dessen Rolle aber für den Minderheitenschutz gesondert zu besprechen sein wird.

---

11 In das deutsche AktG wurde diese Vorschrift 1978 aufgrund der zweiten gesellschaftsrechtlichen EG-Richtlinie eingefügt. In einer negativen Interpretation besagt sie, dass die Aktionäre nicht willkürlich, d.h. ohne berechtigten Grund, ungleich behandelt werden dürfen – vgl. *Thomas Raiser*, Recht der Kapitalgesellschaften, 3. Auflage, München 2001, S. 116 f. Für weitere Einzelheiten, einschließlich zur rumänischen Rechtslage, siehe Punkt 1.I.E.1 unten.

## B. *Fremdorganschaft und Aktionärsschutz*

Im Unterschied zu den Personengesellschaften, die in der Regel von ihren Gesellschaftern geleitet werden (Selbstorganschaft), ist bei Körperschaften die Unternehmensleitung mitgliederunabhängig (Fremdorganschaft).[12] Die Aktionäre können die Unternehmensleitung nur mittelbar bestimmen, indem sie in der Hauptversammlung darüber abstimmen. Im monistischen System wählt die Hauptversammlung zuerst den Verwaltungsrat, der seinerseits (exekutive) Direktoren bestimmen kann, während im dualistischen System die Hauptversammlung den Aufsichtsrat wählt, der anschließend den Vorstand bestimmt. Die Direktoren oder die Vorstandsmitglieder müssen selbst nicht Aktionäre sein. Diese Mittelbarkeit der Rechtsstellung der Aktionäre im Verhältnis zur AG-Verwaltung kann auch als eine Trennung zwischen Eigentümer und Leitungsträger betrachtet werden.

Die Trennung zwischen Eigentum und Kontrolle in der Aktiengesellschaft wird im Gesellschaftsrecht nach der Berle & Means Theory[13] als das *Agency*-Problem bezeichnet. Dementsprechend ergibt sich in modernen Aktiengesellschaften wegen der meistens zerstreuten Eigentumsform eine Abgrenzung zwischen der Eigentumsposition der Aktionäre (*ownership*) und der Leitungsfunktion der Verwaltung (*control*). Die Aktionäre bleiben die Risikoträger der Gesellschaftstätigkeit, während die Verwaltung sich zur Entscheidungsträgerin entwickelt. Das Gesellschaftsrecht ist bestrebt, die Kosten dieser Trennung für die Aktionäre und für die Gesellschaft zu minimieren, indem es verschiedene Mechanismen zur direkten oder indirekten Kontrolle der Verwaltung durch die Aktionäre bereit hält.

Einer der wichtigsten derartigen Schutzmechanismen besteht in der Trennung zwischen Bestätigung und Aufsicht (*ratification and monitoring*) der Entscheidungen einerseits und Einleitung und Umsetzung (*initiation and implementation*) von Entscheidungen andererseits.[14] In politischen Systemen entspricht diese Trennung derjenigen zwischen der legislativen und exekutiven Funktion. Was dementsprechend für die modernen Aktiengesellschaften typisch ist, ist nicht nur die Abgrenzung zwischen Eigentum und Kontrolle und damit das *Agency*-Problem, sondern auch die Abgrenzung innerhalb des Kontroll-Bereichs zwischen Entscheidungsfunktion und Aufsichtsfunktion und damit gewissermaßen die Lösung des *Agency*-Problems. Wie bereits erwähnt, wird innerhalb der Verwaltung der AG eine Trennung zwischen einer exekutiven (Direktoren bzw. Direktorat oder Vor-

12 *Karsten Schmidt*, a.a.O., § 14 II 2 a.

13 *Adolf Berle, Gardiner Means*, The Modern Corporation and Private Property, 1932.

14 *Eugene F. Fama, Michael C. Jensen*, Separation of Ownership and Control, S. 3, in Michael C. Jensen, Foundations of Organizational Strategy, Harvard University Press, 1998, und Journal of Law and Economics, Bd. 26, Juni 1983. Verfügbar bei SSRN: http://ssrn.com/abstract=94034.

stand) und einer nicht-exekutiven Funktion (Verwaltungsrat bzw. Aufsichtsrat) gemacht. Die nicht-exekutive Funktion kann weiter qualifiziert werden, indem unabhängige Mitglieder (*independent directors*) des betroffenen Organs bestellt werden müssen oder spezifische Ausschüsse (*board committees*) konstituiert werden (siehe unten Punkt 1.III.B.2.2). In Rumänien nimmt darüber hinaus der Zensorenausschuss eine zusätzliche Aufsichtsfunktion wahr.

In diesem Zusammenhang sind die Aktionäre nicht der alleinigen Aufsicht der Verwaltung durch die Hauptversammlung überlassen, sondern auch durch entsprechende Kontrollorgane und Kontrollmechanismen vor dem exekutiven Teil der Verwaltung geschützt. Die Trennung ist deshalb nicht nur zweiseitig (zwischen Eigentum und Kontrolle im Sinne von Leitung), sondern dreiseitig (Eigentum, Aufsicht und Leitung), wobei die Eigentümer selbst teilweise aufsichtsbefugt sind.

### *C. Gläubigerschutz vs. Aktionärsschutz*

Einer der wichtigsten Unterschiede zwischen der Rechtsstellung der Gläubiger gegenüber derjenigen der Aktionäre besteht darin, dass die erstere vertragsrechtlich bestimmt ist, während die letztere gesellschaftsrechtlicher Natur ist. Die Rechte und Pflichte der Gläubiger ergeben sich aus ihrem Vertrag mit der Gesellschaft oder mit den Aktionären, während die Rechte und Pflichte der Aktionäre sich aus der Satzung und aus den gesellschaftsrechtlichen Vorschriften ergeben.

Die Rechtsstellung der Gläubiger und diejenige der Aktionäre sind aber nicht absolut getrennt. Es ist sehr wohl möglich, dass ein Gläubiger mittels Liberierung der Aktien mit Gläubigerforderungen zum Aktionär wird. Die Forderungen können gegen Dritte oder gegen die AG selbst bestehen. Sie werden als eine Sacheinlage eingebracht. Ein solcher Mechanismus ist in Rumänien bei der Gründung der Gesellschaft zugelassen (Art. 16 III iVm Art. 84 LSC). Bei der Kapitalerhöhung sind Einlagen in Form von Forderungen grundsätzlich nicht zugelassen (Art. 215 II LSC), wobei neue Aktien durch Aufrechnung bestimmter und fälliger Forderungen gegen die Gesellschaft beglichen werden können (Art. 210 II LSC). Die letztere Liberierungsart spielt insbesondere bei Sanierungen eine Rolle.[15] Nach deutschem Recht sind Forderungen als Sacheinlagen sowohl bei der Gründung als auch bei der Kapitalerhöhung zugelassen.[16] Auf diese Weise findet eine Umwandlung von Fremdkapital in Eigenkapital bzw. haftendes Kapital der Gesellschaft statt. Die Werthaltigkeit der Forderung ist in diesem Kontext aus

15 *Stanciu D. Cărpenaru*, Drept comercial român, Bukarest 2007, S. 263.
16 *Uwe Hüffer*, Aktiengesetz Kommentar, München 2006, § 27 Rn. 24-25.

der Sicht des Minderheitsschutzes besonders relevant. Denn der substantielle Wert der AG wird durch die Einbringung von Forderungen nicht gefährdet, die Aktionärszahl vergrößert sich jedoch, so dass die Anteile der vorhandenen Aktionäre kleiner werden. Die Interessen der Minderheitsaktionäre, die sich nicht gegen eine Kapitalerhöhung mit nichtwerthaltigen Forderungen wehren können, könnten dadurch beeinträchtigt werden.

Der umgekehrte Weg, vom Aktionär der Gesellschaft zu deren Gläubiger, ist zum Schutze der Gesellschaft und der übrigen Aktionäre durch ein Verbot der Kapitalrückzahlung versperrt. Diese Regel besteht in beiden Rechtsordnungen, auf Grundlage der Kapitalrichtlinie 77/91/EWG. Ausschüttungen an Aktionäre dürfen gemäß Art. 15 I a Kapital-RL nicht gemacht werden, sofern das Nettoaktivvermögen den Betrag des gezeichneten Kapitals zuzüglich der Rücklagen unterschreitet. Dieser Grundsatz ergibt sich im rumänischen Recht aus Art. 65 ff. LSC. Dementsprechend werden die Kapitaleinlagen Eigentum der Gesellschaft, sofern nicht anders vereinbart (Art. 65 I LSC), während Dividenden nur aus dem gemäß dem Gesetz bestimmten Gewinn verteilt werden dürfen (Art. 67 III LSC). Nach deutschem Recht haben die Aktionäre nur einen Anspruch auf den Bilanzgewinn (§ 58 IV AktG). Bei Empfang verbotener Leistungen von der Gesellschaft sollen die Aktionäre solche Leistungen zurückgewähren (§ 62 AktG).

## *D. Individualrechte und Gruppenrechte*

Die Aktionärsrechte werden vom Gesetz entweder dem individuellen Aktionär als Anteilsinhaber der Aktiengesellschaft oder einer Gruppe von Aktionären zuerkannt. Für den Minderheitsschutz sind sowohl die Individual- als auch die Gruppenrechte der Aktionäre relevant. Die Individualrechte können von jedem Aktionär, unabhängig von seiner Kapitalbeteiligung, ausgeübt werden, während die Gruppenrechte die formellen Minderheitsrechte der Aktionäre darstellen, die einer qualifizierten Aktionärsgruppe zur Verfügung stehen.

### *1. Mitgliedschaftliche Individualrechte*

Die mitgliedschaftlichen Individualrechte sind die Rechte, die allen Aktionären allein aus der Mitgliedschaft selbst in der Aktiengesellschaft zustehen (dazu zählen die Vermögensrechte, die allgemeinen Informationsrechte, das Stimmrecht, die Klagerechte usw.). Als solche sind sie keine formellen Minderheitsrechte im Sinne, dass sie durch Gesetz für eine quantitativ qualifizierte Aktionärsgruppe reserviert wären. Von den formellen Minderheitsrechten unterscheiden sie sich dadurch, dass der Kreis ihrer Rechtssubjekte nicht durch zusätzliche, über die Mitgliedschaft hinausgehende stimm- oder vermögensrechtliche Voraussetzungen begrenzt ist, sondern sich mit dem Kreis der Aktionäre deckt. Von den passiven Minderheitsrechten (Sperrminoritäten) unterscheiden sie sich dadurch, dass sie, um ihre Schutzwirkung zu entfalten, aktiv von den einzelnen Aktionären geltend gemacht werden müssen. Eine wichtige Frage angesichts der Mitgliedschaftsrechte ist unter diesen Umstände, in wie weit sie als Minderheitenschutzmechanismus eingeordnet werden können.[17] In diesem Zusammenhang ist die Meinung zu befürworten, die diesen Rechten einen indirekten, aber wichtigen Schutzeffekt zugunsten der Minderheitsaktionäre zuerkennt.[18] Solche Rechte, obwohl theoretisch allen Aktionären offenstehend, werden in der Praxis am meisten von Kleinaktionären aktiv geltend gemacht, die sich auf diese Weise gegen mögliche nachteilige Wirkungen der von der Aktionärsmehrheit gefassten HV-Beschlüsse wehren können.

### 2. *Gruppenrechte*

Die Gruppenrechte der Aktionäre stellen die formellen Minderheitsrechte dar. Sowohl in Rumänien als auch in Deutschland werden sie vom Aktienrecht den Minderheitsaktionären zum Schutz vor Benachteiligungen durch Mehrheitsaktionäre oder durch die Verwaltung der AG gewährt. Ihre Ausübung ist im Allgemeinen an den Besitz eines gewissen Anteils am Grundkapital und/oder eines festen Nennbetrags geknüpft. Das letztere ist nur im deutschen Recht der Fall[19], während das rumänische Recht die Minderheitsrechte allein in Bezug auf die Grundkapitalbeteiligung definiert. Typische Minderheitsrechte sind das Recht auf Einberufung der Hauptversammlung (Art. 119 LSC bzw. § 122 AktG), das Recht auf Bestellung von Sonderprüfern (Art. 136 LSC bzw. §§ 142 ff. AktG) oder das Recht auf Geltendmachung von Ersatzansprüchen der Gesellschaft (Art. $155^1$

17 Eine solche formelle Einordnung ist z. B. auch bei *Frank Roitzsch* in: Der Minderheitenschutz im Verbandsrecht (Königstein/Ts. 1981, S. 29 ff.) zu finden.

18 *Karsten Schmidt*, a.a.O., § 16 III 2 b.

19 Das ist z.B. der Fall bezüglich des Rechts von Aktionären, deren Anteile zusammen 10 % des Grundkapitals oder den anteiligen Betrag von *1 Mio. Euro* erreichen, bei Gericht einen Antrag zur Abberufung eines Aufsichtsratsmitglieds zu stellen (§ 103 III 3 AktG), oder des Rechts von Aktionären, deren Anteile zusammen 5 % des Grundkapitals oder den anteiligen Betrag von *500.000 Euro* erreichen, zu verlangen, dass Gegenstände zur Beschlussfassung einer Hauptversammlung bekanntgemacht werden (§ 122 II AktG), oder des Rechts von Aktionären, deren Anteile zusammen 1 % des Grundkapitals oder den anteiligen Betrag von *100.000 Euro* erreichen, bei Gericht einen Antrag zur Bestellung von Sonderprüfern zu stellen (§ 142 II 1 AktG). Es wäre vielleicht sinnvoll, dass das rumänische Recht zukünftig nach dem deutschen Modell auch solche festen Nennbeträge zur Ausübung der Aktionärsrechte einführt, was zu einem flexibleren und effizienteren Aktionärsschutz führen würde.

LSC bzw. § 148 AktG). (Für weitere Einzelheiten siehe auch die Differenzierung zwischen Klein-, Minderheits- und Mehrheitsaktionären unter Punkt 2.I.A.2.2).

### *E. Schutz durch allgemeine Rechtsgrundsätze*

#### *1. Das Gleichbehandlungsprinzip*

Das Gleichbehandlungsprinzip findet seinen Ursprung in Art. 42 Kapital-RL[20]. Es wurde in Deutschland durch § 53a AktG[21] umgesetzt. Ähnliche Ansätze für ein Gleichbehandlungsgebot sind in Rumänien in Art. 94 LSC sowie in Art. 209 LPC zu finden.[22] Neuerdings wurde das Gleichbehandlungsprinzip auch in Art. 4 Aktionärsrechte-RL verankert, und zwar für die HV-bezogenen Rechte der Aktionäre börsennotierter Gesellschaften.[23] Diese jüngste europarechtliche Bestimmung war im nationalen Recht bis zum 3. August 2009 umzusetzen.[24] Das Gebot der Gleichbehandlung der Aktionäre ist auch in den Corporate-Governance-Grundsätzen der OECD vorgesehen. Dementsprechend „sollte der Corporate-Governance-Rahmen die Gleichbehandlung aller Aktionäre, einschließlich der Minderheits- und der

---

20 Art. 42 Kapital-RL lautet: „Für die Anwendung dieser Richtlinie müssen die Rechtsvorschriften der Mitgliedstaaten die Gleichbehandlung der Aktionäre sicherstellen, die sich in denselben Verhältnissen befinden."

21 § 53a AktG lautet: „Aktionäre sind unter gleichen Voraussetzungen gleich zu behandeln."

22 Art. 94 LSC lautet: „(1) Die Aktien müssen auf den gleichen Wert lauten; sie gewähren den Besitzern die gleichen Rechte. (2) Gemäß den Bedingungen der Satzung können dennoch bestimmte Arten von Aktien ausgegeben werden, die ihren Besitzern nach den Bestimmungen von Art. 95 und 96 unterschiedliche Rechte gewähren." Art. 95 und 96 regeln die Vorzungsaktien ohne Stimmrecht. Der Vorschlag des Arbeitsausschusses für das Reformgesetz Nr. 441/2006 zur Einführung einer Entsprechung zu § 53a AktG wurde von den rumänischen Behörden letztlich mit der Begründung abgelehnt, dass die geltende Gleichbehandlungsregel des rumänischen Rechts derjenigen in der Kapital-RL oder dem Aktiengesetz im Endeffekt gleichkomme. Diese Auffassung ist jedoch fragwürdig, weil sie keinen Bezug auf die Verhältnisse nimmt, in denen sich die Aktionäre befinden. Entsprechend wäre es empfehlenswert, bei einer zukünftigen Reform eine Art. 42 Kapital-RL näherstehende Formulierung für diese rumänische Bestimmung zu finden.
Art. 209 LPC lautet: „Die Emittenten von Aktien sichern die gleiche Behandlung aller Inhaber von Aktien derselben Art und Gattung und stellen ihnen alle Informationen zur Verfügung, die zur Ausübung ihrer Rechte notwendig sind".

23 Art. 4 Aktionärsrechte-RL lautet: „Die Gesellschaft muss für alle Aktionäre, die sich bei der Teilnahme an der Hauptversammlung und der Ausübung der Stimmrechte in der Hauptversammlung in der gleichen Lage befinden, die gleiche Behandlung sicherstellen."

24 In Rumänien erfolgte die Umsetzung durch Art. 3 II CNVM-VO Nr. 6/2009, während für deutsches Recht kein Anpassungsbedarf bestand.

ausländischen Aktionäre, sicherstellen. Alle Aktionäre sollten bei Verletzung ihrer Rechte Anspruch auf effektive Rechtsmittel haben."[25]

Das Gebot der Gleichbehandlung der Aktionäre unter gleichen Bedingungen kommt dem Verbot einer Ungleichbehandlung der Aktionäre ohne treffende Rechtfertigung gleich. Die unterschiedliche Behandlung darf also nicht willkürlich sein, sondern muss auf einer sachgerechten Abwägung basieren.

Das Gleichbehandlungsgebot fungiert für den Aktionär als eine mitgliedschaftliche Abwehrbefugnis. Es handelt sich also nicht um ein Sonderrecht, sondern um eine Norm zum Mitgliedschaftsschutz des Aktionärs gegenüber den Verwaltungsorganen (Direktoren und Verwaltungsrat bzw. Direktorat und Aufsichtsrat in Rumänien und Vorstand und Aufsichtsrat in Deutschland) der Aktiengesellschaft, sowie gegenüber der Hauptversammlung selbst. Das Gleichbehandlungsgebot gilt nicht horizontal, für die Aktionäre untereinander, sondern nur vertikal, zwischen den Aktionären und der Gesellschaft. Die horizontalen Verhältnisse werden durch die Treuepflichten der Aktionäre bestimmt.[26]

Dadurch, dass Ungleichbehandlungen – soweit begründet – erlaubt sind, kann die Satzung diesbezügliche Regeln vorsehen und damit vom Gleichbehandlungsgebot abweichen. Insbesondere können durch die Satzung Aktien mit unterschiedlichen Rechten vorgesehen werden (dies ist z. B. bei Vorzugsaktien ohne Stimmrecht oder bei Aktien mit Mehrstimmrechten der Fall; letztere sind jedoch in Deutschland durch § 12 II AktG ausdrücklich verboten, in Rumänien aber wegen des Schweigens des Gesetzes umstritten[27]).

Die Gleichbehandlung findet in der Regel entsprechend der Beteiligung der Aktionäre am Grundkapital statt (soweit Einlagen in demselben Umfang geleistet worden sind). Konkretisierungen dieses Gleichbehandlungsmaßstabs sind bezüglich der Ausübung des Stimmrechts, des Bezugsrechts oder des Rechts auf den Abwicklungsüberschuss erkennbar. Dagegen zählt bei anderen Rechten nicht die Beteiligung am Grundkapital, sondern die Aktionärseigenschaft als solche. Dies ist z.B. beim Recht auf Teilnahme an der Hauptversammlung oder beim Auskunftsrecht der Fall.

Im Unterschied zum deutschen Recht (§ 71 I Nr. 8 Satz 3 AktG), das den Sonderfall der Aktionärsgleichbehandlung beim Erwerb eigener Aktien durch

---

25 OECD-Grundsätze III, S. 23 (http://www.oecd.org/dataoecd/57/19/32159487.pdf).

26 *Jürgen Reul*, Die Pflicht zur Gleichbehandlung der Aktionäre bei privaten Kontrolltransaktionen, Tübingen 1991, S. 270 ff.

27 Ablehnend *Marius Scheaua*, Legea societăţilor comerciale nr. 31/1990 comentată şi adnotată, Bukarest 2000, Art. 94 Rn. 2 ff. Eine Meinung, die die Existenz von Aktien mit Mehrstimmrechten erlauben will, findet sich bei *Valentin Mircea*, Protecţia acţionarilor minoritari în dreptul românesc şi comparat, Revista de Drept Comercial (RDC) Nr. 11/1999, S. 58.

die Gesellschaft regelt, findet eine ähnliche Spezialregelung im rumänischen Recht nicht statt. Das allgemeine gesellschaftsrechtliche Gleichbehandlungsprinzip findet aber grundsätzlich auch in diesem Sonderfall Anwendung. Es wäre nichtdestoweniger hilfreich, eine solche spezielle Bestimmung *de lege ferenda* auch im rumänische Recht einzuführen.

### 2. *Die Treuepflichten der Aktionäre*

#### 2.1. *Treuepflichten und affectio societatis*

Die praktische Schutzwirkung der formellen, quantitativ bestimmten Minderheitsrechte soll nicht überbewertet werden, insbesondere dann nicht, wenn in der Aktiengesellschaft stabile und nicht wechselnde Mehrheitsverhältnisse vorherrschen. Die Minderheitsrechte erfüllen eher eine Präventivfunktion und gewährleisten dadurch eine Art „negativer" Schutzwirkung im Sinne, dass sie die Grenzen bestimmen, innerhalb derer die Mehrheit ihre formell-legitime Entscheidungsmacht ausüben darf.[28] Die wichtigste Frage in diesem Zusammenhang lautet: Ist diese Beschlussmacht materiell kontrollierbar? D. h., gibt es entsprechende „positive" Schranken des Mehrheitseinflusses auf die Gesellschaft? Gibt es überhaupt solche „positive" Schranken des Einflusses von Aktionären, seien sie Groß- oder Kleinaktionäre? Diese Frage ist affirmativ zu beantworten, wenn eine Treuepflicht des Aktionärs befürwortet wird. Im rumänischen Recht kann eine Treuepflicht gegenüber der Gesellschaft von der sog. *affectio societatis* der Gesellschafter abgeleitet werden. Im Folgenden wird hauptsächlich auf die deutsche Rechtslage eingegangen, deren Entwicklung im Bereich der Treuepflichten der Aktionäre viel fortgeschrittener ist als die rumänische.

Die Problematik der Treuepflicht der Aktionäre kann, entsprechend dem Treuepflichtgläubiger, in eine Treuepflicht gegenüber der Gesellschaft und eine Treuepflicht gegenüber den anderen Aktionären getrennt werden. Im Kontext der vorliegenden Arbeit kann sie aber auch, entsprechend dem Treuepflichtschuldner, in eine Treuepflicht der Mehrheitsaktionäre und eine solche der Minderheitsaktionäre unterteilt werden. Damit können durch Kombination dieser Kriterien vier verschiedene Arten der Treuepflicht im Aktienrecht besprochen werden. Was den Minderheitenschutz betrifft wird weiter erklärt, warum die Treuepflichten der Mehrheitsaktionäre in dieser Hinsicht eine besondere Rolle spielen. Die Treuepflichten der Minderheitsaktionäre sind aber auch hier in Betracht zu ziehen, weil sie die materiellen Schranken der Ausübung minderheitlicher Rechte bestimmen.

---

28 Siehe *Karsten Schmidt*, a.a.O., § 16 III 2 c, der in diesem Sinne *Herbert Wiedemann*, a.a.O., § 8 I 4 a widerspricht.

Jenseits dieser theoretischen Gliederung ist zu bemerken, dass in der deutschen Fachliteratur und Rechtsprechung die erwähnten Kategorien der Treuepflicht nicht immer den selben Platz fanden. Ob z. B. von einer Treuepflicht der Minderheitsaktionäre gegenüber den anderen Aktionären gesprochen werden kann, war ursprünglich eine strittige Frage. Es wird deshalb interessant sein, in den nun folgenden Überlegungen auch diese Entwicklungsperspektive mit einzubeziehen.

So ist im Aktiengesetz von 1965 eine Treuepflicht der Aktionäre nicht formell anerkannt. Die Aktionärshaftung gründet demgegenüber auf einem Rechtsmissbrauch, wie z. B. bei der Ausübung des Stimmrechts gemäß § 243 II AktG. Der Grundsatz von Treu und Glauben und die daraus abgeleitete Treuepflicht des Aktionärs waren früher auch in der Literatur nicht anerkannt. Es wurde vielmehr behauptet, eine „Treuepflicht" im echten Sinne gäbe es nur in Personengesellschaften, während für die Kapitalgesellschaften nur von Rücksichts- oder Loyalitätspflichten gesprochen werden könne.[29] In der Rechtsprechung wurde dieselbe Tendenz erkennbar: Kein Aktionär müsse bei der Stimmrechtsausübung oder bei der Anfechtung eines Hauptversammlungsbeschlusses seine eigenen Interessen hinter denen der Aktiengesellschaft zurückstellen.[30] Eine Änderung dieser Haltung ist für das Kapitalgesellschaftsrecht erst Ende der 70er Jahre zu bemerken. Die Treuepflicht wurde zuerst für die Gesellschafter einer GmbH anerkannt. Hierfür sprach die größere Nähe der GmbH zu den Personengesellschaften und „insbesondere die für eine Gesellschaftermehrheit bestehende Möglichkeit, durch Einflussnahme auf die Geschäftsführung die gesellschaftsbezogenen Interessen der Mitgesellschafter zu beeinträchtigen, als gegengewichtige gesellschaftsrechtliche Pflicht, auf diese

---

29 Die Idee der Treuepflicht fand ihren Ausgangspunkt in den Generalklauseln der §§ 138, 826 BGB, um sich dann auf § 242 BGB zu stützen. Die Vorschriften der §§ 138, 826 BGB spielten im Personengesellschaftsrecht eine wichtige Rolle, als Basis des richterlichen Rechtsschutzes der Gesellschafter. Dementsprechend gelten Gesellschafterbeschlüsse, die inhaltlich gegen die guten Sitten verstoßen, als nichtig. Wenn nur ihr Zustandekommen auf einem Sittenverstoß beruht oder ihr Zweck sittenwidrig ist, sind sie durch Anfechtungsklage vernichtbar. Mit der Zeit wurde aber das Gebot von Treu und Glauben gegenüber dem Gute-Sitten-Gebot bevorzugt, weil es eine Definition der spezifischen sozialen Pflichten ermöglichte und damit dem Gesellschaftsrecht eigene Maßstäbe gegenüber den zivilrechtlichen Rechtsgeschäften zur Verfügung stellte. In diesem Zusammenhang siehe *Herbert Wiedeman*, a.a.O., § 8 II 3 sowie *Karl-Heinz Worch*, Treuepflichten von Kapitalgesellschaftern untereinander und gegenüber der Gesellschaft, Frankfurt am Main 1983, S. 2 ff.

30 BGHZ 14, S. 38. Für eine ausführliche Darstellung dieser Lage und ihrer Gründe siehe *Peter Stelzig*, Zur Treuepflicht des Aktionärs unter besonderer Berücksichtigung ihrer geschichtlichen Entwicklung, Münster 2000, S. 92 ff.

Interessen Rücksicht zu nehmen".[31] Im Aktienrecht ist die Treuepflicht erst 1988 mit der *Linotype*-Entscheidung zu einem ähnlichen Durchbruch gekommen.[32]

Eine erste Konsequenz der Berücksichtigung der Treuepflichten in der Aktiengesellschaft besteht in einer Begrenzung der Rechte der Aktionärsmehrheit bei der rechtlichen oder tatsächlichen Einflussnahme auf die Gesellschaft. Zweitens funktioniert das Gebot von Treu und Glauben als eine Begrenzung des einzelnen Gesellschafters bei der Ausübung seiner Mitwirkungsrechte. Jeder Aktionär ist danach gehalten, bei der Rechtsausübung auch auf die Gesellschaftsinteressen und auf die Belange der übrigen Aktionäre Rücksicht zu nehmen. Die Treuepflichtverletzungen lösen die Rechtswidrigkeit der betroffenen Maßnahmen, Stimmabgaben und sogar Mehrheitsbeschlüsse aus. Die Rechtswidrigkeit begründet ihrerseits Unterlassungsansprüche, Schadensersatzansprüche, Anfechtungsklagen gegen treuwidrig gefasste Beschlüsse oder positive Stimmpflichten (bei Minderheitsgesellschaftern[33]).

Im rumänischen Recht bezeichnet *affectio societatis* die gemeinsame Zweckverfolgung der Gesellschafter bzw. der Aktionäre innerhalb der Gesellschaft, die Bindung der Aktionäre an die Gesellschaft hinsichtlich der gegenseitigen Aufteilung von Gewinn, oder Verlust, Risiko und Geschäftschancen. Die Doktrin konnte sich aber nicht auf eine einheitliche Ausdeutung dieses Begriffs festlegen.[34] Er ist im Recht der Personengesellschaften entstanden und wurde nachträglich auch auf Kapitalgesellschaften angewandt. Auf jeden Fall setzt er die Wahrung von Treue und gutem Glaube der Beteiligten gegenüber der Gesellschaft voraus. Die Aktionäre sind gehalten, auf einer partnerschaftlichen Gleichheitsbasis auf ein gemeinsames soziales Ziel hin zusammenzuwirken.[35] Diese Bindung ist in einem börsennotierten Unternehmen mit einer zerstreuten Eigentumsstruktur, wo die Aktionäre jederzeit durch Verkauf ihrer Aktien ausscheiden können, ziemlich schwach.[36] In einem Unternehmen mit einer konzentrierten Eigentumsstruktur jedoch ist dieser Faktor wesentlich stärker ausgeprägt. Es kann schlussfolgernd behauptet werden, dass *affectio societatis* als eine Basis der Treuepflichten der Mehrheits- und Minderheitsaktionäre gegenüber der Gesellschaft betrachtet werden kann. In wie weit das selbe Rechtsinstitut Treuepflichten zwischen Aktionären selbst begründet, ist noch offen. Um den Grundsatz von *affectio societatis* zu er-

---

31 Siehe die *ITT*-Entscheidung von 1975, BGHZ 65, S. 19.

32 BGHZ 103, 184.

33 *Michael Martinek, Susanne Wimmer-Leonhardt*, Handels-, Gesellschafts- und Wertpapierrecht. 58 Fälle mit Lösungen, Heidelberg 2001, S. 192.

34 *Ciprian Sassu, Sergiu Golub*, Affectio Societatis, RDC Nr. 10/2001, S. 74 f.

35 *Stanciu D. Cărpenaru*, Drept comercial român, Bukarest 2007, S. 167.

36 *Gheorghe Piperea*, Societăţi comerciale, piaţă de capital. Acquis comunitar, Bukarest 2005, S. 503.

gänzen, wurde im Kapitalmarktgesetz von 2004 die Regel des guten Glaubens bei der Ausübung der Aktionärsrechte eingeführt (Art. 210 LPC). Diese Regel wurde durch die Reform von 2006 im allgemeinen Handelsgesellschaftengesetz übernommen: „Die Aktionäre haben ihre Rechte im guten Glauben unter Beachtung der Rechte und berechtigten Interessen der Gesellschaft und der anderen Aktionäre auszuüben" (Art. $136^1$ LSC).[37] Aufgrund dieser positivrechtlichen Verankerung des Grundsatzes von Treu und Glauben kann eine Verbesserung der Rechtsstellung der Minderheitsaktionäre nach rumänischem Recht erhofft werden. Im Folgenden werden die Treuepflichten der Mehrheits- und Minderheitsaktionäre nach deutschem Recht dargestellt. Dies könnte Hinweise und Ansatzpunkte für die zukünftige Entwicklung der Treuepflichten auch im rumänischen Recht liefern.

### *2.2. Die Treuepflicht der Mehrheitsaktionäre*

Der Versuch, das Mehrheitsverhalten in der Aktiengesellschaft zu begrenzen, entspricht teilweise der besonderen Regulierung einseitiger Willensakte des Privatrechts mit Unterwerfungswirkung (Gestaltungserklärungen oder Allgemeine Geschäftsbedingungen – AGB). Die Treuepflicht des Mehrheitsaktionärs oder der Mehrheitsaktionäre ist grundsätzlich auf den Machtzuwachs gegründet, den derjenige erhält, der direkt in der Hauptversammlung und indirekt bei der Geschäftsführung über eigenes und über fremdes Vermögen verfügen kann und dadurch Rechtsgeschäfte der Gesellschaft über seine eigene Beteiligung beeinflussen kann. Die Pflicht zur treuhänderischen Verwaltung des Grundkapitals kann auf diese Weise vom allgemeinen Rechtsprinzip abgeleitet werden, dementsprechend Einfluss und Verantwortung, bzw. Herrschaft und Haftung als komplementär und miteinander verbunden betrachtet werden müssen. Für diese von der Literatur vertretene Auffassung hat der BGH die alternative Formulierung der Treuepflicht als Gegengewicht zur Beeinträchtigungsmöglichkeit entwickelt.[38]

Wie schon ausgeführt, ist jedes privatrechtliche Schuldverhältnis durch Rücksichtspflichten gekennzeichnet, die aus dem allgemeinen Grundsatz von Treu und Glauben (§ 242 BGB) hergeleitet werden können. Was speziell in dieser Hinsicht den Gesellschaftsvertrag charakterisiert, ist dass die Gesellschafter gemäß

---

37 Die Einführung dieser Regel im Handelsgesellschaftengesetz wurde im Rahmen der öffentlichen Konsultation zum Reformgesetz Nr. 441/1990 von der rumänischen Aktionärsvereinigung – AARO (www.aaro.ro – derzeit außer Betrieb, 1.11.2009) vorgeschlagen und durchgesetzt. Die AARO ist seit 2001 rumänisches Mitglied von Euroshareholders (www.euroshareholders.org), dem Dachverband von ca. 30 europäischen Aktionärsvereinigungen einschließlich der Deutschen Schutzvereinigung für Wertpapierbesitz e.V. – DSW (www.dsw-info.de).

38 *Peter Steltzig*, a.a.O., S.113 ff.

§ 705 BGB das Wohl der Gesellschaft zu fördern haben. Diese Rücksichtspflichten bilden die sog. Treuepflichten der Gesellschafter bzw. der Aktionäre gegenüber der Gesellschaft.[39] Die Treuepflicht soll unabdingbarer Bestandteil jeder Mitgliedschaft und als solche von der Höhe der Beteiligung unabhängig sein.[40]

Umstritten war, ob in einer Aktiengesellschaft eine zusätzliche Treuepflicht der Aktionäre untereinander bestehe. Ursprünglich lehnte der BGH eine solche Möglichkeit ab.[41] Erst Ende der achtziger Jahre wurde die Existenz einer solchen Pflicht anerkannt. Unter Berufung auf die früher zum GmbH-Recht ergangene *ITT*-Entscheidung entschied der BGH: „Eine gesellschaftsrechtliche Treuepflicht besteht auch zwischen den Aktionären. ... Auch bei einer Aktiengesellschaft hat ein Mehrheitsgesellschafter die Möglichkeit, durch Einflussnahme auf die Geschäftsführung die gesellschaftsbezogenen Interessen der Mitgesellschafter zu beeinträchtigen, so dass auch hier als Gegengewicht die gesellschaftsrechtliche Pflicht zu fordern ist, auf diese Interessen Rücksicht zu nehmen."[42]

Die Anerkennung der Treuepflicht der Mehrheitsaktionäre heißt aber nicht, dass deren Konkretisierung einfach wäre. Schwierigkeiten in dieser Hinsicht folgen aus der Stellung der Mehrheitsgesellschafter selbst. Die Treuepflicht kann schließlich nicht dazu führen, dass diese Aktionäre einfach als Gesellschaftsorgan betrachtet und dann allgemein mit den entsprechenden Pflichten eines solchen Organs belegt werden. Die Mehrheitsaktionäre vertreten in erster Linie ihre eigenen Interessen und dürfen diese auch wahrnehmen. Für die mit dem Gesellschaftszweck verbundenen Angelegenheiten steht ein sicherer Maßstab zur Verfügung. Die Entscheidungsmacht muss nämlich so ausgeübt werden, wie dies am besten der Zweckverfolgung dient. Die entsprechenden Sanktionen bestehen einerseits in der Rechtswidrigkeit von Beschlüssen der Hauptversammlung, bei denen die Mehrheit ihren Willen treuwidrig verwirklicht, und andererseits im Schadensersatzanspruch der Gesellschaft bzw. der Minderheitsaktionäre gegenüber den Mehrheitsaktionären bei schuldhafter Verletzung des Treuegebotes.

---

39 Dabei ist kritisch bemerkt worden, dass § 705 BGB grundsätzlich eine Vorschrift des Personengesellschaftsrechts ist, wo in der Regel wenige Gesellschafter auf persönlicher Vertrauensbasis zur Erreichung eines gemeinsamen Ziels zusammenwirken. Eine Anwendung dieser Norm im Falle einer Publikumsaktiengesellschaft, wo meistens keine persönlichen Beziehungen bestehen, wäre deshalb eher subsidiär denkbar. Siehe *Ludger Wellkamp*, Vorstand, Aufsichtsrat und Aktionär, Bonn 2000, Rn. 321.

40 *Wolfram Timm*, Treuepflichten im Aktienrecht, in WM 12/1991, S. 482.

41 „Die gemeinsame Zugehörigkeit zu einer Aktiengesellschaft begründet für sich allein keine gegenseitigen Rechtsbeziehungen, aus denen sich eine solche Haftung herleiten ließe." Siehe die *NSU*-Entscheidung von 1976 in BGHZ 18, 350, 365.

42 Siehe die *Linotype*-Entscheidung BGHZ 103, 184.

### *2.3. Die Treuepflicht der Minderheitsaktionäre*

Die Treuepflicht kann nicht nur als Instrument des Minderheitenschutzes betrachtet werden. Die Minderheitsrechte (seien es diejenigen einer aktiven Minderheit oder einer Sperrminorität) und die Mitgliedschaftsrechte unterliegen ihrerseits einer Treuepflicht und dürfen demzufolge nicht missbraucht werden.[43] Was die Treuepflicht der Minderheitsaktionäre gegenüber der Gesellschaft betrifft, sind analog die Erwägungen zu beachten, die für die Mehrheitsaktionäre im Hinblick auf § 705 BGB dargestellt wurden. Dementsprechend haben auch die Minderheitsaktionäre als Gesellschafter die gesellschaftsrechtliche Treuepflicht, bei der Ausübung der Minderheits- und Mitgliedsrechte das Wohl und den Zweck der Gesellschaft zu fördern. Im Falle der Personengesellschaften spielt auch die Auslegung des Gesellschaftsvertrages bei der Bestimmung der Treuepflichten eine wichtige Rolle. Eine ähnliche Vorgehensweise bei den großen börsennotierten Aktiengesellschaften würde Schwierigkeiten bereiten, da in diesem Fall die zahlreichen Kleinaktionäre in der Regel von der Satzung kaum Notiz nehmen. Ihnen sollten normalerweise auch negative Äußerungen über die Gesellschaft erlaubt sein.[44] Deshalb ist im Einzelfall zu entscheiden, wie weit die Treuepflicht der Minderheitsaktionäre gegenüber der Gesellschaft reicht.

Dass es aber überhaupt eine Treuepflicht der Minderheit gegenüber den anderen Aktionären gibt war lange Zeit umstritten oder sogar nicht für möglich gehalten worden. Erst mit dem *Girmes*-Urteil von 1995 wurde vom BGH das Bestehen einer Treuepflicht der Kleinaktionäre gegenüber den übrigen Aktionären uneingeschränkt anerkannt. Die Grundsatzentscheidung über die Treuepflicht lautet: „Auch dem Minderheitsaktionär obliegt eine Treuepflicht gegenüber den Mitaktionären. Sie verpflichtet ihn, seine Minderheitsrechte, insbesondere seine Mitverwaltungs- und Kontrollrechte, unter angemessener Berücksichtigung der gesellschaftsbezogenen Interessen der anderen Aktionäre auszuüben."[45] Die gesellschaftsbezogenen Interessen der anderen Aktionäre bestimmen also zusammen mit den Gesellschaftsbelangen den Umfang der Treuepflicht der Minderheitsaktionäre.

Ein Unterschied zwischen der Treuepflicht der Aktionärsminderheit und derjenigen der Aktionärsmehrheit könnte in diesem Kontext darin bestehen, dass eine Verletzung der Treuepflicht durch die Minderheitsaktionäre bei der Stimmrechtsausübung nicht automatisch zu Schadenersatz verpflichtet, da normalerweise eine entsprechende Sperrminorität im Gegensatz zur Mehrheit in der

---

43 *Wolfram Timm*, a.a.O., S. 483.
44 *Barbara Grünewald*, Gesellschaftsrecht, Tübingen, 2005, S. 245 f.
45 BGHZ 129, 136.

Hauptversammlung keinen regelmäßigen Charakter hat.[46] Falls bei der Abstimmung in der Hauptversammlung mehrere Minderheitsaktionäre in ihrer Gesamtheit die Voraussetzungen für eine Sperrminorität oder für die Durchsetzung eines Minderheitenrechts erreichen, wird die Treubindung für jeden von ihnen jedenfalls dann relevant, wenn sie sich auf eine einheitliche Stimmrechtsausübung verständigen (Stimmbindung) oder wenn sie unabhängig voneinander mit der Ausübung des Stimmrechts einen Dritten bevollmächtigen, der dafür gegenüber den Aktionären ein eigenes Konzept entwickelt oder ihnen ein bestimmtes Abstimmungsverhalten empfiehlt. Ob die Treupflicht auch bei einer zufällig eintretenden Antrags- oder Sperrminderheit Bedeutung erlangen kann, bleibt offen.[47]

## II. Rechtlicher und wirtschaftlicher Kontext des Minderheitsschutzes

### *A. Geschichtliche Entwicklung und rechtspolitische Ansätze*

Im Unterschied zur legislativen Geschichte der Personengesellschaften oder der GmbH ist das Aktienrecht durch ständige gesetzliche Reformen gekennzeichnet. Das erklärt sich hauptsächlich durch seinen Bezug zum Kapitalmarkt, durch die sozialpolitische Besonderheit der Großunternehmer sowie auch durch das spezifische Schutzbedürfnis der Anleger bzw. der Aktionäre. Unten folgt eine kurze Darstellung der Aktionärsrechte in den sukzessiven aktienrechtlichen Regelungen in Rumänien und Deutschland.

#### *1. Rumänisches Recht*

#### *1.1. Das Handelsgesetzbuch von 1887*

Das Handelsgesetzbuch von 1887[48] (im Rumänischen: *Codul comercial*) widmete den Handelsgesellschaften einen großen Teil seiner Bestimmungen (I. Teil, Titel

46 *Marcus Lutter*, Das *Girmes*-Urteil, JZ 1995, 1053, 1055 – nach *Michael Martinek, Susanne Wimmer-Leonhardt*, a.a.O., S. 192.

47 BGHZ 129, 136.

48 Das Handelsgesetzbuch von 1887 wurde durch den Erlass Nr. 1233/1887 verabschiedet und im Amtsblatt Nr. 31 vom 10. Mai 1887 veröffentlicht – siehe dazu *Stelian Ionescu, Laurenţiu Preutescu*, Codul comercial adnotat cu jurisprudenţa română la zi, Imprimeria Naţională, Bukarest 1933. Es ist das noch heute geltende Handelsgesetzbuch Rumäniens. Es wurde nach dem Muster des italienischen HGB aus dem Jahr 1882 erlassen, das selbst eine Weiterentwicklung des französischen HGB darstellte und zu jener Zeit eines der modernsten Handelsgesetzbücher in Europa war. Nach zahlreichen Änderungen sind heute nur noch Reste des ursprünglichen Handelsgesetzbuches in Kraft, insbesondere Bestimmungen zu den Handelsgeschäften.

VIII, Kapitel I, Art. 77-250). Die Aktiengesellschaften waren hauptsächlich in Art. 121 ff. geregelt. Unter den Aktionärsrechten sind zu erwähnen: das Recht einer 25 % Minderheit auf Verschiebung der Gründungsversammlung um 3 Tage (Art. 136), das Einsichtsrecht der Aktionäre in das Aktionärsverzeichnis und in das Verzeichnis der HV-Unterlagen (Art. 144 iVm Art. 142 I Nr. 1 und 2), das Recht einer 10 % Minderheit auf Beschwerde gegenüber den Zensoren (Art. 154), das Recht einer 12,5 % Minderheit auf Klage zur Bestellung von Sonderprüfern durch das Gericht (Art. 155), das Sell-out Recht der Minderheitsaktionäre, die mit gewissen HV-Beschlüssen nicht einverstanden sind (Art. 160 III-IV), das Recht einer 20 % Minderheit auf Einberufung der Hauptversammlung (Art. 161), das Recht eines Drittels der anwesenden Aktionäre bzw. das Recht von anwesenden Aktionären, deren Gesamtbeteiligung die Hälfte des Grundkapitals erreicht, auf Verschiebung der Hauptversammlung um 3 Tage (Art. 164), das Gleichbehandlungsgebot und das Stimmrecht der Aktionäre (Art. 166 II), der Anspruch auf Dividenden (Art. 183), das Recht auf den Abwicklungsüberschuss (Art. 217).

### *1.2. Das Handelsgesetzbuch von 1938*

In der Zwischenkriegszeit wurde der Entwurf eines neuen Handelsgesetzbuches entwickelt (der sog. „Karl II. Handelsgesetzbuch“ – „Codul comercial Carol al II-lea“), das 1938 veröffentlicht wurde[49] und 1940 in Kraft treten sollte. Der Entwurf beinhaltete auch eine neue und moderne Regelung der Handelsgesellschaften (I. Buch, II. Teil, Art. 122-364), die die damaligen Entwicklungen im Gesellschaftsrecht in Europa berücksichtigte (unter anderen die Vorarbeiten für den neuen italienischen Codice Civile von 1942). Wegen des Krieges ist der Entwurf zwar nicht mehr in Kraft getreten. Bei der Ausarbeitung des Handelsgesellschaftengesetzes im Jahre 1990 stellte er aber das Hauptmodell des neuen Gesellschaftsrechts dar, so dass viele Vorschriften des ursprünglichen Gesetzes Nr. 31/1990 auf ihn zurückzuführen sind.

Was die Aktionärsrechte betrifft, sah der Entwurf des Handelsgesetzbuches von 1938 das Recht einer 25 % Minderheit auf Verschiebung der Gründungsversammlung um 3 Tage (Art. 146), den Dividendenanspruch der Aktionäre (Art. 169 und Art. 282), das Gleichbehandlungsgebot (Art. 196), das Stimmrecht (Art. 200 und Art. 217), das Recht einer 5 % Minderheit auf Einberufung der Hauptversammlung (Art. 216), das Recht eines Drittels der anwesenden Aktionäre bzw. das Recht von anwesenden Aktionären, deren Gesamtbeteiligung die Hälfte des Grundkapitals erreicht, auf Verschiebung der Hauptversammlung um 3 Tage

49 Siehe Codul comercial Carol al II-lea, însoţit de referatul d-lui ministru al justiţiei către consiliul de miniştri şi de raportul consiliului legislativ, Bukarest 1938.

(Art. 227), das Anfechtungsrecht gegen HV-Beschlüsse (Art. 230), das Sell-out Recht der Aktionäre, die mit gewissen HV-Beschlüsse nicht einverstanden sind (Art. 233), das Recht jedes Aktionärs bzw. einer 5 % Minderheit[50] auf Beschwerde gegenüber den Zensoren (Art. 249), das Recht einer 5 % Minderheit auf Geltendmachung von Ersatzansprüchen der Gesellschaft gegen Mitglieder des Verwaltungsrates oder gegen die Zensoren (Art. 251), das Einsichtsrecht der Aktionäre in das Aktionärsverzeichnis und in das Verzeichnis der HV-Unterlagen (Art. 277 I iVm Art. 276 I Nr. 1 und 2), das Recht einer 5 % Minderheit auf Klage zur Bestellung von Sonderprüfern durch das Gericht (Art. 283), das Bezugsrecht bei Kapitalerhöhung (Art. 317-319), das Recht auf den Abwicklungsüberschuss (Art. 350) vor.

### *1.3. Postkommunistische Entwicklungen*

Nach dem Zweiten Weltkrieg wechselte Rumänien im Jahr 1948 zur Planwirtschaft über, in der die private unternehmerische Tätigkeit sowie das Privateigentum selbst verdrängt wurden. Die Bestimmungen des Handelsgesetzbuches von 1887 kamen nur noch ausnahmsweise zur Anwendung, bis sie nach der politischen Wende im Jahr 1989 mit der Rückkehr zur Marktwirtschaft erneut zum Leben erweckt wurden. Als das Handelsgesellschaftengesetz (*Legea societăţilor comerciale* – LSC) Nr. 31 vom 16. November 1990 in Kraft trat, ersetzte es die gesellschaftsrechtlichen Regelungen des Handelsgesetzbuches von 1887 (Art. 77-250). Da aber das Handelsgesetzbuch vorher ein halbes Jahrhundert lang unter Privaten nicht angewendet worden war, musste die Praxis zur Auslegung und Anwendung des neuen Gesetzes auf die reiche Judikatur und Lehre der Vor- und Zwischenkriegszeit zurückgreifen.

Die ersten Erfahrungen mit Handelsgesellschaften nach 1990 und die späteren Bestrebungen, das rumänische Gesellschaftsrecht an die gesellschaftsrechtlichen Richtlinien der EU anzupassen, haben ihren Niederschlag in mehreren Novellen[51] zum LSC gefunden, die zur Wiederverlautbarung des Gesetzes führten: zuerst im Jahr 1998[52] und dann erneut im Jahr 2004[53]. Die umfangreichste Reform des

50 Sollte die Beschwerde von einer 5 % Minderheit eingereicht werden, waren die Zensoren verpflichtet, die Hauptversammlung einzuberufen.

51 Siehe auch *Ion Băcanu*, Modificarea şi completarea Legii nr. 31/1990 privind societăţile comerciale, RDC Nr. 9/1997, S. 5 ff.

52 Die bereinigte Fassung des LSC wurde in M.Of. Nr. 33 vom 29.1.1998 kundgemacht.

53 M.Of. Nr. 1066 vom 17.11.2004. Nach der erneuten Wiederverlautbarung im Jahr 2004 wurde das LSC durch das Gesetz Nr. 302 vom 24. Oktober 2005 (M.Of. Nr. 953 vom 27.10.2005), das Gesetz Nr. 85 vom 5. April 2006 zum Insolvenzverfahren (M.Of. Nr. 359 vom 21.4.2006), das Gesetz Nr. 164 vom 15. Mai 2006 (M.Of. Nr. 430 vom 18.5.2006), das Gesetz Nr. 441 vom 27. November 2006 (M.Of. Nr. 955 vom

LSC fand im Jahr 2006 durch das Änderungsgesetz Nr. 441/2006 statt.[54] Ziel dieser Reform war einerseits, die letzten Anpassungen des rumänischen Gesellschaftsrechts an den EU-*Acquis* vor dem EU-Beitritt Rumäniens am 1.1.2007 durchzuführen.[55] Andererseits beabsichtigte die Reform eine Annäherung des rumänischen Aktienrechts an die OECD-Grundsätze der Corporate Governance von 2004[56] sowie die Einführung eines dualistischen Systems (mit Direktorat

---

28.11.2006), die DringAnO Nr. 82 vom 28. Juni 2007 (M.Of. Nr. 446 vom 29.6.2007), die DringAnO Nr. 52 vom 21. April 2008 (M.Of. Nr. 333 vom 30.4.2008), das Gesetz Nr. 284 vom 14. November 2008 (M.Of. Nr. 778 vom 20.11.2008) und das Gesetz Nr. 88 vom 8. April 2009 (M.Of. Nr. 246 vom 14.4.2009) geändert.

54 Das Änderungsgesetz Nr. 441/2006 betraf nicht nur das LSC, sondern auch das Gesetz Nr. 26/1990 über das Handelsregister.

55 *Christa Jessel-Holst*, Reforma dreptului românesc al societăţilor comerciale şi armonizarea cu acquis-ul comunitar, in Ad Honorem Stanciu D. Cărpenaru, Beck Verlag, Bukarest 2006, S. 34 ff., sowie *Vlad Peligrad*, Reforma Legii nr. 31/1990 şi armonizarea cu acquis-ul comunitar (Propuneri legislative), in Ad Honorem Stanciu D. Cărpenaru, Beck Verlag, Bukarest 2006, S. 23 ff. Auf diese Weise wurde die bestehende Umsetzung folgender EU-Richtlinien zum Gesellschaftsrecht noch einmal überprüft und gegebenenfalls neu gestaltet: Erste Richtlinie 68/151/EWG des Rates vom 9. März 1968 zur Koordinierung der Schutzbestimmungen, die in den Mitgliedstaaten den Gesellschaften im Sinne des Artikels 58 Absatz 2 des Vertrages im Interesse der Gesellschafter sowie Dritter vorgeschrieben sind, um diese Bestimmungen gleichwertig zu gestalten (Publizitäts-RL, ABl. L 65 vom 14.3.1968, S. 8, inzwischen durch Richtlinie 2009/101/EG kodifiziert – ABl. L 258 vom 1.10.2009, S. 11), Zweite Richtlinie 77/91/EWG des Rates vom 13. Dezember 1976 zur Koordinierung der Schutzbestimmungen, die in den Mitgliedstaaten den Gesellschaften im Sinne des Artikels 58 Absatz 2 des Vertrages im Interesse der Gesellschafter sowie Dritter für die Gründung der Aktiengesellschaft sowie für die Erhaltung und Änderung ihres Kapitals vorgeschrieben sind, um diese Bestimmungen gleichwertig zu gestalten (Kapital-RL, ABl. L 26 vom 31.1.1977, S. 1), Dritte Richtlinie 78/855/EWG des Rates vom 9. Oktober 1978 gemäß Artikel 54 Absatz 3 Buchstabe g) des Vertrages betreffend die Verschmelzung von Aktiengesellschaften (Verschmelzungs-RL, ABl. L 295 vom 20.10.1978, S. 36), Sechste Richtlinie 82/891/EWG des Rates vom 17. Dezember 1982 gemäß Artikel 54 Absatz 3 Buchstabe g) des Vertrages betreffend die Spaltung von Aktiengesellschaften (Spaltungs-RL, ABl. L 378 vom 31.12.1982, S. 47), Elfte Richtlinie 89/666/EWG des Rates vom 21. Dezember 1989 über die Offenlegung von Zweigniederlassungen, die in einem Mitgliedstaat von Gesellschaften bestimmter Rechtsformen errichtet wurden, die dem Recht eines anderen Staates unterliegen (Zweigniederlassungs-RL, ABl. L 395 vom 30.12.1989, S. 36) sowie Zwölfte Richtlinie 89/667/EWG des Rates vom 21. Dezember 1989 auf dem Gebiet des Gesellschaftsrechts betreffend Gesellschaften mit beschränkter Haftung mit einem einzigen Gesellschafter (Ein-Mann-GmbH-RL, ABl. L 395 vom 30.12.1989, S. 40, inzwischen durch Richtlinie 2009/102/EG kodifiziert – ABl. L 258 vom 1.10.2009, S. 20).

56 Für die deutsche Fassung der Grundsätze siehe www.oecd.org/dataoecd/57/19/32159487.pdf. Eine besondere Rolle bei der Reform im Bereich Corporate Governan-

und Aufsichtsrat) der Unternehmensführung für die rumänischen Aktiengesellschaften, als Alternative zum bestehenden monistischen System (mit nur Verwaltungsrat), das seinerseits auch modernisiert wurde.[57] Eine zweite, weniger umfangreiche Etappe dieser Gesellschaftsrechtsreform fand durch die Dringlichkeitsanordnung[58] Nr. 82 vom 29. Juni 2007 statt.[59] Zweck dieser Anordnung war nur, einige Ergänzungen und Korrekturen der bereits durchgeführten Reform vorzunehmen. Schließlich wurden durch die DringAnO Nr. 52 vom 21. April 2008[60] neue Bestimmungen über die grenzüberschreitende Verschmelzung (zur Umset-

---

ce spielten auch die EU-Vorgaben, wie z.B.: die Empfehlung 2005/162/EG der Kommission vom 15. Februar 2005 zu den Aufgaben der nicht geschäftsführenden Direktoren/Aufsichtsratsmitglieder börsennotierter Gesellschaften sowie zu den Ausschüssen des Verwaltungs-/Aufsichtsrats (ABl. L 52 vom 25.2.2005, S. 51), die Empfehlung 2004/913/EG der Kommission vom 14. Dezember 2004 zur Einführung einer angemessenen Regelung für die Vergütung von Mitgliedern der Unternehmensleitung börsennotierter Gesellschaften (Abl. L 385 vom 29.12.2004, S. 55), der Kommissionsvorschlag KOM(2005)685 vom 5. Januar 2006 für eine Richtlinie über die Ausübung des Stimmrechts durch Aktionäre sowie die Folgenabschätzung SEK(2006)181 zum Richtlinienvorschlag (diese Richtlinie ist inzwischen durch den Rat und das Europäische Parlament als Richtlinie 2007/36/EG vom 11. Juli 2007 über die Ausübung bestimmter Rechte von Aktionären in börsennotierten Gesellschaften verabschiedet worden – ABl. L 184 vom 14.7.2007, S. 17).

57 Für einige Kommentare zum Gesetzesentwurf der Regierung, der zum größten Teil vom Parlament ohne Änderungen angenommen wurde, siehe auch die Festschrift „Ad Honorem Stanciu D. Cărpenaru", Beck Verlag, Bukarest 2006.

58 Anordnungen („AnO") und Dringlichkeitsanordnungen („DringAnO") haben Gesetzeswirkung. Das Parlament kann durch Ermächtigungsgesetze bestimmte Gesetzgebungsaufgaben an die Regierung delegieren, damit diese Anordnungen erlässt. Die Verfassung sieht aber vor, dass in außerordentlichen Fällen die Regierung ohne vorherige Ermächtigung durch das Parlament Dringlichkeitsanordnungen erlassen kann (Art. 115 IV-VI rVerf). In der rumänischen Gesetzgebungspraxis ist es nach der politischen Wende von 1989 oft zum Erlass wichtiger Normen in Form von Dringlichkeitsanordnungen gekommen. Für eine Kritik dieser Lage siehe *Peter Leonhardt*, Rechtsetzung durch Dringlichkeitsanordnungen, WGO-Monatshefte für Osteuropäisches Recht, Heft 3/1997, S. 163-166. Auch heutzutage ist dies eine gängige Praxis der rumänischen Regierung, die in dem Fall nicht zuletzt durch den EU-Regulierungsaufwand gerechtfertigt wurde. Siehe auch *Ionuț Rădulețu, Ewa Hegedüs-Brown*, Das rumänische Aktienrecht, Arbeitspapier des Forschungsinstituts für Mittel- und Osteuropäisches Wirtschaftsrecht der Wirtschaftsuniversität Wien, 2010 (im Druck).

59 M.Of. Nr. 446 vom 29.6.2007. So wie diese durch Gesetz Nr. 88 vom 8. April 2009 (M.Of. Nr. 246 vom 14.4.2009) angenommen wurde.

60 M.Of. Nr. 333 vom 30.4.2008. So wie diese durch Gesetz Nr. 284 vom 14. November 2008 (M.Of. Nr. 778 vom 20.11.2008) angenommen wurde.

zung der RL 2005/56/CE[61]) und über die Flexibilisierung der Erfordernisse einer unabhängigen Prüfung der Verschmeltzung bzw. Spaltung (zur Umsetzung der RL 2007/63/CE[62]) in das LSC eingeführt. Die vorliegende Arbeit berücksichtigt auch diese letzten Änderungen des rumänischen Aktienrechts.

## 2. *Deutsches Recht*

### 2.1. *Die Aktienrechtsnovelle von 1884*

Die Aktienrechtsnovelle von 1884[63] gilt als die erste spezielle Regelung des Minderheitsschutzes im deutschen Aktienrecht. Früher (im preußischen Gesetz über die Aktiengesellschaften von 1843 oder im Allgemeinen Deutschen Handelsgesetzbuch von 1856) gab es nur allgemeine Ansatzpunkte für einen Minderheitenschutz. Durch die Novelle von 1884 wird dem Aktionär das Recht zuerkannt, gesetz- oder statutenwidrige Beschlüsse anzufechten (Art. 190a). Einer Minderheit stand ferner die Befugnis zur Untersuchung von Gründungsvorgängen (Art. 222a) und auf Ernennung oder Abberufung von Liquidatoren (Art. 244) zu. Das Recht auf Einberufung der Generalversammlung war in Art. 237 geregelt. Art. 223 gewährte einer Minderheit das Recht zur selbständigen Verfolgung von Ansprüchen aus der Gründung der Gesellschaft und aus der Geschäftsführung. In der Rechtsprechung fanden diese Vorschriften aber nur eine sekundäre Anwendung. Das Mehrheitsprinzip wurde so ausgelegt, dass die Mehrheit allein darüber zu entscheiden hat, „was im Interesse der Gesellschaft und ihrer Aktionäre zu tun und zu lassen ist“.[64]

### 2.2. *Das Handelsgesetzbuch von 1897*

Das Handelsgesetzbuch von 1897 (in dem das Aktienrecht in §§ 178-319 geregelt war) übernahm grundsätzlich die Regelung der Minderheitsrechte von der Aktienrechtsnovelle von 1884. Neu war die Trennung des Rechts auf Bilanzanfechtung von dem allgemeinen Anfechtungsrecht (§ 271 I) und seine Ausgestaltung als

---

61 Richtlinie 2005/56/EG des Europäischen Parlaments und des Rates vom 26. Oktober 2005 über die Verschmelzung von Kapitalgesellschaften aus verschiedenen Mitgliedstaaten (ABl. L 310 vom 25.11.2005, S. 1).

62 Richtlinie 2007/63/EG des Europäischen Parlaments und des Rates vom 13. November 2007 zur Änderung der Richtlinien 78/855/EWG und 82/891/EWG des Rates hinsichtlich des Erfordernisses der Erstellung eines Berichts durch einen unabhängigen Sachverständigen anlässlich der Verschmelzung oder der Spaltung von Aktiengesellschaften (ABl. L 300 vom 17.11.2007, S. 47).

63 Gesetz betreffend die Kommanditgesellschaften auf Aktien und die Aktiengesellschaften, Berlin, 1884.

64 *Hibernia*-Fall, RGZ Bd. 68, S.235, nach *Hans-Dieter Rübsaamen*, Minderheitenrechte in einer konzernfreien Gesellschaft, Würzburg 1971, S. 68.

Minderheitsbefugnis (§ 271 III).[65] Überdies wurden die Rechte des einzelnen Aktionärs (§§ 256 I, 257, 263 II und III usw.) wie auch die formellen Minderheitsrechte (§§ 264 II, 268 I, 270) erweitert, da die Stärkung der Aktionärsstellung einer der Gründe der Aktienrechtsreform von 1897 darstellte.

### *2.3. Das Aktiengesetz von 1937*

Nach dem Ersten Weltkrieg gab es Ansätze für eine neue theoretische Orientierung, derzufolge im Aktienrecht der Verwaltung oder Geschäftsführung Priorität gegenüber den Aktionären verliehen werden sollte.[66] Damit trat das Unternehmen in den Mittelpunkt der Betrachtung, während die Rechtsstellung der Minderheitsaktionäre im Hintergrund blieb. Demzufolge war das Unternehmen vor den Aktionären zu schützen. Die Generalversammlung verlor ihre entscheidende Stellung. Diese Entwicklungen fanden ihren Ausdruck im Aktiengesetz von 1937, obwohl der Kernbereich der Minderheitsrechte, wenngleich mit bestimmten Modifizierungen, bestehen blieb. So wurde z.B. die Erhebung einer Anfechtungsklage nach § 198 II unter die Bedingung der Leistung einer Sicherheit gestellt, was in der Praxis zu Ausübungsschwierigkeiten führte. Ähnlich verhielt es sich bei den Bestimmungen zur Streitwertfeststellung, denen gemäß der Streitwert unter Berücksichtigung des Gesellschaftsinteresses an der Aufrechterhaltung des angefochtenen Beschlusses durch den Richter nach freiem Ermessen festzusetzen war. Das AktG von 1937 führte darüber hinaus spezielle, gegen die Minderheitsaktionäre gerichtete Schadensersatzansprüche ein.

### *2.4. Das Aktiengesetz von 1965*

Hauptziele der Reform von 1965 waren die Streuung des Aktienbesitzes, Stärkung der Rechtsstellung der Hauptversammlung gegenüber der Geschäftsführung, Verbesserung des Individual- und Minderheitsschutzes der Aktionäre, Verschärfung der Publizitäts- und Rechenschaftsvorschriften sowie eine Kodifikation des Konzernrechts.[67] Das Aktienrecht bekam eine neue Grundkonzeption, die unter Berücksichtigung des Gesellschaftszwecks auf den Publikumsaktionär als „Eigentümer“ des Unternehmens gerichtet war. Gleichzeitig, um zu vermeiden, dass solche Individualrechte zu einer Stärkung der Mehrheit bzw. des Organträgers zum Nachteil der Minderheit führten, wurden auch die speziellen Minderheitsrech-

---

65 Aktienrecht. Kommentar von Dr. Jur. Erich Brodmann, Berlin und Leipzig 1928, S. 403 ff.

66 *Ernst-Joachim Mestmäcker*, Verwaltung, Konzerngewalt und Rechte der Aktionäre, Karlsruhe 1958, S.12 ff.

67 *K. Schmidt*, a.a.O., § 26 II 2 h.

te verstärkt und entwickelt, wie z.B. das Recht auf Einberufung von Versammlungen und auf Einflussnahme auf die Tagesordnung (§ 122 AktG), die gerichtliche Bestellung oder Abberufung von Gesellschaftsorganen (§ 265 III AktG), die Geltendmachung von Ersatzansprüchen (§ 147 AktG), die Durchführung von Sonderprüfungen (§§ 142 II, 258 II, 260 I AktG) usw.

Besonders wichtig im Rahmen der Aktienrechtsreform von 1965 vom Gesichtspunkt der Minderheitsrechtsstellung war des Weiteren die Einführung eines kodifizierten Konzernrechts (§§ 291-337 AktG). Zum Schutz der außenstehenden Aktionäre hat das Gesetz den Aktionären, die aus der Gesellschaft nicht austreten wollen, einen Ausgleich zuerkannt (§ 304 AktG), während den ausscheidenden Aktionären eine Abfindung in Form von Aktien der Muttergesellschaft oder eine Barabfindung gewährt wurde (§ 305 AktG).

## *B. Eigentumsstruktur der Aktiengesellschaften*

### *1. Rumänisches Privatisierungsverfahren*

Die Eigentumsstruktur rumänischer Aktiengesellschaften kann nicht behandelt werden, ohne sich ein Bild über das Privatisierungsverfahren beim Übergang von der Planwirtschaft zur Marktwirtschaft zu machen. Die Privatisierung wurde institutionell bereits 1990 eingeleitet, als das Gesetz Nr. 15/1990 zur Umstrukturierung staatlicher Unternehmen als autonome Betriebe und Handelsgesellschaften[68] in Kraft trat. Ca. 6300 Aktiengesellschaften sind auf diese Weise entstanden, mit dem Staat als alleinigem Aktionär. Ein Jahr später wurde das Privatisierungsgesetz Nr. 58/1991[69] verabschiedet, dessen Ziel war, die staatlichen Handelsgesellschaften in private Gesellschaften umzuwandeln. Praktisch erfolgte aber das Verfahren sehr langsam. Laut einer OECD-Studie wurden bis 1996 nur etwa 13 % des betroffenen Staatseigentums privatisiert.[70]

Die im Staatseigentum befindlichen Unternehmen waren Teil eines *Circulus vitiosus*: Die niedrigen Standards der Unternehmensführung, die sie kennzeichneten, machten sie einerseits unattraktiv für private Investoren, und andererseits war die Erhöhung dieser Standards nur durch den Input privater (institutioneller) Anleger möglich. Der Staat sah aber mit der Zeit ein, dass die Kontrolle durch Regulierung besser und zu niedrigeren Kosten ausgeübt werden kann als die Kontrolle durch Eigentum.

---

68 M.Of. Nr. 98 vom 8.8.1990.

69 M.Of. Nr. 169 vom 16.8.1991.

70 *Octavian Căpățână*, Mersul privatizării societăților comerciale cu capital de stat (coordonate juridice), RDC Nr. 6/1998, S. 5 ff.

Durch das Privatisierungsgesetz wurden der staatliche Eigentumsfonds (*Fondul Proprietății de Stat* – FPS) und fünf private Eigentumsfonds (*Fonduri ale Proprietății Private* – FPPs[71]) errichtet. Dem FPS wurden 70 % des Eigentums an staatlichen Handelsgesellschaften übertragen. Die restlichen 30 % wurden auf die fünf FPPs aufgeteilt. Die FPPs waren als Investmentgesellschaften organisiert. Jedes FPP hat Eigentumszertifikate ausgegeben, die an die rumänischen Staatsbürger verteilt wurden. Dabei erhielt jeder Bürger, der Ende 1990 über 18 Jahre alt war, jeweils ein Zertifikat bei den fünf FPPs. Die Zertifikate konnten dann gegen Aktien der Gesellschaften eingetauscht werden, an denen sich die FPPs beteiligten. Darüber hinaus sollte das FPS selbst seine Anteile unter anderem an strategische und institutionelle private Anleger verkaufen und auf diese Weise die Privatisierung vervollständigen. Eine der bevorzugten Privatisierungsmethoden war das *Management and Employees Buy-Out* (MEBO); viele Anteile an Handelsgesellschaften wurden auf diesem Weg von der Belegschaft gekauft.[72]

Zur Beschleunigung der Privatisierung wurde das Gesetz Nr. 55/1995[73] zum sog. Massenprivatisierungsprogramm verabschiedet. Auf dieser Grundlage wurden an die Bevölkerung Kupons ausgeteilt, aufgrund welcher sie zu Aktionär bei den ca. 4000 vom Programm betroffenen Aktiengesellschaften werden konnte. Das Ergebnis war eine höchst zersplitterte Eigentumsstruktur, mit hunderttausenden von Kleinaktionären, manchmal bei derselben Gesellschaft. Die meisten dieser Gesellschaften wurden auf dem extrabörslichen (*over-the-counter*) Markt RASDAQ (Romanian Association of Securities Dealers Automated Quotations System, in Anlehnung an das amerikanische NASDAQ) notiert.[74] Das breit zerstreute Eigentum machte die Kontrolle des Managements praktisch unmöglich, was im Gegenzug eine schlechte Behandlung von Minderheitsaktionären zum Ergebnis hatte.[75] In der Praxis führte die MEBO sowie die Kuponprivatisierung meistens

---

71 Die FPPs sind später durch Gesetz Nr. 133/1996 (M.Of. Nr. 273 vom 1.11.1996) zu den aktuellen fünf Finanzinvestmentgesellschaften (*Societăți de Investiții Financiare* – SIF) geworden, die seit November 1999 in der ersten Kategorie an der Bukarester Wertpapierbörse notieren. Jede SIF hatte bei der Notierung jeweils ca. 9 Millionen Aktionäre – OECD, Guvernanța corporativă în România, 2001, S. 101, verfügbar auf http://www.oecd.org/dataoecd/17/13/2390809.pdf; *Jean-Claude Hulot*, Les firmes roumaines. Actionnariat et performance dans la post-privatisation, Le Courrier des Pays de l'Est. Politique, Economie et Société, Nr. 1031, Januar 2003, S. 76-77.

72 *Jean-Claude Hulot*, a.a.O., S. 73-74.

73 M.Of. Nr. 122 vom 19.6.1995.

74 OECD, Guvernanța corporativă în România, 2001, S. 103 ff.

75 Mit der Zeit ist es zu einer Konsolidierung der Eigentumsstruktur und zum Delisting vieler Aktiengesellschaften von RASDAQ gekommen, siehe dazu Report on the Observance of Standards and Codes (ROSC). Corporate Governance Country Assessment – Romania, April 2004, Anhänge S. 12, verfügbar auf http://www.worldbank.org/

zu einer passiven Aktionärschaft, die wenig zur Verbesserung von Corporate-Governance-Standards beizutragen bereit war.[76]

## 2. *Privatsektor und Handelsgesellschaften*

Die Entwicklung des Beitrags des Privatsektors zum Bruttoinlandsprodukt in Rumänien verlief von 12,8 % in 1989 über 55 % in 1996 (zum ersten Mal mehrheitlich) zu über 70 % in 2005. In 2010 sollte er ca. 80 % erreichen.[77] Die Dienstleistungen, die Industrie, das Bauwesen und die Landwirtschaft sind die Hauptzweige des Privatsektors.

*Die Struktur des Privatsektors nach Geschäftszweigen*

| | 1990 | 2005 | 2010 (Prognose) |
|---|---|---|---|
| Landwirtschaft | 82 % | 12,1 % | 8,4 % |
| Industrie | 14,2 % | 28 % | 28,6 % |
| Dienstleistungen | 3,2 % | 49 % | 53 % |
| Bauwesen | 0,6 % | 10,9 % | 10 % |

Die Privatinitiative wird oft durch Gründung von Handelsgesellschaften ausgeübt. Statistisch gesehen werden Gesellschaften mit beschränkter Haftung bevorzugt, während die Aktiengesellschaften nur ca. 2,6 % aller Handelsgesellschaften ausmachen.

| **Rumänische Handelsgesellschaften am 31.8.2009**[78] | **1.395.665** | **100 %** |
|---|---|---|
| offene Handelsgesellschaften | 32.674 | 2,34 % |
| Kommanditgesellschaften | 1.605 | 0,11 % |
| Gesellschaften mit beschränkter Haftung | 1.327.774 | 95,13 % |
| Aktiengesellschaften | 33.612 | 2,4 % |

ifa/rosc_cg_rom.pdf; OECD, White Paper on Corporate Governance in South East Europe, Juni 2003, S. 65 Rn. 331, verfügbar auf http://www.oecd.org/dataoecd/9/21/20490351.pdf.

76 OECD, White Paper on Corporate Governance in South East Europe, Juni 2003, S. 63 Rn. 324.

77 Siehe die Webseite der rumänischen Nationalen Prognose-Kommission (*Comisia Naţională de Prognoză*: http://www.cnp.ro/user/repository/13d8770e862eb522b62f.pdf) sowie OECD, Guvernanţa corporativă în România, 2001, S. 19.

78 Rumänisches Handelsregister, Statistische Synthese Nr. 213, Tabelle Nr. 5: http://www.onrc.ro/statistici/sr_2009_08.pdf.

Trotz dieser Zahlen des Handelsregisters sind viele Gesellschaften wirtschaftlich inaktiv. Vom Nationalen Statistikinstitut werden für 2006 nur 10.749 (von 31.739) Aktiengesellschaften und 443.649 (von 1.082.831) GmbHs als aktive Gesellschaften betrachtet.[79]

In Deutschland ist die Anzahl der Aktiengesellschaften niedriger. Auch prozentual sind sie im Vergleich zur rumänischen Lage unterrepräsentiert. Dies ist einmal dadurch zu erklären, dass in Deutschland die Form der Aktiengesellschaft für große Gesellschaften verwendet wird. Außerdem ist die größere Anzahl rumänischer Aktiengesellschaften durch das Privatisierungsverfahren zu erklären, in welchem diese Gesellschaftsform bevorzugt wurde. Statistische Angaben zu Unternehmenszahl in Deutschland in 1999 nach Rechtsform sind der folgenden Tabelle zu entnehmen[80]:

| **Deutsche Handelsgesellschaften in 1999** | **799.045** | **100 %** |
|---|---|---|
| Gesellschaften bürgerlichen Rechts und offene Handelsgesellschaften | 257.321 | 32,2 % |
| Kommanditgesellschaften | 99.688 | 12,47 % |
| Gesellschaften mit beschränkter Haftung | 438.085 | 54,82 % |
| Aktiengesellschaften | 3.951 | 0,5 % |

Gemäß den Angaben des Deutschen Aktieninstituts waren 1930 in Deutschland 10.970 Aktiengesellschaften angemeldet. In der Nachkriegszeit ist die Hürde von 10.000 erst im Jahr 2000 überschritten. In 2004 bestanden sogar 16.002 Aktiengesellschaften, wobei in März 2009 eine Anzahl von 13.909 Aktiengesellschaften verzeichnet wurde, bei einem gesamten Grundkapital aller AG und KGaA von 172.044 Mio. Euro.[81]

### 3. *Börsennotierte Aktiengesellschaften*

Von Anfang an sollte darauf hingewiesen werden, dass in Rumänien von den großen Aktiengesellschaften (nach ihrem Umsatz) nur wenige an der Börse notieren. Was viele rumänische Aktiengesellschaften kennzeichnet, ist eine „direkte" Eigentumsform, mit nur einigen wenigen Personen als Eigentümer. Diese Eigentümerstruktur

79 Anuarul statistic al României 2007 (Statistisches Jahrbuch Rumäniens für 2007), 15. Kapitel, Tabelle 15.4: http://www.insse.ro/cms/files/pdf/ro/cap15.pdf.

80 Nach *Jörg Arzt-Mergemeier*, Der gesellschaftsrechtliche Minderheitsschutz in Deutschland, England und Frankreich, 2005, S. 60.

81 DAI-Factbook, S. 01-1 (Stand 02.06.2009): http://www.dai.de/internet/dai/dai-2-0.nsf/dai_statistiken.htm

wird auch von ausländischen Investoren bevorzugt.[82] Die Gesellschaften mit einem gewissen Grad an zerstreutem Eigentum sind meistens Ergebnis des Privatisierungsverfahrens.

Die Bukarester Wertpapierbörse hat ihre Tätigkeit am 20. November 1995 wiederaufgenommen (nachdem die frühere rumänische Börse ihre Tätigkeit 1948 stilllegen musste), unter der Aufsicht der Nationalen Wertpapierkommission (*Comisia Națională a Valorilor Mobiliare* – CNVM). Die Börse wird meistens als Sekundärmarkt und nur selten als Primärmarkt verwendet. Nur wenige IPOs konnten in der Zwischenzeit verzeichnet werden. Die Börse spielte eine wichtige Rolle bei der Privatisierung der noch in staatlichem Eigentum befindlichen Aktienpakete an großen rumänischen Unternehmen sowie bei der Konzentration des Eigentums an privatisierten Unternehmen in der Postprivatisierungsphase.[83]

An der Bukarester Börse notieren aktuell 69 rumänische Aktiengesellschaften (davon 21 in der ersten Transparenzkategorie[84], 47 in der zweiten und eine in der dritten Kategorie) und eine ausländische Aktiengesellschaft (die österreichische Erste Bank). Zu erwähnen ist auch, dass die gesamte Marktkapitalisierung der 69 börsennotierten AGs am 1. Oktober 2009 78.054.659.458 LEI (bzw. 18.367.963.162 Euro) erreichte. Unten folgt eine Tabelle mit Angaben zu den 21 Gesellschaften der ersten Transparenzkategorie und zu ihrer Aktionärsstruktur[85]:

| | **AG und Tätigkeitsfeld** | **Aktionäre** | **Anteil** | **Grund-kapital** | **Markt-kapitali-sierung** |
|---|---|---|---|---|---|
| 1. | Alro S.A. (Aluminium-Produkte) | Vimetco N.V. Amsterdam | 84,19 % | 356.889.567 | 1.727.345.506 |
| | | andere Aktionäre | 15,81 % | | |
| 2. | Antibiotice S.A. (Pharma-Produkte) | Gesundheitsministerium | 53,02 % | 45.489.729 | 325.251.563 |
| | | S.I.F. Oltenia | 10,10 % | | |

82 Große Gesellschaften wie *Shell Romania, Procter And Gamble, Coca-Cola, Lukoil Romania, Unilever, Henkel Romania, Metro Cash And Carry Romania* usw. sind geschlossene Aktiengesellschaften, die an der Börse nicht notieren. Ca. 80 % aller ausländischen Investitionen in Rumänien waren bis 2001 „greenfield"-Investitionen, in neu errichteten Gesellschaften – siehe OECD, Guvernanța corporativă în România, 2001, S. 49.

83 OECD, Guvernanța corporativă în România, 2001, S. 30.

84 Die Regeln zur Kategorien-Einstufung sind dem Börsen-Kodex vom 7. September 2009 zu entnehmen (zu den Bedingungen der Notierung in der ersten Kategorie zählen eine Aktienstreuung von mindestens 25 % und eine Aktionärszahl von mindestens 2000): http://www.bvb.ro/Juridic/files/COD%20BVB_site_7%20septembrie_2009.pdf.

85 Die Informationen entsprechen den Angaben der Bukarester Wertpapierbörse (www.bvb.ro) am 6.10.2009. Die Werte des Grundkapitals und der Marktkapitalisierung sind in LEI angegeben (der offizielle Wechselkurs am 6.10.2009 war: 1 EURO = 4,26 LEI).

| | AG und Tätigkeitsfeld | Aktionäre | Anteil | Grund-kapital | Markt-kapitali-sierung |
|---|---|---|---|---|---|
| | | andere Aktionäre | 36,88 % | | |
| 3. | Azomureş S.A. (Chemische Produkte) | S.C. Eurofert Investments L.L.C. New Castle USA | 55,97 % | 52.603.263 | 155.179.626 |
| | | Azomures Holdings LLC Wilmington USA | 19,05 % | | |
| | | andere Aktionäre | 24,97 % | | |
| 4. | Banca Comerciala Carpatica S.A. (Finanzdienstleistungen) | Carabulea ILIE | 36,26 % | 162.688.317 | 221.380.115 |
| | | andere Aktionäre | 63,73 % | | |
| 5. | Biofarm S.A. (Pharma-Produkte) | S.I.F. Oltenia | 17,43 % | 109.486.149 | 221.162.022 |
| | | S.I.F. Moldova | 11,46 % | | |
| | | S.I.F. Banat-Crisana | 15,19 % | | |
| | | A.V.A.S. | 1,04 % | | |
| | | andere Aktionäre | 54,86 % | | |
| 6. | BRD-Groupe Societe Generale S.A. (Finanzdienstleistungen) | Societe Generale Paris FRA | 59,27 % | 696.901.518 | 8.641.578.823 |
| | | andere Aktionäre | 40,72 % | | |
| 7. | S.S.I.F. Broker S.A. (Finanzintermediär) | zerstreutes Eigentum | 100 % | 144.735.840 | 65.131.128 |
| 8. | Impact Developer & Contractor S.A. (Bauwesen) | Popp Ioan Dan | 28,06 % | 200.000.000 | 111.000.000 |
| | | Sandulescu Carmen | 11,55 % | | |
| | | andere Aktionäre | 60,37 % | | |
| 9. | Oil Terminal S.A. (Güterumschlag) | Wirtschaftsministerium | 59,62 % | 58.243.025 | 151.431.865 |
| | | Fondul Proprietatea S.A. | 10 % | | |
| | | andere Aktionäre | 30,37 % | | |
| 10. | Oltchim S.A. (Chemische Produkte) | Wirtschaftsministerium | 54,79 % | 34.302.385 | 92.616.441 |
| | | PCC SE Duisburg DEU | 12,15 % | | |
| | | andere Aktionäre | 33,05 % | | |
| 11. | SIF Banat Crisana S.A. (Finanzintermediär) | zerstreutes Eigentum | maximale erlaubte Beteiligung von 1 % | 54.884.926 | 592.757.209 |
| 12. | SIF Moldova S.A. (Finanzintermediär) | zerstreutes Eigentum | maximale erlaubte Beteiligung von 1 % | 51.908.958 | 555.425.859 |

| | AG und Tätigkeitsfeld | Aktionäre | Anteil | Grund-kapital | Markt-kapitali-sierung |
|---|---|---|---|---|---|
| 13. | SIF Transilvania S.A. (Finanzintermediär) | zerstreutes Eigentum | maximale erlaubte Beteili-gung von 1 % | 109.214.333 | 748.118.182 |
| 14. | SIF Muntenia S.A. (Finanzintermediär) | zerstreutes Eigentum | maximale erlaubte Beteili-gung von 1 % | 80.703.651 | 581.066.290 |
| 15. | SIF Oltenia S.A. (Finanzintermediär) | zerstreutes Eigentum | maximale erlaubte Beteili-gung von 1 % | 58.016.571 | 684.595.542 |
| 16. | Petrom S.A. (Ölindustrie) | OMV Aktiengesellschanft Wien AUT | 51,01 % | 5.664.410.833 | 15.293.909.250 |
| | | Wirtschaftsministerium | 20,63 % | | |
| | | Fondul Proprietatea S.A. | 20,11 % | | |
| | | andere Aktionäre | 8,24 % | | |
| 17. | Socep S.A. (Güterumschlag) | Grup DD S.A. Constanta | 31,60 % | 34.342.574 | 48.079.604 |
| | | Samara Stere | 10,51 % | | |
| | | andere Aktionäre | 57,87 % | | |
| 18. | Turbomecanica S.A. (Flugzeugbau) | Viehmann Radu | 25,92 % | 36.944.247 | 42.116.442 |
| | | Ciorapciu Dana Maria | 15,16 % | | |
| | | andere Aktionäre | 58,92 % | | |
| 19. | Transelectrica (Stromlieferung) | Wirtschaftsministerium | 73,68 % | 733.031.420 | 930.949.903 |
| | | Fondul Proprietatea S.A. | 13,5 % | | |
| | | andere Aktionäre | 12,81 % | | |
| 20. | Transgaz S.A. (Leitungstransport) | Wirtschaftsministerium | 73,51 % | 117.738.440 | 1.837.897.048 |
| | | Fondul Proprietatea S.A. | 14,98 % | | |
| | | andere Aktionäre | 11,5 % | | |
| 21. | Banca Transilvania S.A. (Finanzdienstl-eistungen) | Europäische Bank für Wie-deraufbau und Entwicklung | 14,97 % | 1.059.696.183 | 1.737.901.740 |
| | | andere Aktionäre | 85,02 % | | |

Von den 69 börsennotierten Gesellschaften haben 40 einen Mehrheitsaktionär, der mehr als 50 % der Aktien besitzt: In der ersten Kategorie ist das Eigentum nur bei 9 von 21 Gesellschaften auf diese Weise konzentriert, während dies in der zweite Kategorie bei 30 von 47 Gesellschaften der Fall ist; die einzige Gesellschaft in der dritten Kategorie hat auch einen Mehrheitsaktionär. Von den übrigen 29 Aktiengesellschaften haben viele einen Großaktionär, der sie kontrolliert, wenngleich mit keiner mehrheitlichen Beteiligung. Im Endergebnis gibt es nur wenige Aktiengesellschaften, bei denen das Eigentum zerstreut ist (dies ist insbesondere der Fall bei den fünf SIF-Gesellschaften).[86]

Die Eigentumsstruktur deutscher Aktiengesellschaften ist für die kontinentaleuropäische Wirtschaftslandschaft typisch. Im Unterschied zum angelsächsischen Raum, der im Allgemeinen durch eine zerstreute Eigentumsstruktur börsennotierter Gesellschaften gekennzeichnet ist, haben deutsche und sonstige kontinentaleuropäische Aktiengesellschaften eine konzentrierte Struktur des Aktieneigentums.[87] Was die deutsche Wirtschaft weiter charakterisiert, ist eine breite Verflechtung der Beteiligungsstrukturen an Aktiengesellschaften. Dies hat in der Literatur zum Begriff „Deutschland AG" geführt, der das Netzwerk deutscher Banken (sowohl als Kapitalgeber wie auch als Aktionäre) und deutscher Industriekonzerne nach dem zweiten Weltkrieg bezeichnet, das zu einer gewissen Abschottung des deutschen Unternehmensmarktes gegenüber angelsächsischen und sonstigen ausländischen Investoren führte.[88] Der geringe Streubesitz von Aktien und der Einfluss der Finanzinstitute in ihre doppelten Rolle von Gläubiger und Aktionär machte feindliche Übernahmen in Deutschland fast unmöglich. Das Konzernrecht spielte für lange Zeit eine wichtigere Rolle als der Kapitalmarkt. In den letzten Jahren konnte aber eine zunehmende Entwicklung des deutschen Kapitalmarktrechts verzeichnet werden, die verbesserte Mechanismen des Aktionärsschutzes mit sich gebracht hat.[89]

Gemäß einer Studie von 1999 hatten 85 % der deutschen börsennotierten Gesellschaften einen dominierenden Aktionär (der mehr als 25 % der Stimmrechte unter Kontrolle hatte).[90] Diese Ergebnisse wurden von einer Studie aus dem Jahr 2001 bestätigt, die darüber hinaus erbrachte, dass 57 % der deutschen börsennotierten Unternehmen einen Mehrheitsaktionär (d.h. einen Aktionär, der über 50 % der

86 Für eine Darstellung der Rechtslage bezüglich der Meldepflichten angesichts der Stimmrechtsanteile bei börsennotierten Aktiengesellschaften siehe Punkt 3.I.B.3.3.4 unten.

87 *Rafael La Porta, Florencio Lopez de Silanes, Andrei Shleifer*, „Corporate Ownership Around the World" (August 1998), S. 1. Harvard Institute of Economic Research Paper No. 1840. Verfügbar bei SSRN: http://ssrn.com/abstract=103130.

88 *Jechen Moebert, Patrick Tydecks*, Power and Ownership Structures among German Companies. A Network Analysis of Financial Linkages (21. Juni 2007), S. 3, abrufbar unter: http://www.bwl.tu-darmstadt.de/vwl/forsch/veroeff/papers/ddpie_179.pdf.

89 *Eric Nowak*, „Investor Protection and Capital Market Regulation in Germany", in *Jan Pieter Krahnen, Reinhard H. Schmidt (Hrsg.),* The German Financial System, Oxford University Press 2004, S. 425 ff.

90 *Marco Becht, Ekkehart Boehmer*, Transparency of Ownership and Control in Germany (5. Februar 1999), verfügbar bei SSRN: http://ssrn.com/abstract=149774.

Stimmrechte kontrolliert) hatten.[91] Wie wir oben bereits aufgezeigt haben, ist eine ähnlich konzentrierte Eigentumsstruktur auch auf dem rumänischen Kapitalmarkt zu verzeichnen. Diese wirtschaftliche Tatsache führt in beiden Rechtsordnungen dazu, dass es in der Praxis weniger zu einem vertikalen *Agency*-Problem (zwischen Aktionären und AG-Verwaltung) als vielmehr zu einem horizontalen *Agency*-Problem (zwischen Mehrheits- und Minderheitsaktionären) kommt.[92] Eine gewisse Konvergenz der entsprechenden rechtlichen Mittel zum Schutz der Minderheitsaktionäre wird im Folgenden aufgezeigt werden.

## *C. Europäische Integration und Übernahme des EU-Acquis*

Die Osterweiterung der EU hat zu einer Reihe von Gesetzgebungsreformen in den osteuropäischen Ländern geführt. Die Kandidatenländer mussten ihre Rechtsvorschriften an den gemeinschaftlichen Besitzstand oder *Acquis communautaire* angleichen, um eine juridische EU-Kompatibilität zu erreichen und sich den bestehenden EU-Mitglieder anzuschließen. Dieses Verfahren hat auch Rumänien betroffen. Im Unterschied zu Deutschland, das als Altmitgliedstaat an der Entwicklung des *Acquis communautaire* einschließlich im Gesellschaftsrecht aktiv teilnehmen konnte, hatte Rumänien als Beitrittskandidat keine Mitgestaltungsmöglichkeit. Die EU-Vorschriften sollten als solche übernommen werden, manchmal wurden sie rein mechanisch in die interne Rechtsordnung integriert. Am 1.1.2007 ist Rumänien selbst EU-Mitglied geworden und kann jetzt einen gewissen Einfluss auf die europäische Rechtsetzung ausüben.

### *I. Exkurs: Rumänien auf dem Weg zur EU-Mitgliedschaft*[93]

Rumänien war das erste Land des Ostblocks, das Handelsbeziehungen mit der Europäischen Gemeinschaft aufgenommen hat: Seit Januar 1974 profitierte Ru-

91 *J. Franks, C. Mayer*, Ownership and Control of German Corporations, Review of Financial Studies 14 (2001), S. 943 ff.

92 *Klaus J. Hopt*, Comparative company law, in: *Mathias Reimann, Reinhard Zimmermann* (Hrsg.), The Oxford Handbook of Comparative Law, Oxford 2006, S. 1166; *Roland J. Gilson*, „Controlling Shareholders and Corporate Governance: Complicating the Comparative Taxonomy“ (August 2005). ECGI – Law Working Paper No. 49/2005. Verfügbar bei SSRN: http://ssrn.com/abstract=784744.

93 Siehe auch *Ionuţ Răduleţu*, Rechtsangleichung Rumäniens an den acquis communautaire der EU, in *Thede Kahl, Michael Metzeltin, Mihai-Razvan Ungureanu (Hrsg.)*, Rumänien: Raum und Bevölkerung, Geschichte und Geschichtsbilder, Kultur, Gesellschaft und Politik heute, Wirtschaft, Recht und Verfassung, historische Regionen, Wien 2006, S. 777 ff.

mänien von einem allgemeinen Präferenzsystem; danach schloss es mehrere Handelsabkommen mit der EG ab, darunter ein Abkommen zum Handel mit Industrieprodukten (1980). Nach der politischen Wende von Dezember 1989 wurden auch diplomatische Beziehungen aufgenommen (1990), während die Wirtschaftsbeziehungen durch ein Handels- und Kooperationsabkommen (1991) neu geregelt wurden.[94]

Die Angleichung Rumäniens an den *Acquis communautaire* der EU begann schon einige Jahre darauf, als Rumänien am 1. Februar 1993 das Assoziierungsabkommen mit den Europäischen Gemeinschaften und mit deren Mitgliedsstaaten unterzeichnete. Das Abkommen wurde von Rumänien durch Gesetz Nr. 20/1993[95] ratifiziert und trat in Februar 1995 in Kraft. In Mai 1995 veröffentlichte die Europäische Kommission das Weißbuch zur Vorbereitung der Integration mittel- und osteuropäischer Länder in den Binnenmarkt. Erstmals wurden darin die Hauptmaßnahmen für jeden Sektor des Binnenmarkts aufgezählt, die von Kandidatenländern in der Perspektive des Beitritts getroffen werden sollten, sowie eine Ordnung der Rechtsangleichungsetappen empfohlen.

Für den Beitritt galten folgende, vom Europäischen Rat von Kopenhagen im Juni 1993 festgestellten Kriterien: die politischen Kriterien (Beachtung der Grundsätze der Demokratie, der Rechtsstaatlichkeit, der Menschenrechte und des Minderheitenschutzes) und die wirtschaftlichen Kriterien (eine funktionale und wettbewerbsfähige Marktwirtschaft), sowie die Fähigkeit, die aus der Mitgliedschaft entstehenden Verpflichtungen einzuhalten (erfolgreiche Übernahme des gemeinschaftlichen Besitzstandes). Zu diesen Kriterien wurde auf dem Europäischen Rat von Madrid im Dezember 1995 ein weiteres hinzugefügt: zu prüfen war danach auch die Verwaltungskapazität, die angeglichenen Rechtsvorschriften in der Praxis anzuwenden.

Rumänien hat seinen offiziellen Antrag auf EU-Mitgliedschaft am 22. Juni 1995 eingereicht, zusammen mit einer nationalen Strategie zur EU-Integration. Am 27. Juni 1997 hat Rumänien auf einem Erweiterungsgipfeltreffen in Amsterdam den offiziellen Status eines Kandidatenlandes erhalten. Kurz danach hat die Europäische Kommission zum Mitgliedschaftsantrag Rumäniens offiziell Stellung genommen. Diese Stellungnahme wurde als Teil des Strategiepapiers „Agenda 2000“ der Kommission veröffentlicht, in welchem die Kommission die

94 *Ştefănescu, Daniela; Dumitrescu, Ilie* – România şi Uniunea Europeană, in: *Rumänische Akademie (Hrsg.)* – Cunoaşte România, Bukarest 2004, S. 529.
95 M.Of. Nr. 73 vom 12.4.1993.

Anträge aller Kandidatenländer bewertete und die Hauptentwicklungslinien der EU für den Zeitraum 2000-2006 feststellte.[96]

Aufgrund dieser Heranführungsstrategie entwickelte die EU regelmäßige und strukturierte Beziehungen mit Rumänien, prüfte die Einhaltung der Verpflichtungen gemäß dem europäischen Assoziierungsabkommen und unterstützte Rumänien finanziell und technisch durch das PHARE-Programm bei seiner Vorbereitung auf die Binnenmarktsintegration. In der ersten Phase der Reformen setzte Rumänien den Akzent auf die Erfüllung der politischen Kriterien. Die Rechtsangleichung selbst und die Umsetzung des *Acquis communautaire* wurden erst ab 2000 zur Hauptpriorität.[97]

Der Europäische Rat in Helsinki entschied im Dezember 1999 die Aufnahme der Beitrittsverhandlungen mit Rumänien. Die Verhandlungen wurden offiziell am 15. Februar 2000 in Brüssel begonnen. Der umzusetzende gemeinschaftliche Besitzstand, der ca. 90.000 Seiten EU-Recht umfasste, wurde zum Zwecke der Beitrittsverhandlungen in 31 Kapitel gegliedert, die sowohl das Privatrecht als auch das öffentliche Recht abdeckten. Zu den wichtigsten Kapiteln zählten der freie Waren-, Personen-, Dienstleistungs- und Kapitalverkehr, das Gesellschafts- und Wettbewerbsrecht und das Justizwesen. Im Dezember 2004 wurden die Beitrittsverhandlungen abgeschlossen, nachdem Rumänien spezielle Verpflichtungen in den Bereichen Wettbewerbsrecht sowie Justiz und Inneres übernommen hatte. Die Ergebnisse der Verhandlungen liegen dem Beitrittsvertrag zugrunde, der am 25. April 2005 zwischen Rumänien und der EU in Luxemburg unterzeichnet wurde. Der Beitritt selbst hat am 1.1.2007 stattgefunden.

### 2. *Der Acquis im Gesellschaftsrecht*

Dieser Teil des europäischen Besitzstandes schließt nicht nur das Sekundärrecht (in diesem Fall meistens Richtlinien), sondern auch Vorgaben des Primärrechts, insbesondere die Grundfreiheiten, sowie die Rechtsprechung des EuGH ein. Was die Grundfreiheiten betrifft, sind damit hauptsächlich die Niederlassungsfreiheit und die Kapitalverkehrsfreiheit gemeint. Die Abgrenzung zwischen den beiden hängt vom Umfang der Beteiligung am Grundkapital einer AG ab. So setzt die Niederlassungsfreiheit (die sowohl natürliche als auch juristische Personen angeht, vgl. Art. 49 ff. AEUV, ex-Art. 43 ff. EGV) eine wesentliche Beteiligung voraus, die zumindest eine Mehrheit oder eine Sperrminorität der Stimmrechte in

96 *Martin Sajdik, Michael Schwarzinger*, Die EU-Erweiterung. Hintergrund, Entwicklung, Fakten, Wien 2003, S. 27 ff.

97 *Grillo Pasquarelli, Enrico* – Procesul aderării la Uniunea Europeană. Cazul României, in: *Geană, Elena; Macri, Ana-Ilinca (Hrsg.)* – România în contextul extinderii Uniunii Europene, Europäisches Institut in Rumänien, Bukarest 2003, S. 24 ff.

der Hauptversammlung gewährt. Demgegenüber schützt die Kapitalverkehrsfreiheit (Art. 63 ff. AEUV, ex-Art. 56 ff. EGV) die grenzüberschreitende Geldanlage als solche, unabhängig davon, welche Einflussmöglichkeit sie über die betroffene Zielgesellschaft gewährt. Dem Unterschied zwischen Niederlassungsfreiheit und Kapitalverkehrsfreiheit entspricht auch der Unterschied zwischen Direktinvestitionen und Portfolioinvestitionen.[98]

Wenn man in diesem Kontext von der Differenzierung ausgehen darf, die zwischen dem Unternehmer-Gesellschafter (als idealtypischem Subjekt der Niederlassungsfreiheit) und dem Anleger-Gesellschafter (als idealtypischem Subjekt der Kapitalverkehrsfreiheit) im europäischen Gesellschaftsrecht gemacht wird[99], könnte man des Weiteren behaupten, dass der Gesellschafter bei der grenzüberschreitenden Gründung einer Aktiengesellschaft als Unternehmer zu betrachtet ist, mit den entsprechenden Konsequenzen für seine daraus entstandenen Rechte und Pflichte. Gesellschaftsrechtliche Vorschriften zur Organisation der Aktiengesellschaft und zum Minderheitenschutz spielen dabei eine besondere Rolle. Demgegenüber gewinnt innerhalb einer bereits bestehenden Gesellschaft und ihres laufenden Geschäfts der Gesellschafter als Anleger an Bedeutung, insbesondere bei einer börsennotierten AG. In den Vordergrund treten dann auch kapitalmarktrechtliche Vorschriften zum Anlegerschutz.

Die einschlägigen sekundärrechtlichen Vorgaben sind auch gesellschafts- und kapitalmarktrechtlicher Natur, und sie richten sich grundsätzlich nach dem Binnenmarktsgedanken und den erwähnten Grundfreiheiten. Die meisten aktienrechtlichen Harmonisierungsrichtlinien sind aufgrund Art. 44 II g EGV (gegenwärtig Art. 50 II g AEUV) erlassen. Demgemäß sind Schutzbestimmungen zugunsten der Gesellschafter und Dritter soweit erforderlich in den Mitgliedstaaten zu koordinieren. So werden Informationsrechte über die Publizitäts-RL 68/151/EWG und Bilanz-RL 78/660/EWG, Vermögensrechte (Kapitalschutz und Haftungsbeschränkung) über die Kapital-RL 77/91/EWG sowie Verwaltungsrechte über die Verschmelzungs-RL 78/855/ EWG oder Spaltungs-RL 82/891/EWG bei Strukturänderung der Gesellschaft geschützt. Wenngleich nicht in einer systematischen Weise, haben diese angleichenden Vorgaben mittels ihrer Umsetzung doch zu einem gemeinsamen Nenner in den Gesellschaftsrechtsordnungen Europas geführt, auch bezüglich der Aktionärsstellung, was die grenzüberschreitenden Beteiligungen im Binnenmarkt fördert. Es ist wahr, dass wichtige Gesetzgebungsentwürfe noch nicht verabschiedet werden konnten (wie z.B. die Struktur-RL), aber es ist

98 *Christian Calliess, Matthias Ruffert*, EUV/EGV-Kommentar, München 2007, Art. 56 EGV Rn. 25.

99 *Wolfgang Schön*, Das Bild des Gesellschafters im Europäischen Gesellschaftsrecht, in RabelsZ 64/2000, S. 1 ff.

hierzu besonders erwähnenswert, dass eine Einigung über neuere Entwürfe erreicht werden konnte: so z.B. die Modernisierung der Kapital-RL[100], die Richtlinie zur internationalen Verschmelzung[101] und insbesondere die Richtlinie zu den Rechten der Aktionäre.[102] Die letztere ist auch als Teil der aktuellen Politik der EU-Kommission zur Verbesserung der *Corporate-Governance*-Bedingungen bei den europäischen (börsennotierten) Unternehmen anzusehen.[103]

Das Gesellschaftsrecht als Kapitel des Besitzstandes ist für die Tätigkeit der Unternehmen im Binnenmarkt von zentraler Bedeutung. Es betrifft sowohl das Gesellschaftsrecht im engeren Sinne und das Rechnungslegungsrecht als auch die Rechte an geistigem und gewerblichem Eigentum und die Anerkennung und Vollstreckung von Urteilen in Zivil- und Handelssachen. Die Rahmenverhandlungen für Rumänien fanden in 2001 statt, mit dem Justizministerium als Hauptkoordinator auf der rumänischen Seite.

Bezüglich des Gesellschaftsrechts im engeren Sinne wurden die verschiedenen EU-Richtlinien schrittweise umgesetzt. Als letztes leitete das Justizministerium in Herbst 2005 eine durchgreifende Gesellschaftsrechtsreform ein. Diese sollte zum einen eine ausführliche Umsetzung des EU-Besitzstandes gewährleisten. Zum anderen wurde beschlossen, das relevante rumänische Recht den OECD-Grundsätzen der *Corporate Governance* anzupassen. Das entsprechende Re-

---

100 Richtlinie 2006/68/EG des Europäischen Parlaments und des Rates vom 6. September 2006 zur Änderung der Richtlinie 77/91/EWG des Rates in Bezug auf die Gründung von Aktiengesellschaften und die Erhaltung und Änderung ihres Kapitals (ABl. L 264 vom 25.9.2006, S. 32).

101 Richtlinie 2005/56/EG des Europäischen Parlaments und des Rates vom 26. Oktober 2005 über die Verschmelzung von Kapitalgesellschaften aus verschiedenen Mitgliedstaaten (ABl. L 310 vom 25.11.2005, S. 1).

102 Richtlinie 2007/36/EG des Europäischen Parlaments und des Rates vom 11. Juli 2007 über die Ausübung bestimmter Rechte von Aktionären in börsennotierten Gesellschaften (ABl. L 184 vom 14.7.2007, S. 17). Siehe dazu auch Peter *Wand, Tobias Tillmann*, EU-Richtlinienvorschlag zur Erleichterung der Ausübung von Aktionärsrechten, AG 12/2006, S. 443 ff.

103 Grundgedanke dieser integrativen Rechtsangleichung ist, dass die Gesellschaften bei ihrem grenzüberschreitenden Tätigwerden im Binnenmarkt den Sitzstaat nicht nach dessen Rechtssystem, sondern nach den von ihm angebotenen wirtschaftlichen Opportunitäten wählen sollen. Dementsprechend sollte die Harmonisierung zu einem *legal playing field* führen, in dem die Rechtsunterschiede minimiert werden. Die Rechtsstellung des Gesellschafters zählt zu den wichtigsten Teilen dieser gemeinsamen Rechtsrahmen. Diese Rechtspolitik stößt aber auch auf Kritik, indem aus ökonomischer Sicht die Idee eines innovativen Wettbewerbs der Rechtssysteme für die bessere Alternative gehalten wird, um Investitionsentscheidungen zu fördern (siehe auch Punkt 1.III.D unten).

formgesetz (Nr. 441) wurde in November 2006 vom rumänischen Parlament verabschiedet.[104]

Zum EU-Acquis im Gesellschaftsrecht gehört schließlich die Verordnung 2157/2001/EG über das Statut der Europäischen Gesellschaft. Diese beinhaltet selbst spezifische Regeln zum Schutz der Minderheitsaktionäre bzw. beauftragt die Mitgliedstaaten, solche Regeln in Ausführung der Verordnung zu erlassen. Die Ausführung der SE-Verordnung fand in Rumänien durch DringAnO Nr. 52 vom 21. April 2008[105] und in Deutschland durch das SE-Ausführungsgesetz (SE-AG) vom 22. Dezember 2004[106] statt.

## D. *Aktueller Gesetzgebungsrahmen in Rumänien und in Deutschland*

### 1. *Rumänisches Recht*

Das Gesetz Nr. 31 vom 16. November 1990 über die Handelsgesellschaften (*Legea societăţilor comerciale* – LSC) ist die Hauptrechtsquelle für die Aktiengesellschaft.[107] Es regelt die Gründung, das Funktionieren, die Verschmelzung, die Spaltung sowie die Auflösung und Liquidation aller Handelsgesellschaften des rumänischen Rechts. Die anerkannten Gesellschaftsformen sind: die offene Handelsgesellschaft, die Kommanditgesellschaft, die Aktiengesellschaft, die Kommanditgesellschaft auf Aktien und die Gesellschaft mit beschränkter Haftung.

Diese Hauptrechtsquelle für die Aktiengesellschaft wird durch weitere Rechtsquellen ergänzt. Zu erwähnen sind vor allem das Gesetz Nr. 26 vom 5. November 1990 über das Handelsregister[108], das Gesetz Nr. 359 vom 8. September 2004 über die Vereinfachung der Eintragung von Einzelkaufleuten, Familiengesellschaften und von juristischen Personen in das Handelsregister, ihrer steuerlichen Erfassung sowie der Erteilung der Betriebsgenehmigungen[109], sowie Norm Nr. 608 vom 15. April 1998 der Handels- und Industriekammer Rumäniens und des Justizministeriums betreffend die Führung der Handelsregister und die Vornahme der Registrierungen.

---

104 M. Of. Nr. 955 vom 28.11.2006.

105 M. Of. Nr. 333 vom 30.4.2008.

106 BGBl. I 2004, S. 3675.

107 Siehe auch Punkt 1.II.A.1.3 oben.

108 Das Gesetz Nr. 26/1990 wurde im M.Of. Nr. 49 vom 4.2.1998 wiederverlautbart und nachträglich mehrmals geändert, einschließlich durch Gesetz Nr. 441/2006, das eine bessere Anpassung des HandelsregisterG zur Publizitätsrichtlinie 68/151/EWG beabsichtigte.

109 M.Of. Nr. 839 vom 13.9.2004.

Börsennotierte Aktiengesellschaften unterstehen zusätzlich einer zweiten Regelungsordnung, nämlich dem Gesetz Nr. 297 vom 29. Juni 2004 betreffend den Kapitalmarkt (*Legea pieței de capital* – LPC).[110] Aufsichts- und Regulierungsbehörde ist die Nationale Wertpapierkommission (*Comisia Națională a Valorilor Mobiliare* – CNVM), die direkt dem rumänischen Parlament untergeordnet ist.[111] Das LPC ermächtigt die Wertpapierkommission zum Erlass von Durchführungsbestimmungen ua auch zu Angelegenheiten der Corporate Governance, wie z.B. zur Durchführung der Wahl der Leitungsorgane der Gesellschaft durch kumulatives Stimmrecht, zur Durchführung der Kapitalerhöhung durch Bar- und Sacheinlagen oder zur Vertretung in der Hauptversammlung.

Weitere Regulierungs- und Aufsichtsbefugnisse für die Teilnehmer am Börsenhandel obliegen der Börse selbst. Gegenwärtig gibt es in Rumänien zwei Ebenen des Wertpapiermarktes: die Bukarester Börse (*Bursa de Valori București* – BVB), gegründet in 1995 (mit einer Kapitalisierung in Oktober 2009 von ca. 18 Milliarden Euro[112] für insgesamt 69 Aktiengesellschaften) und die elektronische Börse RASDAQ, gegründet in 1996 (mit einer Kapitalisierung in Oktober 2009[113] von ca. 3 Milliarden Euro für insgesamt 1601 Aktiengesellschaften). Die zwei Börsen wurden getrennt errichtet, werden aber seit dem 8. Dezember 2005 zusammen unter der Leitung der BVB als *self-regulatory body* geführt.

Zu erwähnen ist auch, dass der Kapitalmarkt, das Bankensystem und die Versicherungen getrennt geregelt und von verschiedenen Aufsichtsorganen (der Nationalen Wertpapierkommission, der Nationalbank und der Versicherungsaufsichtskommission) überwacht werden. Wichtig ist auch, dass die Aktiengesellschaft als zwingende Gesellschaftsform für die Ausübung bestimmter Tätigkeiten

---

110 Im Unterschied zum Handelsgesellschaftengesetz, das nach dem Muster des rumänischen Handelsgesetzbuches von 1938 vorbereitet wurde (siehe oben Punkt 1.II.A.1.2), wurde das erste Kapitalmarktgesetz Nr. 52/1994 nach dem Muster gegenwärtiger Regelungen erarbeitet, insbesondere solcher aus dem *common law*-Raum (weil es mit Hilfe kanadischer und britischer Experten verfasst wurde – siehe in diesem Sinne den OECD-Bericht von 2001, S. 61: http://www.oecd.org/dataoecd/17/13/2390809.pdf). Die nachfolgenden Regelungen, d.h. die DringAnO Nr. 28/2002 und letztlich das LPC Nr. 297/2004 (M.Of. Nr. 571 vom 29.6.2004) setzen viele Vorschriften des *Acquis communautaire* um und sind damit näher an die europäische Tradition gerückt. Das LPC selbst wurde von der CNVM mit Hilfe der italienischen CONSOB entwickelt (siehe *Angela Ene, Narcisa Fatu*, Corporate Governance in Romania. December 2001 – June 2004, S.24). Einer der Gründe der sukkzessiven Reformen des Kapitalmarktrechts war der verbesserte Schutz der Minderheitsaktionäre.

111 Informationen in englischer Sprache sind auf der offiziellen Webseite der Wertpapierkommission abrufbar: www.cnvmr.ro.

112 In März 2008, am Anfang der aktuellen Wirtschaftskrise, lag die Marktkapitalisierung der BVB bei ca. 30 Miliarden Euro.

113 In März 2008 lag die Marktkapitalisierung der RASDAQ bei 5,3 Miliarden Euro.

vorgesehen ist. Dies ist z.B. der Fall für Bankgesellschaften, für Versicherungs- und Rückversicherungsgesellschaften, für Investmentgesellschaften sowie für auf den geregelten Märkten tätige Brokergesellschaften. In diesen Bereichen greifen zusätzlich zum LSC und zum LPC auch die jeweiligen Spezialgesetze, deren gesellschaftsrechtliche Bestimmungen (als *lex specialis*) dem LSC bzw. dem LPC (als *lex generalis*) vorgehen.

Die Bankgesellschaften unterstehen der DringAnO Nr. 99/2006 vom 27. Dezember 2006, in Kraft seit dem 1. Januar 2007.[114] Regulierungsbehörde betreffend Bankgeschäfte ist die Nationalbank Rumäniens. Sie ist vom Gesetz mit einer umfassenden Regelungsbefugnis ausgestattet und regelt die Tätigkeit der Banken durch eine Vielzahl von Normen.[115] Die Versicherungs- und Rückversicherungsgesellschaften werden durch das Versicherungswesengesetz Nr. 32 vom 3. April 2000 geregelt.[116] Die neu gegründete Versicherungsaufsichtskommission[117] versteht sich sowohl als Regulierungs- als auch als Aufsichtsbehörde des Versicherungsmarktes.

Das LPC sieht für Investmentverwaltungsgesellschaften[118] zwingend die Aktiengesellschaft als Gesellschaftsform vor, regelt die Investmentaktiengesellschaften[119] und legt sowohl den Investmentverwaltungsgesellschaften als auch den Investmentaktiengesellschaften besondere Verfassungsvorschriften auf. Aktien dürfen gemäß Art. 3 LPC ausschließlich über Wertpapierdienstleistungsgesellschaften[120] (Brokergesellschaften) oder Banken gekauft und verkauft werden, welche durch die Nationale Wertpapierkommission zu dieser Tätigkeit zugelassen

---

114 M.Of. Nr. 1027 vom 27.12.2006. Diese Dringlichkeitsanordnung wurde mit Sicht auf den damals bevorstehenden EU-Beitritt Rumäniens verabschiedet und hat das frühere Bankgesetz Nr. 58/1998 ersetzt, das nicht alle Erfordernisse des EU-Acquis erfüllte. DringAnO Nr. 99/2006 wurde inzwischen durch Gesetz Nr. 227/2007, DringAnO Nr. 215/2008, DringAnO Nr. 25/2009 und Gesetz Nr. 270/2009 geändert.

115 Weitere Informationen in englischer Sprache sind auf der offiziellen Webseite der Nationalbank abrufbar: www.bnr.ro.

116 M.Of. Nr. 148 vom 10.4.2000. Zuletzt geändert durch die DringAnO Nr. 201/2005, das Gesetz Nr. 113/2006, die DringAnO Nr. 87/2006, die DringAnO Nr. 117/2007 und das Gesetz Nr. 162/2009.

117 Die Kommission hat die Arbeit in 2001 aufgenommen. Die offizielle Webseite der Kommission lautet: www.csa-isc.ro.

118 Das sind nach Art 54 LPC die zur Verwaltung von Organismen für gemeinsame Anlagen in Wertpapieren (vereinfacht: Fonds) befugte Gesellschaften (ähnlich den deutschen oder österreichischen Investmentverwaltungs- oder Kapitalanlagegesellschaften, im Rumänischen: *societăţi de administrare a investiţiilor, S.A.I.*).

119 Das sind Fonds, gegründet in Form von Aktiengesellschaften, deren Aktien ständig ausgegeben und rückgekauft werden (Art 76 iVm 92ff LPC).

120 In Rumänisch: Societăţi de servicii de investiţii financiare (S.S.I.F.).

wurden. Auch die Wertpapierdienstleistungsunternehmen müssen Aktiengesellschaften sein, und sie dürfen nur Namensaktien ausgeben.

### 2. *Deutsches Recht*

In Deutschland nimmt das Aktiengesetz (AktG) vom 6. September 1965[121] eine zentrale Stelle in der Regelung der Aktiengesellschaften ein. Es regelt die Gründung, Verfassung, Rechnungslegung und Liquidation von Aktiengesellschaften und von Kommanditgesellschaften auf Aktien. Das Konzernrecht selbst ist auch im Aktiengesetz geregelt. Das Aktiengesetz wurde durch das Umwandlungsgesetz (UmwG) vom 28. Oktober 1994[122] ergänzt, das vor allem die Verschmelzung, die Spaltung, die Vermögensübertragung und den Formwechsel der Kapitalgesellschaften regelt.

Deutsche börsennotierte Aktiengesellschaften unterliegen darüber hinaus speziellen Vorschriften. Es handelt sich in erster Linie um das Wertpapierhandelsgesetz (WpHG) vom 26. Juli 1994[123], das Wertpapiererwerbs- und Übernahmegesetz (WpÜG) vom 20. Dezember 2001[124], das Wertpapierprospektgesetz (WpPG) vom 22. Juni 2005[125] sowie das Börsengesetz (BörsG) vom 16. Juli 2007[126] und die Börsenzulassungsverordnung (BörsZulV) vom 15. April 1987[127].

Erwähnenswert ist auch, dass in Deutschland, im Unterschied zu Rumänien, die Aufsicht aller Bereiche des Finanzwesens einer einzigen Institution zukommt – der Bundesanstalt für Finanzdienstleistungsaufsicht (BaFin). Dieser Ansatz einer einheitlichen Kontrolle des Finanzwesens wurde erst durch das Finanzdienstleistungsaufsichtsgesetz (FinDAG) vom 22. April 2002[128] eingeführt. Die frühere Rechtslage war der aktuellen Rechtslage in Rumänien ähnlich, mit verschiedenen Aufsichtsämtern für Kreditwesen, Wertpapierhandel und Versicherungswesen.

---

121 BGBl. I 1965, S. 1089. Zuletzt durch Artikel 1 des Gesetzes vom 31. Juli 2009 (BGBl. I S. 2509) geändert.

122 BGBl. I 1994, S. 3210, (1995, 428).

123 In der Fassung der Bekanntmachung vom 9. September 1998 (BGBl. I S. 2708).

124 BGBl. I 2001, S. 3822.

125 Gesetz über die Erstellung, Billigung und Veröffentlichung des Prospekts, der beim öffentlichen Angebot von Wertpapieren oder bei der Zulassung von Wertpapieren zum Handel an einem organisierten Markt zu veröffentlichen ist (BGBl. I 2005, S. 1698).

126 BGBl. I 2007, S. 1330, 1351.

127 Verordnung über die Zulassung von Wertpapieren zum regulierten Markt einer Wertpapierbörse, in der Fassung der Bekanntmachung vom 9. September 1998 (BGBl. I S. 2832).

128 BGBl. I 2002, S. 1310.

## *E. Die Rolle der Judikatur*

Die rumänische Judikatur ist nach der politischen Wende von 1989 in große Schwierigkeiten geraten, die aus der Dezentralisierung der Wirtschaft und der proportionalen Zunahme der privatrechtlichen Streitigkeiten herrühren. Der Mangel an handels- und gesellschaftsrechtlicher Erfahrung und an Präzedenzfällen sowie die schwache personelle und materielle Ausstattung haben zu verspäteten und manchmal zu fragwürdigen Entscheidungen geführt.[129] Dies hat dazu beigetragen, dass die Kosten eines aktienrechtlichen Verfahrens oft höher sind als der Wert der Aktien der betroffenen Minderheitsaktionäre, was die letzteren zu einer Vermeidung des Justizwegs veranlasst.

In der Auslegungspraxis des Gesellschafts- und Kapitalmarktsrechts sind rumänische Gerichte eher zurückhaltend, eine Lückenfüllung und Rechtsfortbildung pragmatisch und kreativ durch Analogie zu betreiben. Dagegen neigen sie zu einer semantischen und oft literalen (und damit restriktiven) Interpretation positiver Rechtsvorschriften. Wegen der verhältnismässig niedrigen Regelungstiefe und -dichte rumänischer Gesetzgebung im Gesellschafts- und Kapitalmarktsrecht (trotz der jüngsten Reformen, die die frühere Rechtslage verbessert haben) führt aber eine solche Auslegungsmethode häufig zu Rechtsunsicherheit.

Gewisse Reformmaßnahmen wurden getroffen, um die Fähigkeiten der betroffenen Gerichte zu verbessern. Seminare zu Fragen der Corporate Governance und des Kapitalmarktes wurden vom Nationalen Institut für Magistrate in Bukarest organisiert. Es fehlt aber weiterhin an einer konsequenten und einheitlichen Rechtsprechung in gesellschaftsrechtlichen Streitigkeiten sowie an einer adäquaten Zugänglichmachung der entsprechenden Entscheidungen.[130]

In Deutschland ist der höchstrichterlichen Judikatur (insbesondere der BGH-Rechtsprechung) nach dem Inkrafttreten des Aktiengesetzes, trotz der dynamischen Gesetzgebungstätigkeit im Aktien- und Kapitalmarktrecht insbesondere in den letzten 15 Jahren, eine wesentliche Rolle bei der Anwendung und Weiterentwicklung des Rechts zugekommen.[131] In Fälle wie Girmes[132] (zur Treue-

129 Sehr relevant von diesem Gesichtspunkt ist eine OECD-Studie von Februar 2000 zu Corporate-Governance-Standards in Mittel- und Osteuropa, dergemäß Rumänien die niedrigste Punktzahl aller beteiligten Länder in Fragen des Schutzes der Aktionärsrechte durch die Gerichte erreichte. Siehe http://www.oecd.org/dataoecd/16/35/2390703.pdf , S. 19.

130 *Angela Ene, Narcisa Fatu*, Corporate Governance in Romania. December 2001 – June 2004, S. 21 f. (http://www.oecd.org/dataoecd/56/54/33716869.pdf).

131 *Hartwig Henze*, Aktienrecht. Höchstrichterliche Rechtsprechung, RWS Verlag, Köln 2002.

132 BGHZ 129, 136.

pflicht der Aktionäre untereinander), Linotype[133] (zur mitgliedschaftlichen Treuepflicht der Aktionäre), ITT[134] (zu den Treuepflichten im GmbH-Recht), Kali und Salz[135] (zum Bezugsrechtsausschluss), Holzmann[136] (zur Kapitalerhöhung), Holzmüller[137] (zu ungeschriebenen Kompetenzen der Hauptversammlung) haben die Urteile des BGH erheblich zur Verstärkung der Aktionärsrechte beigetragen.

## III. Konvergenz der Corporate Governance Systeme

Der Begriff *Corporate Governance* wird hier mit zwei Deutungen verwendet. Aus einer allgemeinen Perspektive schließt er Begriffe wie Unternehmensführung (*Corporate Governance* im engeren Sinne), Unternehmensfinanzierung (*Corporate Finance*), gesellschaftliche Verantwortung von Unternehmen (*Corporate Social Responsibility*) und Unternehmensbürgerschaft (*Corporate Citizenship*) mit ein. In einem engeren Sinne stellt *Corporate Governance* die Methoden und Instrumenten dar, die speziell zur Führung und zur Aufsicht der Unternehmen eingesetzt werden. Im Folgenden wird zuerst der *Shareholder-Value*-Begriff behandelt, als eine Basis heutigen Verständnisses von *Corporate Governance*, dann der *Corporate-Governance*-Regelungsansatz in Rumänien und Deutschland dargestellt und anschließend auf die Rolle der Unternehmen als Bürger eingegangen. Zum Schluss werden die Vor- und Nachteile des Regulierungswettbewerbs für die Rechtsangleichung dargestellt.

### *A. Shareholder Value-Doktrin und alternative Theorien*

Die *Shareholder Value* bezeichnet das Aktionärsvermögen. Sie stellt den Marktwert des Eigenkapitals des Unternehmens und damit den Marktwert der Anteile am Unternehmen dar. Aus dem Kurswert der Aktie multipliziert mit der Summe der gehaltenen Aktien besteht der Vermögenswert, den ein Anteilseigner (Aktionär) einer Aktiengesellschaft besitzt.[138] Eine auf *Shareholder Value* und damit auf die Interessen der Eigentümer angelegte Unternehmenspolitik (wert-

133 BGHZ 103, 184.
134 BGHZ 65, 15.
135 BGHZ 71, 40.
136 BGHZ 83, 319.
137 BGHZ 83, 122.
138 *Pablo Fernández*, „A Definition of Shareholder Value Creation“ (27. April 2001). Verfügbar bei SSRN: http://ssrn.com/abstract=268129.

orientiertes strategisches Management) beabsichtigt, den Kurswert der Aktien und auf diese Weise den Marktwert des Unternehmens selbst zu maximieren. Darunter wird nicht eine kurzfristige Steigerung des Börsenkurses verstanden, sondern eine langfristige Verbesserung der Wettbewerbsfähigkeit und der Profitabilität der betroffenen Gesellschaft. Der *Shareholder-Value*-Grundsatz wird seit Ende '80er Jahren letztes Jahrhunderts international anerkannt.[139] Dies ist aber nicht selbstverständlich, weil in der Gestaltung der *Corporate-Governance*-Rahmen der Akzent auf alternative Grundsätze gesetzt werden kann, wie z.B. auf den Gläubigerschutz oder den Arbeitnehmerschutz (*Stakeholder-Value*-Grundsatz).[140] Eine gewisse Konvergenz in Richtung der Anerkennung einer Priorität der *Shareholder-Value*-Doktrin kann nichtsdestoweniger festgestellt werden, wobei die Berücksichtigung der Interessen der *Stakeholder* als Bedingung einer langfristig besseren *Shareholder Value* des Unternehmens betrachtet werden kann.

### *1. Unternehmensfinanzierung und Rolle der Aktionäre*

Während die Fragen der Eigenfinanzierung der Unternehmen vom Gesellschaftsrecht geregelt werden, werden Fragen der Fremdfinanzierung sowohl vom Bankrecht als auch vom Kapitalmarktrecht beantwortet.[141] In diesem Zusammenhang werden üblicherweise zwei Systeme der externen Finanzierung von Körperschaften kontrastiert: das kontinentaleuropäische, bankorientierte System, das auf *debt capital* basiert, und das angelsächsische, das sich am Kapitalmarkt und am *equity capital* orientiert. In diesem Zusammenhang war Deutschland (sowie Japan) in der Nachkriegszeit ein Hauptbeispiel für eine bankzentrierte Unternehmensfinanzierung.[142] Die

---

139 Auch wenn er in letzter Zeit im Kontext des aktuellen Wirtschaftskrise häufiger unter Kritik geraten ist. Kritisiert wird aber meistens die kurzfristige und einseitige Gewinnorientierung durch Steigerung des Börsenkurses. Wenn der Unternehmenswert im breiteren Rahmen des wirtschaftlichen und sozialen Umfeld der Aktiengesellschaft verstanden wird, ist aber die Steigerung dieses Wertes eine gerechtfertigte Zielsetzung der Unternehmenspolitik (siehe in diesem Sinne auch die ergänzenden Überlegungen zur Unternehmensbürgerschaft unter Punkt 1.III.C dieses Kapitels). Für eine aktuelle Bestandsaufnahme zum *Shareholder-value*-Ansatz siehe z.B. *John D. Martin*, „Shareholder Value Maximization: Is There a Role for Corporate Social Responsibility?" (September 2008). Verfügbar an SSRN: http://ssrn.com/abstract=1259985.

140 *Gerard J. Charreaux, Philippe Desbrières*, Corporate Governance: Stakeholder Value versus Shareholder Value, in Finance Controle Strategie, Vol. 1, Juni 1998. Verfügbar bei SSRN: http://ssrn.com/abstract=262902.

141 *Michael Martinek*, Recent Developments in Corporate Finance in Europe – From Diversity to Convergence and Harmonization, Vortrag an der Universität Craiova in Rumänien in Mai 2007.

142 *Sigurt Vitols*, Changes in Germany's Bank-Based Financial System: A Varieties of Capitalism Perspective, Discussion Paper SP II 2004 – 03, Wissenschaftszentrum Berlin, 2004.

erwähnten Unterschiede spiegeln sich auch in den Funktionen der Banken in den zwei Systemen wieder. So gilt im angelsächsischen Raum ein Trennbankensystem, das zwischen Investmentbanken und Handelsbanken unterscheidet, wobei die ersteren als Spezialbanken für den Handel an Finanzmärkten bzw. als Finanzintermediäre fungieren. Dagegen besteht im kontinental-europäischem Raum ein Universalbankensystem, wo die Banken sich nicht als Investmentbanken spezialisieren, sondern alle Bankgeschäfte betreiben.

Sowohl in Rumänien als auch in Deutschland bestehen Universalbankensystemen. Ihre Entwicklungsstufe ist aber sehr unterschiedlich: Während in Deutschland die finanzielle Vermittlungsfunktion der Banken in der Wirtschaft höchst entwickelt ist und ca. 120 % des Bruttoinlandsprodukts (BIP) erreicht, ist dieselbe Vermittlungsfunktion rumänischer Banken bei nur ca. 8 % des BIP unterentwickelt. In USA lag derselbe Wert bei ca. 50 % des BIP.[143] Zur selben Zeit entwickelte sich die Marktkapitalisierung des deutschen Kapitalmarkts von 17,6 % des BIP in 1992 zu 67,8 % in 1999. Damit lagen die Angaben zum deutschen Kapitalmarkt unter der Hälfte derjenigen in USA oder Großbritannien, sowie unter dem europäischen Durchschnitt von 85,1 %.[144] Nach 1999 ist die Kapitalisierung des deutschen Kapitalmarkts als Verhältnis vom BIP sogar gesunken.[145] Der rumänische Kapitalmarkt wies eine Marktkapitalisierung von 2,9 % vom BIP in Dezember 2000 auf.[146] Seitdem hat sie ständig zugenommen, bis zu einem Wert Anfang 2008 von ca. 30 % des BIP. Während der aktuellen Wirtschaftskrise hat die Marktkapitalisierung der Bukarester Börse nichtsdestoweniger um ca. 30% abgenommen.

Dies beweist einerseits, dass die deutschen Unternehmen sich stärker an *debt capital* orientieren als die Unternehmen in anderen entwickelten Volkswirtschaften, die sich mehr an *equity capital* orientieren. Andererseits gewinnen dadurch die Banken eine höhere Einflussmöglichkeit in der deutschen Wirtschaft einschließlich auf die deutschen Unternehmen. Die Angelegenheiten des Gläubigerschutzes spielen deshalb eine sehr wichtige Rolle für das deutsche Gesellschaftsrecht, was gegen die Priorität des *Shareholder value* sprechen könnte. Der Gläubigerschutz drückt sich aber auch darin aus, dass viele Banken sich an Unternehmen als Aktionäre beteiligen und dadurch ihre Geschäftspolitik von beiden

---

143 Die Angaben entsprechen einer Studie von OECD, die den durchschnittlichen Wert der Vermittlungsfunktion der Banken zwischen 1989-1998 wiedergibt – siehe White Paper on Corporate Governance in South-East Europe 2003, S. 66 Rn. 336.

144 *Jonathan Reuvid, Roderick Millar*, KPMG International, Deutsch-Britische Industrie- und Handelskammer, Doing Business with Germany, 1999, S. 43.

145 *Michael Schröder, Jens Köke*, The Prospects of Capital Markets in Central and Eastern Europe, 2003, *Eastern European Economics 41, No.4*, S. 5 ff.

146 OECD, Guvernanţa corporativă în România, 2001, S. 27.

Seiten (als Aktionäre und als Gläubiger) steuern können. In Rumänien orientieren sich die Unternehmen für ihre Finanzierung auch mehr am *debt capital* als am *equity capital*. Die Finanzierung über den Kapitalmarkt könnte aber nach der Wirtschaftskrise eine größere Rolle spielen.

### 2. *Mitbestimmung und Arbeitnehmerschutz*

Im Unterschied zum rumänischen Recht regelt das deutsche Recht einen spezifischen Mechanismus des Arbeitnehmerschutzes, nämlich die Mitbestimmung. Diese soll den Arbeitnehmern Einfluss auf wichtige Entscheidungen im Unternehmen ermöglichen. Es wird unterschieden zwischen Mitbestimmung am Arbeitsplatz, betrieblicher Mitbestimmung und Unternehmensmitbestimmung. Von besonderem Interesse im Zusammenhang mit der *Shareholder value*-Doktrin ist die letztere. Die Unternehmensmitbestimmung wird durch das Mitbestimmungsgesetz (MitbestG) vom 4. Mai 1976[147] geregelt und gilt für Kapitalgesellschaften, die mehr als 2000 Arbeitnehmer haben. Die Mitbestimmung knüpft in Deutschland an das Kontrollorgan (Aufsichtsrat) und nicht an das Geschäftsführungsorgan (Vorstand) an. Die betroffenen Aufsichtsräte der Aktiengesellschaften bestehen aus jeweils sechs (bei weniger als 10000 Arbeitnehmern), aus jeweils acht (bei einer Belegschaft zwischen 10000 und 20000 Arbeitnehmer) bzw. aus jeweils zehn (bei über 20000 Arbeitnehmern) Vertretern der Aktionäre und der Arbeitnehmer (§ 7 MitbestG) – daher auch die Bezeichung *paritätische* Mitbestimmung. Der Vorsitzende des Aufsichtsrates wird meistens von den Aktionären bestimmt, was eine wichtige Rolle bei den Abstimmungen des Aufsichtsrates zur Wahl der Mitglieder des Vorstandes spielen kann.[148]

Eine Beteiligung der Arbeitnehmer auf Managementebene würde einen Eingriff in die verfassungsrechtlichen Grundrechte der Anteilseigner darstellen, so wie sie durch Art. 12 GG (Berufsfreiheit) und Art. 14 GG (Eigentumsschutz) anerkannt werden. Der Vorwurf der Verfassungswidrigkeit der paritätischen Mitbestimmung im Aufsichtsrat, so wie sie durch das MitbestG 1976 eingeführt wurde, wurde durch ein Urteil des Bundesverfassungsgerichts vom 1. März 1979 mit der Begründung abgewiesen, dass das Grundgesetz wirtschaftspolitisch neutral sei, wobei der Gesetzgeber „jede ihm sachgerecht erscheinende Wirtschaftspolitik verfolgen darf, sofern er dabei das Grundgesetz, insbesondere die Grundrechte beachtet“[149].

147 BGBl. I 1976, S. 1153.

148 *Götz Hueck, Christine Windbichler*, Gesellschaftsrecht, München 2008, S. 349.

149 *BVerfGE* 50, 290, 338.

Auf europäischer Ebene wurden erste Ansätze zur Mitbestimmung im Entwurf zur fünften aktienrechtlichen Richtlinie eingeführt. Diese Richtlinie wurde aber nie verabschiedet. Die Frage der Mitbestimmung hat auch für lange Zeit einen Konsens über das Statut der Europäischen Aktiengesellschaft verhindert.[150] Schließlich erfolgte die Regelung der SE-Mitbestimmung über eine Richtlinie (2001/86/EG), die das SE-Statut (2157/2001/EG) ergänzt.

## *B. Die Grenzen des zwingenden Rechts und der soft law-Ansatz*

### *I. Der Corporate Governance-Begriff*

Unter *soft law*-Ansatz werden hier die *Corporate-Governance*-Regeln verstanden, die in der Regel nicht auf zwingendem Recht beruhen, sondern auf einer freiwilligen Normbeachtung durch Unternehmen. Der Begriff *Corporate Governance* stellt das Verhältnis von Verwaltung und Aktionären sowie sonstigen Interessenträger innerhalb der Aktiengesellschaft dar. Die *Corporate-Governance*-Regeln beruhen hauptsächlich auf einer Trennung zwischen Kapitaleigentum und Kontrolle (d.h. zwischen Aktionären und Verwaltung) einerseits und zwischen Befugnissen der Mehrheits- und der Minderheitsaktionäre andererseits.[151] Im ersteren Fall handelt es sich um ein vertikales *Agency*-Problem in der Form der Fremdorganschaft (siehe dazu Punkt 1.I.B oben). Im letzteren Fall kann von einem horizontalen *Agency*-Problem gesprochen werden, indem der Mehrheitsaktionär durch seinen legitimen Einfluss auf die Beschlussfassung innerhalb der Hauptversammlung sowohl über seine Eigentumspositionen als auch über die Eigentumspositionen der Minderheitsaktionäre entscheidet. Zur Behandlung solcher *Agency*-Probleme wurden die *Corporate-Governance*-Regeln erarbeitet. Darunter können sowohl nationale als auch internationale Grundsätze für eine gute und verantwortungsvolle Unternehmensführung subsumiert werden. International bilden die OECD *Corporate-Governance*-Grundsätze von 1999 (bzw. in der neueren Fassung von 2004) die Hauptreferenz in diesem Bereich. In Erkenntnis der Tatsache, dass gute *Corporate Governance* die (nationale und internationale) Wettbewerbsfähigkeit der Unternehmen fördert und dass Vertrauen und Integrität eine entscheidende Rolle im Wirtschaftsleben spielen, wurden auch national und

---

150 *Martin Henssler*, Unternehmerische Mitbestimmung in der Societas Europaea. Neue Denkanstöße für die „Corporate Governance"-Diskussion, in Festschrift Peter Ulmer, Berlin 2003, S. 193 ff.

151 OECD Grundsätze der Corporate Governance 2004, S. 12: http://www.oecd.org/dataoecd/57/19/32159487.pdf.

europaweit verschiedene Kodifizierungsprojekte unternommen.[152] In meisten Fälle werden die *Corporate-Governance*-Kodices freiwillig von Unternehmen beachtet. In gewissen Fälle müssen die Unternehmen aufgrund einer *comply-or-explain*-Regel öffentlich machen, in wie weit ihre Praxis dem Kodex entspricht. *Corporate-Governance*-Grundsätze werden manchmal in Vorschriften des positiven Gesellschaftsrechts übernommen. Dabei handelt es sich meistens um „Kann“-Vorschriften, die den Gesellschaften einen gewissen Spielraum bei ihrer konkreten Anwendung erlauben.

### *2. Corporate Governance-Regeln in Rumänien*

Gleich nach der politischen Wende von 1989 war die Frage der Privatisierung des staatlichen Eigentums wichtiger als diejenigen einer effizienten Unternehmensführung. Mit der Zunahme des Privatsektors und der ausländischen Investitionen in rumänischen Gesellschaften Ende der neunziger Jahre wurde aber die Debatte um eine angemessene Corporate Governance immer relevanter. Dieser Entwicklung kam auch die Stärkung der institutionellen Stellung der Nationalen Wertpapierkommission (CNVM) zugute, die eine immer bedeutendere Rolle in der Regulierung und in der Aufsicht des rumänischen Kapitalmarkts übernahm.

#### *2.1. Frühere Kodifizierungsprojekte*

Die Ansätze für die Vereinheitlichung der Corporate-Governance-Regeln in Rumänien datieren schon von 2000, als der sog. Strategic Alliance Business Association (SABA) Kodex zusammengestellt wurde.[153] Das Fehlen einer *comply or explain* Regel erklärt aber seine praktische Ineffizienz. Der Kodex ist letztendlich nur für die Akademia von Bedeutung geblieben. Parallel entwickelte die Bukarester Wertpapierbörse (BVB) auf Empfehlung der OECD[154] einen anderen Kodex in 2001, der für die Aktiengesellschaften gelten sollte, die in der speziellen Transparenz-Kategorie „Plus“ notierten.[155] Dafür erwies sich aber der Regulierungsansatz als zu streng; die betroffenen Aktiengesellschaften sollten nämlich die Kodex-

152 Eine Liste der nationalen *Corporate-Governance*-Kodifizierungen ist auf der Webseite des Europäischen Corporate-Governance-Instituts abrufbar: http://www.ecgi.org/ codes/all_codes.php.

153 http://www.ecgi.org/codes/documents/romania.pdf .

154 http://www.oecd.org/dataoecd/17/13/2390809.pdf S. 11.

155 *Angela Ene, Narcisa Fatu*, Corporate Governance in Romania. December 2001 – June 2004, S. 27-28 (http://www.oecd.org/dataoecd/56/54/33716869.pdf); *Ionuț Rădulețu*, Administrarea societății pe acțiuni și drepturile acționarilor – noi principii de guvernare corporativă în Legea nr. 31/1990, in Ad Honorem Stanciu D. Cărpenaru, Beck Verlag, Bukarest 2006, S. 154.

Vorschriften in ihre Satzung aufnehmen und sie auf diese Weise zwingend machen. Die „Plus"-Kategorie wurde letztendlich von den Emittenten vermieden, mit Ausnahme einer einzigen Gesellschaft, die in dieser Kategorie notierte.

### *2.2. Der geltende Corporate Governance Kodex*

In August 2003 wurde von der BVB die Einrichtung eines Corporate-Governance-Instituts[156] beschlossen, das die börsennotierten Gesellschaften in Fragen der Corporate Governance beraten sollte. Die Erarbeitung eines neuen Kodex war auch Ziel dieses Instituts. Zu erwähnen ist auch, dass der Kodex der Bukarester Wertpapierbörse (der selbst kein Corporate Governance Kodex, sondern eine Kapitalmarktregulierung ist) in Buch I, Titel II, Art. 94 eine typische jährliche *comply-or-explain* Verpflichtung (die der jährlichen Entsprechenserklärung gemäß § 161 AktG nahe kommt) vorsah, die sich aber auf einen zukünftig zu erarbeitenden Corporate Governance Kodex bezog und lange Zeit noch nicht effektiv war.[157]

Nach einer öffentlichen Konsultation zum Projekt eines neuen rumänischen Corporate-Governance-Kodex (RCGK) in April 2008[158], das im Rahmen des Corporate-Governance-Instituts entwickelt wurde, hat der Rat der BVB in Januar 2009 das Projekt angenommen.[159] Nach Angaben in der Wirtschaftspresse diente der Corporate-Governance-Kodex der Warschauer Börse als Hauptmuster.[160]

Der RCGK enthält 19 allgemeine Grundsätze, die in 41 Empfehlungen konkretisiert werden. Sie betreffen die Corporate-Governance-Rahmen der AGs (Art. 1), die Rechte der Aktionäre (Art. 2), die Rolle, die Aufgaben und die Zusammensetzung des Verwaltungsrates (Art. 3 und 4), die Bestellung und die Vergütung der Mitglieder des Verwaltungsrates (Art. 5 und 6), die Transparenz, die Finanzberichterstattung, die interne Kontrolle und das Risiko-Management (Art. 7), die Interessenkonflikte und die Geschäfte mit nahestehenden Personen (Art. 8), die Unternehmensinformation (Art. 9), die soziale Verantwortung von Unternehmen (Art. 10) und die Geschäftsführungs- und Aufsichtssysteme börsennotierter AGs (Art. 11).

---

156 http://www.guvernantacorporativa.ro/ Siehe auch *Angela Ene, Narcisa Fatu*, a.a.O., S. 64 f.

157 http://www.bvb.ro/Juridic/files/COD%20BVB_site_7%20septembrie_2009.pdf

158 www.bvb.ro/info/Consultare_codul%20de%20guvernanta%20corporativa%20chestionar%20al%20BVB.pdf

159 http://www.bvb.ro/companies/CorporateGovernance.aspx

160 Siehe z.B. *Rodica Orjanu*, La Bursă se caută transparenţă, in Saptamana Financiară vom 11.4.2008 (http://www.sfin.ro/articol_12494/la_bursa_se_cauta_transparenta.html).

Von besonderem Interesse aus dem Gesichtspunkt des Minderheitsschutzes ist Art. 2, bzw. Grundsatz 1 zur Gleichbehandlung der Aktionäre (wobei die Empfehlung 4 die Vorschriften des LSC wiederaufnimmt) und Grundsatz 2 zur effektiven Kommunikation zwischen Emittenten und Aktionäre (dabei ist die Empfehlung 8 zur Betreibung der AG-Webseite hervorzuheben). Der RCGK gilt hauptsächlich für die an der BVB-Ebene der Börse notierten Aktiengesellschaften. Aufgrund einer *comply-or-explain* Regel in Art. 1 RCGK (auf Rumänisch: *aplici sau explici*), müssen diese AGs in ihren jährlichen Berichten zu den Empfehlungen des Kodex durch eine Entsprechenserklärung Stellung nehmen. Der RCGK kann aber auch von den RASDAQ-Gesellschaften freiwillig umgesetzt werden.

### *2.3. Gesellschaftsrechtliche Bestimmungen*

Durch das Änderungsgesetz Nr. 441/2006 wurden viele *Corporate-Governance*-Bestimmungen im Handelsgesellschaftengesetz Nr. 31/1990 eingeführt. Diese betreffen hauptsächlich die Verwaltung der monistischen und der dualistischen Aktiengesellschaft.[161] Es handelt sich in erster Linie um die Ernennung von nichtgeschäftsführenden Mitgliedern des Verwaltungsrates und von unabhängigen Mitgliedern des Verwaltungs- bzw. des Aufsichtsrates, um die Bildung von Ausschüssen innerhalb des Verwaltungs- bzw. des Aufsichtsrates, um die Nominierung und Vergütung der Verwaltungsmitglieder sowie um Vorschriften zu den sog. *Fiduciary duties* der Verwaltungsmitglieder. Alle diese Bestimmungen spielen eine besondere Rolle für den Schutz der Minderheitsaktionäre, weil eine transparente und neutrale Verwaltung eine Garantie für die Gleichbehandlung der Aktionäre darstellt.

Wenn in einer monistisch geführten Aktiengesellschaft die Geschäftsführungsbefugnisse auf Direktoren gemäß Art. 143 LSC übertragen werden, soll der Verwaltungsrat in der Mehrheit aus nichtgeschäftsführenden Mitgliedern bestehen (Art. $138^1$ I LSC). Das bedeutet, dass die Mehrheit der Mitglieder keine Leitungsfunktion, sondern eine Aufsichtsfunktion ausübt. Diese Trennung zwischen geschäftsführenden und nichtgeschäftsführenden Mitgliedern des Verwaltungsrates ist in einem monistischen System sehr wichtig, weil sie auch bei Fehlen eines Aufsichtsrates die Kontrolle der Geschäftsleitung erlaubt.

In Anlehnung an die Empfehlung der Europäischen Kommission 2005/162/EG zu den Aufgaben der nichtgeschäftsführenden Mitglieder des Verwaltungs-/Aufsichtsrates sowie zu den Ausschüssen des Verwaltungs-/Aufsichtsrates vom 15. Februar 2005[162] wurde auch der Begriff des „unabhängigen Mitglieds“ des Ver-

161 Für eine Bestandsaufnahme der entsprechenden Rechtslage vor der 2006-Reform, siehe *Angela Ioniță*, Functioning of Board of Directors in Romania, December 2002, verfügbar unter http://www.oecd.org/dataoecd/8/30/2482822.pdf.

162 ABl. L 52 vom 25.2.2005, S. 51.

waltungs- bzw. des Aufsichtsrats eingeführt. Dementsprechend kann in der Gründungsurkunde oder durch Beschluss der Hauptversammlung bestimmt werden, dass ein oder mehrere Mitglieder des Verwaltungs- bzw. des Aufsichtsrats unabhängig sein müssen (Art. $138^2$ I bzw. Art. $153^8$ II LSC). Für die Bestimmung der Unabhängigkeitskriterien wurden die Vorgaben von Anhang II der Empfehlung 2005/162/EG in Art. $138^2$ II LSC übernommen. Demzufolge darf ein unabhängiges Mitglied kein Direktor, kein Arbeitnehmer und kein Wirtschaftsprüfer der Gesellschaft sein, er darf von der Gesellschaft keine Zusatzentlohnung oder andere Vorteile erhalten, kein bedeutender Aktionär der Gesellschaft sein usw.

Zu guter Corporate Governance zählt auch die Bildung von spezialisierten Ausschüssen innerhalb des Verwaltungs- bzw. des Aufsichtsrates, die für den Rat Untersuchungen durchführen und Empfehlungen ausarbeiten. In dieser Hinsicht diente dieselbe Empfehlung 2005/162/EG der Europäischen Kommission als Muster.[163] Gemäß Art. $140^2$ und Art. $153^{10}$ LSC kann der Verwaltungs- bzw. der Aufsichtsrat Ausschüsse aus mindestens zwei Mitgliedern in Bereichen wie Wirtschaftsprüfung, Vergütung von Verwaltungsmitgliedern oder Benennung von Kandidaten für leitende Ämter bilden. Mindestens ein Mitglied eines solchen Ausschusses muss ein unabhängiges nichtgeschäftsführendes Mitglied des Verwaltungs- bzw. des Aufsichtsrates sein, wobei die Mitglieder der Ausschüsse für Wirtschaftsprüfung und für Vergütungen immer nichtgeschäftsführende Mitglieder des Verwaltungs- bzw. des Aufsichtsrates sein müssen.

Ein wichtiger Bestandteil eines *Corporate-Governance*-Systems ist die Frage der Vergütung der Verwaltungsmitglieder. Neben der erwähnten Regulierung eines Vergütungsausschusses des Verwaltungs- bzw. des Aufsichtsrates, wurde in Anlehnung an die Empfehlung der Europäischen Kommission 2004/913/EG zur Einführung einer angemessenen Regelung für die Vergütung von Mitgliedern der Unternehmensleitung börsennotierter Gesellschaften vom 14. Dezember 2004[164] Art. $153^{18}$ LSC eingeführt, der diese Frage ausführlich regelt. Dementsprechend wird die Vergütung der Mitglieder des Verwaltungs- bzw. des Aufsichtsrates durch die Satzung oder durch HV-Beschluss bestimmt. Die Vergütung der Direktoren im monistischen System bzw. der Direktoratsmitglieder im dualistischen System wird durch den Verwaltungsrat bzw. durch den Aufsichtsrat festgesetzt, wobei die allgemeinen Grenzen für alle Vergütungen durch die Satzung oder durch HV-Beschluss festgestellt werden müssen. Bei der Festsetzung der

---

163 Die Einführung von speziellen Ausschüssen des Verwaltungs- bzw. Aufsichtsrates, insbesondere die Einführung eines Wirtschaftsprüfungsausschusses wurde auch von der Weltbank in dem Bericht „Report on the Observance of Standards and Codes – ROSC. Corporate Governance Country Assessment – Romania" von 2004 (S. 17) empfohlen, verfügbar unter http://www.worldbank.org/ifa/rosc_cg_rom.pdf .

164 ABl. L 385 vom 29.12.2004, S. 55.

Vergütung sollen die besonderen Aufgaben der betreffenden Person sowie die Wirtschaftslage der Gesellschaft berücksichtigt werden.

Was die *Fiduciary duties* der Verwaltungsmitglieder angeht, spielt der neu eingeführte Art. $144^1$ LSC eine zentrale Rolle. Er regelt im ersten Absatz die Umsichts- und Sorgfaltspflicht, um im zweiten und dritten Absatz die *Business Judgement Rule* einzuführen.[165] Im Absatz (4) wird die Loyalitätspflicht der Verwaltungsratsmitglieder bestimmt, während die Absätze (5) und (6) die Verschwiegenheitspflicht regeln. Die Geltung des Art. $144^1$ LSC erstreckt sich auf Mitglieder des Verwaltungsrats sowie auf Direktoren (Art. 152 LSC) im monistischen System und auf Mitglieder des Direktorats (Art. $153^2$ VI LSC) und des Aufsichtsrates (Art. $153^8$ III LSC) im dualistischen System.

Im Rahmen der gesellschaftsrechtlichen Corporate-Governance-Bestimmungen ist schließlich Art. $144^3$ LSC zu erwähnen, die die Interessenkollision regelt: Wenn ein Verwaltungsratsmitglied in einem Geschäft unmittelbar oder mittelbar (z.B. durch seine Verwandte) der Gesellschaft entgegengestezte Interessen hat, muss er die übrigen Mitglieder des Verwaltungsrates hierüber informieren und an keiner Beratung über dieses Geschäft teilnehmen. Diese Regel kann auch als ein Wettbewerbsverbot für Verwaltungsmitgieder verstanden werden. Diese Vorschrift findet auch auf Direktoren (Art. 152 I LSC), auf Mitglieder des Direktorats (Art. $153^2$ VI LSC) und auf Mitglieder des Aufsichtsrates (Art. $153^8$ III LSC) Anwendung.

### 3. *Deutscher Corporate Governance Kodex*

Der Deutsche Corporate Governance Kodex (DCGK) wurde 2001/2002 von einer Regierungskommission unter der Leitung von Gerhard Cromme erarbeitet. Er enthält Standards und Empfehlungen zur Unternehmensführung und zur Aufsicht deutscher Aktiengesellschaften. Der Kodex gliedert sich in sieben Teile: Präambel, Aktionäre und Hauptversammlung, Zusammenwirken von Vorstand und Aufsichtsrat, Vorstand, Aufsichtsrat, Transparenz, Rechnungslegung und Abschlussprüfung. Der DCGK wurde erstmals am 20. August 2002 im elektronischen Bundesanzeiger veröffentlicht. Seitdem wird der Kodex jährlich von der Regierungskommission „Deutscher Corporate Governance Kodex" überprüft und gegebenenfalls angepasst. Die letzte Anpassung erfolgte am 18. Juni 2009.[166]

---

165 Bei der Regelung der *Business Judgement Rule* wurde insbesondere § 93 I AktG berücksichtigt (siehe auch *Ionuţ Răduleţu*, a.a.O., S. 165 ff). Die Reaktion der rumänischen Doktrin bezüglich dieses *legal transplant* war gespaltet: siehe z.B. *Lucian Bercea*, Regula judecăţii de afaceri: un transplant legal imposibil, PR Nr. 3/2006, S. 201 ff. oder *Radu Catană*, Obligaţia de prudenţă şi diligenţă a administratorilor în contextul reformei dreptului societăţilor comerciale, PR Nr. 3/2006, S. 188 ff.

166 Siehe http://www.corporate-governance-code.de

Der Kodex beansprucht, das Vertrauen in die deutsche Corporate Governance und den Kapitalmarkt zu stärken, indem er die in diesem Bereich geltenden Regeln transparent gestaltet. Zu diesem Zweck behandelt der Kodex die vor allem von internationalen Investoren erhobenen Kritikpunkte an der deutschen Unternehmensverfassung, nämlich die wahrgenommene mangelhafte Ausrichtung auf Aktionärsinteressen, die duale Unternehmensverfassung mit Vorstand und Aufsichtsrat, die mangelnde Transparenz deutscher Unternehmensführung, die wahrgenommene mangelnde Unabhängigkeit der Aufsichtsräte und die eingeschränkte Unabhängigkeit der Abschlussprüfer. Durch seine Bestimmungen soll der Kodex den Investoren und Aktionären einen Beurteilungsmaßstab zur Bewertung guter Unternehmensführung bereitstellen.[167]

Die Empfehlungen (die „Soll-Bestimmungen“) des Kodex weisen auf einen *Soft-Law*-Ansatz hin. Der DCGK besitzt aber über die Entsprechenserklärung gemäß § 161 AktG (eingefügt durch das Transparenz- und Publizitätsgesetz[168], in Kraft getreten am 26. Juli 2002) eine gesetzliche Grundlage. Dementsprechend müssen der Vorstand und der Aufsichtsrat jeder börsennotierten Gesellschaft jährlich eine Erklärung abgeben, dass den Empfehlungen des Kodex entsprochen wurde und wird oder welche Empfehlungen nicht angewendet wurden oder werden. Diese Erklärung ist anschließend den Aktionären dauerhaft zur Verfügung zu stellen. In diesem Sinne genügt es, wenn die Erklärung auf der Webseite der Gesellschaft veröffentlicht wird.

## *C. Aktionärsrechte und corporate citizenship*

*Corporate citizenship* oder Unternehmensbürgerschaft bezeichnet das bürgerschaftliche Engagement von Unternehmen. Der Begriff ist sehr eng mit demjenigen der *corporate social responsibility* oder der unternehmerischen Sozialverantwortung verbunden. Beide umschreiben den Beitrag der Unternehmen zu einer mittel- und langfristigen nachhaltigen Entwicklung. Im Unterschied zu *corporate governance* im engen Sinne, die die innere Unternehmensführung betrifft, handelt es sich bei *corporate citizenship* um das wirtschaftliche und soziale Umfeld, in dem die Unternehmen operieren, oder anders gesagt um den Corporate-Governance-Rahmen. In diesem Zusammenhang haben nicht nur die Aktionäre gewisse legi-

---

167 Für Stellungnahmen seitens der Doktrin und der Praxis zum DCGK siehe z.B. *Henrik-Michael Ringleb, Thomas Kremer, Marcus Lutter, Axel v. Werder*, Kommentar zum Deutschen Corporate Governance Kodex: Kodex-Kommentar, München 2008, oder *Norbert Pfitzer, Peter Oser (Hrsg.)*, Deutscher Corporate Governance Kodex. Ein Handbuch für Entscheidungsträger, Stuttgart 2005.

168 Gesetz zur weiteren Reform des Aktien- und Bilanzrechts, zu Transparenz und Publizität vom 19. Juli 2002 (TransPuG), BGBl. I S. 2681.

time Belange, sondern auch die verschiedenen Stakeholders[169] des Unternehmens, wie Gläubiger, Mitarbeiter, Konkurrenten, Konsumenten oder die Gesellschaft als solche. Die Aufgeschlossenheit der Unternehmen gegenüber den ökologischen, menschenrechtlichen oder sozialen Interessen ihres Gastlandes hat Auswirkungen auf ihren langfristigen Erfolg.[170]

Zu den Corporate-Governance-Rahmen zählt ein angemessener Schutz der Gläubiger im Falle der Insolvenz des Unternehmens. Die entsprechende rumänische Regelung wurde durch Gesetz Nr. 85 vom 5. April 2006 zum Insolvenzverfahren[171] getroffen. In Deutschland gilt für solche Fälle die Insolvenzordnung vom 5. Oktober 1994[172]. Die Mitarbeiter werden in Rumänien durch die Vorschriften des Arbeitsgesetzbuches (Gesetz Nr. 53 vom 24 Januar 2003[173]) geschützt. In Deutschland gibt es kein einheitliches Arbeitsgesetzbuch; die arbeitsrechtlichen Vorschriften sind stattdessen über mehrere Rechtsakte zerstreut.[174] Eine besondere Rolle für das Verhältnis Arbeitsrecht/Gesellschaftsrecht spielen in Deutschland die Mitbestimmungsgesetze (siehe oben Punkt 1.III.A.2). Die Wettbewerbsbestimmungen sind in beiden Länder in zwei Gruppen aufgeteilt: das Lauterkeitsrecht (rumänisches Gesetz Nr. 11 vom 29. Januar 1991 zur Bekämpfung unlauteren Wettbewerbs[175] und deutsches Gesetz gegen unlauteren Wettbewerb vom 3. Juli 2004[176]) und das Kartellrecht (in Rumänien durch Gesetz Nr. 21 vom 10. April 1996[177] erfasst, in Deutschland durch das Gesetz gegen Wettbewerbsbeschränkungen vom 26. August 1998[178]). Die Vorschriften zum Schutz der Verbraucher sind in beiden Rechtsordnungen auf mehrere Einzelgesetze verteilt. In Rumänien wurde der Versuch unternommen, eine gewisse Vereinheitlichung durch den Erlass eines Verbrauchsgesetzbuches (Gesetz Nr. 296 vom 28. Juni 2004[179]) zu erreichen. In Deutschland wurden gewisse Bestimmungen zum Verbraucherschutz im Bürgerlichen Gesetzbuch (BGB)[180] inkorporiert, wie z.B. die Vorschriften über Haustürgeschäfte (§§ 312, 312a BGB), über Fernabsatzverträge (§§ 312b-d BGB), über

---

169 *Lelia Mooney Sirotinsky*, „On Corporate Citizenship" (Juni 2004), S. 10 ff. Verfügbar an SSRN: http://ssrn.com/abstract=556665.

170 OECD-Grundsätze der Corporate Governance 2004, S. 12 (http://www.oecd.org/dataoecd/57/19/32159487.pdf).

171 M.Of. Nr. 359 vom 21.4.2006.

172 BGBl. I 1994, S. 2866.

173 M.Of. Nr. 72 vom 5.2.2003.

174 *Manfred Löwisch*, Arbeitsrecht, Köln 2007, S. 21 f.

175 M.Of. Nr. 24 vom 30.1.1991.

176 BGBl. I 2004, S. 1414.

177 M.Of. Nr. 88 vom 30.4.1996. Wiederverlautbart in M.Of. Nr. 742 vom 16.8.2005.

178 In der Fassung der Bekanntmachung vom 15. Juli 2005 (BGBl. I S. 2114).

179 M.Of. Nr. 593 vom 1.7.2004. Wiederverlautbart in M.Of. Nr. 224 vom 24.3.2008.

180 Bürgerliches Gesetzbuch in der Fassung der Bekanntmachung vom 2. Januar 2002 (BGBl. I S. 42, 2909; 2003 I S. 738).

Verträge im elektronischen Geschäftsverkehr (§ 312e BGB), den Verbrauchsgüterkauf (§§ 474-479 BGB) oder die Vorschriften über die Allgemeinen Geschäftsbedingungen – AGB (§§ 305-310 BGB).

Indem die Unternehmen das soziale Umfeld ihrer Tätigkeit wahrnehmen und ihm gegenüber verantwortungsbewusst handeln, agieren sie als Bürger der betroffenen Gesellschaft. Die innere *Corporate Governance* wird auf diese Weise durch eine äußere *Corporate Citizenship* ergänzt. Der Schutz von Minderheitsaktionären kann aber nicht nur in der *Corporate-Governance*-Perspektive eine Rolle spielen, sondern auch aus der Sicht der *Corporate Citizenship*: Einerseits sind die Aktionäre selbst auch Stakeholders und sollen entsprechend behandelt werden; andererseits können die Aktionäre gewissermaßen als Bürger des Unternehmens selbst betrachtet werden und einen entsprechenden Schutz genießen. Im letzteren Fall gäbe es eine innere Unternehmensbürgerschaft, diejenige der Aktionäre, und eine äußere Unternehmensbürgerschaft der Aktiengesellschaft selbst.

## *D. Rechtsangleichung und Regulierungswettbewerb*

Der europäische Gesetzgeber betrachtete von Anfang an die Rechtsangleichung im Gesellschaftsrecht und Corporate Governance als ein Mittel zur europaweiten Sicherung der Niederlassungsfreiheit und der Kapitalverkehrsfreiheit und damit zur Schaffung eines Binnenmarktes für Dienstleistungen und Finanzprodukte. Die Rechtsangleichung erfolgte über die Harmonisierung der nationalen Gesellschaftsrechte durch Richtlinien und über die Schaffung supranationaler Gesellschaftsformen (siehe Punkt 1.II.C.2 oben). Auf diese Weise sollte ein sog. europäisches *level playing field* für die in der Gemeinschaft tätigen Gesellschaften gewährleistet werden, indem einerseits rechtliche Hindernisse zur freien Niederlassung und zum freien Kapitalverkehr zwischen den Mitgliedstaaten abgebaut wurden und andererseits gemeinsame minimale Standards des Gesellschafter- und Aktionärsschutzes eingeführt wurden.[181]

Dieser zentralisierende Regulierungsansatz übersieht aber zum Teil, dass es in der EU nicht nur einen (Binnen-)Markt für Dienstleistungen und Finanzprodukte, sondern auch einen Markt für Rechtsformen und Standards im Gesellschaftsrecht geben kann. Der letztere wurde in der Rechtsprechung des Europäischen Gerichtshofes (EuGH) anerkannt. Die EuGH-Entscheidungen in Fällen wie Centros (C-212/97)[182],

---

181 Siehe dazu Mitteilung der Kommission – Modernisierung des Gesellschaftsrechts und Verbesserung der Corporate Governance in der Europäischen Union – Aktionsplan [KOM(2003)0284 endg.] – http://eur-lex.europa.eu/LexUriServ/LexUriServ.do?uri=CELEX:52003DC0284:DE:NOT.

182 Im Fall *Centros* wurde vom EuGH am 9. März 1999 festgestellt, „dass ein Mitgliedstaat, der die Eintragung der Zweigniederlassung einer Gesellschaft verweigert, die in

Überseering (C-208/00)[183], Inspire Art (C-167/01)[184] oder Sevic (C-411/03)[185] zur Niederlassungsfreiheit (Art. 43, 48 EGV) haben einen Regulierungswettbewerb zwischen Gesellschaftsrechtsordnungen in Europa veranlasst.[186] Dieser Wettbe-

---

einem anderen Mitgliedstaat, in dem sie ihren Sitz hat, rechtmäßig errichtet worden ist, aber keine Geschäftstätigkeit entfaltet, gegen die Artikel 52 und 58 EG-Vertrag (*d.h. ex-Art. 52 und ex-Art. 58 EGV nach der Maastricht-Nummerierung, Art. 49 und 54 AEUV – I.R.*) verstößt, wenn die Zweigniederlassung es der Gesellschaft ermöglichen soll, ihre gesamte Geschäftstätigkeit in dem Staat auszuüben, in dem diese Zweigniederlassung errichtet wird, ohne dort eine Gesellschaft zu errichten und damit das dortige Recht über die Errichtung von Gesellschaft zu umgehen, das höhere Anforderungen an die Einzahlung des Mindestgesellschaftskapitals stellt" (Rn. 39).

183 Im Fall *Überseering* wurde der Theorie des tatsächlichen Verwaltungssitzes vom EuGH am 5. November 2002 widersprochen. Das Gericht beschloss, „dass in dem Fall, dass eine Gesellschaft, die nach dem Recht des Mitgliedstaats gegründet worden ist, in dessen Hoheitsgebiet sie ihren satzungsmäßigen Sitz hat, in einem anderen Mitgliedstaat von ihrer Niederlassungsfreiheit Gebrauch macht, dieser andere Mitgliedstaat nach den Artikeln 43 EG und 48 EG verpflichtet ist, die Rechtsfähigkeit und damit die Parteifähigkeit zu achten, die diese Gesellschaft nach dem Recht ihres Gründungsstaats besitzt" (Rn. 95).

184 In *Inspire Art* wurde vom EuGH am 30. September 2003 darauf hingewiesen, dass „die Artikel 43 EG und 48 EG einer Regelung eines Mitgliedstaats ... entgegen stehen, die die Ausübung der Freiheit zur Errichtung einer Zweitniederlassung in diesem Staat durch eine nach dem Recht eines anderen Mitgliedstaats gegründete Gesellschaft von bestimmten Voraussetzungen abhängig macht, die im innerstaatlichen Recht für die Gründung von Gesellschaften bezüglich des Mindestkapitals und der Haftung der Geschäftsführer vorgesehen sind. Die Gründe, aus denen die Gesellschaft in dem anderen Mitgliedstaat errichtet wurde, sowie der Umstand, dass sie ihre Tätigkeit ausschließlich oder nahezu ausschließlich im Mitgliedstaat der Niederlassung ausübt, nehmen ihr nicht das Recht, sich auf die durch den EG-Vertrag garantierte Niederlassungsfreiheit zu berufen, es sei denn, im konkreten Fall wird ein Missbrauch nachgewiesen" (Rn. 143).

185 Im Fall *Sevic* hat schließlich der EuGH am 13. Dezember 2005 entschieden, „dass die Artikel 43 EG und 48 EG dem entgegenstehen, dass in einem Mitgliedstaat die Eintragung einer Verschmelzung durch Auflösung ohne Abwicklung einer Gesellschaft und durch Übertragung ihres Vermögens als Ganzes auf eine andere Gesellschaft in das nationale Handelsregister generell verweigert wird, wenn eine der beiden Gesellschaften ihren Sitz in einem anderen Mitgliedstaat hat, während eine solche Eintragung, sofern bestimmte Voraussetzungen erfüllt sind, möglich ist, wenn beide an der Verschmelzung beteiligten Gesellschaften ihren Sitz im erstgenannten Mitgliedstaat haben" (Rn. 31).

186 *Martin Gelter*, „The Structure of Regulatory Competition in European Corporate Law", Journal of Corporate Law Studies, Vol. 5, S. 247-284, 2005 Verfügbar bei SSRN: http://ssrn.com/abstract=742045 . Für eine ausführliche Darstellung der Literatur zur Gründungs- und zur Sitztheorie in der EuGH-Rechtsprechung zum Gesellschaftsrecht siehe z.B. *John Armour*, Who should make corporate law? EC legisla-

werb der Rechtsordnungen kann im Endeffekt zu einer Rechtsangleichung von unten nach oben führen, die die europarechtliche Rechtsangleichung von oben nach unten ergänzt. Im ersteren Fall wurde die Frage gestellt, ob der Regulierungswettbewerb zu einem *Race to the top* oder zu einem *Race to the bottom* führt.[187] Auch wenn es sich in gewissen Fälle um ein *Race to the bottom* handelt, sichert die Harmonisierung durch Gesetzgebung, von oben nach unten, gemeinsame minimale Standards, die durch die nationalen Rechtsordnungen nicht unterschritten werden dürfen.

Die EU-Kompatibilität des rumänischen Rechts soll nicht nur am Maßstab des EU-Primär- oder Sekundärrechts, sondern auch am Maßstab der erwähnten EuGH-Rechtsprechung zum Gesellschaftsrecht überprüft werden. Im Unterschied zum deutschen Recht, das oft im Wettbewerb mit englischem oder niederländischem Gesellschaftsrecht steht, wurde die rumänische Rechtsordnung seit dem EU-Beitritt am 1. Januar 2007 noch keinem starken Druck des Regulierungswettbewerbs seitens anderer EU-Mitgliedstaaten ausgesetzt. Nichtsdestoweniger kann aber behauptet werden, dass sich Rumänien in einem ständigen Wettbewerb mit osteuropäischen Nachbarnländern für ausländische Direktinvestitionen befindet.[188] Und gerade dabei spielen das Gesellschaftsrecht und die *Corporate-Governance*-Rahmen eine Hauptrolle. Die Angleichung der rumänischen Rechtsordnung an den EU-*Acquis* und an internationale Standards der Corporate Governance in den letzten Jahren fand auch aus diesem Grund und nicht nur aus formellen Verpflichtungen des Staates gegenüber internationalen Partnern statt. Auf diese Weise sollte das Vertrauen inländischer und ausländischer Investoren gestärkt und damit die Senkung der Kapitalkosten und die Stabilität der Finanzierungsquellen erreicht werden.

## Zusammenfassung

Das erste Kapitel behandelt die Grundlagen des Minderheitsschutzes im Aktienrecht, nämlich allgemeine aktienrechtliche Grundsätze, den rechtlichen und wirtschaftlichen Kontext des Minderheitsschutzes und die Konvergenz der *Corporate-Governance*-Systeme.

---

tion versus regulatory competition, ECGI Working Paper Nr. 54/2005, Fn. 42, abrufbar unter: http://papers.ssrn.com/sol3/papers.cfm?abstract_id=860444 .

187 *Sebastian Mock*, Harmonization, Regulation and Legislative Competition in European Corporate Law, German Law Journal, Vol. 3, No. 12 vom 1.12.2002.

188 *Cătălin Răzvan Tripon*, „Foreign Direct Investment in Romania: Challenging the Romanian Legal Framework Using the Delaware Model of Company Law“ (February 2003). Verfügbar bei SSRN: http://ssrn.com/abstract=440823 .

Der Zielkonflikt zwischen den Einzelinteressen der Aktionäre und den Interessen der Aktiengesellschaft als Zweckgemeinschaft wird durch die „demokratische" Willensbildung innerhalb der Hauptversammlung anhand des Mehrheitsbeschlusses sowie durch die „demokratische" Gewaltenteilung zwischen den mehrheitlich besetzten Gesellschaftsorganen (Hauptversammlung einerseits und Verwaltungsrat andererseits im monistischen System, bzw. Direktorat oder Vorstand und Aufsichtsrat im dualistischen System) gelöst.

Ein Verband, eine AG, in denen ständig wechselnde Mehrheiten entscheiden, sind aber nur Idealtypen. Deshalb wird das Mehrheitsprinzip im Aktienrecht durch das Institut des Minderheitsschutzes ergänzt. Darunter sind jene Tatbestände zu verstehen, in denen eine Minderheitsgruppe von Aktionären in der Lage ist, auf legale Weise einen Mehrheitsbeschluss zu blockieren oder ihren Willen gegen die ablehnende Haltung der Mehrheit durchzusetzen. Die entsprechenden Schutzmechanismen sollen dazu beitragen, dass die Rechte der Aktionäre, die wegen ihres geringeren Kapitalsanteils nicht an der Gesellschaftsleitung beteiligt sind, entsprechend berücksichtigt werden. Der Schutz des Interesses der Minderheit wird durch das Interesse der Gesellschaft begrenzt, soweit divergierend.

Ziel des Minderheitsschutzes ist es, die Aktie zum Mittel der Finanzierung der Wirtschaft zu gestalten, indem die Aktienanlagen auch für Kleinaktionäre sicherer und kontrollierbarer gemacht werden, um damit die Anlagebereitschaft des Publikums zu erhöhen. Dadurch soll die Beteiligung einer möglichst breiten Schicht der Bevölkerung am Produktivvermögen gefördert werden und eine Kapitalkonzentration zugunsten eines beschränkten Personenkreises vermieden werden.

Die Fremdorganschaft als Kennzeichen der Körperschaften und die damit verbundene Trennung zwischen Eigentümer und Leitungsträger ist auch ein Mittel zum Minderheitsschutz, weil dadurch der Einfluss der Mehrheitsaktionäre auf die Verwaltung transparenter gestaltet und die Aufsicht verschiedener Stellen (Aufsichtsrat, unabhängige Mitglieder, Zensoren usw.) unterzogen wird.

Die Lage der Minderheitsaktionäre hängt auch vom Verhältnis der Gesellschaft zu ihren Gläubigern ab, die vertraglicher Natur ist. Es ist wohl möglich, dass ein Gläubiger mittels Liberierung der Aktien mit Gläubigerforderungen zum Aktionär wird. Die Werthaltigkeit der Forderung ist in diesem Kontext aus der Sicht des Minderheitsschutzes besonders relevant. Der Rückweg, vom Aktionär der Gesellschaft zu deren Gläubiger zu werden, ist in beiden Rechtsordnungen auf Grundlage der EU-Kapitalrichtlinie zum Schutze der Gesellschaft und der übrigen Aktionären durch ein Verbot der Kapitalrückzahlung gesperrt.

Für den Minderheitsschutz sind sowohl die Individual- als auch die Gruppenrechte der Aktionäre relevant. Die mitgliedschaftlichen Individualrechte (wie die Vermögensrechte, die allgemeinen Informationsrechte, das Stimmrecht oder die Klagerechte) können von jedem Aktionär, unabhängig von seiner Kapitalbeteiligung, ausgeübt werden, während die Gruppenrechte (wie das Recht auf Einberufung der Hauptversammlung oder das Recht auf Bestellung von Sonderprüfern) die formellen Minderheitsrechte der Aktionäre darstellen, die einer qualifizierten Aktionärsgruppe zur Verfügung stehen.

Ein wichtiges Mittel des Minderheitsschutzes sind die allgemeinen Rechtsgrundsätze der Gleichbehandlung und der Treuepflicht. Das Gleichbehandlungsprinzip findet seinen Ursprung in den europarechtlichen Vorgaben (Kapitalrichtlinie) und wird in der rumänischen wie in der deutschen Rechtsordnung anerkannt. Auch die Corporate-Governance-Grundsätze der OECD sowie neuerdings die EU-Aktionärsrechterichtlinie heben die Gleichbehandlung der Aktionäre hervor. Es soll aber nicht unbeachtet bleiben, dass das Gleichbehandlungsgebot nicht horizontal, unter den Aktionären, sondern nur vertikal, zwischen Aktionären und Gesellschaft gilt. Die horizontalen Verhältnisse werden durch die Treuepflichten der Aktionäre bestimmt.

Die Treuepflichten haben sich insbesondere im deutschen Recht entwickelt, wo sowohl von Treuepflichten der Mehrheitsaktionäre als auch von Treuepflichten der Minderheitsaktionäre, gegenüber der Gesellschaft, aber auch gegenüber den übrigen Aktionären gesprochen werden kann. In Rumänien spielte lange Zeit das Institut der *affectio societatis* eine Ersatzfunktion für die Treuepflichten der Aktionäre. Durch die Gesellschaftsrechtsreform von 2006 wurde aber der Grundsatz von Treu und Glauben auch im rumänischen Recht positiv geregelt, was erheblich zur Verbesserung der Rechtsstellung der Minderheitsaktionäre beitragen kann.

Das Aktienrecht ist sowohl in Rumänien als auch in Deutschland durch ständige gesetzliche Reformen gekennzeichnet. Eine erste umfangreiche Regelung der Aktiengesellschaften fand in Rumänien durch das Handelsgesetzbuch von 1887 statt. Das 1938 verabschiedete neue Handelsgesetzbuch ist wegen des Krieges nicht mehr in Kraft getreten. Beide Kodices sahen fortgeschrittene Aktionärsrechte wie das Einsichtsrecht, die Beschwerde gegenüber den Zensoren, die Bestellung von Sonderprüfern, das *Sell-out*-Recht oder das Gleichbehandlungsgebot vor. Nach diesem Modell wurden auch die aktienrechtlichen Vorschriften in der postkommunistischen Zeit entworfen, wobei in den letzten Jahren die europarechtlichen Vorgaben und die internationalen Maßstäbe für die rumänischen Gesellschaftsrechtsreformen eine entscheidende Rolle spielten.

Die Fragen des Minderheitsschutzes wurden im deutschen Recht früh anerkannt und behandelt. So sah bereits die Aktienrechtsnovelle von 1884 Gruppenrechte für Minderheitsaktionäre vor (wie das Recht auf Einberufung der Generalversammlung oder das Recht auf Geltendmachung von Ersatzansprüchen der Gesellschaft). Diese wurden durch das Handelsgesetzbuch von 1897 übernommen und erweitert. Das Aktiengesetz von 1937 brachte eine neue Orientierung mit sich, der zufolge der Geschäftsführung und dem Unternehmen Priorität gegenüber der Generalversammlung und den Aktionären verliehen werden sollte. Das geltende Aktiengesetz von 1965 drehte diese Entwicklung um, indem die Rolle der Hauptversammlung und die Individual- und Minderheitsrechte der Aktionäre erneut verstärkt und weiterentwickelt wurden.

Die Eigentumsstruktur der Aktiengesellschaften spielt eine besondere Rolle für die Mechanismen des Minderheitsschutzes. Auch wenn in Rumänien das Privatisierungsverfahren teilweise zu zerstreuten Eigentumsstrukturen führte, erwies sich die betroffene Aktionärschaft als passiv und nicht bereit, die *Corporate-Governance*-Standards der Unternehmen in Frage zu stellen. Meistens weisen aber die rumänischen (börsennotierten) Aktiengesellschaften eine konzentrierte Eigentumsstruktur auf. Dies ist auch in Deutschland der Fall, wo eine breite Verflechtung der Beteiligungsstrukturen an Aktiengesellschaften verzeichnet werden konnte. Diese wirtschaftlichen Tatsachen führen in beiden Rechtsordnungen dazu, dass es in der Praxis weniger zu einem vertikalen *Agency*-Problem (zwischen Aktionären und AG-Verwaltung) als vielmehr zu einem horizontalen *Agency*-Problem (zwischen Mehrheits- und Minderheitsaktionären) kommt, dessen Lösungen in beiden Länder ähnlich sein könnten.

Den zwei Rechtsordnungen ist auch der europarechtliche Hintergrund gemeinsam. An der Entwicklung des Europarechts nimmt Deutschland als Gründungsmitgliedstaat seit 1957, Rumänien als Neumitgliedstaat erst seit 1.1.2007 teil. Als Kandidatenland musste Rumänien seine Rechtsvorschriften einschließlich des Gesellschaftsrechts dem EU-*Acquis* angleichen. Dieses Verfahren begann schon mit dem Assoziierungsabkommen von 1993; in 2000 wurden die Beitrittsverhandlungen aufgenommen, die zur Unterzeichnung des Beitrittsvertrags in 2005 führten. Der *Acquis* im Gesellschaftsrecht schließt sowohl primärrechtliche (Niederlassungsfreiheit und Kapitalverkehrsfreiheit) als auch sekundärrechtliche Bestimmungen (insbesondere Richtlinien) ein, die im nationalen Recht aller Mitgliedstaaten die selbe Stellung einnehmen.

Die Regelung der Aktiengesellschaft hat in den nationalen Rechtsordnungen eine wichtige Position inne. In Rumänien wird diese Regelung hauptsächlich durch das Handelsgesellschaftengesetz getroffen. Von besonderer Bedeutung sind auch das Handelsregistergesetz und das Kapitalmarktgesetz. Der Kapitalmarkt, das Bankwesen und das Versicherungswesen werden getrennt geregelt und von verschiedenen Organen überwacht. Letzteres gilt nicht für Deutschland, wo die BaFin eine zentrale Stelle in der Überwachung des Finanzmarktes einnimmt. Die Regelung der Aktiengesellschaft findet in Deutschland durch das Aktiengesetz und das Umwandlungsgesetz sowie durch das Kapitalmarktrecht statt. Ein weiterer Unterschied besteht zwischen den beiden Rechtsordnungen bezüglich der Rolle der Rechtsprechung im Aktienrecht. Während in Rumänien nach der kommunistischen Erfahrung noch gewisse Mängel in der Tätigkeit der Gerichte bestehen, spielten die richterlichen Entscheidungen im deutschen Aktienrecht in den letzten Jahrzehnten eine wegweisende Rolle.

In beiden Ländern werden in den letzten Jahren nicht nur die Fragen des zwingenden Rechts bezüglich Unternehmen, sondern auch diejenigen der Corporate Governance aktiv debatiert. Eine zentrale Stelle beansprucht in diesem Zusammenhang die *Shareholder-Value*-Doktrin, wobei alternative Theorien wie der Gläubigerschutz oder der Arbeitnehmerschutz (bzw. die Mitbestimmung in Deutschland) auch eine wichtige Rolle spielen. Die *Corporate-Governance*-Regeln behandeln meistens Fragen des vertikalen (zwischen Aktionären und Verwaltung) und des horizontalen (zwischen Mehrheits- und Minderheitsaktionären) *Agency*-Problems. In Rumänien gab es mehrere Projekte zur Kodifizierung dieser Regeln, aber einige der wichtigsten Bestimmungen wurden durch die Reform von 2006 in das Gesellschaftsrecht selbst eingeführt. In Deutschland besteht seit 2002 ein *Corporate-Governance*-Kodex, der jährlich von einer speziellen Regierungskommission angepasst wird. Über die in § 161 AktG vorgesehene Entsprechenserklärung erhielt der Kodex eine gesetzliche Grundlage. Die innere Corporate Governance wird schließlich in beiden Länder durch eine äußere Unternehmensbürgerschaft ergänzt, die eine Versöhnung der Belange der Aktionäre mit denjenigen sonstiger Stakeholder der Aktiengesellschaft zum Ziel hat.

Für eine rechtsvergleichende Untersuchung sind die Fragen der Rechtsangleichung und des Regulierungswettbewerbs von besonderer Bedeutung. Die Rechtsangleichung der nationalen Gesellschaftsrechte von oben nach unten, die durch EU-Harmonisierungsmaßnahmen stattfindet, soll einen *legal level playing field* für Unternehmen schaffen. Diesem Ansatz wird der Regulierungswettbewerb entgegengesetzt, der nicht zuletzt auf der EuGH-Rechtsprechung zum Gesellschaftsrecht beruht und der zu einer Rechtsangleichung von unten nach oben führen kann. In diesem Zusammenhang ist zu erwähnen, dass Rumänien und Deutschland sich ständig in einem Wettbewerb mit anderen Länder für ausländische Direktinvestitionen befinden, wobei dem Gesellschaftsrecht und den *Corporate-Governance*-Rahmen eine Hauptrolle zukommt.

# Zweites Kapitel: Vermögensrechte

## I. Das Recht auf Aktieneigentum

### A. *Aktieneigentum zwischen Gesellschafts- und Verfassungsrecht*

Das Aktieneigentum kann aus einer doppelten Perspektive betrachtet werden, aus der Sicht des Gesellschaftsrechts und aus der des Verfassungsrechts. Im ersteren Fall begründet es die mitgliedschaftliche Stellung des Aktionärs in der Aktiengesellschaft, mit entsprechenden gesellschaftsrechtlichen Rechten und Pflichten. Im letzteren Fall begründet es den Anspruch des Aktionärs auf einen verfassungsrechtlichen Grundrechtsschutz bezüglich seiner Anlage in der Aktiengesellschaft. Die zwei Perspektiven sollen aber nicht als getrennt, sondern als komplementär betrachtet werden: sowohl die rumänische Verfassung[189], als auch das deutsche Grundgesetz stellen zunächst den Grundsatz des Eigentumsschutzes (Art. 44 I 1 rVerf bzw. Art. 14 I 1 GG) auf, um danach die Bestimmung von Inhalt und Schranken des Eigentums dem Gesetzgeber zu übertragen (Art. 44 I 2 rVerf bzw. Art. 14 I 2 GG). Inhalt und Schranken des Aktieneigentums ergeben sich aus dem Aktienrechts bzw. aus dem Gesellschaftsrecht, so wie sie in beiden Ländern durch Spezialgesetze geregelt sind.

#### 1. *Aktieneigentum und AG-Mitgliedschaft*

Die Aktionäre sind die Inhaber der Aktiengesellschaft, aber formell gesehen sind sie nicht Eigentümer der Gegenstände des Gesellschaftsvermögens. Deren Eigentümerin ist die AG selbst als juristische Person. Es kann daher behauptet werden, dass das Eigentum der Aktionäre nicht direkt ist, sondern durch die Mitgliedschaft vermittelt, wobei die AG-Mitgliedschaft selbst durch das Eigentum an den Aktien begründet ist. In diesem Zusammenhang entspricht das Aktieneigentum, als mittlerer Faktor zwischen Aktionär und Gesellschaft, einem modernen Wirtschaftsleben, das einen Bedarf an liquiden und schnell übertragbaren wirtschaftlichen Werten aufweist.

---

[189] Die rumänische Verfassung wurde im Jahr 1991 verabschiedet und im Jahr 2003 reformiert. Die geltende Fassung kann auf der Webseite des rumänischen Verfassungsgerichts in rumänischer, englischer und französischer Fassung abgerufen werden: www.ccr.ro.

### *1.1. Die Aktie als Wertpapier*

Die Aktie als Wertpapier verbrieft die Beteiligung des Aktionärs an der AG. Die Aktien können als Inhaberaktien oder als Namensaktien ausgegeben werden (Art. 91 I LSC bzw. § 10 I AktG). Inhaberaktien stellen Inhaberpapiere dar. Dementsprechend kann derjenige, der sie besitzt, die damit verbundenen Rechte unmittelbar geltend machen. Die Übertragung erfolgt durch einfache Einigung und Übergabe. Dagegen sind Namensaktien Orderpapiere[190], die namentlich bestimmte Personen ausweisen. Bei Namensaktien kann die Übertragung durch Vinkulierung von der Zustimmung der Gesellschaft abhängig gemacht werden (Art. 8 $f^2$ LSC bzw. § 68 II 1 AktG).[191]

Das Eigentum an der Aktie als Wertpapier entspricht dem Eigentum am Geschäftsanteil. Die Versachlichung der Aktien in Wertpapieren trägt aber im Allgemeinen zu ihrer einfacheren Übertragbarkeit und Fungibilität bei. Dadurch, dass der Eigentümer über die Urkunde und damit über sein Recht am Geschäftsanteil frei verfügen kann, kann der Zeitpunkt des Verkaufs der Aktien als der Zeitpunkt der Desinvestition betrachtet werden.[192] Die Deutung des Aktionärs als Inhaber von Wertpapieren entspricht aber nur teilweise seiner Rechtsstellung in der AG. Die Aktie kann darüber hinaus als eine Verbriefung der Mitgliedschaft betrachtet werden.

### *1.2. Die Aktie als Verbriefung der Mitgliedschaft*

Mit der Aktie verbunden sind nicht nur die Vermögensrechte der Aktionäre, sondern auch ihre Informations- und Mitwirkungsrechte in der Gesellschaft. Deshalb stellt die Aktie eine Versachlichung der Mitgliedschaft selbst dar.[193] Der Schutz des Eigentums an der Aktie bedeutet deshalb zur selben Zeit einen Schutz aller Rechte, die mit der Aktie in Verbindung stehen. In diesem breiten Sinne des Aktieneigentums werden dessen gesellschaftsrechtliche und verfassungsrechtliche Seiten deutlich. Einerseits werden die Bestandteile der Mitgliedschaft durch Gesellschaftsrecht bestimmt und erläutert. Andererseits werden sie in den Aktien verbrieft und verfassungsrechtlich über das Aktieneigentum geschützt.

---

190 *Uwe Hüffer*, Aktiengesetz Kommentar, § 10 Rn. 4.

191 Für das rumänische Recht siehe *Carmen Teau, Lucian Săuleanu*, Transmiterea dreptului de proprietate asupra acțiunilor nominative, RDC Nr. 5/2000, S. 51 ff.

192 *Gabriel Seuffert*, Der Schutz des Aktieneigentums nach Art. 14 GG und seine Auswirkungen im Zusammenhang mit dem Ausschluss von Minderheitsaktionären gemäß §§ 327a ff. AktG, Würzburg 2006, S. 22.

193 Siehe z.B. *Ulrich Noack*, in Walter Bayer, Mathias Habersack (Hrsg.), Aktienrecht im Wandel, Band II – Grundsatzfragen des Aktienrechts, Tübingen 2007, S. 512 ff. oder *Lutz Sedatis*, Einführung in das Wertpapierrecht, Berlin 1988, S. 185 f.

Nach dem Ansatz der vorliegenden Arbeit zählen zu den Mitgliedschaftsrechten die Vermögensrechte (der Dividendenanspruch, das Bezugsrecht, das Recht auf den Abwicklungsüberschuss, das Abfindungsrecht bei Squeeze-out und Sell-out), die Informationsrechte (betreffend Informationen über die Handelsregister- und Kapitalmarktpublizität sowie das Auskunftsrecht und das Sonderprüfungsrecht der Aktionäre) und die Mitwirkungs- und Klagerechte (die Einberufung und die Teilnahme an der Hauptversammlung, die Ergänzung der Tagesordnung und die Einbringung von Beschlussvorlagen, das Stimmrecht, die Geltendmachung der Ersatzansprüche der Gesellschaft, die Anfechtungs- und die Nichtigkeitsklagen gegen HV-Beschlüsse).

### *2. Verhältnis zwischen Mehrheits- und Minderheitsbeteiligungen*

#### *2.1. AG-Mitgliedschaft und Mehrheitsprinzip*

Die AG-Mitgliedschaft als solche differenziert noch nicht nach Mehrheits- und Minderheitsbeteiligungen. Im Unterschied zu Personengesellschaften, bei denen das Einstimmigkeitsprinzip die Regel ist, ist bei Körperschaften das Mehrheitsprinzip grundlegend und strukturell. Dementsprechend reicht grundsätzlich die einfache Stimmenmehrheit bei laufenden Maßnahmen und eine qualifizierte Mehrheit bei Strukturmaßnahmen aus (wobei das rumänische Recht zusätzliche Quorumsbedingungen aufstellt – siehe Punkt 4.I.B.2.2 unten), was die mitgliedschaftliche Stellung von Minderheitsaktionären gefährden kann. Die gesellschaftsrechtliche Gestaltung der Aktionärsrechte soll daher ein Gleichgewicht zwischen Mitgliedschaftsrechten und Mehrheitsprinzip herbeiführen.

Die Ausübung der Mehrheitsmacht kann sogar zum Verlust der Mitgliedschaft der Minderheitsaktionäre führen, wie dies z.B. beim Squeeze-out der Fall ist. Dieses ist in beiden Rechtsordnungen verfassungsrechtlich zugelassen, weil die Eigentumsgarantie von Art. 44 rVerf bzw. von Art. 14 GG keine absolute ist, sondern im Einzelfall von der gesetzlichen (d.h. gesellschaftsrechtlichen) Gestaltung der Eigentumsrechte abhängt. Dieses Verhältnis zwischen Mehrheitsprinzip und Schutz der Mitgliedschaft im Aktienrecht wird in der deutschen Doktrin als die „innere Schwäche“ des Aktieneigentums bezeichnet.[194] Beim Bezug der Aktien sollte sich aber jeder Aktionär der indirekten, vermittelten Eigentümerstellung bewusst sein, die die Aktien ihm gewähren, sowie der „Schwäche“ seiner Eigentumsposition. Er ist aber nichtsdestoweniger zu einem angemessenen verfassungsrechtlichen Bestandschutz berechtigt.

---

194 *Gabriel Seuffert*, a.a.O., S. 26 ff.

## 2.2. *Kleinaktionäre, Minderheits- und Mehrheitsaktionäre*

Nach der Stimmrechtsmacht bzw. nach der Beteiligungsquote am Grundkapital kann zwischen verschiedenen Gruppen von Aktionären unterschieden werden (Kleinaktionäre, Minderheits- und Mehrheitsaktionäre), die einen jeweils unterschiedlichen Einfluss auf die Angelegenheiten der Gesellschaft nehmen können. Fraglich ist in diesem Zusammenhang, ob ihre mitgliedschaftlichen Rechtspositionen den gleichen Schutz genießen sollen oder ob dabei nach ihrem Einflussmöglichkeiten differenziert werden darf.

Die Individualrechte (wie das Stimm- oder das Auskunftsrecht) stehen praktisch jedem Aktionär zu. Die Minderheitsrechte knüpfen dagegen an eine bestimmte Beteiligungsquote am Grundkapital an: die Aktionäre, die zusammen die erforderliche Beteiligung (z.B. 1 %, 5 % oder 10 % des Grundkapitals[195]) erreichen und die ein gewisses Recht übereinstimmend ausüben, genießen einen zusätzlichen Schutz durch das Gesetz (dies ist z.B. der Fall bei der Bestellung von Sonderprüfern – siehe Punkt 3.II.B.1 unten, bei der Einberufung der Hauptversammlung – siehe Punkt 4.I.B.1.2 unten, oder bei der Geltendmachung der Ersatzansprüche der Gesellschaft – siehe Punkt 4.II.B.3 unten). Je höher die von einer Aktionärsgruppe erreichte Beteiligung ist, desto größer ist ihre Einflussmöglichkeit auf die Gesellschaft.

Ein weiteres Beispiel dieser Einflussmöglichkeit ist die Sperrminorität: Wenn ein Aktionär Aktien besitzt, die ihm einen gewissen Stimmrechtsanteil gewähren, kann er bestimmte Strukturmaßnahmen der Aktionärsmehrheit in der Hauptversammlung verhindern. Je nach der erforderlichen Stimmenmehrheit (die Einzelregeln variieren bei verschiedenen Maßnahmen), kann die Sperrminorität z.B. bei 25 % oder bei 33,33 % Stimmrechtsanteil plus eine Stimme liegen. Bei einer Beteiligungsquote von mehr als 50 % (oder bereits bei einer Beteiligung von mehr als 30 % in Deutschland – § 29 II WpÜG – bzw. von mehr als 33 % in Rumänien – Art. 203 I LPC – bei börsennotierten Gesellschaften, wegen der niedrigen Präsenzzahlen der Aktionäre in der Hauptversammlung) kann schon von einem Großaktionär bzw. von einem Mehrheitsaktionär gesprochen werden, der grundsätzlich die Kontrolle über die Aktiengesellschaft ausübt. In diesem letzteren Fall könnte nicht nur die Frage des Eigentumsschutzes von Bedeutung sein, sondern auch die Frage der Unternehmensfreiheit des Großaktionärs. Die letztere ist in Rumänien

195 Wie bereits erwähnt (siehe Fn. 19), werden die Rechte der Minderheitsaktionäre nach deutschem Recht, im Unterschied zum rumänischen Recht, oft nicht nur nach ihrer prozentualen Beteiligung am Grundkapital zugesprochen, sondern auch nach ihrem anteiligen Betrag in Euro, so z.B. nach einem anteiligen Betrag von 100.000 Euro, von 500.000 Euro oder von 1 Mio. Euro (siehe z.B. § 122 II, § 142 II 1, § 148 I 1 oder § 254 II 2 AktG).

durch Art. 45 rVerf geschützt. In Deutschland ist sie sowohl von Art. 12 I als auch von Art. 14 GG umfasst.[196]

Abhängig von ihrer Beteiligung stehen also den Aktionären unterschiedliche Rechte zur Verfügung. Diese Rechtspositionen bedürfen daher eines angemessenen Schutzes durch den Gesetzgeber. Die Unterschiede in der quantitativen Beteiligung können zu qualitativen Unterschieden des Rechtsschutzes von Eigentumspositionen führen. Die gesetzliche quantitative Verteilung der Einflussmöglichkeiten dient der Funktionalität des Aktienrechts als Recht der Körperschaften. Diese Verteilung soll aber möglicherweise wirtschaftlich neutral bleiben und ein Gleichgewicht zwischen den Interessen der Minderheits- und Mehrheitsaktionären erreichen. Nur so kann das Aktienrecht seine Attraktivität sowohl für die Klein- als auch für die Großanleger bewahren und erhöhen.

## *B. Grundrechtsschutz des Aktieneigentums*

Als Form des Eigentumsrechts genießt das Aktieneigentum in beiden Rechtsordnungen einen Grundrechtsschutz (siehe in diesem Sinne Art. 44 rVerf bzw. Art. 14 GG). Dabei muss von Anfang an beachtet werden, dass das Aktieneigentum, und allgemeiner das Unternehmenseigentum als solches sich vom gewöhnlichen Sacheigentum durch ihre Marktbezogenheit und Organisationsabhängigkeit unterscheiden.[197] Insoweit sind sie verfassungsrechtlich flexibler verankert und im besonderen Maße durch das Gesellschaftsrecht mediatisiert. Die Gesetzgebung soll einen neutralen Rechtsrahmen schaffen, in dem sich das Verhalten der Marktakteure nach dem Grundsatz der freien Assoziation frei entfaltet. Dabei soll sich das staatliche Recht um einen Ausgleich der Interessen verschiedener Beteiligter bemühen. Die innergesellschaftlichen Verhältnisse zwischen Mehrheits- und Minderheitsaktionären stellen aber keine Frage des allgemeinen Wohls gemäß Art. 14 II GG dar.

Bei der verfassungsrechtlichen Gestaltung des Aktieneigentums gilt nach der deutschen Doktrin und Rechtsprechung das Postulat der Folgerichtigkeit der Gesetzgebung: „der Gesetzgeber ist kraft Verfassungsrecht verpflichtet, den wirtschaftlich handelnden Bürgern Rechtsformen gemeinsamen Eigentums anzubieten. Wenn der Gesetzgeber sich entschieden hat, für diese kollektive Nutzung von Eigentumsgütern die Rechtsform der «Aktiengesellschaft» zu schaffen oder beizubehalten, so muss die Ausgestaltung des aktienrechtlichen Eigentums «fol-

---

196 *Gebriel Seuffert*, a.a.O., S. 37.

197 *Eberhard Schmidt-Aßmann*, Der Schutz des Aktieneigentums durch Art. 14 GG, in: *M. Brenner/P.M. Huber/M. Möstl (Hrsg.)*, Der Staat des Grundgesetzes – Kontinuität und Wandel. FS Badura, Tübingen 2004, S. 1011 f.

gerichtig» durchgeführt werden, d.h. den einzelnen Aktionären, aber auch den Aktionären in ihrer Gesamtheit müssen die rechtlichen Instrumente in die Hand gegeben werden, die ihnen Mitwirkung in der Willensbildung der Gesellschaft und den vermögensrechtlichen Zugriff auf die Erträge des Gesellschaftsvermögens verschaffen."[198] Gemäß diesem Folgerichtigkeitsgrundsatz folgen aus dem Eigentum Verwaltungsrechte und Vermögensrechte, die ihrerseits Mitwirkungsansprüche und Informationsansprüche begründen. Darüber hinaus sollen diese materiellen Rechtspositionen verfahrensrechtlich konsequent gesichert werden.

Nach der Rechtsstellung des Aktionärs können für das Aktieneigentum drei Betrachtungsweisen differenziert werden, nämlich: ein individualrechtlicher, ein verbandsrechtlicher und ein kapitalmarktrechtlicher Ansatz.[199] Im ersteren Fall ist der Aktionär als Einzeleigentümer konzipiert, wobei den Verhältnissen zwischen Mehrheits- und Minderheitsaktionären eine wichtige Rolle zukommt. Im zweiten Fall wird der Aktionär funktionell, als Verbandsmitglied betrachtet. Dabei werden die Interessen der Aktionäre gegenüber den Interessen der Gesellschaft selbst abgegrenzt. Im letzteren Fall wird der Akzent auf die Vermögensinteressen des Aktionärs gelegt, wobei die Verwaltungsrechte insbesondere für Kleinaktionäre eine geringere Rolle spielen.

Aus einer verfassungsrechtlichen Perspektive kann das Eigentum des Aktionärs sowohl eine „mittelbare" Bedeutung haben, indem es sich auf die Vermögensgegenstände der Gesellschaft bezieht, als auch eine „unmittelbare" Bedeutung, indem es die Aktie als Wertpapier betrifft. Der Schutz des Aktieneigentums erfolgt dementsprechend auf zwei Ebenen, nämlich der mittelbaren Unternehmensträgerschaft und der unmittelbaren Mitgliedschaftsrechte. Der Aktionär kann sich auf den einen oder den anderen Teil seines Aktieneigentums berufen, je nach der konkreten Eingriffsituation, was in der Praxis zu einem sog. „System verfassungsrechtlicher Meistbegünstigung" führt.[200]

Die grundrechtliche Dimension des Schutzes des Aktieneigentums wurde nicht nur auf nationaler Ebene ersichtlich, sondern auch in der Rechtsprechung des Europäischen Gerichtshofs für Menschenrechte in Straßburg zu Art. 1 I des 1. Zusatzprotokoll zur Europäischen Menschenrechtskonvention (EMRK), das allgemein das Eigentumsrecht schützt. Ein erster relevanter Fall war die Rechtssache *Bramelid und Malmström gegen Schweden* von 1982, in dem die Europäische Kommission für Menschenrechte feststellte, dass Aktien als mittelbares Recht an den Vermögensgegenständen der Gesellschaft in den Schutzbereich der EMRK-

198 *Wolfgang Schön*, Der Aktionär im Verfassungsrecht, FS Peter Ulmer, Berlin 2003, S. 1368.

199 *Eberhard Schmidt-Aßmann*, a.a.O., S. 1018 f.

200 *Wolfgang Schön*, a.a.O., S. 1371.

Eigentumsgarantie fallen.[201] Diese Rechtsprechung wurde durch die Entscheidung vom 25. Juli 2002 im Fall *Sovtransavto gegen die Ukraine*[202] (§ 91) sowie neuerdings durch die Entscheidung vom 19. Juli 2007 im Fall *Freitag gegen Deutschland* (§ 49 ff.) fortgesetzt.[203]

## II. Vermögensschutz in der AG

### *A. Anspruch auf den Anteil am Bilanzgewinn – Dividende*

Der Anspruch auf einen Anteil am Bilanzgewinn findet seine Rechtsgrundlage in der AG-Mitgliedschaft und stellt eines der wichtigsten mitgliedschaftlichen Vermögensrechte der Aktionäre dar. Dieser Anspruch entsteht mit der Feststellung des Jahresabschlusses und ggf. des entsprechenden Bilanzgewinns.

#### *1. Jahresabschluss und Bilanzgewinn*

#### *1.1. Aufstellung und Feststellung des Jahresabschlusses*

Die Aufstellung des Jahresabschlusses einer Aktiengesellschaft kommt im rumänischen Recht gemäß Art. 181 LSC dem Verwaltungsrat bzw. dem Direktorat hinzu. Das deutsche Recht sieht in §§ 242 und 264 I HGB dieselbe Verpflichtung für den Vorstand vor. Beide Rechtsordnungen schreiben des Weiteren eine Überprüfung des aufgestellten Jahresabschlusses durch einen Abschlussprüfer (*auditor*) vor (Art. 182 II LSC bzw. §§ 316 ff. AktG), wobei sowohl das rumänische als auch das deutsche Recht eine Ausnahme für kleinere Aktiengesellschaften machen, für welche eine weniger strenge Prüfungspflicht gilt.

Bezüglich der Feststellung des Jahresabschlusses bestehen in den zwei Rechtssystemen unterschiedliche Regeln. Während im rumänischen Recht die Feststellung eine ausschließliche Kompetenz der (ordentlichen) Hauptversammlung ist (Art. 111 II a LSC), ist dies im deutschen Recht im Regelfall (gemäß § 172 AktG) eine Pflicht der Verwaltung (Vorstand und Aufsichtsrat), während die Hauptversammlung damit nur ausnahmsweise beauftragt ist (§ 173 AktG).

---

201 *Holger Fleischer*, Das neue Recht des Squeeze out, ZGR 4-5/2002, S. 765 f.

202 *Carmen Popa*, Etica afacerilor şi protecţia acţionarului minoritar împotriva practicilor neloiale, abuzive şi frauduloase în contextul noilor reglementări, cu referire la majorarea capitalui social prin aport în natură, RDC 4/2003, S. 101; *Corneliu Liviu Popescu*, EGMR-Rechtsprechungskommentar, RDC 12/2002, S. 305.

203 Die EGMR-Entscheidungen können online vom HUDOC-Datenbank heruntergeladen werden: http://www.echr.coe.int/ECHR/EN/Header/Case-Law/HUDOC/HUDOC+database/

Vor der Aktienrechtsreform von 1937 war die Feststellung des Jahresabschlusses auch in Deutschland eine HV-Zuständigkeit.[204] Die Änderung von 1937, die vom Aktiengesetz von 1965 beibehalten wurde und die eine Gewinnrücklagenbildung durch die Verwaltung ohne Mitwirkung der Hauptversammlung zulässt, bezweckte in erster Linie den Schutz der Gesellschaftsinteressen an Selbstfinanzierung. Die Aktionärsinteressen können aber dadurch gefährdet werden. Eine gewisse Kompromisslösung wurde in § 58 AktG bezüglich der Bildung anderer Rücklagen erreicht (siehe Punkt 2.II.A.1.2.2 unten).

### *1.2. Einstellung in Gewinnrücklagen*

Der Dividendenanspruch der Aktionäre ist durch den verfügbaren Bilanzgewinn begrenzt. Der ausschüttbare Gewinn wird hauptsächlich durch die gesetzlichen, satzungsmäßigen oder sonstigen Rücklagen bedingt. Dieses Spannungsfeld zwischen dem Interesse der Gesellschaft (bzw. der Geschäftsführung) an der Selbstfinanzierung und dem Interesse der Aktionäre am Gewinn aus Aktienanlagen kann in beiden Rechtsordnungen verfolgt werden. Nach rumänischem Recht haben Aktionäre einen Dividendenanspruch, sobald die HV die Verteilung der Dividende gemäß Art. 111 II a LSC beschließt. Im deutschen Recht wird der Anspruch der Aktionäre auf den Bilanzgewinn durch § 58 IV AktG begründet. Dieser letztere Anspruch gilt aber nur subsidiär, d.h. nur soweit eine Verteilung des Bilanzgewinns unter die Aktionäre durch Gesetz oder Satzung, durch sonstige Gewinnrücklagen aufgrund von Hauptversammlungsbeschlüssen (gemäß § 58 III AktG) oder als zusätzlicher Aufwand aufgrund des Gewinnverwendungsbeschluss nicht ausgeschlossen ist.

#### *1.2.1. Gesetzliche Rücklage*

Die gesetzliche Rücklage ist ein Mittel der Erhaltung des Grundkapitals und dadurch der Verbesserung des Gläubigerschutzes. Zur selben Zeit schränkt sie aber den ausschüttungsfähigen Gewinn und dadurch den Dividendenanspruch der Aktionäre ein. Das rumänische Recht sieht eine gesetzliche Rücklage in Höhe von mindestens 20 % des Grundkapitals vor (Art. 183 I LSC). Die Bildung der gesetzlichen Rücklage wird in Deutschland in § 150 AktG geregelt. Dementsprechend soll eine Gewinnrücklage gebildet werden, die zusammen mit den Kapitalrücklagen mindestens 10 % des Grundkapitals erreicht (§ 150 II AktG).[205] In beiden Rechtsordnungen steht es den Aktionären frei, eine höhere Grenze dieser Rücklage festzustellen. Dabei fungiert in Deutschland gemäß herrschender Meinung

---

204 *Karsten Schmidt*, Gesellschaftsrecht, 3. Aufl., 1997, p. 921.

205 Dieselbe Mindestgrenze ist auch im französischen Recht vorgesehen (Art. L 232-10 C.com.).

die Höhe des Grundkapitals selbst als die absolute Obergrenze der gesetzlichen Rücklage (aufgrund der Formulierung in § 150 II AktG: „oder der in der Satzung bestimmten höheren *Teil des Grundkapitals*“).[206] Ein solches terminologisches Argument zugunsten einer oberen Begrenzung der gesetzlichen Rücklage kann in Rumänien aufgrund des Textes von Art. 183 LSC nicht vorgebracht werden.

Die jährliche Pflichteinstellung bis zur Erreichung der erwähnten Obergrenze beträgt in Deutschland 5 % des Jahresüberschusses (gemindert um einen möglichen Verlustvortrag aus dem Vorjahr). Im Unterschied zur Bestimmung der Obergrenze, deren Erhöhung den Aktionären zusteht, kann die gesetzliche Höhe der jährlichen Einstellung von den Aktionären nicht geändert werden. Obwohl in Rumänien das Gesetz dieselbe Höhe der jährlichen Zuführung vorschreibt (d.h. 5 % des Jahresüberschusses), wird diese nur als Mindestgrenze gestaltet (Art. 183 I LSC). Damit ist es zulässig, dass die Aktionäre eine höhere jährliche Einstellung frei beschließen.

Es kann also festgestellt werden, dass das rumänische Recht einem herrschenden Aktionär einen großen Spielraum gewährt, indem einerseits die Obergrenze der gesetzlichen Rücklage den Wert des Grundkapitals grundsätzlich übersteigen kann und andererseits die jährliche Einstellung durch Aktionärsbeschluss erhöht werden kann. Auf diese Weise kann der ausschüttungsfähige Gewinn weitaus mehr von einer Aktionärsmehrheit eingeschränkt werden, was den Dividendenanspruch von Minderheitsaktionären erheblich schwächt. Darüber hinaus wird die Mindestgrenze der gesetzlichen Rücklage durch Gesetz verhältnismäßig hoch gestuft (20 % des Grundkapitals in Rumänien gegenüber 10 % in Deutschland), was zur Minderung des möglichen Gewinnausschüttungsbetrags (und ggf. des Dividendenwerts) führen kann. *De lege ferenda* sollte eine Neuregelung der gesetzlichen Rücklage im rumänischen Recht in Betracht gezogen werden, um den Minderheitsschutz zu verbessern. Die deutsche Regelung könnte als Beispiel dienen.

### *1.2.2. Satzungsmäßige und andere Rücklagen*

Satzungsmäßige Rücklagen sind diejenigen, die von der Satzung verpflichtend vorgeschrieben werden. Solche Rücklagen werden in beiden Rechtsordnungen zugelassen, ohne sie einer speziellen Regelung zu unterziehen. Entgegen den Regeln zur gesetzlichen Rücklage darf der in satzungsmäßigen Rücklagen eingestellte Gewinn an die Aktionäre ausgeschüttet werden, sofern solche Rücklagen über eine Satzungsänderung wieder ausgeschlossen werden.

206 *Bruno Kropff* in Münchener Kommentar zum AktG, § 150 Rn. 19.

Darüber hinaus können die befugten Gesellschaftsorgane die Bildung *anderer* Rücklagen beschließen. Der französischen Terminologie folgend, bezeichnet die rumänische Doktrin diese Rücklagen als *fakultativ*.[207]

Im deutschen Recht wird der Jahresabschluss im Regelfall von Vorstand und Aufsichtsrat festgestellt (§ 172 AktG). Ausnahmsweise kann dies die Hauptversammlung tun (§ 173 AktG). Im letzteren Fall darf sie Gewinneinstellungen in anderen Rücklagen nur dann vornehmen, wenn die Satzung dies bestimmt (§ 58 I 1 AktG), und nur bis zur Hälfte des Jahresüberschusses (§ 58 I 2 AktG). Diese Regelung dient dem Schutze der Aktionärsminderheit vor einem „Aushungern" durch die Mehrheit.[208] Die Hauptversammlung hat dadurch kein Selbstentscheidungsrecht über die Bildung anderer Gewinnrücklagen aus dem Jahresüberschuss.[209] Im Gegensatz dazu können Vorstand und Aufsichtsrat selbst über solche Rücklagen entscheiden, wenn sie den Jahresabschluss feststellen. Die Obergrenze der Hälfte des Jahresüberschusses muss aber auch in diesem Fall beachtet werden (§ 58 II 1 AktG), wobei die Satzung die Verwaltung (Vorstand und Aufsichtsrat) zu einer größeren (sogar gesamten) oder kleineren (bis zu Ausschließung zugunsten einer HV-Kompetenz) Einstellung[210] ermächtigen kann (§ 58 II 2 AktG). Eine weitere Grenze für die Verwaltungskompetenz zu einer anderen Rücklagenbildung wird im § 58 II 3 AktG eingebaut: Solche Rücklagen dürfen aufgrund einer Satzungsermächtigung nur gebildet werden, soweit sie die Hälfte des Grundkapitals nicht übersteigen.

Es wird dadurch ersichtlich, dass das deutsche Aktienrecht besondere Vorkehrungen bezüglich Thesaurierung des Gewinns durch Rücklagenbildung trifft, um einerseits die Interesse der Aktionäre gegenüber der Verwaltung und andererseits die Minderheitsaktionäre gegenüber Mehrheitsaktionären innerhalb der Hauptversammlung zu schützen. Dagegen sieht das rumänische Recht keine besonderen Regeln hierzu vor. Von der Systematik des rumänischen Gesetzes kann nur abgeleitet werden, dass eine Verfügung über die satzungsmäßigen Rücklagen (einschließlich durch Ausschüttung an die Aktionäre) nur der außerordentlichen Hauptversammlung zukommt (die als einzige befugt ist, die dazu erforderliche

---

207 *Sorin David* in *St. D. Cărpenaru, S. David, C. Predoiu, Gh. Piperea*, Legea societăților comerciale. Comentariu pe articole, 4. Auflage, C.H.Beck, Bukarest 2009 [im Folgenden als „*St. D. Cărpenaru u.a.*, a.a.O. (2009), ..." zitiert], Art. 183 Rn. 4.

208 *Walter Bayer*, Münchener Kommentar zum AktG, § 58 Rn. 25.

209 Über die Verwendung des Bilanzgewinns (der sich vom Jahresüberschuss unterscheidet) darf sie aber freier verfügen (siehe § 58 III und § 174 AktG). Für das Verhältnis Bilanzgewinn/Jahresüberschuss, siehe *Uwe Hüffer*, Aktiengesetz Kommentar, § 58 Rn. 3.

210 Die Möglichkeit einer kleineren Einstellung wurde zugunsten von Publikumsaktionären eingeführt – *Uwe Hüffer*, a.a.O., § 58 Rn. 11.

Satzungsänderung durchzuführen – gemäß Art. 113 m LSC), während eine entsprechende Verfügung über die anderen bzw. fakultativen Rücklagen schon von der ordentlichen Hauptversammlung vorgenommen werden kann. Dieses Schweigen des rumänischen Aktienrechts schafft einen großen Spielraum für die Verwaltung oder für die Mehrheitsaktionäre bei der fakultativen Rücklagenbildung. Dadurch werden die Interessen der Minderheitsaktionäre als Kleinanleger an einer Gewinnausschüttung zum größten Teil übersehen. Diese Rechtslage sollte *de lege ferenda* geändert und gewisse Schranken für die Thesaurierung des Gewinns zum Nachteil der Minderheitsaktionäre eingeführt werden.

### *1.3. Verwendung des Bilanzgewinns*

Die Entscheidung über die Verwendung des Bilanzgewinns gehört in beiden Länder in die Zuständigkeit der Hauptversammlung. So wird im rumänischen Recht die HV-Kompetenz von Art. 111 II a LSC geregelt, ohne in einem Sonderartikel weiter konkretisiert zu werden. Die HV ist grundsätzlich frei, im Rahmen des festgestellten Jahresabschlusses über den verfügbaren Bilanzgewinn zu entscheiden. An einen Vorschlag der Verwaltung ist sie nicht gebunden. Sollte sie aber eine Gewinnausschüttung an Aktionäre mangels eines triftigen Grundes verweigern, ist ihre Entscheidung wegen Rechtsmissbrauchs anfechtbar.

Weitere Bedingungen für den HV-Beschluss über Dividendenzahlung enthält Art. 67 LSC. Demgemäß dürfen Dividenden nur aus einem gesetzmäßig festgestellten Gewinn ausgeschüttet werden. Mangels einer ausführlicheren gesetzlichen Regelung wird diese Vorschrift in dem Sinne ausgelegt, dass der auszuschüttende Betrag einem effektiven und verwendbaren Gewinn entnommen werden soll.[211] Entgegen dieser Regel ausgezahlte Dividenden werden als *fiktiv* bezeichnet; sie sind binnen 3 Jahren nach ihrer Auszahlung zurückzuerstatten, wenn die Aktionäre diese Unregelmäßigkeit kannten oder infolge von Fahrlässigkeit nicht kannten (Art. 67 IV und V LSC).

In deutschem Recht regelt § 119 I Nr. 2 AktG die grundsätzliche Kompetenz der HV in dieser Hinsicht, während § 174 AktG den entsprechenden HV-Beschluss näher ausgestaltet. Die HV ist dabei an den festgestellten Jahresabschluss (und an den entsprechenden Bilanzgewinn) gebunden, unabhängig davon, ob dessen Feststellung von der Verwaltung oder von der HV selbst vorgenommen wurde. Dagegen ist sie nicht an den Gewinnverwendungsvorschlag des Vorstandes gebunden. Die HV kann dabei weitere Gewinnrücklagen oder einen Gewinnvortrag

211 *Octavian Căpăţână*, Societăţile comerciale, Lumina Lex, Bukarest 1996, S. 177; *Stanciu D. Cărpenaru* in *St. D. Cărpenaru u.a.*, a.a.O. (2009), Art. 67 Rn. 4.

beschließen, was die Verminderung bzw. den Ausschluss von Gewinnausschüttungen an Aktionäre bedeuten würde.

## 2. *Gewinnanspruch der Aktionäre*

### 2.1. *Gewinn- und Zahlungsanspruch der Aktionäre*

In beiden Rechtsordnungen wird ein Unterschied gemacht zwischen dem mitgliedschaftlichen Gewinnanspruch (*dreptul social de participare la beneficiile societății*) der Aktionäre und ihrem Dividendenzahlungsanspruch (*dreptul de creanță cu privire la plata dividendelor*). Das Gläubigerrecht (*drept de creanță*) auf Dividenden ist kein mitgliedschaftliches Recht, es kann autonom übertragen und verpfändet werden.

In Rumänien wird der mitgliedschaftliche Gewinnanspruch mit dem HV-Beschluss zur Festlegung der Dividende zu einem Zahlungsanspruch. Dieser Zahlungsanspruch richtet sich gegen die Gesellschaft.[212] Der mitgliedschaftliche Gewinnanspruch wird in Deutschland durch § 58 IV AktG geregelt. Dementsprechend haben Aktionären einen solchen Anspruch nur, soweit er nicht unter den dort ausdrücklich erwähnten Gründen ausgeschlossen ist. Der mitgliedschaftliche Gewinnanspruch kommt durch die Feststellung des Jahresabschlusses zustande, soweit dieser einen Bilanzgewinn nachweist. Der Zahlungsanspruch auf Dividenden entsteht erst mit dem Wirksamwerden des Beschlusses der HV über Gewinnverwendung (aufgrund § 174 AktG), soweit dieser eine Ausschüttung an die Aktionäre vorsieht. Was die Zahlung der Dividenden betrifft, können diese entweder bar oder durch Sachausschüttung (einschließlich durch Ausgabe neuer Aktien) gezahlt werden.[213]

### 2.2. *Gewinnverteilung*

#### 2.2.1. *Grundsatz*

Die Regeln zur Gewinnverteilung werden im rumänischen Recht in Art. 67 II 1 LSC und im deutschen Recht in § 60 AktG vorgesehen. In beiden Fällen wird der Gewinn grundsätzlich gemäß der Grundkapitalbeteiligung der Aktionäre verteilt (siehe dazu Art. 67 II 1 1. Halbs. LSC bzw. § 60 I AktG). Dies entspricht

---

212 *Octavian Căpățână*, Societățile comerciale în interpretarea jurisprudenței (II), RDC Nr. 2/1999, S. 7.

213 In Rumänien wird das durch Art. 7 I Nr. 12 Steuergesetzbuch bestimmt – siehe auch *Sorin David*, in *St. D. Cărpenaru u.a.*, a.a.O. (2009), Art. 111 Rn. 11; in Deutschland wird dieselbe Regel durch § 58 V AktG vorgesehen.

dem Gebot der Aktionärsgleichbehandlung, so wie es in § 53 a AktG vorgeschrieben ist. Im rumänischen Recht kann ein solches Gebot von Art. 94 I LSC abgeleitet werden (siehe Punkt 1.I.E.1 oben).

### 2.2.2. *Spezielle Regeln bei unterschiedlichen Leistungen*

In dieser Hinsicht sollen sowohl der Umfang als auch der Zeitpunkt der geleisteten Einlagen beachtet werden. Die Einlagen der Aktionäre auf das Grundkapital können einerseits zur Zeit der Gewinnverteilung in unterschiedlicher Höhe geleistet worden sein. Andererseits können sich die Aktionäre am Grundkapital erst im Laufe des Geschäftsjahres beteiligt haben (z.B. infolge einer Kapitalerhöhung, soweit der Kapitalerhöhungsbeschluss keine abweichenden Gewinnbeteiligungsregeln vorsieht). Ohne gegen das Gleichbehandlungsgebot zu verstoßen (weil die vorgeschlagenen Kriterien an objektive Tatsachen und nicht an die jeweiligen Aktionäre anknüpfen), bestimmt im deutschen Recht § 60 II AktG für solche Fälle spezielle Regeln. Dementsprechend erfolgt die Verteilung gemäß Leistungsverhältnis der Einlagen bzw. Zeitverhältnis der Leistung. Dabei ist zuerst eine Vorabdividende von 4 % (oder niedriger, bei nicht hinreichendem Gewinn) der geleisteten Einlagen aus dem verteilbaren Gewinn an die Aktionäre leistungsanteilig und/oder zeitanteilig auszuschütten. Ein eventueller Restbetrag wird dann gemäß der allgemeinen Regel des § 60 I AktG verteilt.[214] Das rumänische Recht erwähnt ausdrücklich im Gesetz, dass die Gewinnverteilung im Verhältnis zum eingezahlten und nicht zum gezeichneten Grundkapital stattfindet (Art. 67 II 1 1. Halbs. LSC). Dies vereinfacht die Problematik der Gewinnverteilung bei unterschiedlicher Höhe der Einlageleistungen, so wie sie dem deutschen Recht bekannt ist. Was eine Gewinnverteilung nach Zeitverhältnis der Leistungen betrifft, wird sie im Gesetz nicht geregelt. Die Doktrin ist in dieser Frage gespalten. Gemäß einer Meinung sollten Dividendenzahlungen *pro-rata temporis* zugelassen werden.[215] Dem wäre auch mit Hinsicht auf die erwähnte deutsche Regelung grundsätzlich zuzustimmen. Nach einem anderen Autor wäre eine solche Zeitaufteilung des Gewinns unangemessen und positivrechtlich schwerlich begründbar.[216]

---

214 Für die Kapitalerhöhung aus Gesellschaftsmittel sieht § 217 AktG spezielle Regeln bezüglich des Beginns der Gewinnbeteiligung vor.

215 Die später eingebrachten Leistungen hätten nämlich nicht zum Gewinn des ganzen Geschäftsjahres beitragen können. Ihnen wäre deshalb ein verhältnismäßig niedrigerer Gewinnanteil zuzuschreiben, es sei denn die Satzung sieht spezielle Regeln vor – s. *Ion Turcu*, Aspecte teoretice si practice ale majorarii capitalului societatilor comerciale, in RDC No. 2/1997, p. 16 f.

216 Es wäre nämlich praktisch schwer zu bestimmen, in welchem Zeitraum innerhalb eines Geschäftsjahres der Gewinn erzielt wurde. Bei Schweigen des Gesetzes wäre darüber hinaus eine Dividendenbegrenzung nach Leistungszeitverhältnis mangels

### *2.2.3. Satzungsfreiheit*

Laut Art. 67 II 1 2. Halbs. LSC bzw. § 60 III AktG kann die Satzung eine abweichende Gewinnverteilung (als nach dem Kapitalbeteiligungsverhältnis) bestimmen. Dem Gebot der Aktionärsgleichbehandlung kommt damit eine der Satzung (d.h. der Privatautonomie) untergeordnete Rolle zu. In beiden Rechtsordnungen kann die Satzung z.B. Vorzugsaktien vorsehen, die eine Dividendenpriorität genießen (siehe Punkt 2.II.A.2.3 unten). Nach deutschem Recht ist die Satzungsfreiheit grundsätzlich durch die bereits erworbenen Dividendenrechte der Aktionäre begrenzt. Eine Verminderung dieser Rechte setzt deshalb die Zustimmung der betroffenen Aktionäre voraus. Eine solche Zustimmung kann aber bei einer durch Kapitalerhöhung veranlassten Satzungsänderung (zugunsten junger Aktien) ausgeschlossen werden, soweit die Bezugsrechtsregeln gewahrt sind. Die Satzung ist im rumänischen Aktienrecht intensiver geregelt als im deutschen Recht. So muss sie gemäß Art. 8 k LSC die Regeln zur Gewinnverteilung bestimmen.[217] Dabei muss auch Art. 1513 C.civ. beachtet werden, der nach dem Vorbild des französischen Art. 1844-1 II C.civ.fr. den Gesellschaftsvertrag für nichtig erklärt, der eine sog. Knebelungsklausel *(clauza leonină)* bezüglich der Gewinnverteilung einschließt. Damit wird vom Gesetz eine gewisse Verhältnismäßigkeit bei den entsprechenden Satzungsbestimmungen verlangt.[218]

### *2.2.4. Dividendenverzicht und Dividendenausschlussklausel*

In Deutschland kommt es in der Praxis bisweilen zum teilweisen oder gesamten Dividendenverzicht des Großaktionärs zugunsten der Minderheitsaktionäre.[219] Dies ist dadurch zu erklären, dass ein Groß- oder Mehrheitsaktionär ein größeres Interesse an der Entwicklung der Gesellschaft als solche hat, während Klein- und Minderheitsaktionäre aus einer Anlegerperspektive eher am jährlichen Gewinn interessiert sind. Ein solcher Verzicht erfolgt meistens auf Vertragsbasis. Die Satzung selbst kann vorsehen, dass Aktien von der Gewinnbeteiligung ausge-

---

Satzungsbestimmung unannehmbar – s. *Valentin Mircea*, Distribuirea dividendelor – aspecte teoretice si practice, in RDC 2/1999, p. 111.

217 Sollte die Satzung dies doch nicht tun, kommt die gesetzliche Regelung des Art. 67 II 1 1. Halbs. LSC zur Anwendung.

218 Aus Gründen des Drittschützes legt die Doktrin diese gesetzliche Bestimmung im Sinne einer Nichtigkeit der betroffenen Klausel und nicht der Satzung als solcher aus – siehe *Stanciu D. Cărpenaru*, in *St. D. Cărpenaru u.a.*, a.a.O. (2009), Art. 67 Rn. 8.

219 *Matthias Horbach*, Der Gewinnverzicht des Großaktionärs, AG 2/2001, S. 78 ff.

schlossen sind, wenn sie eine Höchstquote am Grundkapital übersteigen.[220] Eine solche Klausel ist auch im rumänischen Recht vorstellbar, soweit sie nicht auf eine Knebelungsklausel hinausläuft.

### 2.3. *Vorzugsdividenden*

Das rumänische (Art. 94 II LSC) und das deutsche Recht (§ 11 AktG) lassen die Ausgabe von Aktien verschiedener Gattungen zu. Eine in beiden Rechtsordnungen vorhandene Gattung sind die Vorzugsaktien ohne Stimmrecht (Art. 95 f. LSC bzw. §§ 139 ff. AktG). Aus Sicht der Gesellschaft sind solche Aktien dazu bestimmt, ihren Bedarf an Eigenfinanzierung zu erfüllen (Vorzugsaktien ohne Stimmrecht dürfen in Rumänien gemäß Art. 95 II LSC bis zu einem Viertel und in Deutschland gemäß § 139 II AktG bis zur Hälfte des Grundkapitals ausgegeben werden). Andererseits haben sie aber für Minderheitsaktionäre und Portfolioinvestoren eine spezielle Bedeutung, weil das Interesse an Dividenden bei einer kleinen Beteiligung in der Regel größer als das Interesse am Stimmrecht ist. Die Vorzugsaktien ohne Stimmrecht sind deshalb im Kontext des Schutzes der Vermögensrechte von Minderheitsaktionären näher zu untersuchen (für eine Analyse aus der Perspektive der Mitwirkungsrechte siehe Punkt 4.I.D.2.3.1 unten).

Die Vorzugsaktionäre haben eine günstigere Stellung nach dem deutschen Recht. So wird ihnen neben dem Vorzug bei der Gewinnverteilung auch ein Recht auf Nachzahlung der ausgefallenen Vorzugsdividende zuerkannt, was auf ein gesetzlich gesichertes kumulatives Dividendenvorzugsrecht hinausläuft (§ 139 I AktG erwähnt ausdrücklich: „mit einem *nachzuzahlenden* Vorzug bei der Verteilung des Gewinns“). Dies ist im rumänischen Recht nicht der Fall, wo keine Nachzahlungspflicht durch Gesetz begründet wird. Der Gewinnverteilungsvorzug ist dadurch in Rumänien durch den Bilanzgewinn des jeweiligen Geschäftsjahres begrenzt, was eine erhebliche Schwächung der Vermögensstellung der Vorzugsaktionäre mit sich bringt. Diese Rechtslage sollte *de lege ferenda* geändert werden, um die Vorzugsaktionäre (in der Praxis meistens Kleinaktionäre) durch Einführung einer entsprechenden Nachzahlungspflicht besser zu schützen.

Des Weiteren genießen die Vorzugsaktionäre nach deutschem Recht alle anderen Aktionärsrechte (einschließlich der formellen Minderheitenrechte[221]) mit alleiniger Ausnahme des Stimmrechts (§ 140 I AktG). Sollte der Vorzugsbetrag in einem Jahr (teilweise) nicht bezahlt werden, erhalten sie bei mangelnder Nachzahlung im Folgejahr und bis zur vollständigen Zahlung der Rückstände sogar das Stimmrecht, gemäß § 140 II AktG. Eine solche Aktivierung des

---

220 *Uwe Hüffer*, Aktiengesetz Kommentar, § 60 Rn. 7; *Walter Bayer*, Münchener Kommentar zum AktG, § 60 Rn. 21.

221 *Uwe Hüffer*, a.a.O., § 140 Rn. 3.

Stimmrechts findet unabhängig davon statt, ob die Bilanz keinen Gewinn aufweist oder ob bei vorhandenem Gewinn keine Ausschüttung stattfindet.[222] Diese Mechanismen sind dazu vorgesehen, ein Gegengewicht zum grundsätzlichen Ausschluss des Stimmrechts zu bilden und dadurch einen angemessenen Schutz der Vermögensinteressen der Vorzugsaktionäre zu leisten. Im rumänischen Recht waren solche Schutzregeln bis vor kurzem weniger ausgeprägt. Der frühere Art. 95 I b LSC sah nämlich vor, dass Vorzugsaktionäre weder das Teilnahme- noch das Stimmrecht in der Hauptversammlung genießen. Durch das Änderungsgesetz Nr. 441/2006 wurde ihr Teilnahmerecht ausdrücklich anerkannt (Art. 95 I b LSC nF). Darüber hinaus wurde in Art. 95 IV LSC ein Mechanismus zur Aktivierung ihres Stimmrechts bei mangelnder Dividendenzahlung vorgesehen, der dem deutschen Modell in § 140 II 1 AktG entspricht.[223] Dadurch ist die Rechtsstellung der Vorzugsaktionäre erheblich verbessert worden.

Besondere Schutzvorkehrungen werden sowohl im deutschen als auch im rumänischen Recht für den Fall einer Einschränkung bzw. Aufhebung des Vorzugs getroffen.[224] Gemäß § 141 AktG bedarf es in solchen Fällen der Zustimmung der vorhandenen Vorzugsaktionäre, die darüber in einer Sonderversammlung mit 3/4 Mehrheit der abgegebenen Stimmen zu entscheiden haben. Im rumänischen Recht findet auf solche Fälle Art. 116 LSC Anwendung. Danach unterliegt eine Entscheidung der Hauptversammlung zur Änderung der an eine Aktiengattung geknüpften Rechte und Pflichten der Zustimmung der betroffenen Aktionäre. Für die entsprechende Sonderversammlung gelten die allgemeinen Regeln zur Einberufung und Beschlussfassung der Hauptversammlung.

### *2.4. Zahlungsfristen*

Die Hauptversammlung, die über die Verwendung des Bilanzgewinns entscheidet, muss nach deutschem Recht in den ersten 8 Monaten des folgenden Geschäftsjahres stattfinden (§ 175 I 2 AktG). Sollte die Satzung oder der HV-Beschluss zur Gewinnverwendung keine abweichende Frist vorsehen, wird der Zahlungs-

222 *Uwe Hüffer*, a.a.O., § 140 Rn. 4.

223 Eine Bestimmung zur Berechnung der Kapitalmehrheit bei Stimmrechtsaktivierung für Vorzugsaktionäre im Sinne von § 140 II 2 AktG wurde nicht eingeführt, was zu Schwierigkeiten bei der Anwendung der neuen Regeln führen könnte. Ziel der Reform war aber nicht, eine detaillierte Regelung vorzusehen, sondern die Grundsätze festzustellen. Ergänzende aufklärende Bestimmungen könnten an einem späteren Zeitpunkt in Betracht gezogen werden.

224 Dabei muss aber beachtet werden, dass der Vorzug im deutschen Aktienrecht breiter ausgestaltet ist (und das Nachzahlungsrecht mit einschließt), was einen umfassenderen Anwendungsbereich solcher Schutzbestimmungen voraussetzt.

anspruch der Aktionäre mit Wirksamwerden dieses Beschlusses fällig. Das Aktiengesetz sieht dabei keine spezielle Höchstfrist für eine solche Zahlung vor.

Demgegenüber sind nach rumänischem Recht die Dividenden in der von der Hauptversammlung (oder in Sondervorschriften) bestimmten Frist, jedoch spätestens 6 Monate[225] nach Feststellung des Jahresabschlusses für das abgeschlossene Geschäftsjahr (Art. 67 II 2 LSC) zu zahlen. Da es sich um die ordentliche Hauptversammlung handelt, die den Jahresabschluss feststellt (siehe oben Punkt 2.II.A.1.1), ist zusätzlich zu beachten, dass diese binnen 5 Monaten[226] nach Abschluss des Geschäftsjahres stattfinden sollte (Art. 111 I LSC). Damit kann festgestellt werden, dass das aktuelle rumänische Gesetz für die Dividendenzahlung eine Höchstfrist von insgesamt 11 Monaten nach Abschluss des Geschäftsjahres bestimmt.

### 3. *Klagerechte/Anfechtungsrecht der Aktionäre*

Das deutsche Recht regelt in § 253 AktG die Nichtigkeitsgründe für den HV-Gewinnverwendungsbeschluss abschließend. Dementsprechend ist er nichtig bei Fehlen eines uneingeschränkten Bestätigungsvermerks gemäß § 173 III AktG sowie in den allgemeinen Fällen der Nichtigkeit von Hauptversammlungsbeschlüssen, die in § 241 AktG erwähnt werden. Darüber hinaus ist ein solcher Beschluss nichtig bei Nichtigkeit der (in §§ 256 f. AktG geregelten) Jahresabschlussfeststellung, auf der er beruht.

Die Anfechtungsgründe gegen den Gewinnverwendungsbeschluss werden in § 254 AktG vorgesehen. Neben den allgemeinen Anfechtungsgründen für Beschlüsse der Hauptversammlung, so wie sie durch § 243 AktG geregelt sind (siehe Punkt 4.II.C.3.2 unten), wird ein spezifischer Grund bestimmt. Denn sollte die Hauptversammlung anstatt einer Ausschüttung an Aktionäre in Höhe von mindestens 4 % des Grundkapitals (bzw. der geleisteten Einlagen) die Bildung von Gewinnrücklagen oder einen Gewinnvortrag beschließen, ohne durch Gesetz oder Satzung dazu verpflichtet zu sein und ohne eine vernünftige kaufmännische Notwendigkeit (§ 254 I AktG), kann der Beschluss von einer Aktionärsminderheit angefochten werden, deren Anteile zusammen 5 % des Grundkapitals oder den

225 Vor Inkrafttreten des Änderungsgesetzes Nr. 441/2006 sah das Gesetz Nr. 31/1990 hierfür eine Frist von 8 Monaten vor. Das Kapitalmarktgesetz Nr. 297/2004 sieht selbst eine entsprechende Sechsmonatsfrist für börsennotierte Aktiengesellschaften vor (Art. 238 II LPC). Durch die im Gesetz Nr. 31/1990 vorgenommene Änderung hat sich der rumänische Gesetzgeber zur Schaffung eines einheitlichen Regimes für alle Aktiengesellschaften entschlossen.

226 4 Monate vor Inkrafttreten des Gesetzes Nr. 441/2006.

Betrag von 500.000 Euro erreichen (§ 254 II 2 AktG).[227] Nur die letztere Anfechtungsmöglichkeit (wegen übermäßiger Rücklagenbildung) ist an diese Quorumsbedingung geknüpft. Die Klage aufgrund § 243 AktG steht insoweit jedem Aktionär offen. Andererseits muss aber zumindest einer[228] der klagenden Aktionäre nach § 245 AktG zur Anfechtung befugt sein. Die Quorumsbefugnis muss grundsätzlich nur bei Klageerhebung bestehen.

Das rumänische Aktienrecht sieht keine speziellen Gründe für die Nichtigkeit (*nulitatea*) oder Anfechtbarkeit (*anulabilitatea*) des HV-Gewinnverwendungsbeschlusses vor. Dementsprechend kann dessen Unwirksamkeit aufgrund der allgemeinen Nichtigkeits- bzw. Anfechtbarkeitsgründe der HV-Beschlüsse festgestellt werden. Dies ist dann der Fall, wenn der betreffende Beschluss gegen das Gesetz oder gegen die Satzung verstößt. Unter Gesetz sind sowohl das Handelsgesellschaftengesetz als auch andere einschlägige gesetzliche Vorschriften (insbesondere solche, die die Geschäftsfähigkeit oder die Vertragsgültigkeit regeln) zu verstehen. Wenn ein Verstoß gegen zwingende gesetzliche Vorschriften vorliegt, wird von einem Fall der absoluten Nichtigkeit (*nulitate absolută*) gesprochen. Für solche Fälle ist die Nichtigkeitsklage unverjährbar und kann von jeder interessierten Person erhoben werden (Art. 132 III LSC). Sollte ein Verstoß gegen sonstige gesetzliche Normen oder gegen die Satzung vorliegen, wird von relativer Nichtigkeit (*nulitate relativă*) gesprochen. In diesen Fällen ist die Klage binnen 15 Tagen nach der Veröffentlichung des HV-Beschlusses im Amtsblatt zu erheben. Klageberechtigt sind die Aktionäre, die an der HV nicht teilgenommen oder die gegen den Beschluss gestimmt haben und dies haben vormerken lassen (Art. 132 II).

## *B. Das Bezugsrecht der Aktionäre*

### *1. Bezugsrecht und Minderheitsschutz*

Nach der Trennung von Eigentum und Kontrolle/Leitungsmacht im Aktienrecht stellt das Bezugsrecht bei Kapitalerhöhungen sicher, dass nicht ein Teil der Eigentümer (Mehrheitsaktionäre) über die von ihnen eingesetzte Verwaltung die anderen Eigentümer (Minderheitsaktionäre) in eine mindere Rechtsstellung drängen bzw. aus der AG quasi ausschließen kann.[229]

227 Schutz der Minderheit vor einer Aushungerungspolitik der Mehrheit – *Bruno Kropff*, Regierungsbegründung S. 340 (nach *Uwe Hüffer*, a.a.O., § 254 Rn. 1).

228 *Uwe Hüffer*, a.a.O., § 254 Rn. 9.

229 Zum „faktischen Ausschluss“ der Minderheitsaktionäre im Wege des Bezugsrechtsausschlusses siehe *Karl-Nikolaus Peifer*, Münchener Kommentar zum AktG, § 186 Rn. 55.

Die Beteiligung an der Gesellschaft soll aufgrund des Bezugsrechts qualitativ (Stimmrecht) und quantitativ (Anteile) bestehen bleiben.[230] Dadurch werden dem Aktionär seine bisherige Mitwirkungsmöglichkeit innerhalb der AG, sowie seine Teilhabe am auszuschüttenden Gewinn, am Liquidationserlös im Falle der Auflösung usw gesichert.[231] Sollte der Aktionär entscheiden, sein Bezugsrecht nicht selbst auszuüben, so kann er darüber frei verfügen. Auf diese Weise entscheidet er sich zugunsten eines Entgelts für die Verminderung seiner qualitativen und quantitativen Beteiligung an der Gesellschaft.

Das Bezugsrecht sichert dem Aktionär die Möglichkeit, bei Kapitalerhöhungen seinen Anteil an Gewinn und Vermögen sowie seine Stimmquote in der Gesellschaft zu erhalten. Er wird so davor geschützt, dass seine Stellung in der Gesellschaft durch die Ausgabe neuer Aktien geschwächt oder „verwässert" wird. Ein Ausschluss des Bezugsrechts würde den Anteil des einzelnen Aktionärs am Grundkapital und damit auch seine Stimmkraft prozentual absenken. In diesem Sinne wurde der Bezugsrechtsausschluss sehr plastisch als eine Art „Gesellschafterausschluss auf Raten" charakterisiert.[232] Die Erhaltung der Stimmkraft ist besonders wichtig sowohl für die Ausübung aktiver Minderheitsrechte, die eine qualifizierte Aktionärsminderheit voraussetzt, als auch für die Möglichkeit, eine Sperrminorität in den Fällen des qualifizierten Mehrheitserfordernisses bilden zu können. Falls aber der Altaktionär zu weiteren Investitionen nicht bereit ist, d.h. nicht von seinem Bezugsrecht Gebrauch machen will, steht ihm zumindest die Möglichkeit offen, vor einem wirtschaftlichen Nachteil durch Veräußerung dieses Anspruchs geschützt zu werden (obwohl er dadurch an Stimmkraft verliert).[233]

Ein Ausschluss des Bezugsrechts hat daher eine entscheidende Wirkung auf die Aktionärsstellung innerhalb der Gesellschaft. Dies ist umso mehr der Fall für Minderheitsaktionäre, die einen HV-Ausschlussbeschluss grundsätzlich nicht blockieren können. Sollte dies vom Gesetz nicht näher geregelt werden, wären die mitgliedschaftlichen Rechtspositionen der Klein- und Minderheitsaktionäre dem freien Willen der Aktionärsmehrheit bzw. der Verwaltung ausgeliefert. Sollten die letzteren über Zuweisung bzw. Ausschluss von Bezugsrechten frei verfügen können, könnten sie dadurch einen erheblichen Einfluss auf die Aktionärsstruktur und auf die Machtverteilung in der Aktiengesellschaft ausüben. Andererseits kann die Gesellschaft in bestimmten Fällen ein berechtigtes Interesse an einer Kapitalerhöhung ohne Bezugsrecht haben. Der Gesetzgeber hat deshalb

---

230 Kali & Salz Entscheidung des BGH, BGHZ 71, 40, 45.

231 *Cristian Duţescu*, Drepturile acţionarilor, Lumina Lex Verlag, Bukarest 2006, S. 324; *Gheorghe Piperea*, in *St. D. Cărpenaru u.a.*, a.a.O. (2009), Art. 216 Rn. 1.

232 *Heribert Hirte*, Bezugsrechtsausschluss und Konzernbildung, Köln 1986, S. 31.

233 *Markus Lutter*, Kölner Kommentar zum Aktiengesetz, 2. Auflage, Köln 1995, § 186 Rn. 7.

die Frage des Bezugsrechts in beiden Rechtsordnungen näher behandelt und die Voraussetzungen seines Ausschlusses zwingend geregelt. Sonst könnten die Geschäftsführer selbst zu Aktionären werden oder die neuen Aktien bevorzugten Dritten zuweisen, wodurch sie ihre Kontrolle über die Gesellschaft und über die Minderheitsaktionäre verfestigen würden.[234]

In den Fragen des Bezugsrechts bei Kapitalerhöhungen spielt die Kapital-RL eine wesentliche Rolle. Ihre Umsetzung hat zu Änderungen im deutschen[235] und insbesondere im rumänischen[236] Aktienrecht geführt. Im Unterschied zu ihren Vorschriften zur AG-Gründung und zum Mindestkapital, die grundsätzlich den Gläubigerschutz bezwecken, sind die RL-Vorschriften zur Kapitalerhöhung (Art. 25 ff. Kapital-RL) und zum Bezugsrechtsausschluss (Art. 29 Kapital-RL) hauptsächlich für den Aktionärsschutz bestimmt.[237] Zusammen mit dem in Art. 42 Kapital-RL geregelten Gleichbehandlungsgebot der sich in denselben Verhältnissen befindenden Aktionäre bilden diese Vorschriften Eckpunkte des vermögensrechtlichen Aktionärsschutzes auf europäischer Ebene. Anders als das deutsche und das aktuelle rumänische Recht (gemäß Gesetz Nr. 441/2006) sieht die Kapital-RL ein Bezugsrecht nur bei Barkapitalerhöhungen vor. Über das erwähnte Gleichbehandlungsgebot wird aber europarechtlich auch eine Sachkapitalerhöhung auf ihren diskriminierenden Charakter hin geprüft.[238]

### 2. *Kapitalbeschaffung und Bezugsrecht*

#### 2.1. *Kapitalbeschaffungsmethoden*

Das rumänische Recht sieht folgende Kapitalbeschaffungsmaßnahmen vor: Kapitalerhöhung gegen Einlagen (*majorare de capital prin noi aporturi* – Art. 210 ff. LSC), genehmigtes Kapital (*capital autorizat* – Art. 220[1] LSC und Art. 236 II LPC), Kapitalerhöhung aus Gesellschaftsmitteln (*majorare de capital prin incorporarea rezervelor* – Art. 210 II LSC) sowie Ausgabe von Wandel-

234 *Elena Cârcei*, Societățile comerciale pe acțiuni, AllBeck, Bukarest 1999, S. 346.

235 Hauptsächlich durch das Durchführungsgesetz zur Zweiten Richtlinie (BGBl. I 1978, S. 1959). Diese Richtlinie orientierte sich aber hauptsächlich am deutschen Recht, so dass die Änderungserfordernisse in Deutschland gegenüber der alten Rechtslage, einschließlich des Bezugsrechts, ziemlich gering waren – siehe *Alfons Grünwald*, Europäisches Gesellschaftsrecht, Wien 1999, S. 35.

236 Das rumänische Recht wurde in mehreren Stufen der 2. RL angepasst, zuletzt durch das Änderungsgesetz Nr. 441/2006.

237 Die Gläubiger sind ohne weiteres durch eine Erhöhung des Grundkapitals geschützt – siehe *Stefan Grundmann*, Europäisches Gesellschaftsrecht, Heidelberg 2004, S. 157.

238 *Stefan Grundmann*, a.a.O., S. 159.

schuldverschreibungen (Art. 170 V, 176 III, 216[1] LSC). Die bedingte Kapitalerhöhung ist nicht ausdrücklich geregelt, ihr steht aber auch keine Vorschrift entgegen. Im deutschen Recht werden folgende Methoden der Kapitalbeschaffung ausführlich geregelt: Kapitalerhöhung gegen Einlagen (§§ 182-191 AktG), bedingte Kapitalerhöhung (§§ 192-201 AktG), genehmigtes Kapital (§§ 202-206 AktG), Kapitalerhöhung aus Gesellschaftsmitteln (§§ 207-220 AktG) und die Ausgabe von Wandel- und Gewinnschuldverschreibungen (§ 221 AktG). In beiden Rechtsordnungen stellen alle Formen der Kapitalerhöhung zur selben Zeit eine Satzungsänderung dar und werden entsprechend in demjenigen Teil des Aktien- bzw. Handelsgesellschaftengesetzes geregelt, der die Änderungen der Satzung betrifft (Titel IV LSC bzw. sechster Teil AktG).

Die Frage des Bezugsrechts ist grundsätzlich bei allen Maßnahmen der Kapitalbeschaffung relevant.[239] Sie gestaltet sich aber in jedem Fall unterschiedlich. Im Folgenden wird hauptsächlich der Fall der Kapitalerhöhung gegen Einlagen behandelt, während die anderen Fälle nur ergänzend besprochen werden.

### *2.2. Gesetzliche Ausgestaltung des Bezugsrechts*

#### *2.2.1. Abstraktes Bezugsrecht*

Nach rumänischem Recht ist die Gesellschaft bei der Kapitalerhöhung verpflichtet, die jungen Aktien den bisherigen Aktionären zur Zeichnung anzubieten, im Verhältnis zu der Anzahl der bereits in ihrem Besitz befindlichen Aktien (Art. 216 I LSC). Das deutsche Recht definiert das Bezugsrecht als das Recht jedes Aktionärs, auf sein Verlangen hin einen seinem Anteil am bisherigen Grundkapital entsprechenden Teil der neuen Aktien zugeteilt zu bekommen (§ 186 I 1 AktG). Trotz der unterschiedlichen Formulierung (das deutsche Recht setzt den Akzent auf das Recht des Aktionärs, eine Beteiligung zu verlangen, und setzt damit ein Handeln des Aktionärs voraus, während das rumänische Recht die Pflicht der Gesellschaft – bzw. der Verwaltung und der Hauptversammlung – betont, allen Aktionären die jungen Aktien zum Bezug anzubieten), wird das abstrakte Bezugsrecht der Aktionäre in beiden Rechtsordnungen geregelt.

Dieses Recht steht den Aktionären aufgrund Gesetzes zu und kann durch die Satzung nicht abbedungen werden. Als Möglichkeit einer Teilnahme an der Kapitalerhöhung, die in einem direkten Verhältnis zu ihrer bisherigen Kapitalbeteiligung steht, stellt das Bezugsrecht nach beiden Rechtssystemen einen Ausdruck des Gleichbehandlungsgebots der Aktionäre dar. Als solches darf es durch die Satzung

239 Dazu wurden im rumänischen Recht divergierende Meinungen geäußert – siehe *Cristian Duțescu*, a.a.O., S. 322 Fn. 5.

nicht ausgeschlossen werden.[240] Die gesetzliche Gestaltung dieses Rechts lässt des Weiteren nicht zu, dass ein anderes Verhältnis als die Grundkapitalbeteiligung durch die Satzung oder sonst für die Zuteilung der Bezugsrechte eingesetzt wird, so wie dies z.B. beim Recht auf Dividenden der Fall ist (siehe Punkt 2.II.A.2.2.3 oben).

Der mitgliedschaftliche Charakter des abstrakten Bezugsrechts gestattet keine von der Aktie autonome Übertragung. Insoweit gehört es zu den Stammrechten jedes Aktionärs, zusammen mit den Gewinnbeteiligungs-, Auskunfts- oder Stimmrechten.[241]

*2.2.2. Konkreter Bezugsrechtsanspruch und seine Ausübung*

Mit dem Wirksamwerden des Kapitalerhöhungsbeschlusses der Hauptversammlung entsteht auch ein konkreter Bezugsanspruch der Aktionäre. So wie im Falle des konkreten Dividendenanspruchs (im Unterschied zum mitgliedschaftlichen Gewinnbeteiligungsrecht), ist der konkrete Bezugsanspruch (im Unterschied zum mitgliedschaftlichen Bezugsrecht) gläubigerrechtlicher Natur (gegenüber der Gesellschaft) und kann selbständig übertragen und gepfändet werden. Im Unterschied aber zum Dividendenanspruch verschafft der Bezugsanspruch dem Aktionär keinen materiellen Gewinn, sondern ist nur dazu bestimmt, den status quo in der Eigentumsstruktur der Gesellschaft zu bewahren (im Sinne eines Besitzstandschutzes) und den (Minderheits-)Aktionär vor einer Vermögensverwässerung bzw. vor einem Stimmkraftverlust zu schützen.[242] Wenn die Höhe der bestehenden Kapitalbeteiligung zu einer Anzahl von Bezugsrechten berechtigt, die den Bezug einer genauen Anzahl von Aktien nicht möglich macht, kann der betroffene Aktionär die restlichen Rechte verkaufen oder neue dazu kaufen.[243] Sollte er kein Kapital in neue Aktien investieren wollen, kann er die neuen Aktien aus dem Verkauf gewisser oder aller seiner Bezugsrechte finanzieren (*operation blanche*).[244]

Für die Ausübung des Bezugsanspruchs ist den Aktionären eine Frist von mindestens einem Monat nach rumänischem Recht (Art. 216 II 2 LSC) bzw. zwei Wochen nach deutschem Recht (§ 186 I 2 AktG) zu gewähren, die entweder durch die

---

240 Cristian Duţescu, a.a.O., S. 321; Gheorghe Piperea, in *St. D. Cărpenaru u.a.*, a.a.O. (2009), Art. 216 Rn. 2.

241 *Karl-Nikolaus Peifer*, Münchener Kommentar zum AktG, § 186 Rn. 19.

242 Die Ausgabe neuer Aktien hat grundsätzlich die Verwässerung des Wertes der Altaktien zur Folge. Deren Börsenpreis könnte sogar sinken – siehe *Karl-Nikolaus Peifer*, Münchener Kommentar zum AktG, § 186 Rn. 22; *Cristian Duţescu*, a.a.O., S. 324 f. sowie S. 341-342.

243 *Markus Lutter*, Kölner Kommentar zum AktG, § 186 Rn. 5; *Cristian Duţescu*, a.a.O., S. 322; *Elena Cârcei*, Societăţile comerciale pe acţiuni, Bukarest 1999, S. 349, Rn. 380.

244 *Karl-Nikolaus Peifer*, Münchener Kommentar zum AktG, § 186 Rn. 25.

Satzung oder durch den Kapitalerhöhungsbeschluss der HV zu bestimmen ist. Das deutsche Recht lässt zusätzlich zu, dass mangels einer sonstigen Bestimmung letzten Endes der Vorstand diese Frist bestimmt.[245] In Rumänien läuft die Frist ab der Veröffentlichung des HV-Kapitalerhöhungsbeschlusses im Amtsblatt (Art. 216 II 2 LSC), während in Deutschland die Frist grundsätzlich mit deren getrennter Bekanntgabe durch den Vorstand in den Gesellschaftsblättern gemäß § 186 II AktG beginnt. Ein Ausübungsfrist von mindestens zwei Wochen ist auch von der Kapital-RL von 1977 vorgesehen (Art. 29 III 3).

#### *2.2.3. Berechtigte Aktionäre*

Berechtigt sind grundsätzlich die Aktionäre als Inhaber von Stamm- oder Vorzugsaktien (zum Zeitpunkt des Wirksamwerdens des Kapitalerhöhungsbeschlusses[246]), während den Inhabern von Schuldverschreibungen bei Ausgabe neuer Aktien kein Bezugsrecht zukommt. Dabei soll auch beachtet werden, dass eine Kapitalerhöhung erst nach der vollständigen Einzahlung der bereits ausgegebenen Aktien stattfinden darf (gemäß Art. 92 III LSC bzw. § 182 IV 1 AktG). Dies besagt, dass die Pflicht zur Einzahlung ausstehender Einlagen Priorität gegenüber der Finanzierung über eine neue Aktienausgabe und gegenüber dem damit verbundenen Bezugsanspruch der Aktionäre hat. Was den Kreis der berechtigten Aktionären betrifft, ist zu erwähnen, dass die Gesellschaft nach deutschem Recht die aus ihren eigenen Aktien stammenden Bezugsrechte nicht ausüben darf (§ 71b AktG). Dies ist in rumänischem Recht nicht ausdrücklich geregelt, könnte aber von den Regeln zum Bezug eigener Aktien durch die Gesellschaft abgeleitet werden, insbesondere aus Art. 105 LSC.

### *3. Bezugsrechtsausschluss*

Dass das abstrakte Bezugsrecht ein Mitgliedschaftsrecht des Aktionärs ist, bedeutet nicht, dass das konkrete Bezugsrecht im Einzelfall nicht ausgeschlossen werden kann. Das Bezugsrecht bleibt aber immer die Regel und sein Ausschluss die Ausnahme, die nur durch den Finanzierungsbedarf der Gesellschaft gerechtfertigt

---

245 *Uwe Hüffer*, Aktiengesetz Kommentar, § 186 Rn. 15.

246 Die Aktionäre, denen das Bezugsrecht nach rumänischem Recht zusteht, sind diejenigen, die am Nachweisstichtag (*data de referință*) als Aktionäre der Gesellschaft eingetragen sind (Art. 123 III LSC). Für die börsennotierten Gesellschaften gilt dagegen ein Registrierungsdatum (*data de înregistrare*), das um mindestens 10 Tage nach der jeweiligen HV liegt (Art. 238 I LPC). Nach deutschem Recht ist der Aktionär bei Namensaktien schon im Aktienbuch eingetragen (§ 67 II AktG), während bei Inhaberaktien die Legitimation durch den Gewinnanteilsschein oder durch die Aktienurkunde erfolgt (*Karl-Nikolaus Peifer*, Münchener Kommentar zum AktG, § 186 Rn. 41).

werden kann.[247] Der Bezugsrechtsauschluss unterliegt deshalb sowohl bestimmten gesetzlich-formellen (Art. 217 LSC bzw. § 186 III, IV AktG) als auch anderen materiellen, von Literatur und Rechtsprechung entwickelten Voraussetzungen.[248]

### 3.1. *Formelle Voraussetzungen*

#### 3.1.1. *Anforderungen bezüglich des Hauptversammlungsbeschlusses*

Sowohl das rumänische als auch das deutsche Recht sehen vor, dass die Entscheidung über den Bezugsrechtsausschluss der Hauptversammlung obliegt. Sie kann daher nicht schon durch die Satzung getroffen oder in die Kompetenz der Verwaltung übertragen werden.[249] Das deutsche Recht verlangt dazu ausdrücklich, dass ein Ausschluss des Bezugsrechts im entsprechenden Kapitalerhöhungsbeschluss bestimmt wird (§ 186 III 1 AktG).[250] Demgegenüber sieht das rumänische Recht lediglich vor, dass das Bezugsrecht (nur) von der außerordentlichen Hauptversammlung beschlossen werden kann (Art. 217 I LSC).[251]

Des Weiteren sind die Quorums- und Mehrheitsvoraussetzungen zu beachten, die die jeweilige Rechtsordnung für die Kapitalerhöhungsbeschlüsse der Hauptversammlung, bzw. für den Ausschluss des Bezugsrechts vorschreibt. Das deutsche Recht sieht weder für Kapitalerhöhungsbeschlüsse noch für den Ausschluss des Bezugsrechts selbst ein zwingendes Quorum vor. Eine Quorumsanforderung kann aber durch die Satzung eingeführt werden (§ 182 I 3 bzw. § 186 III 3 2. Halbs. AktG). Das Mehrheitserfordernis beträgt 75 % des bei der Hauptversammlung vertretenen Grundkapitals (§ 182 I 2 bzw. § 186 III 2 AktG), wobei die Satzung eine andere Kapitalmehrheit bestimmen kann. Während für die Kapitalerhöhung grundsätzlich sowohl eine kleinere als auch eine größere Kapitalmehrheit verlangt werden kann (§ 182 I 2 1. Hals. AktG), kann die gesetzlich vorgeschriebene Mehrheit für den Bezugsrechtsausschluss durch die Satzung nur erhöht werden (§ 186 III 3 1. Halbs. AktG).

Das rumänische Recht sieht für Beschlüsse der außerordentlichen Hauptversammlung eine Quorumvoraussetzung von 25 % der gesamten Stimmenzahl bei der ersten Einberufung, bzw. von 20 % der gesamten Stimmenzahl bei zusätzli-

---

247 *Tilman Bezzenberger*, Das Bezugsrecht der Aktionäre und sein Ausschluss, ZIP 2002, S. 1917 ff.

248 *Wolfgang Zöllner*, Gerechtigkeit bei der Kapitalerhöhung, Die AG 11/2002, S. 585 ff.

249 Mit Ausnahme des genehmigten Kapitals – siehe dazu Art. $220^1$ IV LSC bzw. § 203 II AktG.

250 *Karl-Nikolaus Peifer*, Münchener Kommentar zum AktG, § 186 Rn. 60-61.

251 *Ioan Schiau* in *Ioan Schiau, Titus Prescure*, Legea societăţilor comerciale. Analize şi comentarii pe articole, Bukarest 2007, Art. 217 Rn. 1, S. 634.

chen Einberufungen vor (Art. 115 I LSC). Während für allgemeine Beschlüsse eine einfache Stimmenmehrheit genügt (Art. 115 II 1 LSC), schreibt das Gesetz für Kapitalerhöhungsbeschlüsse eine Mehrheit von 66,66 % der gesamten Stimmenzahl vor (Art. 115 II 2 LSC). Die Quorums- und Mehrheitserfordernisse können durch die Satzung geändert, jedoch nur erhöht werden (Art. 115 III LSC). Zusätzlich zu diesen Anforderungen für die Kapitalerhöhungsbeschlüsse legt Art. 217 III LSC eine spezifische Voraussetzung für Beschlüsse über den Bezugsrechtsausschluss fest, und zwar ein Quorum von 75 % des gezeichneten Grundkapitals bei einer einfachen Stimmenmehrheit.

Aus der Systematik dieser rumänischen Vorschriften und den unterschiedlichen Voraussetzungen bezüglich Kapitalerhöhung und Bezugsrechtsausschluss könnte abgeleitet werden, dass der rumänische Gesetzgeber dabei grundsätzlich von getrennten Beschlüssen ausging oder die Möglichkeit getrennter Beschlüsse zumindest nicht ausschließen wollte. Nach deutschem Recht führt eine solche Trennung zur Unwirksamkeit des Beschlusses über den Bezugsrechtsausschluss.[252] Differenzierungen gibt es auch nach deutschem Recht; dort sind sie aber minimal ausgeprägt und hängen zum größten Teil von den Bestimmungen der Satzung ab (d.h. der Gesetzgeber selbst sah diese Beschlüsse aus einer einheitlichen Perspektive).

Schließlich ist zu bemerken, dass beide Rechtsordnungen in der Frage der Quorums- und Mehrheitserfordernisse für den HV-Beschluss zum Bezugsrechtsausschluss den Vorgaben von Art. 29 IV iVm Art. 40 Kapital-RL nachkommen. Die letzteren schreiben eine Mehrheit von mindestens zwei Dritteln der Stimmen des vertretenen Kapitals vor, oder alternativ die einfache Mehrheit, sofern mindestens die Hälfte des gezeichneten Kapitals vertreten ist.

### *3.1.2. Informationspflicht der Verwaltung*

Das deutsche Recht bekräftigt in § 186 IV 1 AktG die Informationspflicht der Verwaltung bezüglich des geplanten Bezugsrechtsausschlusses; die Ausschließung soll in der Bekanntmachung zur Einberufung der Hauptversammlung entsprechend angekündigt werden. Das rumänische Recht hebt diese Pflicht nicht besonders hervor, was zu einer Verletzung der Informationsrechte der Aktionäre führen kann. Diese Pflicht kann aber grundsätzlich aus Art. 117 VI 1 LSC abgeleitet werden.[253]

---

252 *Karl-Nikolaus Peifer*, Münchener Kommentar zum AktG, § 186 Rn. 102.

253 *Stanciu D. Cărpenaru* in *St. D. Cărpenaru, S. David, C. Predoiu, Gh. Piperea*, Legea societăților comerciale. Comentariu pe articole, 3. Auflage, C.H.Beck, Bukarest 2006 [im Folgenden als „*St. D. Cărpenaru u.a.*, a.a.O. (2006), ...“ zitiert], Art. 217 Rn. 4.

Nach der Vorgabe von Art. 29 IV 3 Kapital-RL regeln sowohl das rumänische (Art. 217 II LSC in der Fassung des Gesetzes Nr. 441/2006), als auch das deutsche Recht (§ 186 IV 2 AktG) eine Berichtspflicht der Verwaltung gegenüber der Hauptversammlung. Dementsprechend soll der Verwaltungsrat oder das Direktorat bzw. der Vorstand) der Hauptversammlung in schriftlicher Form über die Gründe für die Beschränkung[254] bzw. den Ausschluss des Bezugsrechts berichten und dabei auch den Ausgabekurs der neuen Aktien begründen.

Wie in der deutschen Rechtsliteratur und Praxis anerkannt, bildet dieser Verwaltungsbericht den Ansatzpunkt für eine inhaltliche Überprüfung des Bezugsrechtsausschlusses durch die Gerichte, und zwar aufgrund von Anfechtungsklagen der Aktionäre, die gegen die Verwaltungsbegründung gerichtet sind. Durch die formelle Voraussetzung der Berichtspflicht baut das Gesetz auf diese Weise ein materielles Element im Verfahren des Bezugsrechtsausschlusses ein. Dieses soll einem besseren Aktionärsschutz bzw. Minderheitsschutz dienen.[255]

### *3.2. Materielle Voraussetzungen*

Der durch das Gesetz für kleine Aktiengesellschaften und für die Deregulierung des Aktienrechts vom 2. August 1994[256] in das deutsche Recht eingeführte § 186 III 4 AktG zum erleichterten Bezugsrechtsausschluss bestimmt indirekt, dass ein Ausschluss des Bezugsrechts einer besonderen Rechtfertigung bedarf, wenn die Kapitalerhöhung gegen Bareinlagen 10 % des Grundkapitals übersteigt und der Ausgabebetrag den Börsenpreis wesentlich unterschreitet.[257] Damit wird ein materielles Schätzungskriterium für Barkapitalerhöhungen durch Gesetz geregelt, was der gerichtlichen Überprüfung des Bezugsrechtsausschlusses einen größeren Spielraum gewährt. Eine ähnliche Bestimmung wird im rumänischen Recht nicht angeboten. Wie sonst im deutschen Recht auch, ist in Rumänien der einzige gesetzlich vorgesehene Ansatzpunkt für eine inhaltliche Überprüfung des Bezugsrechtsausschlusses der oben erwähnte Verwaltungsbericht und die darin angegebene Begründung.

---

254 *Karl-Nikolaus Peifer*, Münchener Kommentar zum AktG, § 186 Rn. 99.

255 *Markus Lutter*, Kölner Kommentar zum AktG, § 186 Rn. 56 – „Minderheitenschutz durch Verfahren“.

256 BGBl. I 1994, S. 1961.

257 Dadurch wurde auch eine kapitalmarktrechtliche Flexibilisierung der Bezugsrechtsregeln versucht, obwohl diese formalisierte Lösung im Schrifttum mehrheitlich kritisiert wird – *Karl-Nikolaus Peifer*, Münchener Kommentar zum AktG, § 186 Rn. 83. Die Kritiker bestehen auf dem Schutz der Mitgliedschaft (im Aktienrecht) gegen den Anlegerschutz (im Kapitalmarktrecht). Bei einem häufigen Gebrauch dieser Möglichkeit durch den Mehrheitsaktionär würde aber auf jeden Fall ein Missbrauch vorliegen.

Darüber hinaus hat aber die deutsche Doktrin und Rechtsprechung (seit dem „Kali & Salz“ Urteil des BGH von 1978) Kriterien entwickelt, die eine allgemeine inhaltliche Bewertung des Bezugsrechtsausschlusses erlauben. Die auf diese Weise entwickelten materiellen Voraussetzungen besagen, dass der Ausschluss des Bezugsrechts im Gesellschaftsinteresse liegen muss sowie geeignet, erforderlich und verhältnismäßig sein soll. Dies erinnert sehr an den grundrechtlichen Eigentumsschutz und die Voraussetzungen seiner Beschränkung. Die materiellrechtliche Kontrolle des Bezugsrechtsausschlusses findet eigentlich ihren Ursprung in der verfassungsrechtlichen Eigentumsgarantie von Art. 14 GG. Das Gesellschaftsinteresse ist vom Interesse einzelner Aktionäre (einschließlich eines Mehrheitsaktionärs) zu trennen. Die Verhältnismäßigkeit setzt die Abwägung kollidierender Rechte und Interessen voraus. Damit ist das deutsche Recht eines der strengsten in der EU[258], sogar strenger als die Anforderungen der Kapital-RL, was nach Ansicht des Generalanwalts Tesauro zu einer Europarechtswidrigkeit führt (Stellungnahme vor dem EuGH in der Rechtssache C-42/95 *Siemens/Nold*).

Aktionärsinteressen, die durch den Bezugsrechtsausschluss bedroht werden, können im Verlust kritischer Stimmrechtsschwellen bestehen, die einer Minderheit gewisse Rechte gestatten, oder in der Erreichung einer Stimmrechtsschwelle durch den Großaktionär, die ihm mehr Einfluss auf die Gesellschaft gewährt.[259] In gewissen Situationen ist aber der Bezugsrechtsausschluss aus Sicht der Gesellschaft die wirtschaftlich sinnvollere Lösung.[260]

### *3.3. Besonderheiten bei der Sacheinlage*

Die Kapitalerhöhung mit Sacheinlage erfolgt meistens in der Praxis zusammen mit einem Bezugsrechtsausschluss. An sich rechtfertigt aber eine Sachkapitaleinlage den Bezugsrechtsausschluss nicht. Die betroffene Sache (oft geht es um Einbringung von Unternehmen oder größeren Beteiligungen als Sacheinlage) soll für die AG von besonderem Interesse und im Wege eines normalen Kaufvertrages nicht erwerbbar sein. Sollte die Sache im Wege eines Kaufvertrages für die Gesellschaft zu denselben Bedingungen oder günstiger erwerbbar sein, wäre eine Barkapitalerhöhung (mit Bezugsrecht) die bessere Lösung. Darüber hinaus kann,

258 *Eddy Wymeersch*, Das Bezugsrecht der alten Aktionäre in der Europäischen Gemeinschaft: eine rechtsvergleichende Untersuchung, AG 8/1998, S. 389 f.

259 *Karl-Nikolaus Peifer*, Münchener Kommentar zum AktG, § 186 Rn. 79; *Cristian Duţescu*, a.a.O., S. 324

260 Ein Bezugsrechtsausschluss könnte bei Mitarbeiterbeteiligungen und Stock-Options-Plänen, bei besonderen Finanzierungssituationen, bei Börseneinführung der Aktien, bei Zusammenarbeit mit anderen Unternehmen oder als kapitalmarktrechtliche Abwehrmaßnahme in Frage kommen.

wenn die Sache von einem Aktionär eingelegt werden soll, eine gemischte (sowohl durch Bar- als auch durch Sachmittel erfolgende) Kapitalerhöhung organisiert werden, so dass alle interessierten Aktionäre teilnehmen können und das Bezugsrecht bewahrt bleibt.

Das rumänische Recht sah bis vor Kurzem (d.h. vor Inkrafttreten des Gesetzes Nr. 441/2006) vor, dass das Bezugsrecht bei Sachkapitalerhöhungen zwingend ausgeschlossen war (Art. 218 aF LSC). Diese Rechtslage kam oft unter Kritik, insbesondere seitens institutioneller Anleger.[261] In Anlehnung auch an das deutsche Recht wurde diese Vorschrift durch das erwähnte Änderungsgesetz gestrichen, so dass jetzt beide Rechtsordnungen keinen automatischen Bezugsrechtsausschluss bei Sachkapitalerhöhungen mehr vorsehen.

Das Problem der Vereinbarkeit des Bezugsrechts bei Sachkapitalerhöhungen mit dem europäischen Gemeinschaftsrecht (insbesondere mit der Kapital-RL, die ein Bezugsrecht nur bei Barkapitalerhöhungen vorsieht) wurde zum Gegenstand des EuGH-Urteils in der Sache *Siemens/Nold* (C-42/95)[262]. Gemäß den Leitsätzen der Entscheidung gilt das Folgende: Gemeinschaftsrecht „steht dem nationalen Recht eines Mitgliedstaats nicht entgegen, das bei Kapitalerhöhungen durch Sacheinlagen ein Bezugsrecht der Aktionäre begründet und die Rechtmäßigkeit eines Beschlusses, durch den dieses Bezugsrecht ausgeschlossen wird, einer Inhaltskontrolle unterwirft, die einen stärkeren Schutz der Aktionäre gewährleistet, als Artikel 29 Absatz 4 der Richtlinie für Bareinlagen vorschreibt“. Damit gehen sowohl das deutsche als auch das rumänische Recht beim Aktionärsschutz im Falle einer Sachkapitalerhöhung weiter als das Gemeinschaftsrecht.

Schließlich wird die Frage der Einlagefähigkeit der Forderungen gegen die AG von den zwei Rechtsordnungen unterschiedlich beantwortet. Während nämlich das rumänische Recht die Einlagefähigkeit bestreitet und eine solche Einlage ausdrücklich verbietet (Art. 215 II LSC), ist die Umwandlung von Schulden in Kapital nach deutschem Recht zugelassen und wird als eine Sacheinlage betrachtet. Die bereits erwähnten Überlegungen zum Bezugsrechtsausschluss gelten dann entsprechend.[263]

261 *Valentin Mircea*, Protecţia acţionarilor minoritari în dreptul românesc şi comparat, RDC Nr. 11/1999, S. 60.

262 Die EuGH-Entscheidungen können von folgender Webseite heruntergeladen werden: http://curia.europa.eu/jcms/jcms/Jo2_7045/acces-numerique

263 *Uwe Hüffer*, a.a.O., § 186 Rn. 35.

### C. *Das Recht auf den Abwicklungsüberschuss*

Zusammen mit dem Dividendenrecht und mit dem Recht auf Bezug neuer Aktien stellt das Recht auf Abwicklungsüberschuss eines der wichtigsten Vermögensrechte der Aktionäre dar. Es handelt sich dabei um das Recht der Aktionäre auf das verbleibende Vermögen der AG nach der Befriedigung der Kreditoren.

#### 1. *Auflösung der AG und freiwillige Abwicklung*

##### 1.1. *Auflösungsgründe*

Art. 227 LSC, der die allgemeinen Auflösungsgründe der Handelsgesellschaften im rumänischen Recht regelt, entspricht zum größten Teil Art. 1844-7 des französischen Code Civil[264]. Die genannten Bestimmungen gelten auch für die Aktiengesellschaft.[265] Spezifische Auflösungsgründe für die Aktiengesellschaft werden im rumänischen Recht wie folgt geregelt: Art. 228 a) LSC entspricht Art. L 225-248 des französischen Code de commerce (*perte de la moité du capital social*), Art. 228 b) LSC entspricht Art. L 225-247 Code de commerce (*nombre d'actionnaires inférieur au minimum légal*), Art. 10 (2) LSC entspricht Art. L 224-2 Code de commerce (*réduction du capital au-dessous du minimum légal*). Des Weiteren entspricht Art. 233 I 1 LSC dem Art. 1844-8 I Code civil (sowie Art. L 237-2 I Code de commerce), sowie auch § 264 I AktG (Regel, dass nach Auflösung normalerweise die Abwicklung folgt).

Im deutschen Recht sind die Auflösungsgründe der Aktiengesellschaft in § 262 AktG geregelt. Darunter fallen der Ablauf der in der Satzung bestimmten Zeit (§ 262 I Nr. 1 AktG, der Art. 227 I a iVm Art. 8 j LSC entspricht), der HV-Beschluss (§ 262 I Nr. 2 AktG, der Art. 227 I d LSC entspricht), die Eröffnung

---

264 „Art. 1844-7 Code civil: La société prend fin: 1° Par l'expiration du temps pour lequel elle a été constituée, sauf prorogation effectuée conformément à l'article 1844-6; 2° Par la réalisation ou l'extinction de son objet; 3° Par l'annulation du contrat de société; 4° Par la dissolution anticipée décidée par les associés; 5° Par la dissolution anticipée prononcée par le tribunal à la demande d'un associé pour justes motifs, notamment en cas d'inexécution de ses obligations par un associé, ou de mésentente entre associés paralysant le fonctionnement de la société; 6° Par la dissolution anticipée prononcée par le tribunal dans le cas prévu à l'article 1844-5; 7° Par l'effet d'un jugement ordonnant la liquidation judiciaire; 8° Pour toute autre cause prévue par les statuts." Art. 227 I e LSC wurde durch die DringAnO Nr. 32/1997 eingeführt, in Anlehnung an sein franzosisches Modell – siehe *Radu Nicolae Catană*, Admisibilitatea acțiunii în dizolvarea societății pentru neînțelegeri grave între asociați, RDC Nr. 2/1998, S. 62.

265 *Octavian Căpățână*, Societățile comerciale în interpretarea jurisprudenței (III), RDC Nr. 3/1999, S. 17.

des Insolvenzverfahren über das Vermögen der Gesellschaft (§ 262 I Nr. 3 AktG, der Art. 227 I f LSC entspricht) usw. Weder die rumänische noch die deutsche Regelung der Auflösungsgründe ist abschließend: Art. 227 I g LSC sieht die Auflösung der Gesellschaft aus anderen durch Gesetz oder Satzung vorgesehenen Gründe vor, während § 262 II AktG die Anwendung von §§ 262 ff. AktG aus „anderer Gründen" bestimmt, wobei die deutsche Doktrin gespalten ist, ob diese anderen Gründe sowohl durch Gesetz als auch durch die Satzung oder aber nur durch Gesetz vorgesehen werden können.[266]

### *1.2. Freiwillige Abwicklung*

Hauptbedingung einer freiwilligen Abwicklung ist in allen Fällen die Zahlungsfähigkeit bzw. die Solvenz der AG. Sonst stellt sich die Frage nach der Eröffnung des Insolvenzverfahrens über das Vermögen der AG gemäß Art. 227 I f LSC bzw. § 262 I Nr. 3 AktG.[267] Zur Verteilung eines Abwicklungsüberschusses kann es nur bei der freiwilligen Abwicklung als der im Grundsatz einzigen Konstellation kommen, bei der die Aktiva höher sind als die Passiva und das Problem der Verteilung der verfügbaren Werte unter die Aktionären besteht. Des Weiteren stellt sich diese Frage bei den börsennotierten Gesellschaften nicht, weil die freiwillige Abwicklung die Auflösung der Gesellschaft und die Löschung der entsprechenden Eintragungen im Handelsregister voraussetzt, was jedoch nur nach ihrem Delisting stattfinden kann.

Die freiwillige Abwicklung folgt im Prinzip der freiwilligen Auflösung der AG. Die letztere findet nach rumänischem Recht in folgenden Fällen statt: „Art. 227 I – *Die Handelsgesellschaft wird aufgelöst durch...* d) Beschluss der Generalversammlung; g) Vorliegen anderer ... in der Satzung vorgesehener Gründe." Dabei ist zu beachten, dass einerseits Art. 113 i LSC die Kompetenz der außerordentlichen Generalversammlung festsetzt, über eine vorzeitige (freiwillige) Auflösung der AG zu entscheiden. Die außerordentliche Generalversammlung beschließt hierüber mit einer speziellen Zweidrittel-Mehrheit der anwesenden Aktionäre (Art. 115 II 2 LSC in der Fassung des Gesetzes Nr. 441/2006). Andererseits soll die Satzung kraft Gesetzes (Art. 8 p LSC) Bestimmungen über die Art und Weise der Auflösung und der Abwicklung der Aktiengesellschaft beinhalten.

Nach deutschem Recht findet eine freiwillige Auflösung durch Beschluss der HV statt (§ 262 I Nr. 2 AktG). Dieser Beschluss bedarf einer Mehrheit, die min-

266 *Uwe Hüffer*, a.a.O., § 262 Rn. 7.

267 Auf das Insolvenzverfahren findet in Rumänien das Gesetz Nr. 85 vom 5. April 2006 (M.Of. Nr. 359 vom 21.4.2006) und in Deutschland die Insolvenzordnung vom 5. Oktober 1994 (BGBl. I S. 2866) Anwendung.

destens 75 % des bei der Beschlussfassung vertretenen Grundkapitals umfasst, wobei die Satzung eine größere Kapitalmehrheit und weitere Erfordernisse bestimmen kann. Die freiwillige Auflösung der Gesellschaft infolge eines Beschlusses der (außerordentlichen) HV ist der Hauptweg zur Beendigung der Tätigkeit der Gesellschaft und Ergebnis einer Symmetrie der Rechtsakte (weil die Gesellschaft selbst als Ergebnis des Willens der gründenden Aktionäre entstanden ist).[268]

Die freiwillige Abwicklung folgt aber nicht nur einer freiwilligen Auflösung, sondern auch einer Auflösung kraft Gesetzes, vgl. Art. 227 I LSC („*Die Handelsgesellschaft wird aufgelöst durch* a) Ablauf der für die Dauer der Gesellschaft festgelegten Zeit; g) Vorliegen anderer vom Gesetz ... vorgesehener Gründe.") bzw. § 262 I AktG („Die Aktiengesellschaft wird aufgelöst 1. durch Ablauf der in der Satzung bestimmten Zeit...") und § 262 II AktG („Dieser Abschnitt gilt auch, wenn die Aktiengesellschaft aus anderen Gründen aufgelöst wird").

Auch einer Auflösung kraft Gerichtsurteils kann eine freiwillige Abwicklung folgen, vgl. Art. 227 I LSC („*Die Handelsgesellschaft wird aufgelöst durch* ... b) die Unmöglichkeit, den Zweck der Gesellschaft zu verwirklichen, oder seine Verwirklichung; c) Nichtigerklärung der Gesellschaft; e) Entscheidung des Gerichtshofes auf Antrag jedes beliebigen Gesellschafters, gestützt auf triftige Gründe, wie schwerwiegende Meinungsverschiedenheiten zwischen den Gesellschaftern, die den Betrieb der Gesellschaft behindern") bzw. § 262 I Nr. 5 AktG (Auflösung „mit der Rechtskraft einer Verfügung des Registergerichts, durch welche nach § 399 des Gesetzes über das Verfahren in Familiensachen und in den Angelegenheiten der freiwilligen Gerichtsbarkeit ein Mangel der Satzung festgestellt worden ist").

### 2. *Bestellung und Abberufung der Abwickler*

#### 2.1. *Bestellung im Regelfall*

Nach rumänischem Recht erfolgt die Bestellung der Abwickler im Regelfall durch die HV, die die Abwicklung beschließt, soweit die Satzung keine abweichende Regel vorsieht (Art. 264 I LSC). Der HV-Beschluss wird mit der Mehrheit getroffen, die für eine Satzungsänderung verlangt wird (Art. 264 II LSC). Diese Vorschriften sagen nichts über das erforderliche Quorum der HV aus. Trotzdem ist anzunehmen, dass es sich nicht um die ordentliche HV handelt, die

268 *Cristian Duţescu*, a.a.O., S. 407.

mit der erwähnten Sondermehrheit beschließt, sondern um die außerordentliche HV, die im Regelfall Satzungsänderungen beschließt.[269]

Im Unterschied zum rumänischem Recht sieht das deutsche Recht vor, dass die Vorstandsmitglieder im Prinzip Abwickler kraft Gesetzes sind (§ 265 I AktG). Diese Befähigung betrifft nicht den Vorstand als Organ, sondern dessen Mitglieder.[270] Dies ändert aber nichts daran, dass die Satzung oder ein Beschluss der HV andere Personen als Abwickler bestellen kann (§ 265 II AktG). Einerseits ist die Bestellung durch die HV satzungsfest, ebenso nach rumänischem Recht. Andererseits bestimmt das deutsche Recht keine spezielle Mehrheit für diesen Beschluss, so dass er durch einfache Stimmenmehrheit gefasst werden kann. Darüber hinaus soll erwähnt werden, dass die Abwickler, die nicht vom Gericht bestellt sind, von der Hauptversammlung jederzeit abberufen werden können (§ 265 V 1 AktG), d.h. auch wenn sie nicht von der HV selbst bestellt worden sind.

*2.2. Bestellung durch das Gericht*

Die Bestellung der Abwickler kommt im Regelfall der HV und nur ausnahmsweise dem Gericht zu.[271] Nur wenn die erforderliche Mehrheit in der HV nicht erreicht werden konnte (siehe Punkt 2.II.C.2.1 oben), erfolgt die Bestellung der Abwickler nach rumänischem Recht durch das Gericht, auf Antrag eines der Mitglieder des Verwaltungsrates bzw. des Direktorats oder auf Antrag eines Aktionärs (Art. 264 III 1 LSC). Auf diese Weise kann praktisch jeder Aktionär, unabhängig von seiner Beteiligung am Grundkapital oder von seiner Aktiengattung, die Bestellung der Abwickler durch das Gericht veranlassen.

Nach deutschem Recht ist der Aufsichtsrat befugt, bei Gericht die Bestellung von Abwicklern zu beantragen (§ 265 III 1 1. Halbs. AktG). Darüber hinaus ist eine Aktionärsminderheit antragsbefugt, deren Anteile 5 % des Grundkapitals oder den anteiligen Betrag von 500.000 Euro erreichen und deren Aktien vor mindestens drei Monaten bezogen worden sind (§ 265 III 1 2. Halbs. bzw. 2 AktG). In beiden Fälle ist aber neben dem Antrag das Vorliegen eines „wichtigen Grundes" notwendig, damit das Gericht die Abwickler bestellt bzw. abruft. Dieser Begriff erfüllt eine materiell-rechtliche Funktion in der Beurteilung des Gerichts. So liegt ein wichtiger Grund vor, wenn z.B. die mehrheitliche Einigung in der Hauptversammlung im Sinne von § 265 II 1 AktG nicht möglich war oder

269 *Cristian Duţescu*, a.a.O., S. 411.
270 *Uwe Hüffer*, a.a.O., § 265 Rn. 3.
271 *Octavian Căpăţână*, Societăţile comerciale în interpretarea jurisprudenţei (III), RDC Nr. 3/1999, S. 18-19.

wenn die gemäß § 265 II AktG vorhandenen Abwickler sich als parteilich erweisen oder grobe Pflichtverletzungen begehen.[272]

### *3. Verteilung des Vermögens*

#### *3.1. Feststellung des verteilbaren Vermögens*

Zweck der Abwicklung ist es, die Aktiva und die Passiva der Gesellschaft zu liquidieren und den verbleibenden Überschuss unter die Aktionäre zu verteilen. Die Feststellung dieses Überschusses, d.h. des auf die Aktionäre verteilbaren Vermögens der aufgelösten AG ist Pflicht der Abwickler. Zu diesem Ende stellen sie eine Schlussbilanz auf (Art. 268 I LSC[273]), die das nach der Berichtigung aller Verbindlichkeiten der Gesellschaft verbleibende Vermögen ausweist. Nach rumänischem Recht soll dieser Bilanz ein Bericht der Zensoren bzw. der Wirtschaftsprüfer hinzugefügt werden. Nach deutschem Recht ist diese Schlussbilanz als Gegenstück zur Eröffnungsbilanz der Abwickler gedacht, die sie für den Beginn der Abwicklung aufzustellen haben (§ 270 AktG).

#### *3.2. Verteilungsmaßstab*

Das rumänische Recht sieht für den Verteilungsmaßstab keine detailierte Regelung vor, sondern nur, dass die Abwickler das Verhältnis der vorhandenen Aktiva pro Aktie feststellen sollen (Art. 268 I LSC). Das deutsche Recht bestimmt dagegen ausführlichere Regeln bezüglich des Verteilungsmaßstabs (§ 271 II-III AktG). Die Aktionäre sind bei der Verteilung des Abwicklungsüberschusses grundsätzlich gleich zu behandeln, d.h. der Überschuss soll nach dem Maßstab der Beteiligung der Aktionäre am Grundkapital verteilt werden[274]. Davon sind zwei Ausnahmen zu machen. In erster Linie ist der Fall zu nennen, dass nicht alle Einlagen geleistet worden sind. Dann soll die Höhe der erfolgten Leistung bei der Verteilung berücksichtigt werden. In zweiter Linie können Aktiengattungen ausgegeben worden sein, die verschiedene Rechte bei der Vermögensverteilung gewähren. In diesem Fall sind diese Rechte bei der Verteilung entsprechend zu beachten.

---

272 *Uwe Hüffer*, a.a.O., § 265 Rn. 8.

273 Für die deutsche Rechtslage siehe *Uwe Hüffer*, Münchener Kommentar zum AktG, § 271 Rn. 9-10.

274 Dieser Grundsatz wird auch in der rumänischen Doktrin anerkannt – siehe z.B. *Titus Prescure*, in *Joan Schiau, Titus Prescure*, a.a.O., Art. 268 Rn. 2.

## III. Vermögensschutz beim Exit aus der AG

### *A. Minderheitsschutz beim Squeeze-out*

Ein gesellschaftsrechtliches Squeeze-out Verfahren (oder das Recht des Hauptaktionärs zum Ausschluss der Minderheitsaktionäre) wird nur vom deutschen Recht vorgesehen (§§ 327a-327f AktG). Das rumänische Recht regelt das Squeeze-out nur im Kapitalmarktgesetz, für Übernahmefälle. Im Folgenden wird deshalb zuerst getrennt die deutsche gesellschaftsrechtliche Regelung dargestellt und danach rechtsvergleichend die rumänische (Art. 206 LPC iVm Art. 74-75 CNVM-VO Nr. 1/2006) und die deutsche (§§ 39a-b WpÜG) übernahmerechtliche Regelung, vor dem Hintergrund der entsprechenden Bestimmungen der europäischen Übernahmerichtlinie (Art. 15 RL 2004/25/EG).

#### *1. Das gesellschaftsrechtliche Squeeze-out*

#### *1.1. Begriffsbestimmung*

Unter einem zunehmenden Druck sowohl seitens der rechtswissenschaftlichen Literatur als auch seitens der Wirtschaft und der internationalen Kapitalmärkte (speziell im anglo-amerikanischen Sprachraum ist eine börsenrechtliche Perspektive des Minderheitenschutzes vertreten) waren Veränderungen und Regelungen im deutschen Aktienrecht nötig, die es ausgeprägter als zuvor an die Bedürfnisse internationaler Unternehmensgruppen anpassen sollten.[275] Diese Änderungen beeinflussten nicht nur die Auslegung bestehender Gesetze, sondern hatten auch die Schaffung neuer Vorschriften zur Folge. Die Regelung des Ausschlusses von Minderheitsaktionären aus der Gesellschaft (§§ 327a-327f AktG)[276], auch als Squeeze-out Regelung bekannt[277], ermöglicht dem Hauptanteilseigner einer börsennotierten oder nichtbörsennotierten Gesellschaft, unter bestimmten Voraussetzungen die Minderheitsaktionäre gegen eine angemessene Barabfindung aus dem

275 *Philipp A. Baums*, Ausschluss von Minderheitsaktionären, Frankfurt am Main, 2001, SS. 111 ff.

276 Diese Vorschriften des Aktiengesetzes sind am 1. Januar 2002 gleichzeitig mit dem neuen *Gesetz zur Regelung von öffentlichen Angeboten zum Erwerb von Wertpapieren und von Unternehmensübernahmen* (WpÜG) in Kraft getreten.

277 Die technische entsprechende Bezeichnung im englischen Recht lautet „right of offeror to buy out minority shareholders" (Art. 429 Companies Act – UK 1985). Der teilweise Korrespondenzbegriff „freeze-out" des US-amerikanischen Rechts betrifft eher indirekte Formen des Minderheitenausschlusses. Für Einzelheiten s. *Jürgen Sieger, Kai Hasselbach*, Der Ausschluss von Minderheitsaktionären nach den neuen §§ 327a ff. AktG, ZGR 2002, S. 123.

Unternehmen auszuschließen und ihre Anteile an der betroffenen Gesellschaft zwangsweise zu erwerben. Hauptvoraussetzung dafür ist allerdings, dass der Hauptaktionär mindestens 95 % des Grundkapitals hält und das Squeeze-out von der Hauptversammlung beschlossen wird.

Der Minderheitsausschluss wird gewöhnlich als ein aktienkonzernrechtliches Instrumentarium bezeichnet und war mit der Absicht eingeführt worden, der wirtschaftlichen Praxis vereinfachte Konzernbildungsmechanismen zur Verfügung zu stellen. An sich ist aber das Ausschlussverfahren konzernrechtsneutral und begründet keine Konzernvermutung nach § 18 I 2 AktG (im Unterschied zur Mehrheitseingliederung von §§ 320 ff. AktG).[278] Neben der besonderen Bedeutung für die Rechtsstellung der Minderheitsaktionäre ist diese Neutralität auch ein wichtiger Grund, das Institut des Squeeze-out in vorliegender Arbeit zu behandeln, die sich grundsätzlich mit dem Minderheitenschutz in der selbständigen Aktiengesellschaft beschäftigt.

### *1.2. Das Squeeze-out Verfahren*

Der Erwerb der Aktien der auszuschließenden Minderheitsaktionäre durch den Hauptaktionär erfolgt durch einen Beschluss der Hauptversammlung der Gesellschaft (§ 327a I AktG), mit dessen Eintragung ins Handelsregister die Aktien der Minderheitsaktionäre kraft Gesetzes auf den Hauptaktionär übergehen (§ 327e III AktG). Der Hauptaktionär legt dabei selbst die Höhe der vorgeschriebenen Barabfindung für die Minderheitsaktionäre fest, die diese als Ausgleich für den Verlust ihrer Anteilsrechte in der Gesellschaft bekommen sollen.[279] Die Angemessenheit der vom Hauptaktionär vorgeschlagenen Barabfindung wird zusätzlich von der Hauptversammlung durch einen gerichtlich bestellten externen Sachverständigen überprüft (§ 327c II 2-4 AktG). Die Ermittlung der Barabfindung soll nicht willkürlich erfolgen, sondern sich laut Gesetz an den wirtschaftlichen „Verhältnissen des Unternehmens zum Zeitpunkt der Beschlussfassung“ (§ 327b I AktG) orientie-

278 *Uwe Hüffer*, Aktiengesetz Kommentar, § 327a Rn. 3.

279 Die dem Ausschluss ähnliche und vorhergehende Regelung der Mehrheitseingliederung (§§ 320 ff. AktG) hatte sich nur als beschränkt geeignet erwiesen, den Interessenkonflikt zwischen Minderheits- und Mehrheitsaktionären zu lösen. In ihrem Fall ist keine reine Barabfindung der Minderheitsaktionäre vorgesehen, sondern regelmäßig eine Abfindung in Aktien der Hauptgesellschaft vorgeschrieben, wodurch das Problem nur auf eine höhere Ebene verlagert wird. Außerdem sind zur Mehrheitseingliederung ausschließlich Mehrheitsaktionäre in der Rechtsform inländischer Aktiengesellschaften befugt, was als Hindernis für eine internationale Integration des deutschen Kapitalmarktrechts empfunden wurde. Vgl. *Kai Hesselbach* in: Heribert Hirte, Christoph von Büllow (Hrsg.), Kölner Kommentar zum WpÜG mit AngebVO und §§ 327a-327f AktG, Köln 2003, § 327a Rn. 7.

ren. Maßgeblich ist der sogenannte Verkehrswert der Aktie. Bei der Berechnung des Verkehrswertes im Falle der börsennotierten Aktiengesellschaften spielt der Börsenkurs eine wesentliche Rolle. Allerdings ist der Börsenkurs aufgrund des geringen Handelsvolumens der Aktien oftmals nur bedingt aussagekräftig und somit für die Höhe der Barabfindung problematisch. Häufig liegt die festgesetzte Abfindung im Sinne des Gesetzgebers daher über dem Börsenkurs der Aktie. Denkbar ist aber auch der umgekehrte Fall, beispielsweise wenn der Börsenkurs in Erwartung eines Squeeze-out durch Spekulationen erhöht wurde. Der Börsenkurs spiegelt dann nicht mehr die wirtschaftliche Lage des Unternehmens wider. Der Wert der Abfindungszahlung pro Aktie kann folglich sogar unterhalb des Börsenkurses liegen.[280]

### *1.3. Bedeutung für Mehrheits- und Minderheitsaktionäre*

Aus der Sicht der Mehrheitsaktionäre bestehen die Vorteile des Squeeze-out darin, dass durch Erlangung der Alleinaktionärstellung auch die noch formell bestehende Abhängigkeit von Minderheitsaktionären aufgelöst wird.[281] Dadurch werden die Strukturveränderungen leichter, während Tochtergesellschaften als 100 Prozent-Töchter in die Muttergesellschaft integriert und damit effektiver geführt werden können. Der Kostenaufwand der Beachtung sämtlicher Minderheitenschutzvorschriften (wie die Einberufung und Durchführung der Hauptversammlung, die aktienrechtlichen Berichtspflichten oder das Klagerecht der Aktionäre) wird also dadurch erspart. Übrigens wurde die Möglichkeit des Ausschlusses von Minderheitsaktionären vom Gesetzgeber (vor der Einführung des übernahmerechtlichen Squeeze-out in 2006) als ein notwendiges Korrelat zu dem Pflichtangebot bei öffentlichen Übernahmeangeboten (§§ 35 ff. WpÜG) betrachtet: Wer gezwungen ist, ein Angebot für alle Aktien einer Zielgesellschaft abzugeben und entsprechende Aufwendungen zu übernehmen, muss auch die Möglichkeit haben, im Falle eines überwiegenden Angebotserfolgs tatsächlich alle Anteile an der betroffenen Gesellschaft zu übernehmen.[282]

Aus der Sicht der Minderheitsaktionäre bleibt die mögliche Höhe der Barabfindung und damit die Angemessenheit der Barabfindung der konfliktträchtigste Aspekt des Verfahrens. Dazu könnte auch die fehlende Gleichbehandlung der Aktionärsminderheit mit Aktionären zählen, die bereits im Vorfeld ihre Anteile an die neu herrschende Gesellschaft veräußert haben. Die betroffenen Aktionäre

---

280 *L. Fuhrmann, S. Simon*, Der Ausschluss von Minderheitsaktionären. Gestaltungsüberlegungen zur neuen Squeeze-out-Gesetzgebung, in WM 2002, S. 1215.

281 *Dagmar Gesmann-Nuissl*, Die neuen Sqeeze-out-Regeln im Aktiengesetz, in WM 2002, S.1205 ff.

282 Vgl. *Kai Hesselbach*, a.a.O., § 327a Rn. 8.

können jedoch mit Hilfe des Spruchverfahrens die Höhe der Barabfindung nachträglich überprüfen lassen (§ 327f AktG). Die Rechtswirksamkeit des Squeeze-out bleibt davon allerdings unberührt. Denn sofern alle rechtlichen Vorgaben, wie Formvorschriften und Informationspflichten, eingehalten wurden, haben die betroffenen Anteilseigner in der Regel keine Möglichkeit, den Squeeze-out-Beschluss rechtswirksam anzufechten. Besonders dieser Zwangscharakter des Verfahrens (das teilweise mit einer Enteignung vergleichbar ist, obwohl von einer angemessenen Entschädigung begleitet) und die mangelnden Einflussmöglichkeiten der Minderheitsaktionäre werden dabei kritisiert.[283] Dieser Sichtweise steht entgegen, dass ein Minderheitsaktionär (der höchstens 5 % der Aktien besitzt) ohnehin keinen effizienten Einfluss auf die Gesellschaft nehmen kann und die Beteiligung als Kapitalanlage ansieht. Entscheidend ist deshalb, dass der ausscheidende Aktionär die Entschädigung erhält, die seinem Vermögensanteil am Unternehmen entspricht. Auch zum Schutz der Minderheitsaktionäre ist die Regel von § 327b III AktG gedacht, dementsprechend diesem ein unmittelbarer Anspruch auf Zahlung der Barabfindung gegen das vom Hauptaktionär in diesem Sinne beauftragte Kreditinstitut eingeräumt wird.

### 2. *Das übernahmerechtliche Squeeze-out*

#### 2.1. *Europäische Vorgaben*

In Deutschland (sowie in Kontinentaleuropa im Allgemeinen) spielte die Verschmelzung als Umstrukturierungsmaßnahme eine bedeutendere Rolle als die Übernahme. Sogar die Umwandlung und die Spaltung waren weniger üblich und fanden erst spät ihren Niederschlag im deutschen Gesellschaftsrecht.[284] Im Gegenteil dazu bildet in Großbritannien und USA die Übernahme seit langem die wichtigste Strukturmaßnahme. Unter Einfluss der europäischen Übernahme-RL[285]

---

283 In diesem Zusammenhang stellte sich auch die Frage, ob der Zwangsausschluss von Aktionären aus einer Gesellschaft nicht aufgrund Art. 14 I 1 GG unzulässig wäre. Der Gesetzgeber berief sich hierbei auf ein Urteil des BVerfG aus dem Jahr 2000, das im Rahmen der Auflösung der MotoMeter AG gefällt wurde. In diesem Urteil erklärte das Gericht eine übertragende Auflösung für rechtsmäßig, da die Aktionäre wirtschaftlich voll entschädigt wurden und das Grundgesetz in Art. 14 nicht den Schutz vor einem Hinausdrängen eines Aktionärs aus einem Unternehmen umfasst (BVerfG, 23.08.2000, AG 2001, 42). Es handelt sich also beim Squeeze-out um eine Inhalts- und Schrankenbestimmung im Sinne von Art. 14 I 2 GG und damit um eine verfassungsmäßige Regelung. Vgl. auch *Holger Fleischer*, Das neue Recht des Squeeze-out, in ZGR 2002 S. 763 ff.

284 *Stefan Grundmann*, Europäisches Gesellschaftsrecht, Heidelberg 2004, S. 398.

285 Richtlinie 2004/25/EG des Europäischen Parlaments und des Rates betreffend Übernahmeangebote (ABl. L 142 vom 30.4.2004, S. 12).

gewinnen aber jetzt Übernahmeverhältnisse sowohl in Deutschland als auch in Rumänien eine zentralere Rolle.

Ein übernahmerechtliches Squeeze-out Verfahren wird in Art. 15 RL 2004/25/EG vorgesehen. Art. 15 bestimmt, dass ein Bieter im Anschluss an ein Angebot an alle Wertpapierinhaber von den verbleibenden Aktionären verlangen kann, dass sie ihm ihre Wertpapiere zu einem angemessenen Preis (die Kriterien für die Angemessenheit des Preises werden in Art. 15 V erläutert) verkaufen. Dafür soll der Bieter bereits Wertpapiere halten, die mindestens 90 % des stimmberechtigten Kapitals der Zielgesellschaft und 90 % der Stimmrechte der Zielgesellschaft entsprechen (Art. 15 II 2 a). Alternativ soll er durch Annahme des Angebots Wertpapiere erworben haben, die mindestens 90 % des stimmberechtigten Kapitals der Zielgesellschaft und 90 % der vom Angebot betroffenen Stimmrechte entsprechen (Art. 15 II 2 b). Im ersten Fall dürfen die Mitgliedstaaten eine höhere Beteiligungsschwelle von maximal 95 % des stimmberechtigten Kapitals bzw. der Stimmrechte (Art. 15 II 3) vorsehen. Bei mehreren Aktiengattungen kann von den Mitgliedstaaten vorgesehen werden, dass das Squeeze-out nur bei den Gattungen ausgeübt werden kann, bei denen der erforderliche Schwellenwert erreicht worden ist (Art. 15 III). Das Ausschlussrecht ist vom Hauptaktionär binnen drei Monaten nach Ablauf der Annahmefrist des Übernahmeangebots auszuüben (Art. 15 IV).

### *2.2. Nationale Umsetzung*

Die Richtlinie sollte in den Mitgliedstaaten bis zum 20. Mai 2006 umgesetzt werden (Art. 21 I 1 RL 2004/25/EG).[286] Der rumänische Gesetzgeber verabschiedete am 28. Juni 2004 ein neues Kapitalmarktgesetz und nahm bereits Bezug auf die Richtlinie.[287] Das Squeeze-out Recht wurde durch Art. 206 LPC eingeführt. Ergänzende Vorschriften wurden von der Nationalen Wertpapierkommission (CNVM) durch Art. 74-75 der Verordnung Nr. 1/2006 erlassen. In Deutschland trat am 14. Juli 2006 das Übernahmerichtlinie-Umsetzungsgesetz in Kraft. Durch dieses Gesetz wurde mit den §§ 39a-b WpÜG das übernahmerechtliche Squeeze-out in das deutsche Recht eingeführt.[288]

---

286 Am 21. Februar 2007 hat die EU-Kommission einen ersten vergleichenden Bericht zur Umsetzungslage der Übernahme-RL vorgestellt. Die allgemeine Einschätzung ist ziemlich kritisch ausgefallen. Rumänien sowie Bulgarien wurden dabei nicht berücksichtigt. Der Bericht ist unter folgenden Link abrufbar (Stand: 1.10.2009): http://ec.europa.eu/internal_market/company/takeoverbids/index_de.htm

287 Obwohl die Richtlinie in Art. 291 II LPC nicht ausdrücklich zitiert wird – siehe auch *Cristian Duțescu*, a.a.O., S. 385 Fn. 3.

288 *Christoph H. Seibt, Kristian J. Heiser*, Analyse des Übernahmerichtlinie-Umsetzungsgesetzes (Regierungsentwurf), AG 9/2006, S. 301 ff.

Gemäß dem rumänischen Recht hat der Bieter nach einem Übernahme- (Art. 196 ff. LPC) oder Pflichtangebot (Art. 202 ff. LPC) das Recht, von den übrigen Aktionären die Übertragung ihrer Aktien zu einem angemessenen Preis zu verlangen, wenn er entweder Inhaber von Aktien ist, die mehr als 95 % des Grundkapitals darstellen (Art. 206 I a LPC), oder im Rahmen des Angebots mehr als 90 % der vorhandenen Aktien übernommen hat (Art. 206 I b LPC). Das rumänische Recht entspricht insoweit der Richtlinie nicht, weil es nicht von stimmberechtigten Aktien spricht, sondern von Aktien im Allgemeinen. Darüber hinaus erfüllt es die kumulativen Bedingungen der Richtlinie nicht, die von stimmberechtigtem Kapital *und* Stimmrechten spricht und nicht einfach von Aktien. Absicht des rumänischen Gesetzgeber war es, beide Alternativen von Art. 15 II RL 2004/25/EG offen zu halten. Die Umsetzung sollte aber *de lege ferenda* genauer gestaltet werden. Die übrigen Absätze von Art. 15 wurden teilweise präziser umgesetzt. Sie betreffen das Ausschlussrecht bei verschiedenen Aktiengattungen (Art. 206 II LPC) oder die Angemessenheit der Abfindung (206 III LPC).

Das deutsche Recht bestimmt, dass dem Hauptaktionär, dem bereits 95 % des stimmberechtigten Grundkapitals gehören, im Zusammenhang mit einem Übernahme- (§§ 29 ff. WpÜG) oder Pflichtangebot (§§ 35 ff. WpÜG) das Recht zusteht, von den übrigen Aktionären die Übertragung ihrer stimmberechtigten Aktien gegen eine angemessenen Abfindung zu verlangen (§ 39a I 1 WpÜG). Soweit ihm auch 95 % des Grundkapitals als solchem gehören, kann er auch die Übertragung der sonstigen Vorzugsaktien ohne Stimmrecht verlangen (§ 39a I 2 WpÜG). Die Angemessenheit der Abfindung wird durch § 39a III WpÜG geregelt. Im Vergleich zum gesellschaftsrechtlichen Squeeze-out nach §§ 327a-327f AktG ist das übernahmerechtliche Ausschlussrecht für den Hauptaktionär einfacher auszuüben, insbesondere dadurch, dass es keiner Durchführung einer Hauptversammlung bedarf, deren Beschlüsse durch die Aktionäre anfechtbar sein würden. Die Minderheitsaktionäre werden durch andere Mechanismen geschützt, insbesondere durch den engen zeitlichen und rechtlichen Zusammenhang mit dem ursprünglichen Übernahme- oder Pflichtangebot. Ihnen ist nämlich dieselbe Gegenleistung bzw. Barabfindung wie im Rahmen dieses letzteren Angebots vorzuschlagen. Eine solche Abfindung wird vom Gesetz als angemessen betrachtet, soweit der Mehrheitsaktionär bereits über 90 % der vom Angebot betroffenen Aktien zu demselben Preis erworben hat (§ 39a III WpÜG).[289]

289 *Andreas Meyer*, Änderungen im WpÜG durch die Umsetzung der EU-Übernahmerichtlinie, WM 24/2006, S. 1142 f.

## B. *Sell-out Recht der Minderheitsaktionäre*

Ein gesellschaftsrechtliches Sell-out Verfahren (oder das Andienungsrecht der Minderheitsaktionäre) wird nur vom rumänischen Recht vorgesehen (Art. 134 LSC). Im Unterschied zum Fall des Squeeze-out Verfahrens regelt das deutsche Recht das Sell-out nur im WpÜG, für Übernahmefälle, und nicht im allgemeinen Aktienrecht. Im Folgenden wird deshalb zuerst getrennt die rumänische gesellschaftsrechtliche Regelung dargestellt und danach rechtsvergleichend die rumänische (Art. 207 LPC iVm Art. 74-75 CNVM-VO Nr. 1/2006) und die deutsche (§§ 39c WpÜG) übernahmerechtliche Regelung von Sell-out, vor dem Hintergrund der entsprechenden Bestimmungen der europäischen Übernahmerichtlinie (Art. 16 RL 2004/25/EG).

### 1. *Das gesellschaftsrechtliche Sell-out*

#### 1.1. *Begriffsbestimmung*

Das Sell-out Verfahren kann als Ausnahme vom Mehrheitsgrundsatz im Aktienrecht betrachtet werden: Die Minderheitsaktionäre, die mit einem Mehrheitsbeschluss zu gewissen gesetzlich vorgesehenen Angelegenheiten nicht einverstanden sind (und in der Hauptversammlung nicht dafür abgestimmt haben), müssen den betroffenen HV-Beschluss nicht als solchen hinnehmen, wie sonst üblich, sondern können ihren Widerspruch dadurch zum Ausdruck bringen, dass sie die Gesellschaft verlassen, indem sie von der Gesellschaft den Kauf ihrer Aktien zu einem angemessenen Preis verlangen dürfen.

Im Unterschied zum übernahmerechtlichen Sell-out besteht also das Andienungsrecht der Minderheitsaktionäre gegenüber der Aktiengesellschaft selbst und nicht gegenüber dem Hauptaktionär. Daher sollen auch bestimmte Regeln zum Erwerb eigener Aktien durch die Gesellschaft beachtet werden: Gemäß Art. 104 II iVm $103^1$ I d LSC (die Art. 19 I c iVm Art. 15 I a Kapital-RL entsprechen) kann die entsprechende Abfindung nur aus dem dort umschriebenen Nettoaktivvermögen der Gesellschaft erstattet werden, was zu einer gewissen praktischen Entkräftung dieses Andienungsrechts führt.

Alternativ zum Sell-out kann der Aktionär jederzeit auf dem Aktienmarkt seine Aktien frei verkaufen und so seinen Widerspruch zum Ausdruck bringen und aus der Gesellschaft ausscheiden, es sei denn es handelt sich um vinkulierte Namensaktien, deren Übertragung an die Zustimmung der Gesellschaft gebunden ist. Bei den anderen Aktien ist nur der Preis entscheidend, den er auf dem Markt erzielen kann, im Vergleich zur von der Gesellschaft angebotene Abfindung beim Sell-out. Das Andienungsrecht ist aber insbesondere dann für die Minderheitsaktionäre von Bedeutung, wenn die betroffenen Aktien keine oder eine niedrigere Liquidität auf dem Markt aufweisen und deshalb schwer übertragbar sind.[290]

### *1.2. Rechtsgründe des Sell-out*

Die Minderheitsaktionäre dürfen ihr Andienungsrecht nur in bestimmten, gesetzlich vorgesehenen Fällen ausüben. Art. 134 I LSC nennt vier Rechtsgründe, die zu einem Sell-out Verfahren führen können: (a) Änderung des Haupttätigkeitsgegenstandes der Gesellschaft, (b) Verlegung des Gesellschaftssitzes ins Ausland, (c) Änderung der Gesellschaftsform und (d) Verschmelzung oder Spaltung der Gesellschaft. Diese Sell-out Fälle gelten sowohl für nichtbörsennotierte als auch für börsennotierte Gesellschaften. Art. 242 LPC regelt noch einen zusätzlichen Fall: Wenn die Verschmelzung oder Spaltung einer börsennotierten AG zu Verteilung von nichtbörsennotierten Aktien an ihrer Aktionäre führt und die Aktionäre mit dem betreffenden Verteilungsbeschluss der HV nicht einverstanden sind, können sie von der AG verlangen, ihre Aktien gegen angemessene Abfindung zu kaufen. Dieser vom Kapitalmarktgesetz geregelte Sell-out-Rechtsgrund ist aber eher ein Unterfall von Art. 134 I d LSC. Die frühere rumänische Doktrin betrachtete diese gesetzliche Auflistung der Sell-out Fälle nicht als abschließend: Auch in anderen ähnlichen Fälle durfte das Gericht ein Andienungsrecht der Minderheitsaktionäre anerkennen.[291] Nach der Änderung von Art. 134 LSC durch das Gesetz Nr. 441/2006 gilt diese Möglichkeit nicht mehr, so dass den Aktionären jetzt das Sell-out Recht nur in den gesetzlich ausdrücklich geregelten Fälle zur Verfügung steht („*nur wenn* der betroffene HV-Beschluss betrifft: ...“).

### *1.3. Das Sell-out Verfahren*

Das Andienungsrecht kann innerhalb dreißig Tagen nach der Veröffentlichung des betroffenen HV-Beschlusses im Amtsblatt in den Fällen von Art. 134 I a-c LSC bzw. nach der betroffene HV im Fall von Art. 134 I d LSC ausgeübt werden. Die dreißig Tage-Frist wurde durch Gesetz Nr. 441/2006 in Art. 134 II LSC eingeführt. Davor gab es keine ausdrückliche Fristbestimmung, so dass die allgemeine Verjährungsfrist von drei Jahren Anwendung fand, was erheblich zur Rechtsunsicherheit für die betroffenen Gesellschaften beitrug.

Die Aktionäre sollen die Aktien bzw. die Aktionärszeugnisse sowie eine Austrittserklärung beim Gesellschaftssitz hinterlegen (Art. 134 III LSC). Die Höhe der Abfindung wird von einem autorisierten unabhängigen Sachverständigen

---

290 *Radu Nicolae Catană*, Exercitarea facultăţii de retragere din societatea comercială, RDC Nr. 2/2002, S. 196 ff.

291 *Sorin David*, in *St. D. Cărpenaru u.a.*, a.a.O. (2006), Art. 134 Rn. 3.

bestimmt, der zumindest zwei anerkannte Bewertungsmethoden anzuwenden hat. Die Ernennung des Sachverständigen erfolgt durch den Richter gemäß Art. 38-39 LSC auf Antrag des Verwaltungsrates (Art. 134 IV LSC). Die Bewertungskosten werden von der Gesellschaft getragen (Art. 134 V LSC). In der Doktrin wurde auch die Meinung geäußert, dass die betroffenen Minderheitsaktionäre und die Gesellschaft über den Preis verhandeln können, um die zusätzliche Kosten der Bewertung zu vermeiden.[292]

### *2. Das übernahmerechtliche Sell-out*

#### *2.1. Europäische Vorgaben*

Das europäische übernahmerechtliche Sell-out Verfahren wird in Art. 16 RL 2004/25/EG geregelt. Es ist als Gegenstück zum des übernahmerechtlichen Squeeze-out Verfahren gedacht, so wie dieses in Art. 15 der Richtlinie geregelt ist. Dementsprechend kann ein Inhaber verbleibender Wertpapiere, im Anschluss an ein an alle Wertpapierinhaber der Zielgesellschaft gerichtetes Angebot für sämtliche Wertpapiere, vom Bieter verlangen, dass er seine Wertpapiere zu einem angemessenen Preis erwirbt. Die Vorgaben von Art. 15 II-V RL gelten entsprechend (siehe Punkt 2.III.A.2.1 oben).

#### *2.2. Nationale Umsetzung*

Die europäischen Bestimmungen zum übernahmerechtlichen Sell-out Verfahren werden in Rumänien durch Art. 207 LPC iVm Art. 74-75 CNVM-VO Nr. 1/2006 umgesetzt. Dementsprechend darf ein Minderheitsaktionär im Anschluss an ein Übernahme- oder Pflichtangebot von dem Bieter, der über 95 % des Grundkapitals innehat, verlangen, dass er seine Aktien zu einem angemessenen Preis kauft. Wie beim Squeeze-out Verfahren erwähnt (siehe Punkt 2.III.A.2.2 oben), ist diese Umsetzung von Art. 16 RL insoweit mangelhaft, weil sie das Erfordernis des stimmberechtigten Grundkapitals nicht anspricht. Diese Rechtslage sollte *de lege ferenda* verbessert werden. Für die Angemessenheit der Abfindung gilt Art. 206 III LPC entsprechend, d.h. die angebotene Abfindung ist dann angemessen, wenn der Bieter im Rahmen eines Übernahme- oder Pflichtangebots zu demselben Preis mindestens 90 % der vom Angebot betroffenen Wertpapiere erworben hat. Sollte die Bewertung durch einen unabhängigen Sachverständigen nötig werden, sind die Bewertungskosten vom Minderheitsaktionär zu tragen (Art. 207 III LPC).

Nach deutschem Recht können die Aktionäre einer Zielgesellschaft bei einem Übernahme- oder Pflichtangebot das Angebot auch nach Ablauf der Annahme-

292 *Titus Prescure* in *Ioan Schiau, Titus Prescure*, a.a.O., Art. 134 Rn. 6.

frist (aber innerhalb drei Monaten) annehmen, soweit der Bieter einen Antrag nach § 39a WpÜG stellen darf (§ 39c WpÜG). Auf diese Weise regelt das deutsche Recht das Sell-out Verfahren als eine Verlängerung des Squeeze-out Verfahrens, zugunsten der Minderheitsaktionäre.[293] Die Regeln für das Squeeze-out finden auf diese Weise *mutatis mutandis* Anwendung auf das Andienungsrecht der Minderheitsaktionäre.

**Zusammenfassung**

Das zweite Kapitel untersucht die Rechtsstellung der Minderheitsaktionäre aus der Perspektive ihrer Vermögensrechte. Zuerst werden die verfassungsrechtliche Basis des Aktieneigentums und ihr Verhältnis zur AG-Mitgliedschaft betrachtet. Des Weiteren wird einerseits der Schutz des Aktionärsvermögens im Rahmen der AG nach den verschiedenen Vermögensrechten dargestellt. Schließlich wird der Schutz des Aktionärsvermögens beim Austritt (durch Squeeze- oder Sell-out) aus der AG analysiert.

Sowohl in Rumänien als auch in Deutschland postuliert das Verfassungsrecht den Grundsatz des Grundrechtsschutzes des Aktieneigentums, während das Aktienrecht und das Gesellschaftsrecht dessen Inhalt und Schranken bestimmen. Die Aktie stellt sowohl ein Wertpapier als auch die Versachlichung der AG-Mitgliedschaft dar. Daher begründet das Aktieneigentum nicht nur einen mediatisierten Anspruch auf Geschäftsanteile der Gesellschaft, sondern auch einen Anspruch auf den gesellschaftsrechtlichen und verfassungsrechtlichen Schutz aller Rechte der Aktionäre, die mit der Aktie in Verbindung stehen (Vermögens-, Informations-, Mitwirkungs- und Klagerechte). Die gesellschaftsrechtliche Gestaltung dieser Rechte soll im Aktienrecht als Recht der Körperschaften ein Gleichgewicht zwischen AG-Mitgliedschaft und Mehrheitsprinzip herstellen. Auf diese Weise sollen die Klein- und Minderheitsaktionäre vor leichten Majorisierungen geschützt werden, ohne die Ausübung der Unternehmensfreiheit eines Groß- oder Mehrheitsaktionärs unnötig zu erschweren. Der entsprechende Rechtsrahmen ist folgerichtig aufzubauen.

Eines der wichtigsten mitgliedschaftlichen Vermögensrechte der Aktionäre ist der Anspruch auf einen Anteil am Bilanzgewinn, der mit der Feststellung des Jahresabschlusses und ggf. des entsprechenden Bilanzgewinns entsteht. Der ausschüttbare Gewinn wird hauptsächlich durch die gesetzlichen, satzungsmäßigen oder sonstigen Rücklagen bedingt. Das Spannungsfeld zwischen dem Interesse der Gesellschaft an Selbstfinanzierung und dem Interesse der Aktionäre am Gewinn aus Aktienanlagen kann in beiden Rechtsordnungen verfolgt werden. Dabei

293 *Andreas Meyer*, a.a.O., S. 1143

kann aber festgestellt werden, dass das deutsche Recht besondere Vorkehrungen zum Schutze der Aktionärsminderheit vor einem „Aushungern“ durch die Mehrheit trifft, während das rumänische Recht einem Großaktionär viel Spielraum bei der Thesaurierung des Gewinns lässt, zum Nachteil der Kleinaktionären.

Beide Rechtssysteme unterscheiden des Weiteren zwischen dem mitgliedschaftlichen Gewinnanspruch und dem Dividendenzahlungsanspruch der Aktionäre. Der letztere ist ein Gläubigerrecht, das autonom übertragen werden kann. Die Regeln der Gewinnverteilung werden teils durch Gesetz, teils durch die Satzung bestimmt, wobei beide Rechtsordnungen ein Gleichgewicht zwischen Gleichbehandlungsgebot und Satzungsfreiheit erzielen wollen. Einen Spezialfall bilden die Vorzugsaktien ohne Stimmrecht. Der Mangel einer gesetzlichen Nachzahlungspflicht macht diese Aktiengattung in Rumänien für Kleinaktionäre weniger attraktiv. Nichtsdestoweniger wurde neuerdings das rumänischen Recht nach deutschem Muster reformiert, um eine Aktivierung des Stimmrechts bei Nichtzahlung der Dividenden zuzulassen sowie um den Vorzugsaktionären sonstige Verwaltungsrechte zuzuerkennen.

Ein zweites wichtiges Vermögensrecht der Aktionäre ist das Bezugsrecht, das bei der Kapitalerhöhung sicherstellen soll, dass die Aktionärsbeteiligung an der Gesellschaft qualitativ (Stimmrecht) und quantitativ (Anteile) bestehen bleibt und dass die Mehrheitsaktionäre die Minderheitsaktionäre nicht aus der AG hinausdrängen. Das Bezugsrecht spielt in beiden Rechtsordnungen sowohl bei der Bar- als auch bei der Sachkapitalerhöhung eine besondere Rolle. Dies ist nicht zuletzt auf den europarechtlich verankerten Gleichbehandlungsgrundsatz (Art. 42 Kapital-RL) zurückzuführen. Während das abstrakte Bezugsrecht zu den Stammrechte des Aktionärs gehört und mitgliedschaftlichen Charakter hat, ist das konkrete Bezugsrecht infolge eines HV-Kapitalerhöhungsbeschlusses gläubigerrechtlicher Natur und kann selbständig übertragen werden.

Ein Ausschluss des Bezugsrechts darf nur ausnahmsweise und unter Einhaltung formeller und materieller Voraussetzungen erfolgen. Er ist durch die Hauptversammlung zu beschließen, wobei nach beiden Rechtsordnungen gewisse gesetzliche oder satzungsmäßige Quorums- und Mehrheitsvoraussetzungen erfüllt werden müssen. Insbesondere trifft die Verwaltung eine Berichtspflicht gegenüber der Hauptversammlung zum Ausschluss des Bezugsrechts und damit eine Rechtfertigungspflicht gegenüber den Aktionären. Erwähnenswert ist schließlich, dass das rumänische Recht nach deutschem Muster den automatischen Bezugsrechtsausschluss bei Sachkapitalerhöhungen gestrichen hat, um damit den Minderheitsaktionären einen besseren Schutz zu gewährleisten.

Neben dem Dividendenrecht und dem Bezugsrecht stellt das Recht auf den Abwicklungsüberschuss ein weiteres bedeutendes Vermögensrecht der Aktionäre dar. Dabei handelt es sich um das Recht der Aktionäre auf das verbleibende

Vermögen der AG nach der Befriedigung der Gläubiger im Falle der AG-Auflösung und der damit einhergehenden freiwilligen Abwicklung. Für den Minderheitsschutz spielen in diesem Zusammenhang die Art und Weise der Bestellung der Abwickler sowie Methoden der Vermögensverteilung eine besondere Rolle.

Der Schutz der Minderheitsaktionäre betrifft nicht nur die erwähnten Vermögensrechte in der AG, sondern auch Rechte der Aktionäre beim Exit aus der AG, wie dies beim Squeeze-out oder beim Sell-out der Fall ist. Rechtspolitisch interessant ist, dass ein gesellschaftsrechtliches Squeeze-out Verfahren nur vom deutschen Recht vorgesehen ist, während ein gesellschaftsrechtliches Sell-out Verfahren nur vom rumänischen Recht geregelt wird. Dagegen sind übernahmerechtliche Squeeze-out sowie Sell-out Verfahren in beiden Rechtsordnungen vorgesehen, auch wegen der entsprechenden europarechtlichen Vorgaben.

Unter Squeeze-out wird im deutschen Aktienrecht der Ausschluss der Minderheitsaktionäre durch den Hauptanteilseigner einer AG verstanden. Formell gesehen soll ein Hauptaktionär mindestens 95 % des Grundkapitals vertreten und der Ausschluss von der Hauptversammlung beschlossen werden. Entscheidend dabei ist aber aus einem materiellen Gesichtspunkt die Angemessenheit der Barabfindung, die die ausgeschlossenen Aktionären erhalten sollen. Diese wird durch einen externen Sachverständigen überprüft. Die Regelung des Squeeze-out durch Art. 15 Übernahme-RL veranlasste die Gesetzgeber in Rumänien und Deutschland zur Einführung entsprechender übernahmerechtlicher Bestimmungen im Kapitalmarktrecht. Dabei erweist sich die rumänische Umsetzung als teilweise mangelhaft. Die deutsche Umsetzung erleichtert die Ausübung des Ausschlussrechts für den Hauptaktionär im Vergleich zum gesellschaftsrechtlichen Squeeze-out, wobei die Minderheitsaktionäre durch andere, kapitalmarktrechtliche Mechanismen geschützt werden.

Im rumänischen Recht kann das Sell-out Verfahren als Ausnahme vom Mehrheitsgrundsatz betrachtet werden: Die Minderheitsaktionäre, die mit einem Mehrheitsbeschluss zu gewissen gesetzlich vorgesehenen Angelegenheiten nicht einverstanden sind, können die AG verlassen, indem sie von der Gesellschaft den Kauf ihrer Aktien zu einem angemessenen Preis verlangen dürfen. Dabei sollen die Regeln zum Erwerb eigener Aktien durch die Gesellschaft beachtet werden. Ebenso wie beim Squeeze-out ist die Bestimmung der Abfindung für die Minderheitsaktionäre besonders relevant, wofür die Ernennung eines Sachverständigen vorgesehen ist. Die Regelung des Sell-out Verfahrens durch Art. 16 Übernahme-RL hat die Einführung dieses Mechanismus auch in beiden nationalen Rechtsordnungen für den Kapitalmarkt veranlasst. Im Unterschied zur erwähnten gesellschaftsrechtlichen Regelung wird hier aber der Kauf durch die Minderheitsaktionäre nicht mehr von der Gesellschaft, sondern vom Hauptaktionär verlangt. Während das Squeeze-out primär zugunsten von Mehrheitsaktionären eingeführt wurde, erweist sich das Sell-out hauptsächlich als ein Mittel des Minderheitsschutzes.

# Drittes Kapitel: Informationsrechte

In der aktienrechtlichen Dogmatik bilden die Informationsrechte eine Grenzkategorie zwischen den Vermögens- und den Mitwirkungsrechten der Aktionäre. Durch die Informationsrechte üben die Aktionäre einerseits eine Kontrollfunktion über die Verwendung ihrer Kapitalbeteiligung durch die Gesellschaft bzw. durch derer Verwaltung aus, was zu einem verbesserten Schutz ihrer Vermögensinteressen führt. Andererseits bieten die Informationsrechte den Aktionären die Basis für qualifizierte Entscheidungen bei der Ausübung ihrer Mitwirkungsrechte. Dieser komplexen Natur der Informationsrechte wird in der vorliegenden Arbeit dadurch Rechnung getragen, dass sie als eigenständige Kategorie behandelt werden. Ein weiteres Argument dafür ist auch die steigende Aufmerksamkeit, die diese Rechte bei den gegenwärtigen Reformbestrebungen des Aktienrechts auf nationaler und europäischer Ebene genießen. Diese Aufmerksamkeit ist selbst auf die rasante Entwicklung der modernen Kommunikationsmedien zurückzuführen, die eine entsprechende neue Auffassung über die aktienrechtliche Mitgliedschaft und über die geeigneten Mechanismen ihres Rechtsschutzes nötig machen.

Ein weiteres Merkmal der Informationsrechte das sie näher an die Mitwirkungsrechte bringt ist, dass sie ohne die Aktie selbst nicht übertragen werden können, sondern eng an diese gebunden sind. Dies steht im Kontrast zu den Vermögensrechten, die in gewissen Fällen von der Aktie trennbar und autonom übertragbar sind (siehe z.B. die Punkte 2.II.A.2.1 und 2.II.B.2.2.2 oben).[294]

Die meisten Informationsrechte sind als individuelle Rechte der Aktionäre ausgestaltet. Sie haben aber eine sehr wichtige Bedeutung für die Ausübung der Minderheitsrechte, die als kollektive Rechte organisiert sind. Von besondern Bedeutung sind sie auch für die Ausübung der Anfechtungsklage.[295]

In der Aktiengesellschaft als Kapitalgesellschaft größerer Ordnung stellt die direkte Aktionärsinformation eher die Ausnahme dar. Die Information ist üblicherweise nicht an einzelne Aktionäre gerichtet, sondern an die HV als kollektives Organ. Sie wird oft indirekt über andere Stellen und filtriert an die Aktionäre weitergeleitet. So kommt im monistischen System den Direktoren als Geschäfts-

294 *Uwe Hüffer*, Aktiengesetz Kommentar, § 131 Rn. 2; *Wolfgang Zöllner*, Kölner Kommentar zum AktG, § 131 Rn. 16.

295 *Uwe Hüffer*, a.a.O., § 131 Rn. 1, *Wolfgang Zöllner*, a.a.O., § 131 Rn. 2.

führer eine regelmäßige Informationspflicht gegenüber dem Verwaltungsrat als bestellendem Organ zu, der seinerseits durch eine regelmäßige Berichtspflicht gegenüber der HV gebunden ist. Im dualistischen System spielt das Direktorat bzw. der Vorstand eine ähnliche Rolle gegenüber dem Aufsichtsrat der AG[296], wobei alle dann der HV berichten.

Die Informationsrechte können in passive (wenn ihr kollektives Subjekt die HV selbst ist) bzw. in aktive (wenn ihre individuellen Subjekte die Aktionäre sind) unterteilt werden.[297] Aus einem anderen Gesichtspunkt kann zwischen informationellem Außenschutz der Anleger durch die Handelsregister- und Kapitalmarktspublizität und informationellem Innenschutz der Aktionäre durch das Gesellschaftsrecht unterschieden werden. Die nun folgenden Überlegungen werden aus dieser letzteren Perspektive dargestellt.

## I. Informationeller Außenschutz durch Handelsregister- und Kapitalmarktspublizität

### *A. Die allgemeine Handelsregisterpublizität*

#### *1. Der Beitrag der Handelsregisterpublizität zur Information der Aktionäre*

Jede Aktiengesellschaft unterliegt sowohl in Rumänien als auch in Deutschland gewissen Publizitätspflichten über das Handelsregister. Umfang und Reichweite der einzutragenden Informationen sind gesetzlich bestimmt (siehe den nächsten Punkt). Das Handelsregister ist rechtlich als öffentliches Register gestaltet, so dass jede interessierte Person Einsicht in die Informationen nehmen kann, die Einzelkaufleute und Handelsgesellschaften angemeldet haben. Dabei genießen die Eintragungen ins Handelsregister einen Verkehrs- und Vertrauensschutz und jede gutgläubige Person kann sich im Rechtsverkehr darauf verlassen.

Die Handelsregisterdaten stellen auch für Aktionäre einer Aktiengesellschaft eine verlässliche Informationsquelle dar. Dies ist sowohl für bestehende Aktionären einer AG als auch für Anleger der Fall, die vor der Entscheidung stehen, in Aktien einer bestimmten AG zu investieren. Die Handelsregisterpublizität spielt insbesondere für die (prospektiven) Aktionäre derjenigen Aktiengesellschaften eine Rolle, die nicht börsennotiert sind und dadurch nicht den umfangreichen Publizitätspflichten des Kapitalmarktes unterliegen.

---

296 *Dirk Zetzsche*, Aktionärsinformation in der börsennotierten Aktiengesellschaft, Köln 2006, S. 16.

297 *Dirk Zetzsche*, a.a.O., S. 24.

In Rumänien wird die Handelsregisterpublizität durch Gesetz Nr. 26 vom 5. November 1990 über das Handelsregister[298] („HandelsregisterG"), das Gesetz Nr. 359 vom 8. September 2004 über die Vereinfachung der Eintragung von Einzelkaufleuten, Familiengesellschaften und von juristischen Personen in das Handelsregister, ihrer steuerlichen Erfassung sowie der Erteilung der Betriebsgenehmigungen[299], sowie Norm Nr. 608 vom 15. April 1998 der Handels- und Industriekammer Rumäniens und des Justizministeriums betreffend die Führung der Handelsregister und die Vornahme der Registrierungen geregelt.

Sowohl in Rumänien als auch in Deutschland werden die Handelsregister von den Gerichten geführt. In beiden Ländern fand eine Debatte darüber statt, ob die Handelsregister auf die Handels- und Industriekammer verlagert werden sollten.[300] Das rumänische Nationale Amt des Handelsregisters (*Oficiul Național al Registrului Comerțului* – ONRC) ist eine öffentliche Institution mit Rechtspersönlichkeit und dem Justizministerium untergeordnet. In jedem Bezirk bestehen Büros des Handelsregisters, die neben den Gerichten (*tribunale*) funktionieren und sämtliche Anmeldungs- und Autorisierungsdienste für handeltreibende natürliche und juristische Personen anbieten. Ein Richter des jeweiligen Gerichts ist mit der Rechtmäßigkeitskontrolle der Eintragungen beauftragt. Gemäß Art. 14 Gesetz Nr. 359/2004 wird eine Kopie des Eintragungsbeschlusses des beauftragten Richters im 4. Teil des rumänischen Amtblatts (*Monitorul Oficial* – M.Of.) veröffentlicht.

Die Publizität durch das Amtsblatt erfolgt aufgrund des Gesetzes Nr. 202 vom 9. November 1998 zur Organisierung des Amtsblatts Rumäniens[301]. Gemäß Art. 8 Gesetz Nr. 202/1998 werden im 4. Teil des Amtblatts Rechtsakte veröffentlicht, die die Wirtschaftsteilnehmer und sonstige juristische Personen betreffen. Aufgrund der Vorschriften des Gesetzes Nr. 31/1990 über die Handelsgesellschaften (wie z.B. Art. 20, Art. 38 II, Art. $44^1$ I, Art. 58 III, Art. 100 I, Art. 117 III, Art. 131 IV LSC usw.) werden auf diese Weise zahlreiche Akte der Handelsgesellschaften im Amtsblatt veröffentlicht, von ihrer Autorisierung bis zu ihrer Auflösung. Diese Akte werden dem Amtsblatt kraft Gesetzes von den

298 Das Gesetz Nr. 26/1990 wurde im M.Of. Nr. 49 vom 4.2.1998 wiederverlautbart und nachträglich mehrmals geändert, einschließlich durch Gesetz Nr. 441/2006, das eine bessere Anpassung des HandelsregisterG an die Publizitätsrichtlinie 68/151/EWG beabsichtigte.

299 M.Of. Nr. 839 vom 13.9.2004.

300 Für die deutsche Rechtslage siehe *Karsten Schmidt*, Handelsrecht, Köln 1999, S. 378. Für die rumänische Rechtslage siehe *Titus Prescure*, Registrul comerțului, C.H.Beck, Bukarest 2001.

301 M.Of. Nr. 423 vom 10.11.1998. Wiederverlautbart in M.Of. Nr. 470 vom 8.7.2009.

Handelsregisterbüros auf Kosten der betroffenen Gesellschaften zur Veröffentlichung übermittelt. Einmal veröffentlicht, entfalten diese Akte Drittwirkung. Falls der beim Amt für das Handelsregister hinterlegte Text mit dem im Amtsblatt veröffentlichten Text nicht übereinstimmt, kann die Gesellschaft sich Dritten gegenüber auf den letzteren nicht berufen. Dritte können sich aber der Gesellschaft gegenüber auf den veröffentlichten Text berufen, soweit von der Gesellschaft nicht nachgewiesen wird, dass ihnen der beim Amt für das Handelsregister hinterlegte Text bekannt war (Art. 52 I LSC). Diese Regel wurde in das Handelsgesellschaftengesetz zur Umsetzung von Art. 3 VI der Publizitäts-RL (68/151/EWG) eingeführt.

Der Rechtsrahmen der Handelsregisterpublizität wurde in Deutschland mit Inkrafttreten des Gesetzes über elektronische Handelsregister und Genossenschaftsregister sowie das Unternehmensregister (EHUG) vom 10. November 2006[302] mit Wirkung zum 1.1.2007 umfassend geändert. Nach dieser Reform werden alle Handelsregister in Deutschland elektronisch geführt (§ 8 I HGB), was zur Beschleunigung des Anmeldeverfahrens und zur kostengünstigen Informationsbeschaffung deutlich beiträgt.[303] Bei dieser neuesten Reform des deutschen Rechts haben insbesondere folgende europarechtliche Bestimmungen eine Rolle gespielt: die Publizitätsrichtlinie 68/151/EWG in der Fassung der Richtlinie 2003/58/EG sowie die Transparenzrichtlinie 2004/109/EU.[304]

### 3. *Verhältnis zu den gesellschaftsrechtlichen Informationsrechten*

Die gesellschaftsrechtlichen Informationsrechte der Aktionäre stellen eine spezielle Kategorie von Rechten dar, die nur ihnen als Verbandsmitglieder zur Verfügung stehen. Dagegen werden Informationen, die von der AG über das Handelsregister und über sonstige Publizitätspflichten (wie z.B. §§ 325 ff. HGB) verfügbar gemacht werden, an eine interessierte Öffentlichkeit adressiert. Solche Informationen müssen aber den Aktionären auf Antrag (durch das Frage- und Auskunftsrecht) auch direkt vorgelegt werden.[305]

---

302 BGBl. I 2006, S. 2553 ff.

303 *U. Noack*, Die neue Unternehmenspublizität nach EHUG und TUG (The 2007 reform of the German disclosure system for company data: A one-stop-shop system in the making?), CBC-RPS No. 0027, verfügbar über SSRN: http://ssrn.com/abstract =980289.

304 *U. Seibert, D. Decker*, Das Gesetz über elektronische Handelsregister und Genossenschaftsregister sowie das Unternehmensregister (EHUG) – Der „Big Bang" im Recht der Unternehmenspublizität, Der Betrieb, Heft 45/2006, S. 2446.

305 *Dietmar Kubis*, Münchener Kommentar zum AktG, § 131 Rn. 6.

## B. *Informationsordnung im Kapitalmarktrecht*

### 1. *EU-kapitalmarktrechtlicher Rahmen des informationellen Anlegerschutzes*[306]

#### 1.1. *Aktionsplan für Finanzdienstleistungen*

Der Aktionsplan für Finanzdienstleistungen (*Financial Services Action Plan* – FSAP) basiert auf der Mitteilung der Europäischen Kommission vom 11. Mai 1999 „Umsetzung des Finanzmarktrahmens: Aktionsplan“ (KOM(1999)232endg.)[307], die infolge des Auftrages des Europäischen Rates von Cardiff von Juni 1998 verfasst wurde. Der Plan, der die Schaffung eines Finanzbinnenmarkts bezweckte, schlug eine Prioritätenliste und einen Zeitplan für konkrete Maßnahmen vor, die zur Erreichung dreier strategischer Ziele führen sollten: Errichtung eines einheitlichen Firmenkundenmarktes für Finanzdienstleistungen, Schaffung offener und sicherer Privatkundenmärkte und Modernisierung der Aufsichtsregeln. Für den EU Rat stellte der FSAP einen integralen Bestandteil der sog. „Lissabon-Agenda“[308] dar, die die EU bis 2010 zum «dynamischten und innovativsten wissensbasierten Wirtschaftsraum der Welt» machen sollte. Dementsprechend umfasste der Aktionsplan 42 Maßnahmen, die die Regelungen der Mitgliedstaaten in Bezug auf Wertpapierhandel, Bankwesen, Versicherungen, Altersversorgung, Hypotheken und andere finanzielle Leistungen harmonisieren sollten. Die meisten Maßnahmen wurden bis Ende 2004 durchgeführt. Darunter zählen die Verabschiedung der Prospekt-RL, der Marktmissbrauch-RL, der RL über Märkte für Finanzinstrumente (MiFID), der RL über Übernahmeangebote, die Vereinfachung und Modernisierung der Kapital-RL usw.[309]

Was die Weiterentwicklung des europäischen Kapitalmarktrechts betrifft, veröffentlichte die Europäische Kommission am 5. Dezember 2005 das Weißbuch zur Finanzdienstleistungspolitik für den Zeitraum 2005-2010 (KOM/2005/ 0629 endg.).[310] Im Unterschied zur intensiven Regelung des Kapitalmarktes durch das FSAP beabsichtigt die Kommission durch dieses neue Weißbuch keine zusätzliche Gesetzgebungsinitiative, sondern eine Konsolidierung des vorhandenen Rechtsrahmens.

---

306 Die Angaben zum EG-Kapitalmarktrecht werden am Anfang behandelt, weil dieses einen entscheidenden Einfluss auf die ursprüngliche Entstehung und Entwicklung des deutschen Kapitalmarktrechts und neuerdings auf das rumänische Recht ausübt – siehe auch *Heribert Hirte*, Kölner Kommentar zum WpHG, 2007, Einleitung Rn. 37.

307 Siehe auch: http://ec.europa.eu/internal_market/finances/actionplan/index_de.htm .

308 Dieses Programm wurde auf einem Sondergipfel der europäischen Staats- und Regierungschefs im März 2000 in Lissabon verabschiedet.

309 *Barbara Grunewald, Michael Schlitt*, Einführung in das Kapitalmarktrecht, München 2007, S. 4.

310 http://eur-lex.europa.eu/LexUriServ/site/de/com/2005/com2005_0629de01.pdf .

### *1.2. Das Lamfalussy-Verfahren*

Das Lamfalussy-Verfahren bezeichnet den EU-Gesetzgebungsprozess, der im März 2002 zu einer fristgerechten Umsetzung des Aktionsplans für Finanzdienstleistungen eingeführt wurde. Das Verfahren geht auf einen Vorschlag des Lamfalussy-Ausschuss für den Wertpapiersektor zurück. Der reguläre EU-Gesetzgebungsprozess sollte in einem Vier-Stufen-Plan vereinfacht und beschleunigt werden. In der ersten Stufe werden Grundsatzrechtsakte (Richtlinien und Verordnungen) von Rat und Parlament verabschiedet. In der zweiten Stufe werden die technischen Einzelheiten in Form von Durchführungsvorschriften von der Kommission, in enger Zusammenarbeit mit den Marktteilnehmern und entsprechenden Fachausschüssen[311] festgestellt. In der dritten Stufe werden von den nationalen Aufsichtsbehörden Standards im jeweiligen Aufsichtsfeld für die einheitliche materielle Umsetzung ausgearbeitet. In der vierten Stufe überprüft die Kommission die Umsetzung der Richtlinien. Die Mitgliedstaaten sind verpflichtet, der Kommission über den Umsetzungsstand der einzelnen Grundsatzrechtsakte zu berichten. Im Dezember 2002 beschloss der Rat, das Lamfalussy-Verfahren auf den gesamten EU-Finanzsektor auszudehnen.

### *1.3. Informationeller Anlegerschutz*

Der Anlegerbegriff des EU-Gemeinschaftsrechts schließt Privatanleger, qualifizierte und institutionelle Anleger mit ein. Der Grundsatz des Anlegerschutzes wird vom primären Gemeinschaftsrecht nicht ausdrücklich erwähnt. In der Praxis wird aber der Anlegerschutz als ein spezifischer Fall des Verbraucherschutzes betrachtet, so wie dieser in Art. 12 und 169 AEUV, ex-Art. 153 EGV geregelt ist.[312] Insoweit unterscheidet sich der Ansatz des Anlegerschutzes im europäischen Kapitalmarktrecht, der auf der Kapitalverkehrsfreiheit beruht, vom Ansatz des Aktionärsschutzes im europäischen Gesellschaftsrecht, der eher auf der Niederlassungsfreiheit beruht.[313]

311 Diese bestehen aus dem Ausschuss der europäischen Bankaufsichtsbehörden (CEBS), dem Ausschuss der europäischen Wertpapierregulierungsbehörden (CESR) sowie dem Ausschuss der europäischen Aufsichtsbehörden für das Versicherungswesen und die betriebliche Altersversorgung (CEIOPS).

312 *Peter Mülbert*, Konzeption des Europäischen Kapitalmarktsrechts für Wertpapierdienstleistungen, WM 2001, S. 2092.

313 Das Aktien- und Gesellschaftsrecht ist grundsätzlich institutionell ausgerichtet, während das Kapitalmarktrecht marktorientiert ist. Beispielhaft in dieser Hinsicht ist die Unterscheidung zwischen dem Grundsatz der Kapitalmarktinformationshaftung einerseits und den Grundsätzen der aktienrechtlichen Kapitalerhaltung und des Gläubigerschutzes andererseits – siehe *Heribert Hirte*, a.a.O., Einleitung Rn. 8.

Die Informationsordnung im Kapitalmarktrecht ist einerseits auf die Beseitigung der Informationsasymmetrien zwischen Emittenten und Anleger und andererseits auf die informationelle Gleichbehandlung der Anleger gerichtet. Die vom europäischen und nationalen Gesetzgeber vorgeschriebenen Publizitätspflichten sollen zu einem funktionsfähigen Markt und zu einem angemessenen Anlegerschutz beitragen.[314]

### *1.4. Herkunftslandprinzip und Kapitalverkehrsfreiheit*

Die europäischen Angleichungsmaßnahmen im Kapitalmarktrecht (wie z.B. die Prospekt-RL, die Transparenz-RL oder die MiFID-RL) beruhen auf dem Herkunftslandsprinzip. Dementsprechend werden die Emittenten nach dem Land ihrer Herkunft und nicht nach dem Land ihrer Zulassung behandelt. Dieser Ansatz trägt erheblich zur Kapitalverkehrsfreiheit bei. Eine gewisse Parallelität kann zwischen dem Verhältnis Herkunftslandsprinzip/Zulassungsprinzip im europäischen Kapitalmarktrecht einerseits und dem Verhältnis Gründungstheorie/Sitztheorie im europäischen Gesellschaftsrecht andererseits festgestellt werden. Im letzteren Fall hat die EuGH-Rechtsprechung zur Anerkennung der Gründungstheorie viel zu einer effektiven Niederlassungsfreiheit beigetragen (siehe dazu Punkt 1.III.D oben).

## *2. Börsenzulassungs- und Notierungsvoraussetzungen*

Der europäische Gesetzgebungsrahmen der Börsenzulassung ergibt sich aus der Richtlinie 2001/34/EG des Europäischen Parlaments und des Rates vom 28. Mai 2001 über die Zulassung von Wertpapieren zur amtlichen Börsennotierung und über die hinsichtlich dieser Wertpapiere zu veröffentlichenden Informationen[315]. Ziel dieser Richtlinie war die Kodifizierung der bestehenden Rechtsakte zur Börsenzulassung. Es handelte sich dabei um die Richtlinien 79/279/EWG, 80/390/EWG, 82/121/EWG und 88/627/EWG. Darüber hinaus sollten die Regeln für Börsennotierung liberalisiert werden, um den Unternehmen den Zugang zum Kapitalmarkt zu erleichtern.[316]

Mit der erwähnten Kodifizierung und Liberalisierung und der damit erreichten Kohärenz wurde auch ein höherer Grad des Anlegerschutzes beabsichtigt. Dieser Ansatz wurde durch die Richtlinien 2003/71/EG (Prospekt-RL) und 2004/109/EG

---

314 *Michael Brellochs*, Publizität und Haftung von Aktiengesellschaften im System des Europäischen Kapitalmarktrechts, München 2005, S. 14 ff. sowie *Christian Vogel*, Vom Anlegerschutz zum Verbraucherschutz. Informationspflichten im europäischen Kapitalmarkt-, Anlegerschutz- und Verbraucherschutzrecht, Baden-Baden 2005, S. 22 ff.

315 ABl. L 184 vom 6.7.2001, S. 1-66.

316 *Stefan Grundmann*, Europäisches Gesellschaftsrecht, Heidelberg 2004, S. 308.

(Transparenz-RL) fortgesetzt, die die Börsenzulassung-RL mit Hinblick auf die zu veröffentlichenden Informationen ergänzen. Die mit dieser letzteren Richtlinie beabsichtigte Koordinierung betrifft alle Wertpapiere, deren Zulassung zur amtlichen Börsennotierung beantragt wurde bzw. die börsennotiert sind. Die Erfordernisse der Richtlinie sind von allen Emittenten zu erfüllen, unabhängig von ihrer Rechtsform, es sei denn die Wertpapiere wurden von internationalen Stellen mit öffentlichem Charakter oder von der Europäischen Zentralbank und den Zentralbanken der Mitgliedstaaten ausgegeben.

Für den Anlegerschutz sind insbesondere Informationen von Bedeutung, die die Finanzlage des Emittenten und die Eigenschaften der Wertpapiere betreffen. Wenn die Börsenzulassung beantragt wird, sind solche Informationen in Form eines Prospekts zu veröffentlichen. Aufgrund der Harmonisierung der Bedingungen bei der Erstellung und Verbreitung des Prospekts soll dieser als ein „Europäischer Pass für Emittenten" fungieren, indem die Emittenten den Prospekt nur auf einem der mitgliedstaatlichen Kapitalmärkte veröffentlichen sollen.

In Rumänien sind die europäischen Vorgaben zur Börsenzulassung durch Art. 211 f. LPC und Art. 89 ff. CNVM-VO Nr. 1/2006 bezüglich des Prospekts, sowie durch Art. 224 ff. LPC und Art. 105 ff. CNVM-VO Nr. 1/2006 für die regelmäßige Informationen, die mit Bezug auf börsennotierte Wertpapiere zu veröffentlichen sind, umgesetzt. In Deutschland fand diese Umsetzung durch das BörsG, durch die BörsZulV sowie durch das WpPG statt. Die entsprechenden Einzelheiten werden als nächstes besprochen.

### 3. *Materiellrechtliche Publizitätspflichten*

#### 3.1. *Prospektbezogene Informationspflichten*

Die Prospektpflichten sind die wichtigsten Pflichten der Emittenten aus der Perspektive des Primärmarktrechts. Sie dienen der allgemeinen Information des Kapitalmarktes bei der erstmaligen Einführung der Wertpapiere an der Börse. Die sonstigen Publizitätspflichten entsprechen dem Sekundärmarkt der Wertpapiere.

##### 3.1.1. *Anlegerschutz durch Prospektpublizität*

Die Pflicht zur Veröffentlichung eines Prospekts besteht grundsätzlich bei jedem öffentlichen Angebot von Wertpapieren, sei dies ein ursprüngliches Angebot (*Initial Public Offering*) beim Börsengang (*Going Public*) oder ein Angebot bei Ausgabe neuer Aktien einer bereits börsennotierten Gesellschaft.[317] Der Prospekt soll alle bedeutenden Informationen über die ausgegebenen Aktien und über

317 *Barbara Grunewald, Michael Schlitt*, a.a.O., S. 220.

deren Emittent enthalten. Die Frage der angemessenen Information durch den Emissionsprospekt ist fundamental, weil der Anleger dadurch Kenntnis von seinen Rechte und Pflichten als eventueller Aktionär der betroffenen Gesellschaft erlangt und auf diese Weise eine qualifizierte Anlageentscheidung treffen kann. Bei einer IPO ist die Rolle des Prospekts sogar bedeutender, weil die betroffenen Aktien zum ersten Mal an der Börse öffentlich gehandelt werden, wobei der Bedarf der Anlegerschaft an entsprechenden Informationen sehr hoch ist. Da Adressat des Prospekts nicht nur der (bestehende) Aktionärskreis ist, sondern die interessierte Marktöffentlichkeit, stellen die internen Aufsichtsstellen der AG keine hinreichende Garantie für die Objektivität und Vollständigkeit der veröffentlichten Informationen dar. Eine zentrale Rolle in diesem Kontext kommt der jeweiligen Aufsichtsbehörde des Kapitalmarkts (CNVM in Rumänien bzw. BaFin in Deutschland – siehe auch Punkt 3.I.B.4.1 unten) zu, die durch ihre Prospektsgenehmigungsfunktion als externer *Gatekeeper* des Informationsverkehrs zwischen Emittenten und Anlegerschaft fungiert.

### *3.1.2. Europarechtliche Vorgaben*

Die Regeln zur Erstellung, Billigung und Veröffentlichung des Prospekts wurden auf europäischer Ebene schon durch die Richtlinie 2003/71/EG[318] (Prospekt-RL) vom 4. November 2003 normiert. Diese Richtlinie war selbst Bestandteil des umfangreichen Aktionsplans für Finanzdienstleistungen (FSAP), der 1999 von der EU Kommission angekündigt wurde und der Verwirklichung eines Binnenmarktes für Finanzdienstleistungen gewidmet war (siehe Punkt 3.I.B.1.1 oben). Hauptziel der Prospekt-RL war, einen sog. „Europäischen Pass für Emittenten" zu schaffen, indem eine AG aufgrund der Genehmigung durch die Marktsaufsichtsbehörde eines Mitgliedstaates ihre Aktien Anlegern in der ganzen EU anbieten können sollte.[319] Eine solche Angebotsfreiheit machte nach Auffassung der Europäischen Kommission eine einheitliche Regelung der Prospektsvoraussetzungen durch die EG erforderlich, um ein sog. *level playing field* in diesem Bereich zu etablieren.[320] Die ausführlichen Bestimmungen der Richtlinie wurden

318 Richtlinie 2003/71/EG des Europäischen Parlaments und des Rates betreffend den Prospekt, der beim öffentlichen Angebot von Wertpapieren oder bei deren Zulassung zum Handel zu veröffentlichen ist, und zur Änderung der Richtlinie 2001/34/EG – ABl. L 345 vom 31.12.2003, S. 64-89.

319 *Stefan Grundmann*, a.a.O., S. 324 f.

320 In der Rechtstheorie ist dieser Harmonisierungsansatz umstritten. Insbesondere im angelsächsischen Raum wird die Idee eines Wettbewerbs der Kapitalmarktrechtsordnungen vertreten – siehe z.B. *Roberta Romano*, The Advantage of Competitive Federalism for Securities Regulation (AEI Press, 2002), *dies.*, The Need for Competition in International Securities Regulation (July 2001), Yale ICF Working Paper

inzwischen (durch das LPC vom 28. Juni 2004 und die CNVM-VO Nr. 1/2006) ins rumänische Recht und (durch das Wertpapierprospektgesetz vom 22. Juni 2005 – WpPG) ins deutsche Recht umgesetzt. Darüber hinaus sind aber auch andere gemeinschaftsrechtliche Bestimmungen zu beachten, die im Wege des Lamfalussy-Verfahrens von der Kommission in Zusammenarbeit mit dem Ausschuss der Europäischen Wertpapierregulierungsbehörden (CESR) zur Durchführung der Prospekt-RL erarbeitet wurden, insbesondere die Verordnung (EG) 809/2004 der Kommission vom 29. April 2004 betreffend die in Prospekten enthaltenen Informationen sowie das Format, die Aufnahme von Informationen mittels Verweis und die Veröffentlichung solcher Prospekte und die Verbreitung von Werbung (Prospekt-VO).[321] Diese sog. Ebene-2-Bestimmungen finden in der rumänischen und deutschen Rechtsordnung direkte Anwendung, zusätzlich zu den erwähnten nationalen Vorschriften.

### *3.1.3. Nationale Umsetzung*

Die Prospektsvoraussetzungen beim öffentlichen Angebot von Wertpapieren werden im rumänischen Recht durch Titel V („Marktvorgänge"), Kapitel I („Öffentliche Angebote"), Sektion I („Gemeinsame Bestimmungen" – Art. 173-182) und Sektion II („Öffentliche Verkaufsangebote" – Art. 183-192) des Kapitalmarktsgesetzes (LPC) geregelt. Sektion I wurde anschließend durch Art. 3-11 CNVM-VO Nr. 1/2006 und Sektion II durch Art. 12-37 CNVM-VO Nr. 1/2006 durchgeführt. Diese von der CNVM erlassenen Normen detaillieren und ergänzen die LPC-Rechtsrahmen zur Erstellung, Billigung und Veröffentlichung des Prospekts bei öffentlichen Wertpapierangeboten. Die Prospektregeln bei der Handelszulassung von Wertpapieren folgen einem ähnlichen Muster: Art. 211-212 LPC (Titel VI – „Die Emittenten", Kapitel II – „Der Prospekt zur Handelszulassung") bestimmen die Rechtsrahmen und verweisen auch auf die bereits erwähnten Vorschriften von Titel V Kapitel I Sektionen I u. II LPC (Art. 211 III LPC), während die Durchführungsbestimmungen Art. 89 ff. CNVM-VO Nr. 1/2006 zu entnehmen sind. Das deutsche Recht sieht keine ähnliche parallele Regelung des Prospekts bei öffentlichen Angeboten und bei Handelszulassungsverfahren vor, sondern bestimmt grundsätzlich einheitliche Regeln für beide Bereiche durch das WpPG. Durch das Anlegerschutzverbesserungsgesetz (AnSVG) vom 28. Oktober 2004[322] wurde die Veröffentlichung eines Prospekts auch für den sog. Grauen (d. h. nichtgeregelten) Kapitalmarkt zwingend vorgesehen.

---

No. 00-49; Yale Law & Economics Research Paper No. 258. Verfügbar bei SSRN: http://ssrn.com/abstract=278728.

321 ABl. L 149 vom 30.4.2004, S. 1.

322 Gesetz zur Verbesserung des Anlegerschutzes (BGBl. I 2004, S. 2630).

### 3.1.4. Prospekthaftung

Für die Richtigkeit und Vollständigkeit der Prospektsangaben haften grundsätzlich der Emittent sowie alle Personen, die für die Erstellung des Prospekts zuständig sind. Die Prospekt-RL sieht nur eine minimale Regelung in diesem Bereich vor (Art. 6) und überlässt es den nationalen Rechtsordnungen, ausführlichere Maßnahmen zu treffen. Die einschlägigen rumänischen Vorschriften sind Art. 182 LPC und dessen Durchführung in Art. 10 CNVM-VO Nr. 1/2006. In Deutschland wird die Prospekthaftung in §§ 44-47 Börsengesetz (BörsG)[323] und § 5 II 4 und IV WpPG geregelt.

Der Kreis der haftbaren Personen ist in beiden Rechtsordnungen breit gefasst. So haften nach rumänischem Recht kraft Gesetzes der Emittent, die Mitglieder seines Verwaltungsrates (nach der Einführung des dualistischen Verwaltungssystem durch Gesetz Nr. 441/2006 ist durch Analogie anzunehmen, dass bei dualistisch geführten Aktiengesellschaften sowohl die Mitglieder des Direktorats als auch die Mitglieder des Aufsichtsrats grundsätzlich haftbar sind), die Gründer des Emittenten (bei einer Gründung durch öffentlichen Zeichnung), der Abschlussprüfer (für die von ihm geprüften Abschlüsse, die dem Prospektsinhalt zugrunde liegen), die Vermittler der öffentlichen Emission und jede andere Person, die selbst im Prospekt die Verantwortung für bestimmte Informationen übernommen hat. Sollten die erwähnten Mitglieder der AG-Organe, die Gründer oder der Abschlussprüfer haftbar gemacht werden, so haftet der Emittent mit ihnen solidarisch und verschuldensunabhängig. Dasselbe gilt für den Geschäftsführer des Vermittlungssyndikats, falls eines seiner Mitglieder haftbar gemacht wird (Art. 182 II b und c LPC).

Nach deutschem Recht haften diejenigen Personen für die Unrichtigkeit u/o Unvollständigkeit der Prospektangaben, die für den Prospekt die Verantwortung übernommen haben oder von denen der Erlass des Prospekts ausgeht (§ 44 I BörsG). In die erstgenannte Kategorie gehören der Emittent und der Emissionsbegleiter (meistens ein Kreditinstitut), während die letztere die tatsächlichen Urheber des Prospekts erfasst, wie die einzelnen Mitglieder des Vorstandes oder des Aufsichtsrates sowie solche Personen, die an der jeweiligen Emission ein direktes geschäftliches Interesse haben (z.B. der Großaktionär, wenn er dadurch seine Beteiligung veräußern will). Sonstige an der Erstellung des Prospekts beteiligte Personen, die aber kein eigenes Interesse an der Emission haben (z.B. Wirtschafts- und Abschlussprüfer, Sachverständige, Rechtsanwälte usw.) unterliegen nach deutschem

323 Diese Vorschriften betreffen den amtlichen Markt. Über § 55 BörsG finden sie aber auch auf den geregelten Markt Anwendung – siehe auch *Barbara Grunewald, Michael Schlitt*, a.a.O., S. 243.

Recht grundsätzlich nicht der börsenrechtlichen Prospekthaftung. Sie bleiben aber für ihre prospektbezogenen Lieferungen zivilrechtlich u/o berufsrechtlich haftbar.[324]

Infolge der Umsetzung von Art. 5 II d) Prospekt-RL ist in beiden Rechtsordnungen bestimmt worden, dass die Haftung für die Richtigkeit und Vollständigkeit des Prospekts nicht allein anhand der Angaben in der Zusammenfassung des Prospekts beurteilt werden darf, es sei denn diese sind irreführend, unrichtig oder kontradiktorisch, wenn sie im Zusammenhang mit dem ganzen Prospekt gelesen werden (Art. 10 III CNVM-VO Nr. 1/2006 bzw. § 45 II 5 BörsG und § 5 II 4 WpPG).

Besonders erwähnenswert sind die unterschiedlichen Verjährungsfristen bei der Prospekthaftung nach rumänischem und deutschem Kapitalmarktrecht. Gemäß Art. 182 III LPC ist der Schadensersatzanspruch der Anleger binnen 6 Monaten nach der Kenntnisnahme der Prospektmängel geltend zu machen, jedoch nicht später als ein Jahr nach Abschluss des betroffenen öffentlichen Angebots. Dagegen sieht § 46 BörsG eine Verjährungsfrist von einem Jahr seit der Kenntnisnahme von der Unrichtigkeit oder Unvollständigkeit des Prospekts durch die Anleger bzw. von 3 Jahren seit der Veröffentlichung des Prospekts vor.

Die Regeln zur Prospekthaftung sind nicht zuletzt deshalb wichtig, weil die Internationalisierung und Europäisierung der Kapitalmärkte zu einem Wettbewerb der Rechtsordnungen auch in diesem Bereich geführt hat. Dies ist insbesondere bei *Dual Listing*-Fällen ersichtlich, aber auch bereits bei der Entscheidung einer AG, überhaupt börsennotiert zu werden und die entsprechende IPO an einer bestimmten Börse auszuführen, oder bei der Entscheidung von Anlegern, Aktien auf einem gewissen Kapitalmarkt zu kaufen.[325] Die gleichzeitige Börsennotierung einer AG in Rumänien und in Deutschland ist bis dato noch nicht erfolgt, könnte aber vielleicht in naher Zukunft in Frage kommen.[326]

---

324 *Andreas Meyer*, Aspekte einer Reform der Prospekthaftung – eine Würdigung der Verhandlungen des 64. Deutschen Juristentages – Teil I, WM 27/2003, S. 1306 ff. sowie *Wolfgang Groß*, Kapitalmarktrecht, München 2006, S. 171 ff.

325 *Wolfgang Groß*, a.a.O., S. 160 f.

326 Eine solche Entwicklung besteht schon im Verhältnis zu Österreich. So werden 10 der liquidesten Aktien, die an der Bukarester Börse notiert sind, auch an der Wiener Börse im Rahmen des ROTX-Index gelistet (http://www.indices.cc/cgi-bin/indizes.pl?index=RTL&lang=5), der seit dem 15. März 2005 besteht. Inzwischen wurde die österreichische Erste Bank, die bereits an der Wiener Börse gelistet war, auch an der Bukarester Börse notiert. Dies ist aber noch nicht der Fall bei ihrer rumänischen Tochtergesellschaft, der Rumänischen Handelsbank (*Banca Comercială Română*). Sie soll aber auch bald sowohl an der Bukarester als auch an der Wiener Börse notieren. Neben Wien wurden auch andere Kapitalmärkte (London, Oslo, Warschau) von rumänischen AGs für einen ausländischen IPO in Betracht gezogen (siehe *Gabriela Zamora*, Companiile romanesti, atrase de mirajul IPO pe burse straine, Money Channel 24. Juli 2007). Oft geht es um Gesellschaften, die in Rumänien noch nicht

### 3.2. *Regelmäßige Informationspflichten*[327]

#### 3.2.1. *Funktion und Regulierungsansatz*

Der Emittent als Hauptquelle von Informationen bezüglich seiner eigenen Aktien unterliegt nicht nur einer ursprünglichen Informationspflicht durch den Prospekt beim Börsengang oder bei der Emission neuer Aktien, sondern soll den Kapitalmarkt und damit die Anleger mit regelmäßigen Informationen über sich selbst und seine im Handel befindlichen Titeln versorgen. Dadurch dass der Aktionärskreis bei einer börsennotierten Gesellschaft einem ständigen Wandel ausgesetzt ist, könnte die dem Gesellschaftsrecht spezifische und auf eine gewisse Stabilität des Aktionärskreises basierende Informationsversorgung anlässlich der Hauptversammlungen keine hinreichende und effiziente Kommunikationsweise zwischen der AG und ihren Aktionären auf dem Kapitalmarkt darstellen. Deshalb sieht das Kapitalmarktrecht die Pflicht einer regelmäßigen und HV-unabhängigen Berichterstattung börsennotierter AGs vor, die eine verlässliche Informationsbasis für Anlageentscheidungen schafft.

Diese regelmäßigen Publizitätsverpflichtungen der Emittenten knüpften ursprünglich in beiden Rechtsordnungen an die Börsenzulassung an. So bestimmt Art. 224 I LPC, das alle Gesellschaften, deren Wertpapiere an einem (rumänischen) geregelten Markt zugelassen worden sind, die durch CNVM festgelegten Berichtspflichten beachten müssen.[328] Derselbe Ansatz wurde in den Durchfüh-

---

börsennotiert sind, so z. B. die A&D Pharma N.V., eine rumänische AG mit Hauptsitz in den Niederlanden, die seit Oktober 2006 auf dem Alternative Investments Market (AIM) Segment der London Stock Exchange gelistet ist, nicht aber an der Bukarester Börse (siehe *Rodica Orjanu*, Bursa din Londra, alternativa pentru cei mari, in Saptamana Financiara Nr. 114 vom 11. Juni 2007).

327 In Deutschland trat das 2. Finanzmarktförderungsgesetz am 1. Januar 1995 in Kraft, dessen Art. 1 das WpHG beinhaltete (es wurde am 30. Juli 1994 verkündet – BGBl. I 1994, S. 1749 ff. – siehe *Heribert Hirte*, Kölner Kommentar zum WpHG 2007, Einleitung Rn. 63); bis dann bestanden keine systematische Regelung des Kapitalmarktes, keine Aufsichtsbehörde, kein Verbot von Insidergeschäften, keine Ad-hoc Publizitätspflichten usw. Das WpHG diente von Anfang an der Umsetzung einiger EG-Richtlinien, nämlich der sog. Transparenz-RL 88/627/EWG oder der sog. Insider-RL 89/592/EWG. Interessant ist, dass ungefähr zur selben Zeit in Rumänien das Gesetz Nr. 52/1994 (in Kraft ab dem 11. September 1994) verabschiedet wurde, das nach 50 Jahren in Rumänien wieder ein Kapitalmarktrecht einführte. Es kann insoweit ein gewisser Parallelismus der Rechtsentwicklung in beiden Ländern Mitte der neunziger Jahren festgestellt werden.

328 Der Referenzrahmen für die Regelungskompetenz der CNVM bezüglich regelmäßiger Informationspflichten rumänischer Emittenten wird durch Art. 227 LPC festgelegt. Demgemäß sind Jahres-, Halbjahres- und Quartalfinanzberichte von allen börsennotierten Gesellschaften zu veröffentlichen. Diese Berichte sollen auf einer vergleichen-

rungsvorschriften der CNVM-VO Nr. 1/2006 (frühere Art. 105 ff.) verfolgt. Nach der Umsetzung der Transparenz-RL durch CNVM-VO Nr. 31/2006 gilt jetzt der Grundsatz der Herkunftslandskontrolle (Art. 105 V-VII CNVM-VO Nr. 1/2006, in der durch Art. 5 Nr. 19 CNVM-VO Nr. 31/2006 geänderten Form, in Kraft seit dem 1. Januar 2007). Inwieweit eine börsennotierte Gesellschaft den durch CNVM auferlegten Berichtspflichten unterliegt, hängt jetzt davon ab, ob Rumänien für sie ein Herkunfts- oder aber ein Aufnahmemitgliedstaat ist. Auch in Deutschland waren die regelmäßigen Informationspflichten der Emittenten mit der Börsenzulassung verbunden und dementsprechend im Börsengesetz (§ 39 I 3 iVm § 39 II 1 sowie § 40 BörsG) und in der Börsenzulassungsverordnung (§ 53 ff. BörsZulVO) geregelt. Infolge der Anfang 2007 stattgefundenen Umsetzung der Transparenz-RL[329] und der Einführung des Herkunftslandsprinzips (§ 2 VI-VII WpHG) wurde die Regelung dieser Publizitätspflichten in das Wertpapierhandelsgesetz (§§ 37 v-z WpHG) übernommen. Diese Neuregelung beabsichtigt auch eine Vereinheitlichung der bereits bestehenden regelmäßigen Publizitätspflichten aus kapitalmarktrechtlicher Sicht.[330]

### 3.2.2. *Jährliche Berichterstattung: Jahresbericht, jährliches Dokument, Unternehmenskalender*

Die Pflicht rumänischer börsennotierter Gesellschaften zur Erstellung und Veröffentlichung eines Jahresberichts wird in Art. 227 I LPC erwähnt und durch Art. 113 E iVm Art. $112^1$ CNVM-VO Nr. 1/2006 (in der durch Art. 5 Nr. 22-23 CNVM-VO Nr. 31/2006 geänderten Form) ausführlich geregelt. Für deutsche börsennotierte AGs wird diese Pflicht in § 37v WpHG vorgesehen. Beide Rechtsordnungen folgen den Angaben von Art. 4 Transparenz-RL ziemlich eng. Der Bericht soll binnen 4 Monaten nach Ablauf des Geschäftsjahres veröffentlicht werden und mindestens 5 Jahre lang öffentlich zugänglich bleiben.[331] Was den Inhalt betrifft,

---

den Basis aufgestellt werden, so dass die laufende Finanzlage der AG mit ihrer Finanzlage im abgelaufenen Geschäftsjahr vergleichend dargestellt wird. Sie sollen binnen 5 Tagen nach der Annahme sowohl der Aufsichtsbehörde als auch der Börse mitgeteilt und auch dem Publikum in elektronischer oder schriftlicher Form zugänglich gemacht werden. Zusätzlich ist ihre Verfügbarkeit in einer nationalen Tageszeitung anzuzeigen.

329 Siehe Transparenzrichtlinie-Umsetzungsgesetz (TUG) vom 5. Januar 2007 – BGBl. I 2007, S. 10.

330 *Heribert Hirte, Sebastian Mock*, Kölner Kommentar zum WpHG 2007, § 37v n. F. Rn. 4.

331 Letzteres ist im rumänischen Recht ausdrücklich geregelt (Art. $112^1$ IV CNVM-VO Nr. 1/2006). Nach deutschem Recht wird das Bundesministerium der Finanzen ermächtigt, die Dauer des öffentlichen Zugangs im Einvernehmen mit dem Bundesministerium der Justiz durch Rechtsverordnung zu regeln (§ 37v III Nr. 3 WpHG).

soll er den geprüften (konsolidierten) Abschluss, den Lagebericht, die Konformitätserklärungen der beim Emittenten zuständigen Personen (den sog. Bilanzeid, zur Bestätigung der „true and fair view") sowie den Bestätigungsvermerk des Abschlussprüfers umfassen.[332]

Aufgrund Art. 10 Prospekt-RL und seiner Durchführung in Art. 27 Verordnung (EG) Nr. 809/2004 der Kommission wurden Art. 114 CNVM-VO Nr. 1/2006 ins rumänische bzw. § 10 WpPG ins deutsche Recht eingeführt, die jeweils das sog. jährliche Dokument regeln. Dementsprechend muss jeder Emittent mindestens einmal im Jahr ein Dokument veröffentlichen, das alle Informationen enthält oder auf sie verweist, die von ihm in den vorausgegangenen zwölf Monaten in Erfüllung seiner aus dem rumänischen bzw. deutschen oder aus einem ausländischen Kapitalmarktrecht stammenden Publizitätspflichten veröffentlicht wurden. Das Dokument ist bei der Aufsichtsbehörde (CNVM bzw. BaFin) des Herkunftsmitgliedstaates zu hinterlegen. Neben dem jährlichen Dokument, das praktisch die Informationserstattung im abgelaufenen Jahr dokumentiert, ist eine börsennotierte AG zu Anfang jedes Geschäftsjahres zur Veröffentlichung (auf seiner eigenen Webseite) eines Unternehmenskalenders mit allen wichtigen Terminen der Gesellschaft im laufenden Geschäftsjahr (bezüglich Hauptversammlungen, Veröffentlichung regelmäßiger Berichte, Pressekonferenzen usw.) und zu dessen Übermittlung an die Börse (Art. 92 BVB-Kode in Rumänien bzw. §§ 64 und 79 BörsO FWB in Deutschland) verpflichtet.

### *3.2.3. Unterjährige Berichterstattung: Halbjahres-, Quartalsbericht, Zwischenmitteilung*

Zur Umsetzung von Art. 5 Transparenz-RL[333] sehen sowohl das rumänische Recht (Art. 227 I LPC nebst Durchführung in Art. 113 D CNVM-VO Nr. 1/2006, in der durch Art. 5 Nr. 23 CNVM-VO Nr. 31/2006 geänderten Form) als auch das deutsche Recht (§ 37w WpHG) die Pflicht börsennotierter Gesellschaften vor, einen Halbjahresfinanzbericht für die ersten sechs Monaten jedes Geschäftsjahres zu veröffentlichen, und zwar spätestens zum Ablauf der darauf folgenden 2 Monate. Der Bericht soll für mindestens 5 Jahre öffentlich zugänglich bleiben.[334] Bezüglich

---

332 Art. 113 E iVm Art. $112^1$ I-II CNVM-VO Nr. 1/2006 bzw. § 37v II WpHG. Im Unterschied zum rumänischen Recht sieht die deutsche Regelung den Bestätigungsvermerk des Abschlussprüfers nicht ausdrücklich als Bestandteilteil des Jahresfinanzberichts vor. Der Transparenz-RL nach soll er aber in vollem Umfang zusammen mit dem Jahresbericht veröffentlicht werden – siehe auch *Heribert Hirte, Sebastian Mock*, a.a.O., § 37v Rn. 28.

333 Zusätzlich soll auch Art. 3 der Richtlinie 2007/14/EG der Kommission vom 8. März 2007 beachtet werden, der Art. 5 III Transparenz-RL durchführt.

334 Dies wird im rumänischen Recht ausdrücklich vorgesehen (Art. 113 D III CNVM-VO Nr. 1/2006), während das deutsche Recht (§ 37w VI Nr. 4 WpHG) das Bundesmi-

des Inhalts des Halbjahresberichts ähneln die Erfordernisse denjenigen des Jahresberichts (siehe den vorigen Punkt); ein verkürzter Abschluss, ein Zwischenlagebericht und ein entsprechender Bilanzeid zählen zu den zwingenden Bestandteilen. Wenn der Bericht geprüft wird, soll auch der Bestätigungsvermerk des Abschlussprüfers veröffentlicht werden; ansonsten ist im Bericht anzugeben, dass er keiner Prüfung unterzogen wurde.

Die Frage der Quartalsberichterstattung war bei der Ausarbeitung der Transparenzrichtlinie umstritten.[335] Deshalb entschloss sich der europäische Gesetzgeber für ein flexibleres System, indem der Quartalsbericht nicht zwingend, sondern alternativ zu einer sog. Zwischenmitteilung der Geschäftsführung vorgesehen wurde (Art. 6 Transparenz-RL). Dementsprechend sind Emittenten in der ersten und in der zweiten Hälfte des Geschäftsjahres (innerhalb eines Zeitraums von zweieinhalb Monaten nach Beginn und anderthalb Monaten vor Ende der jeweiligen Hälfte) zur Veröffentlichung einer Mitteilung der Geschäftsführung über die wichtigsten Ereignisse seit dem vorausgegangenen regelmäßigen Bericht und über die aktuelle Finanzlage der Gesellschaft verpflichtet, es sei denn sie unterliegen nach dem nationalen Recht oder nach den Regeln des jeweiligen Kapitalmarktes einer Verpflichtung zur Quartalsberichterstattung oder sie erstatten einen solchen Bericht freiwillig nach diesen Vorschriften bzw. Regeln.

Das rumänische Recht schreibt den Quartalsbericht zwingend vor, und zwar sowohl durch Gesetz (Art. 227 I LPC), durch Durchführungsvorschriften der Kapitalmarktsaufsichtsbehörde (Art. 113 C CNVM-VO Nr. 1/2006) als auch durch Regeln des geregelten Marktes selbst (Art. 96 BVB-Kode). Dementsprechend soll der Bericht für das erste und dritte Semester des Geschäftsjahres erstellt und binnen 45 Tagen nach Ablauf des jeweiligen Semesters veröffentlicht werden. Er soll die Gewinn- und Verlustrechnung, die Bilanz und ggf. den Bestätigungsvermerk des Abschlussprüfers und den Lagebericht beinhalten. Die Zwischenmitteilung der Geschäftsführung wird daher vom rumänischen Recht nicht geregelt. Anders das deutsche Recht, wo die Zwischenmitteilung als Regel (§ 37x I-II WpHG) und der Quartalsbericht eher als Ausnahme (§ 37x III WpHG) vorgesehen werden. Die Regelung der ersteren folgt grundsätzlich den Vorgaben der Transparenz-RL. Für die Erstellung und Veröffentli-

---

nisterium der Finanzen zur Regelung der Dauer der öffentlichen Verfügbarkeit ermächtigt (sowie im Falle des Jahresfinanzberichts – siehe oben Fn. 331). Die deutschen Vorschriften sind aber richtlinienkonform auszulegen – siehe auch *Heribert Hirte, Sebastian Mock*, a.a.O., § 37w Rn. 9).

335 Siehe z.B.: www.freshfields.com/practice/corporate/publications/pdfs/transparency obligations.pdf ; ebenso *Heribert Hirte, Sebastian Mock*, a.a.O., § 37x Rn. 5.

chung des letzteren gelten teilweise die Vorschriften für den Halbjahresbericht (§ 37w II Nr. 1 und 2, III und IV WpHG).[336]

### *3.3. Laufende[337] Publizitätspflichten*

#### *3.3.1. Funktion und Regulierungsansatz*

Zur Gewährleistung einer informationellen Gleichbehandlung der Anleger reicht die regelmäßige Publizität nicht. Über die laufende Tätigkeit des Emittenten und über neue Ereignisse, die den Kurswert seiner Aktien erheblich beeinflussen können, ist von ihm im Wege einer laufenden Publizität zu berichten. Die laufenden Publizitätspflichten sind als Ergänzung der regelmäßigen Publizitätspflichten gedacht. Ihr gemeinsames Ziel ist die Sicherstellung eines höchstmöglichen Transparenzstandards des Kapitalmarktes und einer vollständigen und aktuellen Information aller Anleger, unabhängig von ihrem Verhältnis zum Emittenten, um dadurch ihr Vertrauen bei ihren Wertpapieranlageentscheidungen zu fördern und aufrechtzuerhalten.

Als laufende Publizität können die Ad-hoc-Publizität bezüglich Insiderinformationen und die damit verwandte Offenlegung von sog. *directors' dealings* bzw. von sog. *related party transactions* qualifiziert werden. Darüber hinaus zählt zu den laufenden Publizitätspflichten auch die Veröffentlichung von Änderungen der Stimmrechtsanteile und von wesentlichen Beteiligungen der Aktionäre. Auf europäischer Ebene wird die laufende Publizität durch die Marktmissbrauchs-RL von 2003 und die Transparenz-RL von 2004 sowie durch die Rechtsakte geregelt, die inzwischen von der Europäischen Kommission im Laufe des Lamfalussy-Verfahrens zu deren Durchführung erlassen worden sind. Die europäischen Bestimmungen wurden grundsätzlich auf nationaler Ebene sowohl durch Gesetze als auch durch Durchführungsakte der Exekutive oder der Kapitalmarktaufsichtsbehörde umgesetzt. Zusätzlich sind die spezifischen Anforderungen des jeweiligen geregelten Marktes zu beachten. In diesem Zusammenhang kann schon jetzt angemerkt werden, dass die vom rumänischen Gesetzgeber unternommene Umsetzung Lücken aufweist, deren Schließung nach einer Gesetzesreform verlangt.

---

336 Zur Veröffentlichung von Quartalsberichten sind in Deutschland diejenigen Unternehmen verpflichtet, die in der Prime-Standard-Kategorie der Frankfurter Wertpapierbörse notiert sind, sei es im Amtlichen Markt (§ 63 BörsO FWB) oder im Geregelten Markt (§ 78 BörsO FWB).

337 Die in der vorliegenden Arbeit unternommene Trennung zwischen regelmäßigen (*periodic*) und laufenden (*ongoing*) Informationspflichten der Emittenten folgt der begrifflichen Bestimmung der Transparenz-RL (siehe deren Kapitel II bzw. Kapitel III). Die im Wege der Ad-hoc-Publizität veröffentlichten Angaben werden in die Kategorie der laufenden Information eingeordnet.

### *3.3.2. Ad-hoc Publizität und Insiderhandel*

Den europarechtlichen Vorgaben folgend wird in Deutschland die Ad-hoc-Publizität in enger Verbindung mit dem Insiderhandelsverbot (§ 14 WpHG) geregelt, so dass sie ausdrücklich zur Veröffentlichung von Insiderinformationen verpflichtet (§ 15 WpHG), wobei *directors' dealings* (§ 15a WpHG) ein enges Verhältnis zur Regelung des Insiderhandels aufweist und deshalb in Abschnitt 3 des Wertpapierhandelsgesetzes über Insiderüberwachung eingeordnet wurde. Dagegen wird in Rumänien einerseits eine Trennung zwischen Ad-hoc-Publizität und Insiderhandelsverbot gemacht; andererseits werden directors' dealings als solche (so wie sie durch Art. 6 IV Marktmissbrauchs-RL vorgesehen werden) nicht geregelt, sondern nur allgemeine Regeln zur Offenlegung von *related party transactions* bestimmt, die in kein systematisches Verhältnis zu den Bestimmungen über die Ad-hoc-Publizität oder über Insiderhandel gebracht wurden. Das Ergebnis dieses Regulierungsansatzes sind zersplitterte und sich überlappende Bestimmungen. So enthält Art. 224 V LPC die allgemeine Regel für die Ad-hoc-Publizität, der zufolge der Emittent binnen maximal 48 Stunden das Publikum bezüglich aller neuen und noch nicht bekannt gegebenen Ereignisse informieren soll, die seine Finanzlage und seine Tätigkeit als solche betreffen und dadurch den Kurswert seiner Aktien beeinflussen können. Die Pflicht zur Veröffentlichung von Insiderinformationen wird getrennt in Art. 226 I LPC geregelt. Demzufolge muss jeder Emittent das Publikum und die CNVM unverzüglich von den Insiderinformationen benachrichtigen, die ihn direkt betreffen. Der Regelung der Veröffentlichung von Insiderinformationen vorgelagert ist in Art. 225 I LPC die Pflicht zur Bekanntmachung von *related party transactions*, was diese aus einem gesetzesformalen Gesichtspunkt als eine eigenständige Publizitätskategorie qualifiziert. Diese Fragmentierung ist auch auf der Ebene der Durchführungsvorschriften wieder zu finden. So listet Art. 113 B CNVM-VO Nr. 1/2006 beispielhaft einige Fälle, deren Eintritt die Ad-hoc-Publizitätsverpflichtung nach Art. 224 V LPC auslöst (Erwerb bzw. Veräußerung eines Vermögenswerts, der 10 % des Gesellschaftsvermögens übersteigt, Abschluss von Verträgen, deren Wert 10 % des Jahresumsatz übersteigt usw.[338]). Eine zusätzliche Liste von Ereignissen wird von Art. 113 A CNVM-VO Nr. 1/2006 vorgesehen, die diesmal ausdrücklich als Insiderinformationen bezeichnet werden und dadurch zur Einschaltung einer Publizitätspflicht nach Art. 226 I LPC führen. Art. 226 LPC setzt des Weiteren die entsprechenden Vorgaben von Art. 6 I-III Marktmissbrauchs-RL um, einschließlich der Pflicht zur Führung eines Insiderverzeichnisses (Art. 226 VII LPC).

338 Damit werden solche Fälle erwähnt, die nach deutschem Recht als Insiderinformationen betrachtet werden – siehe Emittentenleitfaden der BaFin, S. 43 ff.

Eine mögliche Erklärung dieser konfusen Regelung der Ad-hoc-Publizität im rumänischen Recht ist, dass Art. 224 V LPC ursprünglich als Umsetzung von Art. 68 I RL 2001/34/EG gemeint war. Diese gemeinschaftsrechtliche Bestimmung wurde aber inzwischen durch Art. 20 RL 2003/6/EG aufgehoben und durch die entsprechenden Publizitätsbestimmungen der Marktmissbrauchs-RL ersetzt, so dass jetzt auf europäischer Ebene keine Verdoppelung im Rahmen der Ad-hoc-Publizitätspflichten besteht, sondern sie einheitlich in Verbindung zum Insiderhandelsverbot geregelt werden. Dieser Entwicklung ist der rumänische Gesetzgeber nur teilweise gefolgt, durch formelle Umsetzung der Marktmissbrauchs-RL, ohne aber alle notwendigen Anpassungsmaßnahmen getroffen zu haben. In der aktuellen Form bereitet die Rechtslage Schwierigkeiten bei der Anwendung und sollte ohnehin *de lege ferenda* geändert werden.

Die deutsche Regelung der Ad-hoc-Publizität im WpHG entspricht dagegen Sinn und Zweck der europäischen Vorgaben, indem sie diese nicht nur als eine bloße Ergänzung der regelmäßigen Publizität erfasst, sondern als ein Mittel zur effizienten Bekämpfung von Insiderhandel vorschreibt. Auf den gesetzlichen Definitionen von Insiderpapieren (als zum Kapitalmarkt zugelassene Finanzinstrumente und davon abhängige Derivate – siehe § 12 WpHG) und von Insiderinformation (als konkrete Information über nicht öffentlich bekannte Umstände betreffend Emittenten von Insiderpapieren oder Insiderpapiere selbst, deren Bekanntwerden den Kurswert der Insiderpapiere erheblich beeinflussen kann – siehe § 13 WpHG) aufbauend, werden drei Hauptformen von Insiderhandel definiert (Erwerb oder Veräußerung von Insiderpapieren, Weitergabe von Insiderinformation und Empfehlung bzw. Verleitung zu Erwerb oder Veräußerung von Insiderpapieren) und zugleich verboten (§ 14 I WpHG). In diesem Kontext fungiert die Ad-hoc-Publizität gerade als ein Mittel zur Vermeidung von Insiderhandel: Gemäß § 15 I 1 WpHG muss ein Emittent von Finanzinstrumenten ihn direkt betreffende Insiderinformationen unverzüglich veröffentlichen. Die weiteren Angaben von § 15 WpHG folgen ziemlich nahe den Vorgaben von Art. 6 I-III Marktmissbrauchs-RL. Das Insiderverzeichnis, so wie es von Art. 6 III 3 der Richtlinie vorgeschrieben ist, wird durch § 15b WpHG umgesetzt. Eine spezifische kapitalmarktrechtliche Haftung für Verstöße gegen die Ad-hoc-Publizitätspflicht wird durch §§ 37b, 37c WpHG bestimmt.

### *3.3.3. Directors' dealings und related party transactions*

Unter *directors' dealings* werden Wertpapiergeschäfte der Mitglieder der Verwaltungsorgane börsennotierter Gesellschaften mit Wertpapieren des eigenen Emittenten eingeordnet.[339] Solche Geschäfte müssen grundsätzlich offen gelegt wer-

339 *Rolf Sethe* in: *Heinz-Dieter Assmann, Uwe Schneider (Hrsg.)*, Wertpapierhandelsgesetz. Kommentar, Köln 2006, § 15a Rn. 5.

den. Rahmenbestimmungen zu *directors' dealings* enthält Art. 6 IV Marktmissbrauchs-RL, wobei Art. 6 X Marktmissbrauchs-RL die Europäische Kommission zum Erlass von Durchführungsmaßnahmen ermächtigt. Diese wurden durch Richtlinie 2004/72/EG (hauptsächlich durch deren Art. 1 Nr. 1-2 und Art. 6) bereits verabschiedet und waren ebenso wie die Marktmissbrauchs-RL bis zum 12. Oktober 2004 umzusetzen. *Directors' dealings* können rechtssystematisch als eine Unterkategorie des Insiderhandels betrachtet werden. Dafür spricht die Regelung solcher Tatbestände in Art. 6 IV Marktmissbrauchs-RL, gleich nach den Bestimmungen bezüglich der Veröffentlichung von Insiderinformationen. Demselben Regulierungsansatz ist auch der deutsche Gesetzgeber gefolgt, der die entsprechenden Regeln durch § 15 a WpHG umgesetzt hat, im Rahmen von Abschnitt 3 WpHG zur Insiderüberwachung.[340] Ob die Offenlegung von *directors' dealings* als ein spezieller Fall der Ad-hoc-Publizität selbst begriffen werden kann, steht in der deutschen Literatur noch unter Debatte.[341]

Was das rumänische Kapitalmarktrecht betrifft, entspricht es in diesem Punkt den erwähnten Vorgaben der Richtlinien 2003/6/EG und 2004/72/EG nicht (siehe auch Punkt 2.I.B.3.3.2 oben): *directors' dealings* als solche werden überhaupt nicht geregelt. Dagegen sehen Art. 225 LPC und dessen Durchführung in Art. 113 G III-VI CNVM-VO Nr. 1/2006 gewisse Regeln zu sog. *related party transactions* vor. Dementsprechend muss der Verwaltungsrat bzw. das Direktorat einer börsennotierten Aktiengesellschaft über Geschäfte der Gesellschaft mit Mitgliedern ihrer Verwaltungsorgane, mit ihren Angestellten, Kontrollaktionären oder diesen nahestehenden Personen binnen fünf Tagen nach dem Abschluss des jeweiligen Geschäfts berichten, wenn dessen Gesamtwert 50.000 Euro übersteigt. Sollte ein Emittent solche Geschäfte oft betreiben, kann er darüber monatlich berichten. In diesem Fall wird die laufende Informationspflicht zu einer regelmäßigen Berichtspflicht. Darüber hinaus soll der Abschlussprüfer die wirtschaftlichen Vor- und Nachteile für die Gesellschaft der *related party transactions* überprüfen und selbst darüber quartalsmäßig berichten.

Der unterschiedliche (bzw. mangelnde) Ansatz des rumänischen Rechts zu *directors' dealings* im Vergleich zur Marktmissbrauchs-RL oder zum WpHG besteht darin, dass Art. 225 LPC zum größten Teil auf Art. 123 DringAnO

340 § 15a WpHG wurde bereits am 1. Juli 2002 durch das vierte Finanzmarktförderungsgesetz eingeführt. Er wurde aber nachträglich mehrmals geändert, um den europäischen Bestimmungen zu entsprechen. Die geltende Fassung wurde durch Art. 1 AnSVG festgestellt, das am 30. Oktober 2004 in Kraft getreten ist.

341 Siehe *Heinz-Dieter Assmann* in: *Heinz-Dieter Assmann, Uwe Schneider (Hrsg.)*, Wertpapierhandelsgesetz. Kommentar, Köln 2006, § 15 Rn. 96 und *Rolf Sethe*, a.a.O., § 15a Rn. 121, der seinerseits auf *Möllers/Rotter*, Ad-hoc-Publizität 2003, § 72 Rn. 29 verweist.

Nr. 28/2002 (und damit der früheren Regulierung des Kapitalmarktes, die durch das LPC in Juli 2004 aufgehoben wurde) basiert, d.h. auf einer Vorschrift, die vor der Veröffentlichung der Marktmissbrauchs-RL in April 2003 in Kraft war. Es ist nicht ausgeschlossen, dass Art. 225 LPC bei der Überprüfung der Kompatibilität des rumänischen Kapitalmarktrechts mit dem EU-*Acquis* im Rahmen des EU-Beitrittsverfahren als eine dem Art. 6 IV Marktmissbrauchs-RL einigermaßen entsprechende Bestimmung bewertet wurde. Eine solche Bewertung ist aber bei einer näheren Analyse fragwürdig; die europäischen Regeln zu *directors' dealings* sollten daher *de lege ferenda* ins rumänische Recht genauer umgesetzt werden.

Für eine solche Umsetzung könnte auch § 15a WpHG als Bezugspunkt herangezogen werden. Dementsprechend sollen Personen, die bei einem Emittenten, dessen Aktien in einem EU- oder EWR-Mitgliedstaat zum Handel an der Börse zugelassen sind, Führungsaufgaben erfüllen, eigene Geschäfte mit diesen Aktien und entsprechenden sich darauf beziehenden Finanzinstrumenten (insb. Derivaten) dem jeweiligen Emittenten und der BaFin binnen fünf Tagen mitteilen.[342] Der persönliche Anwendungsbereich dieser Mitteilungspflicht erstreckt sich auf Mitglieder des Vorstands und des Aufsichtsrates und auf sonstige Personen, denen Insiderinformationen zugänglich sind, wie z.B. führende Angestellte (§ 15a II WpHG), sowie auf Personen die mit den bereits erwähnten in einer engen Beziehung stehen (§ 15a III WpHG). Aus dem sachlichen Anwendungsbereich der Mitteilungspflicht werden diejenigen Geschäfte einer dieser Personen bzw. Personengruppen (falls eine enge Beziehung besteht) ausgeschlossen, deren Gesamtwert 5.000 Euro nicht erreichen (§ 15a I 2 WpHG).

### *3.3.4. Meldepflichten bei Veränderungen der Stimmrechtsanteile*

Die Offenlegung bedeutender Stimmrechtsanteile bzw. Kapitalbeteiligungen an börsennotierten Gesellschaften gehört zu einer modernen, auf einem hohen Transparenzgrad des Kapitalmarktes und auf einer informationellen Gleichbehandlung der Anleger beruhenden Aktien- und Finanzmarktkultur. Eine solche Offenlegung dient dem Schutz der Kleinaktionäre, indem sie ihnen eine laufende Übersicht über die Machtverhältnisse innerhalb des Aktionariats einerseits[343] und zwischen Gesellschaftsverwaltung und Großaktionären andererseits ermöglicht. Die Eigentumsstruktur und die Stimmkraftverteilung sind für die Rechtsstellung

---

342 *Tobias A. Heinrich*, Kölner Kommentar zum WpHG 2007, § 15 a Rn. 1.

343 Die Meldung des Stimmrechtsanteils führt zu einer transparenten Aktionärsbeteiligungsstruktur. Diese stellt ihrerseits ein Mittel des Aktionärsschutzes gegenüber einem horizontalen Prinzipal-Agent-Problem, d.h. einem Mehrheit-Minderheit-Konflikt dar – siehe auch *Heribert Hirte*, Kölner Kommentar zum WpHG 2007, Einleitung Rn. 29.

der Aktionäre und insbesondere der Kleinaktionäre von entscheidender Bedeutung. Aufgrund der diesbezüglich offen gelegten Informationen können sie besser beurteilen, inwieweit ihre Interessen in der jeweiligen Gesellschaft durch die sich ändernde Machtkonstellation gefährdet werden (wenn z.B. ein Übernahmeverfahren im Gang gesetzt wird). Abhängig davon treffen sie dann eine qualifizierte Entscheidung darüber, ob sie ihre Aktionärsstellung behalten und die damit zusammenhängenden Rechte weiter ausüben oder ob sie ggf. aus der Gesellschaft ausscheiden und den Marktwert ihrer Anlage zurückerhalten, indem sie ihre Aktien an der Börse verkaufen. Dieselben Informationen sind ein wichtiger Hinweis über die Liquidität des Marktes für die jeweiligen Wertpapiere und über das verfügbare *free-float*, was für neue Anleger bei ihrer Entscheidung über den Kauf der Aktien der betroffenen Gesellschaft von besonderer Bedeutung ist. Die durch die Offenlegung der Beteiligungsschwellen erreichte Transparenz schafft Vertrauen und fördert dadurch weitere Anlageentscheidungen. Dem Anlegerschutz und der Funktionsfähigkeit des Kapitalmarktes wird dadurch gleichzeitig gedient.

Auf europäischer Ebene wurden erste Maßnahmen zur Einführung solcher Meldepflichten durch RL 88/627/EWG ergriffen. In einer quasi unveränderten Form wurden diese Meldepflichten in Art. 85 ff. der RL 2001/34/EG übernommen, die die frühere Richtlinie aufgehoben hat. Die Transparenz-RL[344], die am 15.12.2004 verabschiedet wurde und bis zum 20.01.2007 umzusetzen war, hat aber die Pflichten zur Offenlegung des Erwerbs oder der Veräußerung bedeutender Beteiligungen bzw. bedeutender Anteile an Stimmrechten neu geregelt (Art. 9 ff.) und damit die bestehenden Bestimmungen ersetzt. Eine der wichtigsten Änderungen war die Herabsetzung der Eingangsmeldeschwelle auf 5 % (früher lag die Mindestschwelle bei 10 %). Durchführungsvorschriften zu gewissen Bestimmungen der Transparenz-RL wurden von der Europäischen Kommission durch Richtlinie 2007/14/EG erlassen, deren Umsetzungsfrist am 8.03.2008 ausgelaufen ist. In Rumänien bestand die Meldepflicht einer 5 % Beteiligung bereits im ersten Kapitalmarktgesetz (Art. 88 Gesetz Nr. 52/1994). Diese wurde auch in Art. 127 der DringAnO Nr. 28/2002 (als zweiter Regelung des Kapitalmarktes) vorgesehen, die darüber hinaus weitere meldepflichtige Beteiligungsschwelle einführte. Die geltende Rechtslage beruht auf Art. 228 LPC und auf dessen Durchführung in Art. 116 CNVM-VO Nr. 1/2006 (in der durch Art. 5 Nr. 24 CNVM-VO Nr. 31/2006 geänderten Fassung). Diese Bestimmungen setzen auch die entsprechenden Vorgaben der Transparenz-RL ins rumänische Recht um. Das geltende deutsche Recht regelt die Offenlegung von Veränderungen des Stimmrechtsanteils in Abschnitt 5 WpHG (§§ 21-29a). Die letzte Ände-

344 ABl. Nr. L 390 vom 31.12.2004, S. 38.

rung dieser Bestimmungen erfolgte durch das Transparenzrichtlinie-Umsetzungsgesetz (TUG), das am 20.01.2007 in Kraft getreten ist.[345]

Den europäischen Vorgaben (Art. 9 Transparenz-RL) folgend sehen beide Rechtsordnungen Mitteilungspflichten bei Erreichung, Überschreitung oder Unterschreitung folgender Stimmrechtsanteile an einem Emittenten vor: 5 %, 10 %, 15 %, 20 %, 25 %, 30 % (DE), 33 % (RO), 50 % oder 75 % (Art. 116 I CNVM-VO Nr. 1/2006 bzw. § 21 I 1 WpHG). Über die Anforderungen der Richtlinie hinausgehend sieht das deutsche Recht eine Mitteilungspflicht auch bei einer 3 % Schwelle vor, während das rumänische Recht eine Mitteilungspflicht zusätzlich bei einer 90 % Schwelle vorschreibt. Meldepflichtig ist die Person, der die entsprechenden Stimmrechte aus den Wertpapieren zustehen. Die Mitteilung soll gleichzeitig gegenüber dem Emittenten und gegenüber der Aufsichtsbehörde innerhalb von 3 Tagen (RO) bzw. 4 Tagen (DE) seit der Kenntnisnahme der entsprechenden Veränderung des Stimmrechtsanteils erfolgen. Gemäß Art. 12 VI Transparenz-RL ist der Emittent nach nationalem Recht zu verpflichten, die von der meldepflichtigen Person im Wege der Mitteilung erhaltenen Informationen selbst innerhalb 3 Tagen zu veröffentlichen. Dieser Richtlinienvorgabe kommt das rumänische Recht in Art. 228 III LPC und das deutsche Recht in § 26 I 1 WpHG nach. Darüber hinaus soll, um eine Berechnung der Stimmanteile überhaupt zu ermöglichen, der Emittent gemäß Art. 15 Transparenz-RL monatlich die Gesamtzahl der Stimmrechte und die Kapitalhöhe veröffentlichen (siehe für die entsprechende Umsetzung Art. 116 V CNVM-VO Nr. 1/2006 bzw. § 26a WpHG).

Besonders wichtig für die praktische Effizienz der Offenlegungspflicht sind die Kriterien der Berechnung der mitteilungspflichtigen Stimmrechte, die sicherstellen sollen, dass die auf diese Weise offen gelegten Informationen kein formales Bild, sondern die tatsächlichen Machtverhältnisse in der betroffenen Aktiengesellschaft wiedergeben. Sowohl das rumänische (Art. 116 II CNVM-VO Nr. 1/2006) als auch das deutsche Recht (§ 22 WpHG) sehen vor, dass den Stimmrechten des Meldepflichtigen sonstige (einem Dritten gehörende) Stimmrechte gleich stehen und ihm für den Zweck der Mitteilungspflicht zugerechnet werden, deren Ausübung er direkt oder indirekt, *de jure* oder *de facto* kontrolliert oder kontrollieren kann. Dadurch wurden in beiden Rechtsordnungen die Bestimmungen von Art. 10 Transparenz-RL umgesetzt. Der deutsche Gesetzgeber hat auf eine Umsetzung von Art. 10 b) der Richtlinie (der den Fall einer Vereinbarung zur zeitweiligen Übertragung von Stimmrechten gegen Gegenleistung regelt) ausdrücklich verzichtet, weil eine isolierte Übertragung des Stimmrechts nach deutschem

345 BGBl. I 2007, S. 10.

Recht nicht zulässig ist.[346] Dagegen hat der rumänische Gesetzgeber diese Richtlinienbestimmung in Art. 116 II d) CNVM-VO Nr. 1/2006 umgesetzt, obwohl Art. 128 I LSC, der auf Aktiengesellschaften mit Sitz in Rumänien Anwendung findet, die Abtretung des Stimmrechts ebenfalls allgemein verbietet. Um diesen Widerspruch zu vermeiden, bestimmt Art. 116 III CNVM-VO Nr. 1/2006, dass die Möglichkeit der Übertragung des Stimmrechts nur für sonstige, von der LSC nicht geregelte Aktiengesellschaften besteht, d.h. nur für ausländische AGs, deren Wertpapiere an einer rumänischen Börse zugelassen wurden. Diese differenzierte Behandlung ist vom Gesichtspunkt der Anlegergleichbehandlung fraglich.[347] Der Ansatz des deutschen Gesetzgebers in dieser Frage könnte auch vom CNVM bei einer zukünftigen Änderung der VO Nr. 1/2006 in Betracht gezogen werden.

Ein ähnliches Problem der Zurechnung der Stimmrechte stellt sich beim Pflichtangebot im Übernahmeverfahren. Wenn eine Person infolge ihres eigenes Erwerbs oder des Erwerbs durch gemeinsam mit ihr handelnde Personen (*persons acting in concert*) eine gewisse Beteiligungsschwelle an einem Emittenten erreicht, die ihr die Kontrolle über die Gesellschaft verschafft, muss sie zum Schutze der Minderheitsaktionäre ein Angebot zu einem angemessenen Preis für alle anderen Wertpapiere des Emittenten abgeben. Diese Pflicht wird von Art. 5 I Übernahme-RL vorgeschrieben, wobei deren Art. 5 III den Mitgliedstaaten frei stellt, den prozentualen Anteil der Stimmrechte zu bestimmen, der die Kontrolle über einen Emittent gewährt. Diesen europäischen Vorgaben wird im rumänischen Recht durch Art. 203 LPC (das eine 33 % Beteiligung vorsieht) und dessen Durchführung in Art. 66 ff. CNVM-VO Nr. 1/2006 und im deutschen Recht in §§ 29 ff. WpÜG (die eine 30 % Beteiligung vorsehen) nachgekommen. Die Zurechnung der Stimmrechte erfolgt aber in jeder Rechtsordnung unterschiedlich. Während das deutsche Recht ausdrücklich dieselben Zurechnungskriterien wie in § 22 WpHG anwendet (§ 30 WpÜG), um die Eventualität unterschiedlicher Zurechnungsergebnisse in den beiden Fällen zu vermeiden, greift das rumänische Recht bei der Übernahmepflicht nur auf das Zurechnungskriterium der *concerted action* zurück. Dafür ist dieses aber ausführlich geregelt, wenn nicht sogar überreguliert (Art. 203 I iVm Art. 2 I Nr. 23 LPC und Art. 2 III CNVM-VO Nr. 1/2006).[348]

Ein weiterer Unterschied zwischen dem deutschen und dem rumänischen Recht besteht in der Sanktionierung der Nichterfüllung der Mitteilungspflicht. § 28 WpHG sieht den zeitweiligen Verlust der Rechte des Meldepflichtigen aus

---

346 *Uwe H. Schneider* in: *Heinz-Dieter Assmann, Uwe Schneider (Hrsg.)*, Wertpapierhandelsgesetz. Kommentar, Köln 2006, § 22 Rn. 8.

347 Für die rumänische Doktrin siehe z.B. *Cristian Duțescu*, a.a.O., S. 130.

348 Für eine Kritik der Regulierung von *persons acting in concert* nach rumänischem Recht siehe *Cristian Duțescu*, a.a.O., S. 200 ff.

Aktien vor, aus denen ihm Stimmrechte zugerechnet werden, die nicht rechtmäßig mitgeteilt wurden. Dagegen schreibt das rumänische Recht keinen ähnlichen Rechtsverlust vor.[349] Falls die meldepflichtige Person ihren Mitteilungspflichten nicht nachkommt, kann die CNVM diesen Umstand gemäß Art. 116 XI CNVM-VO Nr. 1/2006 öffentlich machen.

## *4. Kapitalmarktaufsicht und Anlegerschutz*

### *4.1. Aufsichtsbehörden: CNVM, BaFin, CESR*

Ein wichtiges Mittel des Anlegerschutzes im Kapitalmarktrecht ist die Aufsicht des Marktes durch öffentliche spezialisierte Institutionen. In Rumänien erfüllt diese Funktion die CNVM (Nationaler Wertpapierausschuss)[350], in Deutschland die BaFin (Bundesanstalt für Finanzdienstleistungsaufsicht)[351] und auf europäischer Ebene der CESR (Ausschuss der europäischen Wertpapierregulierungsbehörden)[352]. Die rumänische CNVM ist eine autonome Aufsichtsbehörde mit Sitz in Bukarest, die dem rumänischen Parlament untergeordnet ist und diesem regelmäßig über ihre Tätigkeit Bericht erstattet. Sie wird durch DringAnO Nr. 25/2002[353] geregelt, so wie diese vom Parlament durch Gesetz Nr. 514/2002[354] angenommen wurde. Die CNVM erfüllt eine doppelte Funktion: Einerseits reguliert sie den Kapitalmarkt durch Verordnungen (die wichtigsten davon sind VO Nr. 1/2006, VO Nr. 31/2006 und VO Nr. 6/2009) aufgrund der entsprechenden Rechtsgrundlagen im Kapitalmarktgesetz (siehe z.B. Art. 226 II, 227 II 3, 228 IV LPC), andererseits beaufsichtigt sie den Markt, um das öffentliche Vertrauen und die (informationelle) Gleichbehandlung der Anleger zu fördern (siehe z.B. Art. 224 VI und VII LPC oder Art. 234 LPC).

Während in Rumänien unterschiedliche Behörden mit der Regulierung und Aufsicht von Bankwesen, Versicherungswesen und Wertpapiermarkt beauftragt wurden (siehe dazu Punkt 1.II.D.1 oben), fallen diese Angelegenheiten in

---

349 Ein zeitweiliger Verlust des Stimmrechts ist nur für den Fall eines Emittenten vorgesehen, der Veränderungen seiner Beteiligung an den eigenen Aktien nicht meldet (Art. 116 IV iVm Art. 70 CNVM-VO Nr. 1/2006). Diese Bestimmung ist fragwürdig, weil gemäß der allgemeinen Regel von Art. 105 II LSC einer Gesellschaft aus eigenen Aktien keine Stimmrechte zustehen. Unter diesem Gesichtspunkt könnte die Regel nur für ausländische Gesellschaften gelten, die an der Bukarester Börse notieren und auf welche das LSC keine Anwendung findet.

350 www.cnvmr.ro.

351 www.bafin.de.

352 www.cesr-eu.org.

353 M.Of. Nr. 226 vom 4.4.2002.

354 M.Of. Nr. 539 vom 24.7.2002.

Deutschland in die Kompetenz einer einzigen Institution, der BaFin, die alle Bereiche des deutschen Finanzwesens kontrolliert.[355] Sie wurde am 1. Mai 2002 durch das Gesetz über die integrierte Finanzdienstleistungsaufsicht (FinDAG) eingeführt. Sonstige Bestimmungen sind §§ 4-11 WpHG zu entnehmen. Der Sitz der BaFin ist in Franfurt/Main und in Bonn, und sie ist dem Bundesministerium der Finanzen untergeordnet. Ihr Hauptauftrag im Bereich Wertpapieraufsicht ist es, ebenso wie für die rumänische CNVM, die Transparenz und die Integrität des Kapitalmarktes zu gewährleisten und auf diese Weise die Anleger zu schützen. Diesen Auftrag erfüllen beide Aufsichtsbehörden durch die Bekämpfung des Insiderhandels und der Kurs- und Marktmanipulationen, durch die Überwachung der Meldepflichten bei Geschäften von Führungspersonen und beim Erwerb bestimmter Beteiligungen an börsennotierten Aktiengesellschaften sowie durch die allgemeine Aufsicht der Einhaltung der Verhaltensregeln des LPC bzw. des WpHG.

Auf europäischer Ebene wurde der CESR von der EU-Kommission am 6. Juni 2001 durch Entscheidung 2001/527/EG auf Empfehlung des Lamfalussy-Ausschusses gegründet, mit Sitz in Paris.[356] Er setzt sich aus Vertretern der Wertpapieraufsichtsbehörden der EU-Mitgliedstaaten sowie von Island und Norwegen zusammen. Die Haupttätigkeit des CESR besteht einerseits in der Beratung der Kommission bei der Erstellung von Durchführungsmaßnahmen bezüglich der Rahmenrichtlinien im Wertpapiersektor und andererseits in der Förderung der Kooperation zwischen den nationalen Aufsichtsbehörden, zur verbesserten Umsetzung der europäischen Vorgaben. Im Ergebnis soll ein hochwertiger gemeinsamer Nenner in Fragen des Anlegerschutzes europaweit erreicht werden.

### *4.2. Bekämpfung der Marktmanipulation*

#### *4.2.1. Europäische Vorgaben*

Die Idee der europäischen Regulierung des Marktmissbrauchs (d.h. der Kurs- und Marktpreismanipulation) wurde erstmals im Aktionsplan für Finanzdienstleistungen von 1999 (FSAP) von der EU-Kommission erwähnt. Der Mangel einer europarechtlichen Definition der Marktmanipulation wurde auch im Lamfalussy-Bericht kritisiert.[357] Vor diesem Hintergrund wurde am 28. Januar 2003 die Marktmissbrauchs-RL 2003/6/EG verabschiedet. Art. 1 I Nr. 2 der Richtlinie beinhaltet eine legale Definition des Marktmissbrauchs, wobei zwischen Manipulationshandlungen in Form von Geschäften oder Kauf- und Verkaufsaufträgen und in

---

355 *Heribert Hirte*, a.a.O., Einleitung Rn. 85 ff.

356 Siehe auch http://ec.europa.eu/internal_market/securities/cesr/index_de.htm.

357 http://ec.europa.eu/internal_market/securities/docs/lamfalussy/wisemen/initial-report-wise-men_de.pdf, S. 17.

Form einer Verbreitung von Informationen unterschieden wird. Art. 1 I Nr. 2 c) der Richtlinie zählt einige Beispiele von Marktmanipulation (nicht abschließend) auf.[358] Was die Journalisten betrifft, die in Ausübung ihres Berufs handeln, ist die Verbreitung von Informationen unter Berücksichtigung der beruflichen Standesregeln zu beurteilen, es sei denn, dass sie aus der betreffenden Verbreitung der Informationen direkt oder indirekt einen Nutzen ziehen (Art. 1 I Nr. 2 c).

Angesichts der Sanktionierung von Marktmanipulationen sind die Mitgliedstaaten frei, strafrechtliche Sanktionen zu verhängen. Darüber hinaus sind die Mitgliedstaaten verpflichtet, gegen Marktmanipulation geeignete Verwaltungsmaßnahmen zu ergreifen oder im Verwaltungsverfahren Sanktionen zu erlassen, die verhältnismäßig und abschreckend sind (Art. 14 I 1 RL 2003/6/EG).

#### *4.2.2. Nationale Umsetzung*

Der rumänische Gesetzgeber ist im LPC den Bestimmungen der Richtlinie zur Marktmanipulation nachgekommen. So wird Art. 1 I Nr. 2 RL zur Begriffsbestimmung durch Art. 244 V-VII LPC wortwörtlich umgesetzt. Es kann sogar behauptet werden, dass der ganze Titel VII des LPC zum Marktmissbrauch eine ziemlich genaue Umsetzung der Marktmissbrauchs-RL darstellt. Art. 254 LPC bestimmt die CNVM als zuständige Behörde für Aufsicht und Bekämpfung von Marktmanipulationen. Zu beachten sind auch Art. 141-150 CNVM-VO Nr. 1/2006, die zur Durchführung der entsprechenden Vorschriften des LPC erlassen worden sind. Sie betreffen aber hauptsächlich Insider-Geschäfte.

Die Richtlinie wurde in Deutschland durch das Anlegerschutzverbesserungsgesetz (AnSVG) vom 28. Oktober 2004 umgesetzt. Dieses führte zu vielen Änderungen der bestehenden Kapitalmarktgesetze, einschließlich des Wertpapierhandelsgesetzes. Das Verbot der Marktmanipulation ist in § 20a WpHG geregelt. Dabei geht der deutsche Gesetzgeber teilweise über die Vorgaben der Marktmissbrauchs-RL hinaus.[359] Es wird zwischen drei Hauptformen der Marktmanipulation unterschieden: Manipulation durch falsche oder irreführende Informationen (§ 20a I Nr. 1 WpHG), Manipulation durch unlauteren Handel (§ 20a I Nr. 2 WpHG) und Manipulation durch sonstiges Verhalten (§ 20a I Nr. 3 WpHG). In Durchführung dieser Bestimmungen wurde die Verordnung zur Konkretisierung des Verbotes der Marktmanipulation (MaKonV) am 1. März 2005 erlassen.

---

358 Zur weiteren Konkretisierung des Verbots der Marktmanipulation und zur Begriffsbestimmung hat die Europäische Kommission zusammen mit dem CESR am 22.12.2003 die RL 2003/124/EG erlassen, in Durchführung der RL 2003/6/EG.

359 *Heribert Hirte*, a.a.O., § 20a Rn. 39 ff.

### *4.3. Anlegerschutz bei Informationsvermittlung*

#### *4.3.1. Intermediäre und Kapitalmarktsinformationsverkehr*

Endadressat der im Wege der Kapitalmarktpublizität veröffentlichten Informationen ist der Anleger als „Endverbraucher“, als *beneficial owner* oder *ultimate investor*. Dass solche Informationen von ihm auch direkt verfolgt und nachgeprüft werden, ist aber eher ein Idealfall. In der Kapitalmarktspraxis werden diese Informationen oft durch Intermediäre (Investmentgesellschaften oder Kreditinstitute) vermittelt und aufgeklärt, die als informationelles Bindeglied (*chain of intermediaries*) zwischen Emittent bzw. sonstigen meldepflichtigen Personen und dem Anleger fungieren. So wie der Handel mit den Wertpapieren eines Emittenten einen *market maker* braucht, der durch seine Tätigkeit zur Feststellung des jeweiligen Marktpreises ein funktionales Verhältnis zwischen Angebot und Nachfrage für die betreffenden Wertpapiere gewährleistet, tragen Informationsintermediäre zur Entwicklung und Aufrechterhaltung eines funktionalen Informationsverkehrs auf dem Kapitalmarkt entscheidend bei. Die Anleger, insbesondere die Kleinanleger, verlassen sich meistens bei ihren Anlageentscheidungen auf die auf diese Weise filtrierten Marktangaben, anstatt selbst und höchstwahrscheinlich zu höheren Kosten die notwendigen Informationen zu besorgen und zu analysieren. Die Informationsasymmetrien, die dadurch zwischen den Intermediären als professionellen Kapitalmarktteilnehmern einerseits und Kleinanlegern als weniger erfahrenen Teilnehmern andererseits entstehen, berechtigen die letzteren zu einem spezifischen gesetzlichen informationellen Schutz. Solcher informationelle Schutz kann entweder direkt sein, indem den Intermediären gewisse Verhaltensregeln gegenüber Anleger bei der Informationsvermittlung vorgeschrieben werden, oder indirekt, indem die Richtigkeit der vermittelten Informationen durch eine strikte Regelung des Intermediärenstatus selbst gefördert wird.[360]

#### *4.3.2. Direkter informationeller Schutz durch Verhaltensregeln*

Die Verhaltensregeln für Intermediäre im Rahmen ihrer Informationsvermittlungs- und Anlageberatungstätigkeit werden auf europäischer Ebene hauptsächlich durch die Richtlinie 2004/39/EG über Märkte für Finanzinstrumente (deren Umsetzungsfrist am 1. November 2007 abgelaufen ist) und teilweise durch die Marktmissbrauchs-RL bestimmt. Die Umsetzung der RL 2004/39/EG erfolgte in Rumänien bereits in 2006 durch die CNVM-Verordnungen Nr. 31 und 32 von Dezember 2006. In Deutschland fand dies durch das Finanzmarktrichtlinie-

360 Für die Kosten-Nutzen-Analyse der Informationsvermittlung auf dem Kapitalmarkt siehe auch *Heribert Hirte*, a.a.O., Einleitung Rn. 30 ff.

Umsetzungsgesetz (FRUG) vom 16. Juli 2007[361] statt, wodurch zahlreiche bestehende Gesetze (WpHG, BörsG, KWG[362], WpÜG usw.) geändert wurden.

#### *4.3.3. Indirekter informationeller Schutz durch Solvenzregeln*

Was die Solvenzregeln für Intermediäre betrifft, sind die europäischen und nationalen Bestimmungen zur Eigenkapitalausstattung von Bedeutung. Am 14. Juni 2006 wurde die Richtlinie 2006/49/EG über die angemessene Eigenkapitalausstattung von Wertpapierfirmen und Kreditinstituten (Kapitaladäquanz-RL) verabschiedet, die die bestehenden Regeln der RL 93/6/EWG aufgehoben hat. Diese Richtlinie sollte bis zum 1. Januar 2007 umgesetzt werden und war dazu gedacht, die neuen internationalen Vorgaben für Eigenkapitalanforderungen europaweit anzuwenden, die vom Baseler Bankenaufsichtsausschuss im Juni 2004 verabschiedet wurden („Basel II"). Die entsprechende Umsetzung erfolgte in Rumänien durch die DringAnO Nr. 99/2006, so wie diese durch Gesetz Nr. 227/2007[363] vom Parlament angenommen wurde, und in Deutschland durch das Kapitaladäquanzrichtlinien-Umsetzungsgesetz vom 17. November 2006[364].

## II. Informationeller Innenschutz durch Gesellschaftsrecht

### *A. HV-bezogene Informationsrechte der Aktionäre*

### *1. Informationen vor der Hauptversammlung*

#### *1.1. HV-Einberufungsverfahren und Dispositionsschutz des Aktionärs*

#### *1.1.1. Vorbemerkung*

Die Frage der Einberufung der Hauptversammlung kann sowohl aus der Perspektive der Informationsrechte als auch aus der Perspektive der Mitwirkungsrechte der Aktionäre betrachtet werden. Der Fall der regelmäßigen HV-Einberufung durch Verwaltungsrat oder Direktorat bzw. durch den Vorstand wird in der vorliegenden Arbeit im Rahmen der Informationsrechte der Aktionäre behandelt, weil hier der Akzent auf die rechtmäßige Benachrichtigung des Aktionärs über Zeit und Ort der

361 Gesetz zur Umsetzung der Richtlinie über Märkte für Finanzinstrumente und der Durchführungsrichtlinie der Kommission (BGBl. I 2007, S. 1330).

362 Kreditwesengesetz in der Fassung der Bekanntmachung vom 9. September 1998 (BGBl. I S. 2776).

363 M.Of. Nr. 480 vom 18.7.2007. Siehe auch Fn. 114.

364 BGBl. I 2006, S. 2606.

HV sowie über deren vorgeschlagene Tagesordnung gesetzt wird. Dagegen werden der Ausnahmefall der HV-Einberufung auf Verlangen einer Aktionärsminderheit sowie die Möglichkeit der Ergänzung der Tagesordnung einer turnusmäßig einberufenen HV durch die Minderheitsaktionäre im Rahmen der Mitwirkungsrechte der Aktionäre betrachtet, weil hier der direkte und indirekte Einfluss des Aktionärs auf die HV als Willensbildungsorgan[365] der AG im Vordergrund steht.

### *1.1.2. Abbau der Förmlichkeiten*

Die meisten gesetzlichen Regeln zur Einberufung und Durchführung der Hauptversammlung betreffen Aktiengesellschaften mit einer großem Aktionärszahl, bei denen das HV-Verfahren detailliert geregelt werden soll. Dagegen bestehen für Gesellschaften mit einem überschaubaren Aktionärskreis sowohl in Rumänien als auch in Deutschland[366] gewisse Erleichterungen bezüglich der HV-Förmlichkeiten. Das Gleiche gilt auch für Aktiengesellschaften mit Namensaktien, denen die Namen und Anschriften ihrer Aktionäre in einem aktuellen Aktionärsregister zur Verfügung stehen.

Gemäß Art. 121 LSC und § 121 VI AktG können die Aktionäre, die das ganze Grundkapital vertreten, entscheiden, soweit keiner von ihnen widerspricht, als Hauptversammlung (sog. Vollversammlung) zu tagen und entsprechende Beschlüsse zu treffen, ohne die üblichen HV-Einberufungsregeln einhalten zu müssen. Ähnlich können nach rumänischem Recht Beschlüsse über Punkte getroffen werden, die nicht auf der vorveröffentlichten Tagesordnung aufgelistet sind, soweit alle Aktionäre anwesend bzw. vertreten sind und keiner dieser Vorgehensweise widerspricht (Art. 129 VII LSC). Bei Namensaktien erlaubt das rumänische Gesetz die HV-Einberufung durch eingeschriebenen Brief oder im elektronischen Wege (Art. 117 IV LSC). Das erstere gilt auch im deutschen Recht (§ 121 IV AktG), wobei die Einberufung durch E-mail grundsätzlich durch die Satzung deutscher Aktiengesellschaften vorgesehen werden kann. Diese nationalen Regeln werden auch durch die Bestimmungen von Art. 5 II 2 und 3 Aktionärsrechte-RL (2007/36/EG) bestätigt.

365 Zum Unterschied zwischen der HV als Willensbildungsorgan der AG einerseits und Vorstand und Aufsichtsrat als Handlungsorgane (Leitungs- und Überwachungsorgane) der AG andererseits sowie zum Verhältnis zwischen ihnen siehe *Uwe Hüffer*, Aktiengesetz Kommentar, § 118 Rn. 3 u. 4.

366 In Deutschland wurden die entsprechenden Bestimmungen des Aktiengesetzes (§ 121 IV und VI AktG) durch das Gesetz für kleine Aktiengesellschaften und zur Deregulierung des Aktienrechts von 1994 (BGBl. I S. 1961) eingeführt.

### *1.1.3. Die Einberufungsfrist*

Die gesetzliche Einberufungsfrist dient dazu, den Aktionären eine hinreichende Zeit zu gewähren, sich über die angekündigten HV-Angelegenheiten zu informieren und ihre HV-Teilnahme vorzubereiten. Im deutschen Recht wird dies als eine Form des Dispositionsschutzes des Aktionärs betrachtet.[367] Sich informieren können sollen die Aktionäre nicht nur in Bezug auf die von der Geschäftsführung vorgeschlagene Tagesordnung, sondern auch in Bezug auf von anderen Aktionären vorgeschlagene Ergänzungen der Tagesordnung. Diese Ergänzungsvorschläge bedürfen selbst einer gewisse Zeit (siehe Punkt 4.I.C.1.3 unten). Darüber hinaus sind die verschiedenen Formalitäten bezüglich der Zulassung zur HV-Teilnahme zu beachten, wie Hinterlegung (in Rumänien noch der Fall für Inhaberaktien) oder Anmeldung (Deutschland) usw. (siehe Punkt 4.I.B.2.1 unten).

Welche Einberufungsfrist als hinreichend gelten kann, wurde zu verschiedenen Zeiten und in verschiedenen Rechtsordnungen unterschiedlich bewertet. So enthielt das deutsche Aktiengesetz von 1937 eine Zweiwochenfrist (§ 107 I 1 AktG 1937). Eine ähnliche Frist war damals auch in Rumänien im Handelsgesetzbuch von 1887 vorgesehen (Art. 157 rHGB). 1938 wurde in Rumänien der Entwurf eines neuen Handelsgesetzbuchs veröffentlicht, dessen Art. 213 dieselbe Frist bestimmte. Obwohl dieses neue Handelsgesetzbuch nicht mehr in Kraft getreten ist, wurden seine gesellschaftsrechtlichen Vorschriften 1990 in das neue Gesetz Nr. 31 über Handelsgesellschaften übernommen (siehe Punkt 1.II.A.1.2 oben), einschließlich der erwähnten Einberufungsfrist (Art. 117 II aF LSC).

Die deutsche Rechtslage wurde 1965 durch das neue Aktiengesetz geändert und die Einberufungsfrist auf einen Monat verlängert. In der aktuellen, durch das Gesetz zur Unternehmensintegrität und zur Modernisierung des Anfechtungsrechts (UMAG) vom 22. September 2005[368] geänderten Fassung, sieht § 123 I AktG eine Einberufungsfrist von *mindestens dreißig Tagen* vor. In Rumänien wurde eine erste Änderung erst 2006 durch CNVM-VO Nr. 1/2006 und nur für die börsennotierten Aktiengesellschaften eingeführt. Gemäß Art. 137 dieser Verordnung sollte die erste HV-Einberufung mindestens 25 Tage vor dem Tag der HV erfolgen. Durch diese auf börsennotierte AGs beschränkte Verlängerung der allgemeinen Frist des LSC von 15 Tagen wurde beabsichtigt, den Aktionären mehr Spielraum für die Information und für die Organisation ihrer HV-Teilnahme einzuräumen. Dies sollte im Endeffekt den Aktivismus der Aktionäre auf dem Kapitalmarkt fördern. Ähnliche Überlegungen haben dann letztendlich zur Reform

367 *Dietmar Kubis*, Münchener Kommentar zum AktG, § 123 Rn. 1; *Uwe Hüffer*, a.a.O., § 123 Rn. 1.

368 BGBl. I 2005, S. 2802.

des allgemeinen Regime des LSC geführt. In der durch Gesetz Nr. 441/2006 geänderten Fassung des Art. 117 II LSC wurde ein Einberufungsfrist von *mindestens 30 Tagen* bestimmt.

Die letztere Reform hatte als Hintergrund eine rechtsvergleichende Analyse[369] sowie Empfehlungen internationaler Organisationen wie der Weltbank und der OECD.[370] Nach dieser Änderung des LSC stellte sich aber die Frage, ob für börsennotierte Aktiengesellschaften die allgemeine Einberufungsfrist von 30 Tagen (LSC) oder aber die spezielle Einberufungsfrist von 25 Tagen (CNVM-Verordnung Nr. 1/2006) Anwendung fand.[371] Hinzuzufügen ist, dass zur Zeit der Ausarbeitung der 2006-Novelle des LSC auch der Vorschlag vom 5. Januar 2006 für eine EU-Richtlinie über die Ausübung der Stimmrechte durch Aktionäre von börsennotierten Gesellschaften verfügbar war, der eine Einberufungsfrist von 30 Tagen vorsah (Art. 5 I von KOM(2005)685 endgültig). Dieser Entwurf ist aber später geändert worden und wurde am 11. Juli 2007 zur Richtlinie 2007/36/EG. Im Unterschied zum Entwurf sieht Art. 5 I der Richtlinie eine abgekürzte Einberufungsfrist von mindestens 21 Tagen vor. Nichtdestoweniger entschloss sich letztendlich die rumänische CNVM bei der Umsetzung der RL 2007/36/EG in August 2009 für die Einführung einer minimalen Einberufungsfrist von 30 Tagen für die börsennotierten Aktiengesellschaften (Art. 4 I CNVM-VO Nr. 6/2009). Auf diese Weise gilt jetzt eine einheitliche Einberufungsfrist für alle Aktiengesellschaften in Rumänien, so wie dies auch in Deutschland der Fall ist.

#### *1.1.4. Einberufungsbekanntmachung*

In Deutschland ist die Einberufung gemäß § 121 IV 1 AktG in den Gesellschaftsblättern bekanntzumachen. Aufgrund § 25 I AktG ist dies als eine Bekanntma-

---

369 Eine Einberufungsfrist von 30 Tagen ist nicht nur in Deutschland, sondern auch in vielen mittel- und osteuropäischen Ländern vorgesehen, wie Ungarn, Tschechische Republik, Slowakei, Slowenien, Lettland, Litauen, Bulgarien usw. Siehe auch die Folgenabschätzung der EU-Kommission zum Richtlinienvorschlag über die Ausübung des Stimmrechts durch Aktionäre – SEK(2006)181, S. 61 ff. (abrufbar unter: http://ec.europa.eu/internal_market/company/docs/shareholders/comm_native_sec_2006_0181_en.pdf).

370 Siehe OECD, Guvernanţa corporativă în Romania, 2001, S. 11, Punkt 3.4 sowie Report on the Observance of Standards and Codes (ROSC). Corporate Governance Country Assessment – Romania, 2004, S. 5-6: beide schlugen bereits vor Jahren die Einführung einer Einberufungsfrist von 30 Tagen als einen für Rumänien angemessenen Corporate Governance Standard vor.

371 Nach dem *lex specialis* Grundsatz ist anzunehmen, dass die speziellen Vorschriften des Kapitalmarktrechts Vorrang vor den allgemeineren gesellschaftsrechtlichen Vorschriften geniessen.

chung im elektronischen Bundesanzeiger zu deuten. Diese Form der Bekanntmachung ist gesetzlich verpflichtend. Darüber hinaus kann die Satzung auch andere Blätter oder elektronische Informationsmedien als Gesellschaftsblätter bestimmen (§ 25 II AktG). Die Bekanntmachung ist dann erst mit der letzten Veröffentlichung abgeschlossen.

In Rumänien wird das Amtsblatt nicht elektronisch geführt. Eine alleinige Verpflichtung zur Veröffentlichung im Amtsblatt hätte daher begrenzte Folgen bezüglich der Verbreitung der HV-relevanten Information. Das Gesetz versucht, dies dadurch zu kompensieren, dass es ein zusätzliches Publikationsorgan vorsieht. Gemäß Art. 117 III LSC ist die Einberufung im Amtsblatt Rumäniens, Teil IV, sowie in einer der am Ort des Sitzes der Gesellschaft oder an einem diesem nächst gelegenen Ort verbreiteten Zeitung zu veröffentlichen. Vom Schweigen des rumänischen Gesetzes kann abgeleitet werden, dass die Satzung grundsätzlich frei ist, weitere Veröffentlichungen vorzusehen, es sei denn sie würden die Bekanntmachung der Einberufung unangemessen erschweren.

Erwähnenswert ist auch der durch Art. 5 II 1 RL 2007/36/EG bestimmte Grundsatz, demzufolge die Gesellschaft die Einberufung in einer Form vornehmen muss, die in nicht diskriminierender Weise einen schnellen Zugang zu ihr gewährleistet. Diese Vorschrift weist indirekt auf eine Informationsverbreitung mittels elektronischer Medien hin. Allerdings ist sie grundsätzlich nur für börsennotierte Gesellschaften gemeint. Die entsprechende Umsetzung erfolgte in Rumänien durch Art. 4 (3) und (4) CNVM-VO Nr. 6/2009 und in Deutschland durch § 121 IV 1 AktG (durch ARUG eingeführt).

#### *1.1.5. Mindestangaben der Einberufung*

Nach rumänischem Recht wird nicht formell zwischen Angaben der Einberufung und der Tagesordnung getrennt. Dieser Ansatz ist auch bei Art. 5 III a) RL 2007/36/EG anzutreffen. Die dem deutschen Recht spezifische unterschiedliche Regulierung der Bekanntmachung der Einberufung und der Bekanntmachung der Tagesordnung ist hauptsächlich auf die unterschiedlichen Konsequenzen zurückzuführen, die das Aktiengesetz an die Verletzung dieser Bestimmungen knüpft (siehe Punkt 3.II.A.1.1.7 unten). Gemäß § 121 III AktG muss die Einberufung die Firma, den Sitz der Gesellschaft, Zeit und Ort der Hauptversammlung; bei den börsennotierten Gesellschaften sind z.B. auch die Bedingungen bezüglich Teilnahme und Ausübung des Stimmrechts, den Nachweisstichtag, das Verfahren für die Stimmabgabe usw. anzugeben. Die Bekanntmachung der Tagesordnung wird nicht mehr getrennt in § 124 I 1 aF AktG (wie vor Inkrafttreten des ARUG) geregelt, sondern in enger Verhältnis mit der Einberufung in § 121 III 2 AktG vorgesehen. In Rumänien regelt Art. 117 VI LSC diese Angelegenheit als Inhalt der Einberufung; demgemäß muss die Einberufung Ort und Zeitpunkt der HV sowie deren Tagesordnung angeben.

Bezüglich der Information über die Bedingungen für die Teilnahme und Abstimmung fielen darunter früher in Deutschland die Frage der Hinterlegung der Aktien und der Anmeldung zur HV (§ 123 II 1 aF AktG). Seit Inkrafttreten des UMAG betrifft dies nur die Frage der Anmeldung, da die Aktienhinterlegung durch Art. 1 Nr. 5 UMAG abgeschafft und durch einen Nachweisstichtag ersetzt wurde (siehe auch Punkt 4.I.B.2.1 unten). In Rumänien ist die Hinterlegung für Inhaberaktien noch vorgesehen (Art. 123 I LSC). Sollten die Hinterlegungsbedingungen nicht schon durch die Satzung bestimmt sein, müssen sie den Aktionären durch die HV-Einberufung bekanntgemacht werden (Art. 123 I 1 LSC). Allerdings bedingt Hinterlegung nach rumänischem Recht hauptsächlich die Berechtigung zur Abstimmung in der HV und nicht die Teilnahme selbst. Gemäß Art. 5 III b) RL 2007/36/EG soll die HV-Einberufung eine klare und genaue Beschreibung des Verfahrens enthalten, das die Aktionäre einhalten müssen, um an der Hauptversammlung teilnehmen und ihr Stimmrecht ausüben zu können.

Darüber hinaus sieht Art. 123 II LSC vor, dass der Verwaltungsrat bzw. das Direktorat einen Stichtag zur Feststellung der Aktionäre bestimmen muss, die berechtigt sind, über die HV-Einberufung und weitere Angelegenheiten benachrichtigt zu werden und in der HV abzustimmen. Obwohl das Gesetz dies nicht ausdrücklich erwähnt, soll aus der Ökonomie der Vorschrift abgeleitet werden, dass die HV-Einberufung auch die Information bezüglich der Bestimmung dieses Stichtages beinhalten muss. Diese Lücke des LSC wurde für die börsennotierten Gesellschaften behoben, indem durch Art. 5 Nr. 7 CNVM-VO Nr. 6/2009 dieser Stichtag ausdrücklich als eine der Mindestangaben der HV-Einberufung eingeordnet wird (Art. 5 CNVM-VO Nr. 6/2009 sieht auch weitere Angaben der Einberufung vor). Die Mitteilung des Nachweisstichtages durch die HV-Einberufung ist auch durch Art. 5 III c) RL 2007/36/EG für börsennotierte Gesellschaften zwingend vorgesehen.

Die HV-Einberufung ist in beiden Rechtsordnungen auch elektronisch bekannt zu machen. So sieht Art. $117^2$ II LSC vor, dass die Einberufung und sämtliche Dokumente auf der Internetseite der Gesellschaft mit freiem Zugang für die Aktionäre bekannt zu geben sind. Nach deutschem Recht ist die Einberufung mindestens im elektronischem Bundesanzeiger bekannt zu machen (§ 121 IV 1 iVm § 25 AktG). Diese Bestimmungen entsprechen grundsätzlich Art. 5 IV a) RL 2007/36/EG.

### *1.1.6. Bekanntmachung der Tagesordnung*

Die Bekanntmachung der HV-Tagesordnung ist ein Kernbestandteil der Informationsrechte des Aktionärs. Dadurch, dass der Aktionär über die Tagesordnung die Gegenstände der HV-Beschlussfassung rechtzeitig zur Kenntnis nimmt, wird es ihm einerseits ermöglicht, darüber zu entscheiden, ob er an der jeweiligen HV teilnehmen soll, und andererseits, bei einer positiven Entscheidung, sich für die HV zu vorbereiten, so dass er seine HV-Mitwirkungsrechte effizient ausüben kann. In dieser Frage stimmen deutsches und rumänisches Aktienrecht im großen Ganzen überein, wenn auch gewisse Unterschiede zwischen beiden bei der konkreten Ausgestaltung der Pflicht zur Bekanntmachung der Tagesordnung bestehen. Allgemein kann behauptet werden, dass das deutsche Recht die Bekanntmachung der Tagesordnung ausführlich regelt, während das rumänische Recht nur einige Grundelemente bestimmt.

So ist die Tagesordnung in Deutschland (nach Inkrafttreten von ARUG) praktisch als Bestandteil der Einberufung vorgesehen (§ 121 III 2 AktG) und zusammen mit dieser in den Gesellschaftsblätter (i. e. im elektronischen Bundesanzeiger) zu veröffentlichen. § 124 AktG ist speziell der Bekanntmachung von Ergänzungsvorlagen zur Tagesordnung gewidmet. Wie bereits erwähnt, regelt das rumänische Recht in Art. 117 VI 1 LSC die Tagesordnung als Mindestangabe der HV-Einberufung. Darüber hinaus kann festgestellt werden, dass Art. 117 VI 2 LSC jedenfalls teilweise § 124 II 1 AktG entspricht. Und zwar soll nach der rumänischen Bestimmung die Tagesordnung, wenn sie Wahlvorschläge für Verwaltungs- oder Aufsichtsratsmitglieder enthält, auch Angaben zu der Art und Weise machen, wie die Aktionäre Zugang zu weiteren Informationen über die persönlichen Daten und die berufliche Qualifizierung der jeweiligen Kandidaten erlangen können. Im Unterschied zu dieser rumänischen Bestimmung sieht das deutsche Recht aber nicht nur personenbezogene Angaben (§ 124 III 4 AktG), sondern auch die Mitteilung der Vorschriften vor, nach denen sich der Aufsichtsrat zusammensetzt, und Angaben dazu, ob die HV an Wahlvorschläge gebunden ist (§ 124 II 1 AktG).[372] Dagegen wird sowohl im rumänischen als auch im deutschen Recht bestimmt, dass, wenn Vorschläge zur Änderung der Satzung vorliegen, deren Wortlaut bekanntzumachen ist (Art. 117 VII LSC bzw. § 124 II 2 AktG). Dies gilt in Deutschland auch für den Wortlaut von Verträgen, die nur mit HV-Zustimmung wirksam werden (ebd.). Zu erwähnen ist auch, dass nach deutschem Recht grundsätzlich für jeden Tagesordnungspunkt Beschlussvorschläge des Vorstands und des Aufsichtsrats bekanntgemacht werden sollen (§ 124 III 1 AktG).

### *1.1.7. Rechtsfolgen bei Verletzungen*

Bezüglich der Rechtsfolgen bei Verletzungen der Bestimmungen betreffend die HV-Einberufung und Bekanntmachung der Tagesordnung bestehen zwischen dem deutschen und dem rumänischen Recht zwei Hauptunterschiede. Zum einen regelt nur das deutsche Recht ausdrücklich die Verstöße gegen HV-Einberufungs-

372 Die letztere Vorgabe beruht auf Mitbestimmungsvorschriften (§§ 6, 8 MontanMitbestG) – siehe *Uwe Hüffer*, a.a.O., § 124 Rn. 8.

regeln als Nichtigkeitsgründe (§ 241 Nr. 1 AktG), während sich im rumänischen Recht dasselbe Ergebnis aus der Rechtsprechung ergibt. Zum anderen werden Verstöße gegen die Regeln der Tagesordnungsbekanntmachung (siehe § 124 IV AktG) nach deutschem Recht als Anfechtungsgründe kategorisiert[373] und daher unter § 243 I AktG eingeordnet, während das rumänische Recht nicht zwischen Verstößen gegen Regeln der HV-Einberufung und gegen Regeln der Bekanntmachung der HV-Tagesordnung unterscheidet, sondern alle über die Rechtsprechung als Nichtigkeitsgründe anerkennt.[374]

### *1.2. Typische Informationen vor der ordentlichen HV*

Die ordentliche HV ist diejenige HV, die zumindest einmal im Jahr stattfindet, um unter anderen zur Finanzlage der betroffenen Aktiengesellschaft und zur bisherigen Geschäftsführungstätigkeit Stellung zu nehmen. In diesem Zusammenhang widmen sowohl das rumänische als auch das deutsche Aktienrecht den Informationspflichten der Gesellschaftsorgane gegenüber den Aktionären spezielle Vorschriften (Art. $117^2$ I LSC bzw. § 175 II AktG). Die rumänische Bestimmung wurde erst durch Gesetz Nr. 441/2006 in das LSC eingeführt.

Diesen Vorschriften entsprechend sind vom Tag der Einberufung der ordentlichen HV an den Aktionären folgende Dokumente am Sitz der Gesellschaft zur Verfügung zu stellen: der Jahresabschluss, der Lagebericht, der Bericht des Aufsichtsrats bei dualistisch verwalteten AGs, der Vorschlag des Verwaltungsrats bzw. des Direktorats/Vorstands für die Verwendung des Bilanzgewinns. Auf Verlangen sind den Aktionären Kopien dieser Vorlagen zu erteilen (Art. $117^2$ I 2 LSC bzw. § 175 II 2 AktG), wobei das rumänische Recht bestimmt, dass die Kosten für die Erteilung dieser Kopien die damit verbundenen administrativen Kosten nicht übersteigen dürfen (Art. $117^2$ I 3 LSC). Darüber hinaus sieht Art. 184 LSC vor, dass der Bericht der Zensoren oder ggf. des Wirtschaftsprüfers während einer Zeit von 15 Tagen, die der HV-Sitzung vorausgehen, am Sitz der Gesellschaft zu hinterlegen ist, um von den Aktionären eingesehen zu werden.[375]

Sollte die AG über eine eigene Webseite verfügen, verbinden die zwei Rechtsordnungen damit unterschiedliche Konsequenzen: Gemäß § 175 II 4 AktG ist die Gesellschaft von den oben erwähnten Pflichten befreit, wenn sie die entsprechenden Dokumente auf ihrer Webseite zugänglich macht. Gemäß Art. $117^2$ II LSC ist dagegen die AG verpflichtet, diese Dokumente (zusammen mit der Einberufung und der ergänzten Tagesordnung) auf ihrer Website für die Aktionäre zugänglich

---

373 Siehe *Dietmar Kubis*, a.a.O., § 124 Rn. 62; *Uwe Hüffer*, a.a.O., § 124 Rn. 6 und Rn. 18.

374 *Sorin David*, in *St. D. Cărpenaru u.a.*, a.a.O. (2009), Art. 132 Rn. 4.

375 *Cristian Duțescu*, a.a.O., S. 114.

zu machen, ohne dass sie dadurch von den durch Art. $117^2$ I LSC auferlegten Pflichten befreit wäre. Das deutsche Recht erweist sich insoweit als flexibler, ohne die Informationsrechte der Aktionäre zu gefährden, was vom rumänischen Gesetzgeber *de lege ferenda* in Betracht gezogen werden sollte.

Börsennotierte Aktiengesellschaften unterliegen zusätzlichen Informationspflichten mit Bezug auf die ordentliche HV. Nach rumänischem Kapitalmarktrecht (Art. 243 V LPC) besteht für sie die Pflicht, fünf Tage vor der Hauptversammlung die auf die Tagesordnung bezogenen Informationen auf der Webseite oder am Sitz für die Aktionäre zur Verfügung zu stellen. Diese Bestimmung findet in Art. 136 CNVM-VO Nr. 1/2006 ihre Ausführung.[376] Darüber hinaus sind die neuen Bestimmungen zur Veröffentlichung der HV-bezogenen Informationen auf die Webseite der Gesellschaft zu beachten (Art. 6 CNVM-VO Nr. 6/2009 in Rumänien bzw. § 124a AktG in Deutschland, die die entsprechenden Bestimmungen von Art. 5 RL 2007/36/EG umsetzen).

### 2. *Informationen in der Hauptversammlung*

#### 2.1. *Berichterstattungen*

Die Hauptversammlung ist der Hauptort für die Benachrichtigung der Aktionäre über die Tätigkeit der Gesellschaft. Sowohl nach rumänischem als auch nach deutschem Recht sind die Vertreter der Gesellschaftsorgane verpflichtet, in diesem Rahmen den Aktionären Bericht zu erstatten. Eine transparente und aktuelle Berichterstattung ist die Voraussetzung für eine qualifizierte und effiziente Entscheidungsfindung in der Hauptversammlung.[377] Wie bereits erwähnt (siehe Punkt 3.II.A.1.2 oben), sind nach beiden Rechtsordnungen der Jahresabschluss, der Lagebericht und ggf. der Bericht des Aufsichtsrats den Aktionären am Sitz der Gesellschaft beginnend mit dem Tage der Einberufung zur Verfügung zu stellen (Art. $117^2$ I 1 LSC bzw. § 175 II AktG). Zu den sonstigen regelmäßigen und laufenden Informationspflichten der Gesellschaftsorgane gegenüber der Hauptversammlung bei rumänischen und deutschen börsennotierten Unternehmen siehe die Punkte 3.I.B.3.2 und 3.I.B.3.3 oben. Die auf diese Weise erstatteten Berichte werden in der Hauptversammlung erläutert und ggf. von den Aktionären angenommen. Auf der Grundlage der Berichterstattung und der Ausübung ihres HV-Aufkunftsrechts durch die Aktionäre wird dann über die verschiedenen Tagesordnungspunkte informiert abgestimmt.

---

376 Siehe auch *Cristian Duțescu*, a.a.O., S. 164.

377 *Titus Prescure* in *Ioan Schiau, Titus Prescure*, a.a.O., Art. $117^2$ Rn. 12.

### 2.2. *Das Auskunftsrecht des Aktionärs*

#### 2.2.1. *Einleitung*

Bei der gesetzlichen Gestaltung der Informationsrechte der Aktionäre ist ein Gleichgewicht zwischen direkter und indirekter Informationsbeschaffung wünschenswert. Die direkte Informationsbeschaffung findet über die allgemeinen Publizitäts- und HV-Einberufungsregeln, aber auch über das Frage- und Auskunftsrecht der Aktionäre statt. Die indirekte Informationsbeschaffung wird durch Gesellschaftsorgane (z.B. Aufsichtsrat, Zensoren, Wirtschaftsprüfer) im Aktionärsinteresse gewährleistet.

Generell lässt sich über das Auskunftsrecht nach rumänischem LSC sagen, dass es minimal geregelt ist. Bei seiner Einführung im Jahre 2006 wollte der Gesetzgeber zuerst abwarten und sehen, wie sich die Praxis in diesem Bereich entwickeln würde. Es ist nicht auszuschließen, dass es bei einer künftigen Reform zu einer umfangreicheren und genaueren Regulierung dieses Rechts kommen wird. Nichtsdestoweniger wird im Folgenden eine rechtsvergleichende Analyse vorgelegt, eingeführt von einem kurzen Länderbericht.

#### 2.2.2. *Frühere Rechtslage in Rumänien und neueste Änderungen*

Das Frage- und Auskunftsrecht des Aktionärs wird in Rumänien aktuell durch Art. $117^2$ III LSC geregelt. Vor Inkrafttreten des Gesetzes Nr. 441/2006 sah das LSC kein HV-bezogenes Frage- und Auskunftsrecht vor. Stattdessen sah der frühere Art. 135 I LSC[378] ein auf der Satzung beruhendes Einsichtsrecht der Aktionäre (wodurch sie zweimal im Geschäftsjahr Zugang zu den in der Satzung bestimmten Geschäftsführungsdokumenten erhielten) und ein daran anknüpfendes Fragerecht vor, das sie berechtigte, vom Verwaltungsrat schriftlich eine Meldung bezüglich gewisser Geschäftsführungsangelegenheiten einzufordern. Die Antwort des Verwaltungsrats sollte binnen 15 Tagen nach der Registrierung der Frage erfolgen. Ansonsten sah Art. 135 II LSC ein vor Gericht durchsetzbares Schadensersatzrecht der Aktionäre in Form von Verzugszinsen vor. Bei der Ausarbeitung des Gesetzes Nr. 441/2006 wurde festgestellt, dass Art. 135 LSC kein funktionierendes Informationsrecht gewährleistete. So war das gewährte Einsichtsrecht konventioneller Natur (sein Umfang war von der Satzung abhängig), außerdem war seine Ausübung in der Praxis mangels genauerer gesetzlicher Bestimmungen sehr schwer fassbar (fraglich war insbesondere, ob die Aktionäre ihr Einsichtsrecht individuell oder nur kollektiv ausüben konnten und ob die halbjährige Aus-

378 Dieser Artikel wurde durch Gesetz Nr. 99/1999, Titel III, zur Verbesserung der Informationsrechte der Aktionäre in das LSC eingefügt.

übungsfrist nach ihrer eigenen Entscheidung oder im Einvernehmen mit der Gesellschaftsverwaltung zu bestimmen war[379]). Wegen dieser Mängel wurde Art. 135 LSC abgeschafft und an seiner Stelle durch Art. $117^2$ III LSC ein HV-bezogenes Frage- und Auskunftsrecht eingeführt.[380]

### *2.2.3. Rechtsnatur des Auskunftsrechts*

Im Gegensatz zum rumänischen Recht wurde das Auskunftsrecht im deutschen Aktienrecht von Anfang an als ein Hauptpfeiler des Aktionärs- und Minderheitsschutzes betrachtet.[381] Dies drückt sich auch in der ausführlichen Regelung dieses Rechts in § 131 AktG (zuletzt durch UMAG in 2004 geändert) aus. Das Auskunftsrecht des Aktiengesetzes ist HV-bezogen und nicht, wie ursprünglich in Rumänien, als allgemeines Einsichtsrecht gedacht. Daher hatte die oben (siehe Punkt 3.II.A.2.2.2) besprochene Frage nach der individuellen oder kollektiven Natur dieses Rechts in Deutschland eine andere Bedeutung. Die deutsche Doktrin macht in diesem Zusammenhang eine Trennung zwischen der individuellen Rechtsnatur des Auskunftsanspruchs, der vom jeden Aktionär frei auszuüben ist, und der Zielrichtung dieses Rechts auf die kollektive Willensbildung der Aktionäre in der HV.[382] Dementsprechend stellt das Frage- und Auskunftsrecht ein wichtiges Informationsmittel nicht nur für die Aktionäre selbst, sondern auch für die HV als Organ dar. Nach der Abschaffung von Art. 135 LSC und der Einfügung von Art. $117^2$ III LSC ist jetzt diese Frage der individuellen bzw. kollektiven Natur des Auskunftsrechts in Rumänien in einer ähnlichen Weise zu lösen.

### *2.2.4. Auskunftsberechtigte und Auskunftsverpflichtete*

Aufgrund des neuen Art. $117^2$ III LSC kann jeder Aktionär in Rumänien im Vorfeld der HV dem Verwaltungsrat bzw. dem Direktorat schriftliche Fragen zur Geschäftsführung der AG stellen, wobei das betroffene Organ verpflichtet ist, diese Fragen in der nächsten HV zu beantworten. Nach deutschem Recht ist jedem Aktionär auf Verlangen in der HV vom Vorstand über Angelegenheiten der AG Auskunft zu geben, soweit dies für die sachgemäße Beurteilung der Tagesordnungspunkte erforderlich ist (§ 131 I 1 AktG). Beide Rechtsordnungen

---

379 *Sorin David*, in *St. D. Cărpenaru u.a.*, a.a.O. (2006), Art. 135 Rn. 11.

380 Siehe auch *Ionuț Răduleţu*, Administrarea societății pe acțiuni și drepturile acționarilor – noi principii de guvernare corporativă în Legea nr. 31/1990, in Ad Honorem Stanciu D. Cărpenaru, Bukarest 2006, S.169.

381 *Bruno Kropff*, BegrRegE, S. 184 – nach *Dietmar Kubis*, Münchener Kommentar zum AktG, § 131 Rn. 1

382 *Dietmar Kubis*, a.a.O., § 131 Rn. 3.

sind sich darüber einig, dass alle Aktionäre antragsbefugt sind unabhängig davon, ob sie Vorzugsaktionäre oder Stammaktionäre sind (auch wenn das Stimmrecht eines Stammaktionärs wegen Nichtleistung der Einlage ruht oder wenn er sich bezüglich eines bestimmten Tagesordnungspunkts unter Stimmverbot befindet). Unerheblich ist auch die Höhe der Beteiligung des Aktionärs am Grundkapital. Indem das Auskunftsrecht sowohl in Deutschland als auch in Rumänien (nach der 2006-Reform – siehe Punkt 3.II.A.2.2.2 oben[383]) als allgemein HV-bezogen ausgestaltet ist, knüpft es an das HV-Teilnahmerecht als solches, und nicht speziell an das Stimmrecht oder an eine minimalen Beteiligungsquote an. Entsprechend steht es allen Aktionären zur Verfügung, die an der HV teilnehmen dürfen.

Auskunftsverpflichtet ist hauptsächlich die AG gegenüber ihren Aktionären. Die Verpflichtung wird aber mittels der Organe erfüllt, die für das Handeln der AG zuständig sind. Diese sind die geschäftsführenden Organe, d. h. der Verwaltungsrat oder das Direktorat in Rumänien bzw. der Vorstand in Deutschland. Die Erfüllung der AG-Verpflichtung auf Erteilung der ersuchten Information kann nicht auf andere Organe übertragen werden, wie z.B. die Zensoren (in Rumänien), die Abschlussprüfer[384] oder den Aufsichtsrat in einer dualistisch verwalteten AG (in Rumänien oder Deutschland). Trotzdem ist anzunehmen, dass die Direktoren in einer monistisch geführten rumänischen AG die Beantwortung der Aktionärsfragen übernehmen könnten, wenn der Verwaltungsrat dies billigt und sich auch zu den erteilten Informationen selbst bekennt.

### *2.2.5. Form des Auskunftsersuchens*

Das rumänische Recht schreibt die Schriftform des Auskunftsverlangens zwingend vor. Aktionäre dürfen dem Verwaltungsrat bzw. dem Direktorat Fragen nur schriftlich vor der HV stellen. Ihnen wird dann im HV-Rahmen geantwortet. Das deutsche Recht erweist sich in dieser Frage als flexibler und auch als aktionärsfreundlicher, indem es keine schriftliche Form des Auskunftsersuchens vorsieht. Diese Flexibilität fördert die aktive Beteiligung des Aktionärs an der HV und sollte auch vom rumänischen Gesetzgeber in Betracht gezogen werden. Sie wird aber auch in Deutschland teilweise dadurch kompensiert, dass das Frage- und

383 Für die frühere Rechtslage in Rumänien ist in diesem Zusammenhang die Bemerkung von *Sorin David* in *St. D. Cărpenaru u.a.,* a.a.O. (2006), Art. 135 Rn. 8 interessant (dementsprechend stand das Einsichtsrecht nicht nur den stimmberechtigten Aktionären, sondern auch den Inhaber von Aktien ohne Stimmrecht zur Verfügung).

384 Im deutschen Recht wird eine Verpflichtung der Abschlussprüfer zur Auskunftserteilung gegenüber Aktionären ausdrücklich ausgeschlossen – siehe § 176 II 3 AktG.

Rederecht des Aktionärs aufgrund der Satzung oder der HV-Geschäftsordnung vom Versammlungsleiter zeitlich beschränkt werden kann (§ 131 II 2 AktG).

Diese letztere Bestimmung wurde ins deutsche Recht 2004 durch Art. 1 Nr. 9a UMAG eingeführt. Davor wurde bei Schweigen des Gesetzes grundsätzlich angenommen, dass die Aktionärsfragen entweder schriftlich oder mündlich gestellt werden konnten (obwohl die Möglichkeit schriftlicher Fragestellungen an sich schon umstritten war[385]). Nach der gesetzlichen Änderung entspricht es aber dem Sinn dieser neuen Bestimmung nicht mehr, dass Fragen auch schriftlich eingereicht werden können; in solchen Fällen würde nämlich § 131 II 2 AktG bedeutungslos sein. Durch eine systematische Auslegung kann also festgestellt werden, dass das Auskunftsverlangen der Aktionäre nach der aktuellen deutschen Rechtslage nur mündlich innerhalb der HV erfolgen darf. Dies stärkt die Rolle der HV als Hauptort der Aktionärsinteraktion und als kollektives Willensbildungsorgan.

Das Beharren des rumänischen Rechts auf der Schriftform des Auskunftsverlangens ist dadurch zu erklären, dass bis vor kurzem keinerlei gesetzlich anerkanntes HV-bezogenes Auskunftsrecht vorhanden war und seine Einführung in 2006 rechtspolitisch nur als ein erster Versuchsschritt betrachtet wurde. *De lege ferenda* wäre es empfehlenswert, dass auch mündliche Fragestellungen erlaubt werden, selbst wenn die Möglichkeit schriftlicher Fragen beibehalten wird. Ein rein schriftliches vorverlagertes Verfahren des Auskunftsverlangens kann die Kommunikation innerhalb der HV erheblich eingrenzen und die kollektive Willensbildung im HV-Rahmen beeinträchtigen. Das Auskunftsrecht würde dadurch seine breitere soziale Zielsetzung (siehe Punkt 3.II.A.2.2.3 oben) verfehlen.

### *2.2.6. Inhalt des Auskunftsrechts und Auskunftsverweigerung*

Bezüglich des Inhalts des Auskunftsrechts ist das rumänische Recht im Vergleich zum deutschen breiter gefasst. Während die Aktionäre nach Art. $117^2$ III 1 LSC „Fragen zur Gesellschaftstätigkeit" stellen können, sind sie gemäß § 131 I 1 AktG befugt, „Auskunft über Angelegenheiten der Gesellschaft" zu erhalten, aber nur „soweit sie zur sachgemäßen Beurteilung des Gegenstands der Tagesordnung erforderlich ist". Ohne diesen letzteren Vorbehalt, würden das deutsche und das rumänische Recht übereinstimmen. Die Tagesordnungsbezogenheit der verlangten Auskunft nach dem AktG grenzt aber die Reichweite dieses Rechts erheblich ein. Dies kann als Gegengewicht zur mündlichen Form des Auskunftsverlangens betrachtet werden. Das deutsche Recht gewährt den Aktionären mehr Flexibilität beim Auskunftsersuchen, indem es keine schriftliche HV-vorgelagerte Fragestellungen vorschreibt, wie es z.B. das rumänische Recht tut, sondern ein mündliches Verfahren des Auskunftsverlangens innerhalb der HV vorsieht. Dafür wird aber

385 Siehe z. B. *Dietmar Kubis*, a.a.O., § 131 Rn. 27.

in Deutschland verlangt, dass sich die mündlichen Fragen auf die vorbestimmte HV-Tagesordnung beziehen. Letzteres ist in Rumänien, wo sich die schriftlichen Fragen auf beliebige Aspekte der AG-Tätigkeit beziehen dürfen, nicht der Fall. Das rumänische Regulierungsmodell gewährt dem Verwaltungsrat bzw. dem Direktorat mehr Zeit für die Vorbereitung der Antworten. Dagegen besteht beim mündlichen Auskunftsverfahren des deutschen Aktienrechts das Risiko, dass der Vorstand seine Antworten nicht angemessen vorbereiten kann. In diesem Zusammenhang wird in der deutschen Doktrin von den immanenten Schranken des Auskunftsrechts gesprochen.[386]

Das rumänische Recht regelt die Auskunftsverweigerungsgründe nicht ausdrücklich. Art. $117^2$ III 2 LSC kann aber als ein solcher Grund betrachtet werden. Demgemäß gilt die Frage als beantwortet (und bedarf keiner weiteren Erläuterungen durch den Verwaltungsrat oder das Direktorat in der HV), wenn die gesuchte Information auf der Webseite der Gesellschaft in der Kategorie „Häufig gestellte Fragen" verfügbar gemacht wird; die Satzung kann aber eine solche Auskunftsverweigerungsmöglichkeit ausdrücklich ausschließen. Bei der Ausarbeitung dieser Vorschrift während der 2006-Reform des LSC wurde auch Art. 9 des RL-Entwurfs KOM(2005)685 (heute Art. 9 RL 2007/36/EG) als Muster hinzugezogen. Im deutschen Recht entspricht sie vom Ansatz her dem 7. Verweigerungsgrund des § 131 III AktG (so wie er durch Art. 1 Nr. 9b UMAG 2004 in das AktG eingeführt wurde). Ein weiterer Grund für die Verweigerung der Auskunft nach rumänischem Recht, obwohl nicht ausdrücklich als solcher geregelt, besteht in der Vertraulichkeit der ersuchten Information. Gemäß Art. $144^1$ V 1 LSC (durch Gesetz Nr. 441/2006 ins LSC eingeführt und anschließend durch DringAnO Nr. 82/2007 geändert) dürfen die Mitglieder des Verwaltungsrats (und aufgrund Art. $153^2$ VI LSC auch die Mitglieder des Direktorats) vertrauliche Informationen und Geschäftsgeheimnisse der AG nicht preisgeben, die ihnen durch ihre Verwaltungsratstätigkeit bekannt geworden sind. Diese Verschwiegenheitspflicht besteht grundsätzlich auch gegenüber Aktionären (seien sie Minderheits- oder Mehrheitsaktionäre), die sich auf ihr im Art. $117^2$ III LSC verankertes Auskunftsrecht berufen.

Art. $144^1$ V 1 LSC entspricht im deutschen Recht § 93 I 3 AktG, der die Schweigepflicht der Vorstandsmitglieder regelt. Die deutsche aktienrechtliche Doktrin erkennt in dieser Pflicht zur Bewahrung der vertraulichen Informationen gleichzeitig eine Pflicht des Vorstands zur entsprechenden Auskunftsverweigerung gegenüber Aktionären.[387] Andererseits enthält § 131 III 1 Nr. 1-7 AktG eine ausführliche und gemäß § 131 III 2 AktG abschließende Liste von möglichen Auskunftsverweigerungsgründen (betreffend Fälle der Nachteilzufügung gegen die

386 *Uwe Hüffer*, Aktiengesetz Kommentar 2008, § 131 Rn. 9.

387 *Wolfgang Hefermehl, Gerald Spindler*, Münchener Kommentar zum AktG, § 93 Rn. 54 und *Dietmar Kubis*, a.a.O., § 131 Rn. 96.

AG, Steuern, stille Reserven, Bilanzierungs- und Bewertungsmethoden, Strafbarkeit der Auskunftserteilung, Sonderfälle der Kredit- oder Finanzdienstleistungsinstitute, vorläufige Bekanntmachung der Information über die Webseite der AG), die eine Verweigerung der Auskunft durch den Vorstand rechtfertigen. Fraglich ist in diesem Zusammenhang, wie sich die Auskunftsverweigerungspflicht des Vorstands aufgrund § 93 I 3 AktG zu seinem Auskunftsverweigerungsrecht aufgrund § 131 III AktG verhält. Durch eine systematische Auslegung ist anzunehmen, dass der Vorstand bei Fehlen eines gesetzlich vorgesehenen Verweigerungsgrundes die Auskunft erteilen muss und dass er dabei nicht gegen die Verschwiegenheitspflicht verstoßen kann, weil er unter einer gesetzlichen Verpflichtung handelt. Bei Vorlage eines gesetzlich vorgesehenen Verweigerungsgrund ist der Vorstand dagegen nicht verpflichtet, die Auskunft zu verweigern; sollte er aber in diesen Fällen die Auskunft erteilen, muss er seine gesetzlich vorgesehene Verschwiegenheitspflicht beachten. Diese Problematik ist dem rumänischen Recht nicht bekannt, weil, wie schon erwähnt, das LSC keine (abschließende) Liste möglicher Auskunftsverweigerungsgründe beinhaltet.

### *2.2.7. Aktionärsgleichbehandlung bei Auskunftserteilung*

Wie bereits erwähnt, muss sich das Auskunftsverlangen nach deutschem Recht auf solche Informationen beziehen, die zur sachgemäßen Beurteilung der Tagesordnung erforderlich sind (§ 131 I 1 AktG). Eine Ausnahme von dieser Regel ist nur für den Fall vorgesehen, dass der Vorstand einem Aktionär als solchem Auskunft außerhalb der HV gibt; dieselbe Information ist dann jedem anderen Aktionär auf dessen Verlangen in der HV mitzuteilen, auch wenn sie zur sachgemäßen Beurteilung eines Gegenstands der Tagesordnung nicht erforderlich ist (§ 131 IV 1 AktG). Diese Bestimmung ist eine Konkretisierung des Grundsatzes der Aktionärsgleichbehandlung, so wie dieser durch § 53a AktG vorgegeben ist. Das rumänische Recht kennt keinen speziellen auskunftsrechtsbezogenen Anwendungsfall des Gleichbehandlungsgrundsatzes. Erwähnt sei aber zugleich, dass Art. 4 Aktionärsrechte-RL (2007/36/EG) einen HV-teilnahmerechtsbezogenen Gleichbehandlungsgrundsatz vorsieht[388], der inzwischen durch Art. 3 II CNVM-VO Nr. 6/2009 in das rumänische Kapitalmarktrecht übernommen worden ist. Darüber hinaus kann ein allgemeiner Grundsatz der Aktionärsgleichbehandlung im rumänischen Gesellschaftsrecht aus Art. 94 I 2. Satz LSC abgeleitet werden, demgemäß die Aktien ihren Inhabern gleiche Rechte gewähren (siehe auch Punkt 1.I.E.1 oben). Die Sonderbehandlung bestimmter Aktionäre bezüglich des Auskunftsrechts würde daher

388 „Die Gesellschaft muss für alle Aktionäre, die sich bei der Teilnahme an der Hauptversammlung und der Ausübung der Stimmrechte in der Hauptversammlung in der gleichen Lage befinden, die gleiche Behandlung sicherstellen."

gegen diese kapitalmarkt- bzw. gesellschaftsrechtlichte Vorschriften verstoßen, soweit sie in ihrer Aktionärseigenschaft positiv oder negativ diskriminiert werden.

### *2.2.8. Rechtsfolgen bei Verletzungen des Auskunftsrechts*

Die zwei Rechtsordnungen verbinden mit der Verletzung des Auskunftsrechts der Aktionäre teilweise unterschiedliche Konsequenzen. Während eine solche Verletzung nach rumänischem Recht nur die Anfechtbarkeit der betroffenen HV-Beschlüsse (gemäß Art. 132 LSC) begründen kann, sieht das deutsche Recht auch die Möglichkeit einer gerichtlichen Durchsetzung des Auskunftsrechts vor (§ 132 AktG), wobei jeder Aktionär antragsberechtigt ist, dem die verlangte Auskunft vorenthalten worden ist. Darüber hinaus können nach deutschem Recht, jedenfalls in gewissen Grenzen, die entsprechenden HV-Beschlüsse selbst angefochten werden. Jedoch ist eine Anfechtung wegen unrichtiger, unvollständiger oder verweigerter Erteilung von Informationen nur dann zugelassen, wenn ein objektiv urteilender Aktionär die Erteilung der Information als wesentliche Voraussetzung für die sachgerechte Wahrnehmung seiner Teilnahme- und Mitgliedschaftsrechte angesehen hätte (§ 243 IV 1 AktG).

### *2.2.9. Verhältnis vom Auskunftsrecht zu sonstigen Informationsrechten*

Das Auskunftsrecht unterscheidet sich von der Handelsregisterpublizität (die selbst zur Information der Gläubiger, der interessierten Öffentlichkeit sowie der Aktionäre dient – siehe Punkt 3.I.A oben) durch den öffentlich-rechtlichen Charakter der letzteren. Was den Inhalt betrifft, stellt die Handelsregisterpublizität das Minimum von dem dar, was der Aktionär im Wege der Ausübung seines Auskunftsrechts erfahren kann.[389] Von der aktien- und börsenrechtlichen Publizität unterscheidet sich der Auskunftsrecht dadurch, dass es individuell-rechtliche Informationsansprüche begründet, während die erwähnte Publizität auf Erfüllung kollektiver Informationsrechte innerhalb und außerhalb der Hauptversammlung gerichtet ist.

## *3. HV-Dokumentations- und Publizitätspflichten*

Die gesetzlich vorgeschriebene Dokumentation der HV-Sitzungen (darunter werden hier sowohl die Zusammenstellung eines HV-Teilnehmerverzeichnisses als auch die Protokollierung der HV-Sitzungen eingeordnet) und die Publizität der HV-Beschlüsse über das Handelsregister sind sowohl als Informationsmittel als auch als Beweismittel besonders wichtig. Zur Information dienen sie insbe-

389 *Dietmar Kubis*, Münchener Kommentar zum AktG, § 131 Rn. 6.

sondere für die abwesenden oder zukünftigen Aktionäre, aber auch für interessierte Dritte im Allgemeinen. Als Beweismittel kommen sie insbesondere bei HV-bezogenen Streitigkeiten zum Tragen.

### *3.1. HV-Teilnehmerverzeichnis und Verhandlungsprotokollierung*

Die Aufstellung eines Teilnehmerverzeichnisses spielt eine besondere Rolle sowohl für die Information der anwesenden und abwesenden Aktionäre als auch für die Feststellung der Erfüllung oder Nichterfüllung der Quorumsbedingungen (wie durch Gesetz oder Satzung vorgeschrieben) und damit für die Feststellung der Beschlussfähigkeit der HV (in diesem Sinne siehe Punkt 4.I.B.2.2 unten). Die Verhandlungsprotokollierung dient neben ihrer Informationsrolle auch zur Stärkung der Rechtssicherheit. In Deutschland ist dies umso mehr der Fall, als die HV-Niederschrift nach deutschem Recht (im Unterschied zum rumänischen) im Handelsregister publiziert werden muss. Erwähnenswert ist von Anfang an, dass §§ 129-130 AktG, die diese Fragen im deutschen Recht regeln, durch das Gesetz zur Namensaktie und zur Erleichterung der Stimmrechtsausübung (Namensaktiengesetz – NaStraG) vom 18. Januar 2001[390] geändert wurden. Die rumänische aktuelle Rechtslage entspricht teilweise den deutschen Bestimmungen vor dem Inkrafttreten des NaStraG.

#### *3.1.1. Teilnehmerverzeichnis*

Das rumänische Recht regelt die HV-Dokumentationspflichten in Art. 131 I-III LSC nur minimal. Eine klare Trennung zwischen der Verpflichtung zur Aufstellung des HV-Teilnehmerverzeichnisses und der Verpflichtung zur HV-Verhandlungsprotokollierung fehlt. Vielmehr überlappen sich die entsprechenden gesetzlichen Normen. So sollen die teilnehmenden Aktionäre einerseits im HV-Protokoll selbst erwähnt werden (siehe Punkt 3.II.A.3.1.2 unten). Andererseits ist ein Anwesenheitsverzeichnis der Aktionäre als Anhang diesem Protokoll hinzufügen, zusammen mit den Einberufungsunterlagen (Art. 131 II LSC). Diese letztere rumänische Bestimmung entspricht der deutschen Rechtslage vor dem NaStraG (siehe den früheren § 130 III 1 AktG). Anschließend sind das HV-Protokoll und seine Anhänge in das von der AG geführte HV-Register einzutragen (Art. 131 III iVm Art. 177 I b LSC).

Die Frage des HV-Teilnehmerverzeichnisses wird im deutschen Recht (§ 129 I 2, II-V AktG) von derjenigen der HV-Niederschrift (§ 130 AktG) getrennt geregelt. Ein besonderer Akzent beim Teilnehmerverzeichnis wird auf die Angaben bezüglich der Vertretung der Aktionäre (§ 129 II u. III AktG) und damit auf einen

390 BGBl. I 2001, S. 123.

Aspekt gelegt, der in den rumänischen Bestimmungen keiner entsprechenden Sonderregulierung unterzogen wird. Besonders bemerkenswert vom Blinkpunkt der Aktionärsinformation ist die gesetzliche Verpflichtung, den Aktionären vor der ersten Abstimmung das Teilnehmerverzeichnis zur Verfügung zu stellen (§ 129 IV 1 AktG). Das Recht der Aktionäre auf Kenntnisnahme dieses Verzeichnisses verschafft ihnen die Möglichkeit, sich über die Teilnahme anderer Aktionäre und deren Beteiligungsquote bzw. Stimmkraft zu informieren und auf dieser Grundlage eine gewisse Abstimmungsstrategie zu entwickeln. Ein solches Recht auf Einsichtsnahme ins Teilnehmerverzeichnis vor der ersten Abstimmung könnte *de lege ferenda* auch in Rumänien in Betracht gezogen werden, zumindest für die börsennotierten AGs, weil es den teilnehmenden Aktionären eine bessere und aktuelle Informationsgrundlage für ihre HV-bezogenen Entscheidungen verschafft. *De lege lata* ist jetzt in Rumänien nur ein nachträgliches Einsichtsrecht in das HV-Teilnehmerverzeichnis denkbar (nach seiner Eintragung ins HV-Register gemäß Art. 131 III LSC), was das Informationsrecht der Aktionäre und die Möglichkeit der Anpassung ihres Abstimmungsverhaltens in der HV erheblich einschränkt.

Die nachträgliche Einsichtsnahme ist in Deutschland durch § 129 IV 2 AktG geregelt. Diese Bestimmung wurde durch das NaStraG eingeführt, als Kompensation dafür, dass das Teilnehmerverzeichnis durch dasselbe Änderungsgesetz (siehe Art. 1 Nr. 12 NaStraG zur Änderung von § 131 III AktG) von den notwendigen Anhängen zur HV-Niederschrift ausgeschlossen wurde und dadurch kein Gegenstand der Handelsregisterpublizität mehr bildete.[391] Der entsprechende Informationsanspruch der Aktionäre erlischt aber in zwei Jahren nach der HV. Dagegen ist nach rumänischem Recht die nachträgliche Einsichtnahme ins Teilnehmerverzeichnis nicht speziell geregelt, sondern den Aktionären über ihr allgemeines Einsichtsrecht in das HV-Register unbefristet gestattet (Art. 131 II u. III iVm Art. 177 I b u. Art. 178 II LSC). Die anfallenden Kosten der Einsichtsnahme sind sowohl nach deutschem als auch nach rumänischem Recht von den Aktionären selbst zu tragen.

391 Diese Gesetzesänderungen wurden hauptsächlich dadurch begründet, dass eine als unzeitgemäß erachtete Führung des Teilnehmerverzeichnisses im Papierformat durch eine elektronische Führung ersetzt werden sollte. Auch handelt es sich beim Teilnehmerverzeichnis um gesellschaftsinterne Daten, deren Veröffentlichung über das Handelsregister von der Publizitätsrichtlinie 68/151/EWG nicht verlangt wird. Siehe dazu die Regierungsbegründung der NaStraG, §§ 129-130 AktG.

### *3.1.2. Verhandlungsprotokollierung*

Wie bereits angedeutet, ist nach rumänischem Recht ein allgemeines HV-Protokoll aufzustellen, das folgende Elemente feststellen soll: Erfüllung der Einberufungsformalitäten, Ort und Zeitpunkt der HV, anwesende Aktionäre und Zahl der von ihnen vertretenen Aktien, Zusammenfassung der Verhandlungen, erfasste HV-Beschlüsse und auf Verlangen der Aktionäre ihre HV-Sondererklärungen (Art. 131 I LSC). Das Protokoll wird vom HV-Vorsitzenden und vom Sekretär (oder von allen Sekretären, falls mehrere von der HV gewählt wurden) unterzeichnet. Nachdem ihm das Verzeichnis der anwesenden Aktionäre und die Einberufungsunterlagen als Anhänge hinzugefügt wurden (siehe Punkt 3.II.A.3.1.1 oben), ist das Protokoll dem HV-Register der AG zur späteren Einsichtsnahme durch die Aktionäre beizufügen (Art. 131 III iVm Art. 177 I b u. Art. 178 II LSC).

Die HV-Protokollierung wird in Deutschland durch § 130 AktG geregelt. Dementsprechend ist jeder HV-Beschluss durch eine über die HV-Verhandlung notariell aufgenommene Niederschrift zu beurkunden. Die Niederschrift muss folgende Punkte beinhalten: Ort und Tag der Verhandlung, Name des Notars, Art und Ergebnis der Abstimmung sowie Feststellung des HV-Vorsitzenden über die Beschlussfassung (wobei die börsennotierten Gesellschaften seit Inkrafttreten des ARUG zusätzlichen Pflichten unterliegen – § 130 II 2 AktG). In der Niederschrift sollen darüber hinaus Verlangen von Minderheitsaktionären aufgenommen werden, die entweder gemäß § 120 I 2 AktG (gesonderte Abstimmung bei Entlastung von Vorstands- oder Aufsichtsratsmitgliedern auf Verlangen einer Aktionärsminderheit, deren Anteile 10 % des Grundkapitals oder den Betrag von 1 Mio. Euro erreichen) oder nach § 137 AktG (spezielle Reihenfolge der Abstimmung über Vorschläge zur Wahl von Aufsichtsratsmitgliedern, auf Verlangen einer Aktionärsminderheit, deren Anteile 10 % des Grundkapitals erreichen) erhoben worden sind.

Im Unterschied zum rumänischen Recht, das keine Beurkundungspflicht des HV-Protokolls vorsieht, ist die HV-Niederschrift nach deutschem Recht notariell zu beurkunden. Diese Pflicht betrifft aber nur die börsennotierten Gesellschaften. Bei den übrigen Aktiengesellschaften ist die HV-Niederschrift grundsätzlich vom Vorsitzenden des Aufsichtsrats zu unterzeichnen. Eine Beurkundungspflicht besteht dennoch für besonders wichtige HV-Beschlüsse nichtbörsennotierter AGs, für die das Aktiengesetz eine Dreiviertel- oder größere Mehrheit vorsieht (§ 130 I 3 AktG). Der HV-Niederschrift sind die Einberufungsunterlagen als Anhang beizufügen, ebenso wie nach rumänischem Recht, jedoch nicht das HV-Teilnehmerverzeichnis (seit der Änderung von § 130 III AktG durch das NaStraG – siehe Punkt 3.II.A.3.1.1 oben).

*3.2. Publizitäts- und Informationspflichten bezüglich HV-Beschlüssen*

Sowohl nach rumänischem als auch nach deutschem Recht wird für die HV-Beschlüsse die Handelsregisterpublizität zwingend vorgesehen. So müssen die Beschlüsse der HV gemäß Art. 131 IV LSC innerhalb einer 15 Tage Frist beim Handelsregister eingereicht werden, um im Register eingetragen und im Amtsblatt Rumäniens, Teil IV veröffentlicht zu werden. Im Unterschied zum rumänischen Recht, das die Handelsregisterpublizität nur für die HV-Beschlüsse und nicht für das allgemeine HV-Protokoll vorsieht (das letztere soll nur im HV-Register der AG eingetragen werden – siehe Art. 131 III iVm Art. 177 I b LSC), ist der Vorstand nach deutschem Recht verpflichtet, unverzüglich nach der HV eine (öffentlich beglaubigte bzw. vom Aufsichtsratsvorsitzenden unterzeichnete) Abschrift der HV-Niederschrift und ihrer Anlagen zum Handelsregister einzureichen (§ 130 V AktG). Dadurch aber, dass das Handelsregister in Deutschland seit dem 1.1.2007 elektronisch geführt wird, ist der entsprechende Publizitätsaufwand für die AG nicht so groß. Dagegen ist die erwähnte Publizitätsverpflichtung für die rumänischen AGs mit einem besonderen Aufwand verbunden, vor allem weil sie die Kosten der Veröffentlichung im Amtsblatt im Papierformat zu tragen haben.[392]

Zusätzlich zur Publizitätspflicht steht die AG nach rumänischem Recht auch unter der Pflicht, die Aktionäre auf deren Verlangen hin über die Abstimmungsergebnisse bei HV-Beschlüssen zu informieren (Art. 131 V 1 LSC). Seit dem Inkrafttreten des Änderungsgesetzes Nr. 441/2006 bestimmt der neue Art. 131 V 2 LSC, dass die Aktiengesellschaft die HV-Abstimmungsergebnisse binnen 15 Tagen nach der HV auf ihre Webseite veröffentlichen muss, sollte sie über eine solche Webseite verfügen. Die auf diese Weise in elektronischer Form veröffentlichten Daten sollten zumindest für die Aktionäre abrufbar sein. Dadurch dass in Deutschland das Handelsregister elektronisch geführt wird, war eine zusätzliche Verpflichtung der AGs auf Veröffentlichung der HV-Beschlüsse auf ihrer Webseite bis vor kurzem nicht verpflichtend.[393] Seit Inkrafttreten des ARUG müssen aber die börsennotierte Gesellschaften nichtdestoweniger die Abstimmungsergebnisse binnen 7 Tagen nach der HV auf ihrer Webseite veröffentlichen (§ 130 VI AktG).

---

392 Zu den handelsregisterbezogenen Publizitätspflichten der Aktiengesellschaften und zu den entsprechenden Unterschieden nach rumänischem und deutschem Recht siehe auch Punkt 3.I.A oben.

393 Für die Einsichtsnahme ins Handelsregister durch jedermann in Deutschland gemäß § 9 II HGB siehe *Uwe Hüffer*, a.a.O., § 130 Rn. 29.

## B. *Informationen durch Sonderprüfer und Zensoren bzw. interne Wirtschaftsprüfer*

Neben der direkten Formen der Informationsbeschaffung, die unter Punkt A dieses Teils des 3. Kapitels dargestellt wurden, stellt das Aktienrecht den Aktionären auch indirekte Mechanismen zur Verfügung, um sich nach der Lage der Gesellschaft und damit nach der Lage ihrer Investition zu erkundigen. Die wichtigsten dieser Rechtsmechanismen sind das Recht auf Bestellung eines Sonderprüfers und das Recht, sich an die Zensoren bzw. an die internen Wirtschaftsprüfern zu wenden, um vermutete Missstände in der Verwaltung der AG zu klären.[394] Diese Rechte sind an eine Mindestbeteiligung am Grundkapital gebunden, was sie als typische Minderheitsrechte im formellen Sinne qualifiziert. Beide führen auch zu Benachrichtigungsverpflichtungen gegenüber der HV, was zur allgemeinen Verbesserung der Informationsgrundlage der HV-bezogenen Aktionärsentscheidungen beiträgt. Sie bilden dadurch sowohl einen direkten als auch einen indirekten Minderheitsschutz und sollen deshalb im Folgenden genauer dargestellt werden.

Aus einem rechtspolitischen Gesichtspunkt heraus ist zu erwähnen, dass das Recht auf Bestellung eines Sonderprüfers (früher Art. $133^2$ LSC, jetzt Art. 136 LSC) sowie das Einsichtsrecht (ehemaliger Art. $133^1$ bzw. Art. 135 LSC, inzwischen durch Gesetz Nr. 441/2006 abgeschafft – siehe Punkt 3.II.A.2.2.2 oben) durch Gesetz Nr. 99/1999 bezüglich einiger Maßnahmen zur Beschleunigung der Wirtschaftsreform[395] als zwei der Hauptpfeiler des Minderheitsschutzes ins rumänische Aktienrecht eingeführt wurden. Zusammen mit dem Recht auf Beanstandung gegenüber Zensoren bzw. internen Wirtschaftsprüfern (früher Art. 154 LSC, jetzt Art. $164^1$ LSC) wurden sie in der Doktrin als Referenzrahmen des Schutzes von Minderheitsaktionären betrachtet[396] und verdienen daher spezielle Aufmerksamkeit.

### 1. *Das Recht auf Bestellung eines Sonderprüfers*

Das Recht der Minderheitsaktionäre, bei Gericht die Bestellung eines Sonderprüfers zu beantragen, wird in Rumänien durch Art. 136 LSC[397] und in Deutschland durch §§ 142-146 AktG geregelt. Wie im Falle der Aktionärsrechte im Allge-

394 Das letztere Recht wird nur vom rumänischen Recht vorgesehen.

395 M.Of. Nr. 236 vom 27.5.1999.

396 *Marius Şcheaua*, Legea societăţilor comerciale nr. 31/1990 comentată şi adnotată, Bukarest 2000, S. 342.

397 In Rumänien wurde die Verfassungsmäßigkeit von Art. 136 LSC in Frage gestellt (von Media Pro International S.A. in der Rechtssache Nr. 7078/2001 vor dem Bukarester Gericht). Der Verfassungsgerichtshof hat aber diese Bestimmung und das von ihr gewährte Informationsrecht der Aktionäre durch Entscheidung Nr. 68/2003 für verfassungsmäßig erklärt (http://www.ccr.ro/CCRDocFiles/Dosar%20244_2002.doc).

meinen, ist das rumänische Gesetz im Vergleich zum deutschen durch eine minimale Regelung gekennzeichnet, wobei die rumänischen Bestimmungen durch die 2006-Reform teilweise umgestaltet wurden. Die Ähnlichkeiten und Unterschiede werden nachstehend funktional dargestellt.

### *1.1. Bereich der Sonderprüfung*

Das rumänische und das deutsche Recht sind sich darüber einig, dass die Sonderprüfung einzelne Vorgänge betreffen soll und nicht allgemein die Tätigkeit der Gesellschaft als solche.[398] Eine allgemeine Überprüfung als solche wird grundsätzlich von den Abschlussprüfern bzw. Zensoren in der Ausübung ihrer Funktion vorgenommen. Während das rumänische Gesetz bei der Bestimmung des Sachbereichs der Sonderprüfung die „Analyse gewisser Vorgänge im Rahmen der Geschäftsführung der Gesellschaft" erwähnt (Art. 136 I LSC), erstreckt sich der Anwendungsbereich nach deutschem Recht auf Angelegenheiten sowohl der Geschäftsführung als auch der Gründung der AG (§ 142 I 1 AktG). Die regelmäßige und allgemeine Überprüfung der Gründung wird im rumänischem Recht gemäß Art. 26 und Art. 38-39 LSC durchgeführt, was im deutschen Recht der Prüfung nach §§ 33-35 AktG entspricht. Im Unterschied zur deutschen Rechtslage ist im rumänischen Recht die Kontrolle von Gründungsvorgängen im Wege der Sonderprüfung nach Art. 136 LSC nicht ausdrücklich vorgesehen. Nichts steht aber entgegen, dass der Begriff „Vorgänge der Geschäftsführung" breit ausgelegt wird, um darunter auch Gründungsfragen subsumieren zu können und sie dann zum Gegenstand der Sonderprüfung auf Antrag von Minderheitsaktionären werden zu lassen. Die Trennung zwischen Gründungs- und Geschäftsführungsvorgängen wird auch in der deutschen Doktrin zu § 142 AktG nicht sehr streng gehandhabt.[399]

Die Bestimmung des Geschäftsführungsbegriffs ist in diesem Zusammenhang sehr wichtig, um den Sachbereich der Sonderprüfung und damit den Umfang des entsprechenden Informationsanspruchs der Aktionäre genauer eingrenzen zu können. In einer monistisch geführten AG (zurzeit nur nach rumänischem Recht möglich) umfasst Geschäftsführung sowohl die Tätigkeit des Verwaltungsrats als auch die Tätigkeit der Direktoren, denen gewisse Bereiche der Geschäftsführung gemäß Art. 143 LSC übertragen worden sind. In einer dualistisch geführten AG stellt sich die Frage, ob nur die Direktorats- bzw. Vorstandstätigkeit oder aber auch die Tätigkeit des Aufsichtsrats unter Geschäftsführung im Sinne des

---

398 *Sorin David*, in *St. D. Cărpenaru u.a.*, a.a.O. (2009), Art. 136 Rn. 2; *Uwe Hüffer*, a.a.O., § 142 Rn. 2, *Henning Schröer*, Münchener Kommentar zum AktG, § 142 Rn. 14.

399 *Uwe Hüffer*, a.a.O., § 142 Rn. 3; *Henning Schröer*, a.a.O., § 142 Rn. 17 ff.

Art. 136 I LSC bzw. § 142 I 1 AktG eingeordnet werden kann. Das dualistische System wurde in Rumänien erst 2006 eingeführt, so dass die Erfahrung damit begrenzt ist. In der deutschen Doktrin[400] wird grundsätzlich angenommen, dass die Aufsichtsratstätigkeit selbst Gegenstand der Sonderprüfung sein kann, soweit sie in einem gewissen Verhältnis zur Vorstandstätigkeit steht, entweder als deren Überwachung (§ 111 I AktG bzw. Art. $153^9$ I LSC) oder als deren Bewilligung (§ 111 IV 2 AktG bzw. Art. $153^9$ III 2 LSC).

### *1.2. Antragsberechtigte*

Im Unterschied zum rumänischen Recht sieht das deutsche Recht eine spezielle Bedingung für die Ausübung des Rechts auf Beantragung einer Sonderprüfung vor Gericht durch die Minderheitsaktionäre vor. Aus § 142 I u. II AktG kann nämlich entnommen werden, dass die Aktionäre zuerst einen Antrag auf Bestellung eines Sonderprüfers durch die HV (§ 142 I 1 AktG) stellen müssen, bevor sie sich in derselben Frage an das Gericht (§ 142 II AktG) wenden dürfen. Eine ähnliche Bedingung wird vom rumänischen Recht nicht gestellt (gemäß Art. 136 I LSC können die betroffenen Aktionäre ihren Antrag direkt beim Gericht stellen). Der Antrag nach § 142 I 1 AktG muss nicht die Voraussetzungen nach § 122 II-IV AktG (zur Bekanntmachung eines Gegenstands der Tagesordnung[401]) erfüllen, sondern es reicht ein einfacher Antrag durch einen beliebigen Aktionär. Sollte die HV diesen Antrag ablehnen, sind dann die Minderheitsaktionäre berechtigt, ihren Anspruch vor Gericht geltend zu machen.[402] Dabei muss es sich nicht unbedingt um dieselbe Aktionäre handeln, die den Antrag vor die HV gebracht haben.[403]

---

400 *Uwe Hüffer*, a.a.O., § 142 Rn. 5; *Henning Schröer*, a.a.O., § 142 Rn. 20.

401 § 122 II AktG sieht eine Mindestbeteiligung von 5 % des Grundkapitals oder einen anteiligen Mindestbetrag von 500.000 Euro vor (siehe Punkt 4.I.C.1.2 unten).

402 Ein ähnlicher Mechanismus ist im rumänischen Recht für die *actio pro socio* vorgesehen, vgl. Art. $155^1$ I LSC wie durch Gesetz Nr. 441/2006 eingeführt (siehe Punkt 4.II.B.3 unten).

403 Zu erwähnen ist auch, dass, wenn Angelegenheiten der Geschäftsführung nach deutschem Aktienrecht zum Gegenstand eines Sonderprüfungsantrags vor Gericht werden, eine Ablauffrist beachtet werden muss: Die Aktionären können einen solchen Antrag nur binnen fünf Jahren nach dem ablehnenden Beschluss der HV stellen (§ 142 II 1 AktG). Eine Ablauffrist ist dagegen für Anträge auf der HV nicht vorgesehen. Darüber hinaus müssen die Antragsteller vor Gericht die Tatsachen vortragen, die ihren Verdacht einer Unredlichkeit oder groben Verletzungen des Gesetzes bzw. der Satzung seitens der AG-Verwaltung rechtfertigen (§ 142 II 1 aE AktG). Für die Anträge vor der HV gilt dagegen dagegen keine Voraussetzung wie im Falle der Ablauffrist. Diese zwei Sonderbedingungen eines gerichtlichen Antrags sowie die spezielle Bedingung eines vorherigen HV-Antrags zeigen die Bemühung des deutschen Gesetzgebers, ein flexibles aber funktionales Sonderprüfungsrecht der Minderheits-

Antragsberechtigt (vor Gericht) sind nach rumänischem Recht Aktionäre, die einzeln oder gemeinschaftlich mindestens 10 % der das Gesellschaftskapital vertretenden Aktien besitzen (Art. 136 I LSC). Dies war vor Inkrafttreten des UMAG auch in Deutschland grundsätzlich der Fall; gemäß der bisherigen Fassung von § 142 II 1 AktG konnte die gerichtliche Sonderprüfung von Aktionären beantragt werden, deren Anteile zusammen 10 % des Grundkapitals oder den anteiligen Betrag von 1 Mio. Euro erreichten. Nach der geltenden Rechtslage liegt die Beteiligungsmindestgrenze bei 1 % des Grundkapitals bzw. beim anteiligen Betrag von 100.000 Euro.[404] Wie allgemein im Falle von Informationsrechten, erkennen beide Rechtsordnungen das Sonderprüfungsrecht nicht nur den Stammaktionären, sondern auch Vorzugsaktionären ohne Stimmrecht zu. *De lege ferenda* könnte auch der rumänische Gesetzgeber die Herabsetzung der Mindestbeteiligungsquote auf 5 % des Grundkapitals in Betracht ziehen oder zumindest die Möglichkeit eröffnen, dass die Satzung im Vergleich zum Gesetz eine niedrigere Beteiligungsquote zulässt. Dies würde die Aktionäre in der aktiven Wahrnehmung ihrer Kontroll- und Informationsrechte fördern oder zumindest einen höheren Präventivschutz ihrer Interessen gewährleisten.

Obwohl Art. 136 LSC die Hinterlegung der Aktien nicht ausdrücklich erwähnt, ist sie grundsätzlich nach rumänischem Recht eine Voraussetzung für die Ausübung des Rechts auf Bestellung eines Sonderprüfers sowie anderer Minderheitsrechte im Allgemeinen.[405] Die Aktienhinterlegung war früher vom deutschen Recht ausdrücklich vorgesehen (§ 142 II 2 aF AktG).[406] Inzwischen wurde sie aber durch das UMAG abgeschafft[407], was die aktive Wahrnehmung dieses Minderheitsrechts fördert. Dies könnte auch für Rumänien *de lege ferenda* relevant werden.

Um Missbräuchen vorzubeugen sieht das deutsche Gesetz noch vor, dass die betroffenen Minderheitsaktionäre die erwähnte Beteiligung schon drei Monate vor der HV (die den Antrag nach § 142 I 1 AktG abgelehnt hat) besitzen und sie bis zur gerichtlichen Entscheidung über den Antrag halten müssen (§ 142 II 2 AktG). Diese Bestimmung soll hauptsächlich verhindern, dass Aktien mit dem einzigen

---

aktionäre zu schaffen. Einerseits ist die vorgesehene Mindestbeteiligung ziemlich niedrig angesetzt; andererseits aber sollen diese speziellen Bedingungen der Rechtsausübung die Interessen der AG und der übrigen Aktionären vor möglichen Missbräuchen durch eine Minderheit schützen. In Rumänien wird dieser Schutz durch die Höhe der Mindestbeteiligung selbst gewährleistet (10 % nach dem LSC im Vergleich zu 1 % nach dem AktG).

404 Zusammen mit der Beteiligungshöhe in § 148 I AktG durch Art. 1 Nr. 11 a UMAG herabgesetzt – *Uwe Hüffer*, a.a.O., § 142 Rn. 22.

405 *Marius Şcheaua*, Legea societăţilor comerciale nr. 31/1990 comentată şi adnotată, Bukarest 2000, S. 344.

406 *Henning Schröer*, a.a.O., § 142 Rn. 60.

407 *Uwe Hüffer*, a.a.O., § 142 Rn. 24.

Ziel der Beantragung einer Sonderprüfung bezogen werden. Im rumänischen Recht ist eine solche Mindestdauer der Kapitalbeteiligung nicht eingebaut. Bei einer eventuellen Herabsetzung der aktuellen 10 % Grenze könnte aber eine ähnliche Bestimmung in Betracht gezogen werden, um dem erwähnten Aktionärsopportunismus gewissermaßen einen Riegel vorzuschieben. Eine weitere Maßnahme zur Missbrauchsabwendung ist in § 142 II 3 AktG (so wie es durch das UMAG eingeführt wurde) vorgesehen. Danach ist eine Vereinbarung zwischen der Gesellschaft und den jeweiligen Minderheitsaktionären zur Vermeidung einer Sonderprüfung in den Gesellschaftsblätter (d.h. im elektronischen Bundesanzeiger) bekannt zu machen. Die dadurch gewährleistete Transparenz soll einerseits die betroffenen Minderheitsaktionäre dazu bewegen, ihren Sonderprüfungsanspruch nicht als eine Erpressungsmittel gegen die Gesellschaft zu nutzen. Andererseits soll die Gesellschaft selbst nicht versuchen, reale Probleme bei der Gründung oder Geschäftsführung durch Abkauf der Antragssteller bei Seite zu schieben.

### *1.3. Voraussetzungen in der Person des Sonderprüfers*

Während das deutsche Recht gewisse Voraussetzungen an die Person des Sonderprüfers knüpft (§ 142 IV und § 143 AktG), die sowohl dessen Unabhängigkeit als auch dessen adäquate Fachkenntnisse sicherstellen sollen, wird dies vom rumänischen Recht nicht ausdrücklich gemacht. Dadurch aber, dass der Sonderprüfer gemäß Art. 136 I LSC immer vom Gericht bestellt werden muss, kann abgeleitet werden, dass er sowohl von der Gesellschaft als auch von den betroffenen Minderheitsaktionären unabhängig sein soll.[408] Bei der Beurteilung seiner Unparteilichkeit könnte auch Art. 39 LSC (der die Unabhängigkeitskriterien für die Sachverständigen feststellt, die für die Gründungsüberprüfung eingesetzt werden) als Orientierungsgrundlage hinzugezogen werden. Bezüglich der erforderlichen Fachkenntnisse kann in gleicher Weise Art. 38 I 1 LSC als Bezugspunkt dienen, demgemäß das Gericht für die Überprüfung der Gründung Sachverständige aus der Reihe der autorisierten Experten bestellen soll.

Das Mindestmaß an fachlicher Vorbereitung wird im deutschen Recht durch § 143 I AktG bestimmt, demgemäß die Sonderprüfer (natürliche oder juristische Personen) grundsätzlich eine ausreichende Vorbildung und Erfahrung in Buchführung haben sollen. Die Unabhängigkeit der Prüfer wird durch eine Reihe von Bestellungsverboten gewährleistet. § 143 II AktG verweist in diesem Sinne auf die ausführlichen, für Abschlussprüfer einschlägigen Bestimmungen von §§ 319 II

408 *Sorin David*, in *St. D. Cărpenaru u.a.*, a.a.O. (2009), Art. 136 Rn. 5.

u. III und 319a I HGB.[409] Diese fachbezogenen bzw. Befangenheitskriterien gelten für alle Sonderprüfer, seien sie von der HV oder vom Gericht auf Antrag der Aktionäre zu bestellen. Sollte die HV einen Sonderprüfer bestellen, der nach Ansicht einiger Aktionäre diese Kriterien nicht erfüllt, kann die betroffene Aktionärsgruppe (deren Anteile mindestens 1 % des Grundkapitals oder einen anteiligen Betrag von 100.000 Euro erreichen müssen) binnen zwei Wochen nach der entsprechenden HV beim Gericht die Bestellung eines anderen Sonderprüfers beantragen (§ 142 IV AktG). Dadurch haben die Minderheitsaktionäre die Möglichkeit, eine gewisse inhaltliche Kontrolle über die Bestellung des Sonderprüfers durch die HV auszuüben. Diese Problematik ist dem rumänischen Recht nicht bekannt, weil es grundsätzlich nur die gerichtliche Bestellung von Sonderprüfern vorsieht (siehe Punkt 3.II.B.1.2 oben).

### *1.4. Informationszugänglichkeit*

Die Verpflichtung zur Offenlegung der Informationen betrifft nach rumänischem Recht hauptsächlich die Mitglieder des Verwaltungsrats im monistischen System bzw. die Mitglieder des Direktorats und des Aufsichtsrats im dualistischen System. Mangels einer ausführlichen Regelung im LSC kann grundsätzlich angenommen werden, dass dem Sonderprüfer Zugang zu allen Informationen gewährt werden soll, die er für die Erfüllung seiner gerichtlich festgestellten Prüfungsaufgaben benötigt. Das deutsche Recht regelt speziell durch § 145 I-III AktG die Rechte des Sonderprüfers auf Erhaltung der erforderlichen Informationen. Diese schließen sowohl das Einsichts- und Prüfungsrecht der Schriften und der Vermögensgegenstände der Gesellschaft als auch das Auskunftsrecht gegenüber den Mitgliedern des Vorstandes und des Aufsichtsrates ein. Während das erstere Recht unbegrenzt ausgeübt werden darf (§ 145 I AktG), ist das letztere auf solche Informationen beschränkt, „welche die sorgfältige Prüfung der Vorgänge notwendig macht“ (§ 145 II AktG). In beiden Rechtssystemen müssen die Organmitglieder bei der Erfüllung ihrer aus den Sonderprüfungsbestimmungen stammenden Pflichten aktiv dem Sonderprüfer die ersuchten Informationen zugänglich machen und nicht nur das Prüfungsverfahren passiv gestatten.

Eine weitere Frage in diesem Kontext ist, ob die sonderprüfungsbezogene Auskunftspflicht nur den Organmitgliedern oder aber auch weiteren Personen obliegt. In monistisch geführten AGs (in Rumänien) betrifft dies hauptsächlich die Direktoren, während es sich in dualistischen AGs (in Rumänien oder Deutschland) um die leitenden Angestellten handelt. Es kann grundsätzlich angenommen werden, dass solche Personen nicht direkt aus den Bestimmungen zur Son-

409 Auch die Sonderprüferhaftung wird nach den Regeln beurteilt, die für Abschlussprüfer gelten (§ 144 AktG iVm § 323 HGB).

derprüfung verpflichtet sind; unter Weisung des Verwaltungsrats bzw. des Direktorats/Vorstands können sie aber zur Mitteilung der angefragten Informationen verpflichtet werden.[410] Nicht in diese Kategorie fallen aber die Abschlussprüfer, die sich unter einer gesetzlichen Verschwiegenheitspflicht befinden (Art. 6 C Kodex der internen Wirtschaftsprüfer[411] in Rumänien bzw. § 323 I 1 HGB in Deutschland).

Eine Verweigerung der erforderlichen Information sollte als solche im Prüfungsbericht vermerkt werden. Wenn die Verletzung der Informationspflichten der Organmitglieder gegenüber den Sonderprüfern der Gesellschaft einen Schaden zufügt, kann dies in Rumänien eine Haftungsklage der Aktionäre gegen die zuständigen Verwaltungsmitglieder begründen, die entweder durch Beschluss der HV aufgrund Art. 155 LSC oder sonst als Klage der Minderheitsaktionäre aufgrund Art. $155^1$ LSC zu erheben wäre. In Deutschland kann die Verletzung der Offenlegungspflicht gegenüber dem Sonderprüfer zur Zwangsgeldandrohung, zu strafrechtlichen Konsequenzen und/oder zum Schadensersatz führen.[412]

### *1.5. Berichterstattung*

Der Sonderprüfer soll grundsätzlich eine vollständige Berichterstattung leisten. Ob gewisse vertrauliche Daten von seinem Bericht ausgeschlossen werden dürfen, ist im rumänischen Recht nicht ausdrücklich vorgesehen. Das deutsche Gesetz sieht für den Vorstand die nachträgliche Möglichkeit vor, im Interesse der Gesellschaft den Ausschluss gewisser Informationen aus dem Prüfungsbericht bei Gericht zu beantragen (§ 145 IV und V AktG). Sollte das Gericht dem Antrag nicht stattgeben, sind alle beschafften Informationen im Prüfungsbericht aufzunehmen, auch solche, die der Gesellschaft einen nicht unerheblichen Nachteil zufügen könnten (§ 145 VI 2 AktG).

Der Prüfungsbericht ist nach Art. 136 I LSC den Antragstellern auszuhändigen und dem Verwaltungsrat bzw. dem Direktorat und dem Aufsichtsrat sowie den Zensoren u/o den internen Wirtschaftsprüfern der Gesellschaft amtlich zuzuleiten, um nach seiner Analyse die erforderlichen Maßnahmen vorzuschlagen. Nach deutschem Recht (§ 145 VI 3-5 AktG) ist der Bericht vom Sonderprüfer zu unterzeichnen und dem Vorstand weiterzuleiten, der seinerseits den Bericht dem Aufsichtsrat vorlegen und je eine Abschrift des Berichts jedem Aktionär auf dessen Verlangen erteilen soll. Darüber hinaus ist der Bericht beim Handelsregister einzureichen. Eine ähnliche Publizitätspflicht besteht nach dem LSC nicht und könnte *de lege ferenda* relevant sein. Der Bericht ist des Weiteren sowohl nach

410 Für die deutsche Doktrin siehe *Henning Schröer*, a.a.O., § 145 Rn. 15.
411 M.Of. Nr. 128 vom 12.2.2004.
412 *Henning Schröer*, a.a.O., § 145 Rn. 22 ff.

rumänischem (Art. 136 I[1] LSC in der Fassung des Gesetzes Nr. 441/2006) als auch nach deutschem Recht (§ 145 VI 5 AktG) auf die Tagesordnung der nächsten HV aufzunehmen, so dass alle Aktionäre aufgrund des Gleichbehandlungsprinzips die Gelegenheit haben, Kenntnis davon zu nehmen und die Konsequenzen daraus zu ziehen. Wie die HV mit dem Bericht umgeht, ist gesetzlich nicht geregelt, sondern dem Ermessen der teilnehmenden Aktionäre überlassen.

### *1.6. Kostentragung*

Die Frage der Kostenzuschreibung für die Sonderprüfung stellt sich nur bei der gerichtlichen Bestellung des Sonderprüfers (im Unterschied zur HV-Bestellung, die aber nur vom deutschen Recht vorgesehen ist – siehe Punkt 3.II.B.1.2 oben). Als ein Mittel des Minderheitsschutzes schreiben sowohl das rumänische (Art. 136 II LSC) als auch das deutsche Recht (§ 146 AktG) vor, dass die Kosten im Prinzip von der Gesellschaft zu tragen sind (obwohl der Prüfungsantrag von einer Aktionärsminderheit gestellt wird). Auf diese Weise wird eine aktive Wahrnehmung dieses Minderheitsrechts gefördert. Um Missbräuchen vorzubeugen, sind aber nach beiden Rechtsordnungen die Antragsteller ausnahmsweise kostenpflichtig, wenn ihre Meldung in bösem Glauben erfolgt ist (rumänisches Recht) bzw. wenn sie die Sonderprüfung durch vorsätzlich oder grob fahrlässig unrichtigen Vortrag erwirkt haben (deutsches Recht).

## *2. Das Recht auf Beanstandung gegenüber Zensoren oder internen Wirtschaftsprüfern*

### *2.1. Ursprung und praktische Bedeutung*

Art. 164[1] LSC (früherer Art. 154 LSC) begründet ein spezielles Informations- und Kontrollrecht der Aktionäre, das im deutschen Recht nicht vorhanden ist. Dieses Aktionärsrecht ist systembedingt und auf die spezifische Institution des Zensors zurückzuführen, der nur vom rumänischen Aktienrecht und nicht vom deutschen vorgesehen ist. Durch die 2006-Reform wurde es ausgedehnt, um seine Ausübung auch gegenüber internen Wirtschaftsprüfern zu gestatten und damit eine Gesetzeslücke zu füllen. Das Recht besteht nämlich aus einer Beanstandung der Aktionäre gegenüber den Zensoren oder internen Wirtschaftsprüfern zur Überprüfung gewisser Tatsachen, die die Tätigkeit der Gesellschaft betreffen. Diese Bestimmung ist aus dem Entwurf des Handelsgesetzbuchs von 1938 (Art. 249) ins LSC 1990 (früherer Art. 107) entnommen worden. In einer ähnlichen Form war es aber schon im Handelsgesetzbuch von 1887 geregelt (Art. 154). Als Muster diente ursprünglich eine Vorschrift des italienischen Handelsgesetzbuchs von 1881 (Art. 152 II-IV), das später in Art. 2408 *Codice Civile* übernommen wurde.[413]

Das Beanstandungsrecht war zusammen mit dem 1999 eingeführten Einsichtsrecht (früherer Art. 135, durch Gesetz Nr. 441/2006 abgeschafft) und Sonderprüfungsrecht (Art. 136 LSC) als die Grundlage der aktiven Informationsrechte des Aktionärs und von der Zielsetzung her als ein Hauptmittel zum Schutz von Minderheitsaktionären gedacht. In wie weit es aber in der Praxis zu einer Verbesserung der Rechtsstellung der Minderheitsaktionäre beigetragen hat, ist eher fraglich. Die sehr hohe Beteiligungsquote, die bis vor kurzem für die Ausübungsberechtigung verlangt wurde (25 % des Grundkapitals – siehe Punkt 3.II.B.2.3 unten), hat die praktische Bedeutung dieses gesetzlichen Schutzmittels erheblich reduziert. Aus diesen Gründen wurde durch das neue Kapitalmarktgesetz 2004 ein spezielles Beanstandungsrecht gegenüber dem Abschlussprüfer eingeführt (Art. 259 LPC; siehe auch die Durchführung dieser Bestimmung in Art. 113 F CNVM-VO Nr. 1/2006), das von einer 5 % Minderheit ausgeübt werden darf. Dies steht aber nur den Aktionären von börsennotierten Gesellschaften zur Verfügung.[414]

Darüber hinaus ist eine gewisse Parallelität zwischen dem Beanstandungsrecht und dem Sonderprüfungsrecht bemerkbar. Der Hauptunterschied besteht darin, dass beim ersteren (in der Form des Art. $164^1$ LSC) der Prüfer zu den Organen der Gesellschaft gehört, d.h. eine interne Prüfung stattfindet, während beim letzteren der Prüfer ein externer Sachverständiger ist. In der Form des Art. 259 LPC ähnelt das Beanstandungsrecht dem Sonderprüfungsrecht, aber externer Prüfer ist in diesem Fall der Abschlussprüfer der Gesellschaft selbst. Man kann in diesem Kontext die Frage stellen, ob diese verschiedenen Rechte der Aktionäre auf Beantragung einer Überprüfung nach rumänischem Recht die Effizienz des Minderheitsschutzes nicht vielleicht mindern statt sie zu verbessern.

---

413 Art. 2408 *Codice Civile*, so wie er durch die 2003 Reform geändert wurde, lautet: „*(Denunzia al collegio sindacale)*. – Ogni socio può denunziare i fatti che ritiene censurabili al collegio sindacale, il quale deve tener conto della denunzia nella relazione all'assemblea.
Se la denunzia è fatta da tanti soci che rappresentino un ventesimo del capitale sociale o un cinquantesimo nelle società che fanno ricorso al mercato del capitale di rischio, il collegio sindacale deve indagare senza ritardo sui fatti denunziati e presentare le sue conclusioni ed eventuali proposte all'assemblea;
deve altresì, nelle ipotesi previste dal secondo comma dell'articolo 2406, convocare l'assemblea. Lo statuto può prevedere per la denunzia percentuali minori di partecipazione."

414 Diese Bestimmung hatte einen Vorgänger in Art. 106 DringAnO Nr. 28/2002 (der früheren Hauptregelung des Kapitalmarktes). Letzterer sah sowohl ein Beanstandungs- (gegenüber Verwaltungsrat oder Zensoren – Art. 106 I-II) als auch ein Sonderprüfungsrecht (Art. 106 III) vor.

### 2.2. *Bereich der Überprüfung*

Weder das LSC noch das LPC sind in der Bestimmung des Bereichs der möglichen Aktionärsbeanstandungen sehr präzise. Art. $164^1$ LSC spricht von „Tatsachen, die die Aktionäre für überprüfungsbedürftig halten“, während in Art. 259 I b LPC von „beanstandeten Vorgängen“ die Rede ist. Insoweit ist anzunehmen, dass alle Tatsachen/Vorgänge, die die Tätigkeit der Gesellschaft und ihrer Organe betreffen, Gegenstand einer von den Aktionären aufgrund dieser Vorschriften verlangten Überprüfung werden können. Der Anwendungsbereich dieser Bestimmungen ist damit einerseits umfangreicher als derjenigen der Sonderprüfung aufgrund Art. 136 LSC (die hauptsächlich auf Angelegenheiten der Geschäftsführung beschränkt ist) und umfasst sowohl die Geschäftsführung als auch die Aufsicht sowie auch die Abschlussprüfung selbst. Andererseits kann dieser Anwendungsbereich den Tätigkeitsbereich der Zensoren oder internen Wirtschaftsprüfer nicht ausufern.[415]

### 2.3. *Antragsberechtigte*

Die Antragsberechtigung nach dem LSC ist abgestuft. Grundsätzlich ist jeder Aktionär dazu befugt, gegenüber den Zensoren bzw. den internen Wirtschaftsprüfern Tatsachen zu beanstanden, wobei das betroffene Organ diese Tatsachen bei seiner regelmäßigen Berichterstattung (gegenüber der HV u/o gegenüber dem Verwaltungsrat bzw. Aufsichtsrat) berücksichtigen muss (Art. $164^1$ I und III 1 und 2 LSC). Wenn die Beanstandung aber von einem Aktionär oder von einer Aktionärsminderheit ausgeht, dessen/deren Anteile zumindest 5 % des Grundkapitals erreichen (oder einen niedrigeren Wert, wenn die Satzung dies zulässt), ist das zuständige Organ zur Überprüfung dieser Tatsachen und ggf. zur anschließenden speziellen Berichterstattung verpflichtet (Art. $164^1$ II 1 und III 3 LSC). Die Mindestschwelle der Kapitalbeteiligung in diesem letzteren Fall lag seit dem Inkrafttreten des LSC in 1990 bei 25 % des Grundkapitals und wurde erst durch Gesetz Nr. 441/2006 auf 5 % herabgesetzt, um die fragliche Vorschrift von einem praktisch wirkungslosen Mittel des Minderheitsschutzes in ein funktionales Schutzmittel umzuwandeln. Bemerkenswert in diesem Zusammenhang ist, dass im Handelsgesetzbuch von 1887 die Verpflichtung der Zensoren zur Überprüfung der beanstandeten Tatsachen schon durch den Antrag einer 10%igen Minderheit begründet werden konnte, während im Entwurf des Handelsgesetzbuches von 1938 diese Mindestbeteiligung sogar auf 5 % reduziert wurde.[416] Dass im LSC 1990 ein so hoher Kapitalanteil vorgesehen wurde, kann nur durch das Misstrauen des damaligen Gesetzgebers gegenüber der Idee eines aktiven Aktionariats erklärt

---

415 Diesbezüglich siehe *Stanciu D. Cărpenaru*, Drept comercial român, Bukarest 2007, S. 362 ff.

416 *Marius Şcheaua*, a.a.O., S. 342.

werden, was der heutige Gesetzgebers jedoch fördern will. In systematischer Hinsicht ist auch zu erwähnen, dass die Antragsberechtigung beim Beanstandungsrecht im Vergleich niedriger als beim Sonderprüfungsrecht ist (eine Aktie bzw. 5 % des Grundkapitals gegenüber 10 % des Grundkapitals), was zu einer gewissen funktionalen Komplementarität dieser Rechte im Rahmen eines abgestuften Minderheitsschutzes führt.

### *2.4. Pflichten der Zensoren bzw. der internen Wirtschaftsprüfer*

Entsprechend der gestaffelten Antragsberechtigung ist auch der Pflichtenaufbau der Zensoren bzw. der internen Wirtschaftsprüfer unterschiedlich gestaltet. Bei einer Beanstandung durch Aktionäre, deren Anteile (einzeln oder zusammen) unter der 5%igen Mindestkapitalbeteiligung liegen, besteht nur eine Pflicht auf „Berücksichtigung" der betroffenen Tatsachen. Nach ihrem freien Ermessen können die Zensoren bzw. die internen Wirtschaftsprüfer diese überprüfen und sie anschließend im Wege der regelmäßigen Berichterstattung der HV (Art. $164^1$ I LSC) bzw. dem Verwaltungsrat oder dem Aufsichtsrat (Art. $164^1$ III 1 und 2 LSC) melden. Dagegen besteht für die Zensoren (Art. $164^1$ II LSC) bzw. für die internen Wirtschaftsprüfer (Art. $164^1$ III 3 LSC) eine „Pflicht" zur Überprüfung, wenn die Anteile der Antragsteller 5 % des Grundkapitals übersteigen.

Darüber hinaus bestehen im letzteren Fall zusätzliche Pflichten, wobei deren unterschiedliche Regelung für die Zensoren einerseits und für die internen Wirtschaftsprüfer andererseits verwirrend erscheint. Wenn nämlich die Zensoren die Beanstandung der 5%igen Minderheit für begründet und dringend halten, müssen sie selbst die HV unverzüglich einberufen und ihr über die Ergebnisse ihrer Überprüfung berichten; sollten sie diese Beanstandung dagegen für unbegründet oder nicht dringend halten, müssen sie über die Ergebnisse der Überprüfung erst in der nächsten stattfindenden HV berichten. In beiden Fällen muss die HV aber über den Zensorenbericht beschließen (Art. $164^1$ II 2-4 LSC). Wenn aber die internen Wirtschaftsprüfer die beanstandeten Tatsachen für begründet ansehen, müssen sie einen diesbezüglichen Bericht vorbereiten und ihn dem Verwaltungsrat bzw. dem Aufsichtsrat vorlegen, die ihrerseits verpflichtet sind, die HV selbst einzuberufen. Der Wirtschaftsprüferbericht muss der HV zugeleitet werden (Art. $164^1$ III 3 LSC). Ein HV-Beschluss ist diesmal nicht mehr zwingend vorgesehen. Diese unterschiedliche Regelung ist erstens darauf zurückzuführen, dass das Gesetz für die Zensoren traditionell die Kompetenz der HV-Einberufung vorsah (vgl. den früheren Art. 163 IV b LSC[417]), während diese den internen

417 Der frühere Art. 163 IV b LSC lautete: „Die Zensoren sind auch verpflichtet: ... b) die ordentliche oder außerordentliche Generalversammlung einzuberufen, wenn sie nicht vom Verwaltungsrat einberufen wurde."

Wirtschaftsprüfern nicht zustand. Dieser Grund ist aber nach der 2006-Reform weniger relevant, weil in ihrem Verlauf die allgemeine Regel des Art. 163 IV b LSC zur HV-Einberufung durch die Zensoren abgeschafft wurde.[418] Zweitens kann die unterschiedliche Größe der AGs sowie das damit verbundene unterschiedliche Rechtsschutzsystem eine Rolle gespielt haben (denn Zensoren werden in der Regel nur noch für kleinere AGs bestellt und interne Wirtschaftsprüfer für große AGs, die einer Wirtschaftsprüfungspflicht unterliegen – siehe in diesem Sinne Art. 160 III LSC iVm Art. 3 und Art. 5 der Anordnung des rumänischen Finanzministers Nr. 1752 vom 17. November 2005[419]).

**Zusammenfassung**

Die Informationsrechte der Aktionäre bilden eine Grenzkategorie zwischen den Vermögens- und den Mitwirkungsrechten. Sie bieten einerseits die Möglichkeit einer Kontrolle der Verwendung ihrer Kapitalbeteiligung durch die Gesellschaft bzw. durch die Verwaltung und andererseits eine Basis für die qualifizierte Ausübung der Mitwirkungsrechte. Nicht zuletzt wegen der rasanten Entwicklung der modernen Kommunikationsmedien sind die Informationsrechte als eigenständige Kategorie des Minderheitsschutzes zu betrachten. Systematisch kann zwischen einem informationellen Aussenschutz der Anleger durch die Handelsregister- und Kapitalmarktpublizität und einem informationellen Innenschutz der Aktionäre durch das Gesellschaftsrecht unterschieden werden.

Die Handelsregisterpublizität spielt insbesondere für die (prospektiven) Aktionäre derjenigen Aktiengesellschaften eine Rolle, die nicht börsennotiert sind und dadurch nicht den umfangreichen Publizitätspflichten des Kapitalmarktes unterliegen. Sowohl in Rumänien als auch in Deutschland werden die Handelsregister von den Gerichten geführt, nachdem in beiden Ländern eine Debatte darüber stattgefunden hat, ob sie nicht besser auf die Handels- und Industriekammer verlagert werden sollten. Während die gesellschaftsrechtlichen Informationsrechte nur den Aktionären als Verbandsmitglieder zur Verfügung stehen, werden Informationen, die über das Handelsregister und über sonstige Informationspflichten von der AG verfügbar gemacht werden, an eine interessierten Öffentlichkeit gerichtet. Solche Informationen müssen aber auch den Aktionären auf Antrag direkt vorgelegt werden.

---

418 Die Zensoren dürfen jetzt nur noch in einigen Spezialfällen die HV einberufen, vgl. Art. $137^2$ V und Art. $164^1$ II 2 LSC.

419 M.Of. Nr. 1080 vom 30.11.2005 (in der durch die Anordnung Nr. 2374/2007 geänderten Fassung).

Die nationalen Informationsordnungen im Kapitalmarktrecht sind sehr eng an die intensive europarechtliche Regelung dieses Sektors gebunden. Durch den *Financial Services Action Plan* und das Lamfalussy-Verfahren ist der europäische informationelle Anlegerschutz neu bestimmt worden, wobei er als ein Unterfall des Verbraucherschutzes betrachtet wurde. Die EU-Angleichungsmaßnahmen im Kapitalmarktrecht beruhen auf dem Herkunftslandsprinzip, was erheblich zur Kapitalverkehrsfreiheit beiträgt. Eine gewisse Parallelität besteht insoweit zum Beitrag der Gründungstheorie zur Niederlassungsfreiheit im Gesellschaftsrecht.

Bezüglich der Voraussetzungen der Börsenzulassung sind für den Anlegerschutz insbesondere Informationen über die Finanzlage des Emittenten und über die Eigenschaften der Wertpapiere von Bedeutung, die in Form eines Prospekts veröffentlicht werden. Die Prospektspflichten sind die wichtigsten Pflichten der Emittenten aus der Perspektive des Primärmarktrechts. Die sonstigen Publizitätspflichten entsprechen dem Sekundärmarkt der Wertpapiere. Die Aufsichtsbehörden des Kapitalmarkts spielen durch ihre Prospektgenehmigungsfunktion die Rolle von externen *Gatekeepers* im Informationsverkehr zwischen Emittenten und Anlegerschaft. Auf europäischer Ebene wurden die Prospektvoraussetzungen durch die Prospekt-RL 2003 sowie durch die Prospekt-VO 2004 bestimmt, die die Schaffung eines „europäischen Passes für Emittenten" beabsichtigten. Diese Vorgaben sind inzwischen sowohl in die rumänische als auch in die deutsche Rechtsordnung umgesetzt worden. Dabei ist aber zu erwähnen, dass die Prospekthaftung europarechtlich nur minimal geregelt wird, so dass sie grundsätzlich eine Frage des jeweiligen nationalen Rechts bleibt und insoweit eine Rolle im Rahmen des Wettbewerbs der Kapitalmärkte spielen kann.

Auf dem Kapitalmarkt stellt die dem Gesellschaftsrecht spezifische und auf eine gewisse Stabilität des Aktionärskreises basierende Informationsversorgung anlässlich der Hauptversammlungen keine hinreichende und effiziente Kommunikationsweise zwischen der AG und ihre Aktionären dar. Deshalb normiert das Kapitalmarktrecht die Pflicht einer HV-unabhängigen Berichterstattung börsennotierter AGs. Diese unterliegen nicht nur einer ursprünglichen Informationspflicht durch den Prospekt, sondern sollen die Anleger darüber hinaus mit regelmäßigen und laufenden Informationen über sich selbst versorgen. Die regelmäßigen Publizitätsverpflichtungen der Emittenten knüpften ursprünglich in beiden Rechtsordnungen an die Börsenzulassung an. Nach der Umsetzung der Transparenz-RL gilt jetzt aber sowohl in Rumänien als auch in Deutschland der Grundsatz der Herkunftslandskontrolle. Die regelmäßigen Informationen teilen sich in jährliche Berichterstattung (in Form von Jahresbericht, jährlichem Dokument und Unternehmenskalender) und unterjährige Berichterstattung (in Form von Halbjahresbericht, Quartalbericht oder Zwischenmitteilung der Geschäftsführung).

Als Ergänzung der regelmäßigen Publizitätspflichten sieht das Kapitalmarktrecht laufende Publizitätspflichten der Emittenten vor, wie im Falle der Ad-hoc-Publizität bezüglich Insiderinformationen und der damit verwandten Offenlegung von sog. *directors' dealings* bzw. von sog. *related party transactions* oder im Falle der Veröffentlichung von Änderungen der Stimmrechtsanteile und von wesentlichen Beteiligungen der Aktionäre. Auf europäischer Ebene wird die laufende Publizität grundsätzlich durch die Marktmissbrauchs-RL von 2003 und die Transparenz-RL von 2004 geregelt, die inzwischen in die rumänische und in die deutsche Rechtsordnung umgesetzt wurden. Den europarechtlichen Vorgaben folgend wird in Deutschland die Ad-hoc-Publizität in enger Verbindung mit dem Insiderhandelsverbot geregelt, wobei das Institut *directors' dealings* ein enges Verhältnis zur Regelung des Insiderhandels aufweist und deshalb vom WpHG im Abschnitt über Insiderüberwachung eingeordnet wurde. Dagegen wird in Rumänien einerseits eine Trennung zwischen Ad-hoc-Publizität und Insiderhandelsverbot gemacht; andererseits werden directors' dealings als solche nicht geregelt, sondern nur allgemeine Regeln zur Offenlegung von *related party transactions* bestimmt, die in kein systematisches Verhältnis zu den Bestimmungen über die Ad-hoc-Publizität oder über Insiderhandel gebracht wurden. Das Ergebnis dieses Regulierungsansatzes sind zersplitterte und sich überlappende Bestimmungen, die *de lege ferenda* geändert werden sollten, wobei die deutsche Regelung als Bezugspunkt herangezogen werden kann.

Zu den laufenden Publizitätspflichten zählt auch die Offenlegung bedeutender Stimmrechtsanteile (und damit der Stimmkraftverteilung in der AG) bzw. Kapitalbeteiligungen (und damit der AG-Eigentumsstruktur) der Aktionäre. Diese dient dem Schutz der Kleinaktionäre, indem sie ihnen eine laufende Übersicht über die Machtverhältnisse innerhalb des Aktionariats einerseits und zwischen Gesellschaftsverwaltung und Großaktionären andererseits ermöglicht. Dieselben Informationen sind ein wichtiger Hinweis über die Liquidität des Marktes für die jeweiligen Wertpapiere und über das verfügbare *free-float*, was für neue Anleger von besonderer Bedeutung ist. Die europarechtliche Regelung durch die Transparenz-RL wurde entsprechend im rumänischen und im deutschen Recht umgesetzt. Den Stimmrechten des Meldepflichtigen stehen sonstige (einem Dritten gehörende) Stimmrechte gleich, deren Ausübung er direkt oder indirekt, *de jure* oder *de facto* kontrolliert oder kontrollieren kann, und werden ihm für den Zweck der Mitteilungspflicht zugerechnet. Ein ähnliches Problem der Zurechnung der Stimmrechte stellt sich auch beim Pflichtangebot im Übernahmeverfahren. Die Bestimmungen zu den Mitteilungspflichten und zur Zurechnung der Stimmrechte dienen gleichzeitig dem Anlegerschutz und der Funktionsfähigkeit des Kapitalmarktes.

Entscheidend für den Anlegerschutz ist des weiteren die Tätigkeit der Aufsichtsbehörden: des rumänischen CNVM (Nationaler Wertpapierausschuss), der deutschen BaFin (Bundesanstalt für Finanzdienstleistungsaufsicht) und des europäischen CESR (Ausschuss der europäischen Wertpapierregulierungsbehörden). Die nationalen Behörden erfüllen ihren Auftrag durch die Regulierung des Kapitalmarktes einerseits und durch dessen Aufsicht (Bekämpfung des Insiderhandels und der Kurs- und Marktmanipulationen, Überwachung der Meldepflichten bei Geschäften von Führungspersonen und beim Erwerb bestimmter Beteiligungen, sowie allgemeine Aufsicht über die Einhaltung der Verhaltensregeln des Kapitalmarktrechts) andererseits. Die Marktmanipulation als solche ist Gegenstand der Marktmissbrauchs-RL von 2003, die zwischen Manipulation durch Geschäfte und durch Verbreitung von Informationen unterscheidet. Diese Regeln wurden in den nationalen Rechtsordnungen bereits umgesetzt.

Endadressat der im Wege der Kapitalmarktpublizität veröffentlichten Informationen ist der Anleger als „Endverbraucher". In der Kapitalmarktspraxis werden diese Informationen aber oft durch Intermediäre (Investmentgesellschaften oder Kreditinstitute) vermittelt und aufgeklärt. Insbesondere die Kleinanleger verlassen sich meistens bei ihren Anlageentscheidungen auf die auf diese Weise filtrierten Marktangaben. Die Informationsasymmetrien, die dadurch zwischen den Intermediären als professionellen Kapitalmarktteilnehmern und Kleinanlegern als weniger erfahrenen Teilnehmern entstehen, berechtigen die letzteren zu einem spezifischen gesetzlichen informationellen Schutz, der entweder direkt ist, durch Verhaltensregeln für Intermediären, oder indirekt, durch eine strikte Regelung des Intermediärenstatus.

Während die kapitalmarktrechtlichen Publizitätspflichten nur für börsennotierte AGs gelten, sind für die Aktionäre aller AGs die gesellschaftsrechtlichen Informationsrechte von Bedeutung. Diese können in HV-bezogene Informationsrechte und Informationsrechte durch Sachverständige und Abschlussprüfer unterteilt werden. Zur ersten Kategorie gehören die Informationen vor und in der Hauptversammlung sowie die HV-Dokumentations- und Publizitätspflichten. Die Regelung des regelmäßigen HV-Einberufungsverfahren ist für den Dispositionsschutz des Aktionärs bezüglich der Teilnahme und ggf. Abstimmung in der HV besonders relevant. In beiden Rechtsordnungen gilt eine verhältnismäßig lange Einberufungsfrist von mindestens dreißig Tagen, was die aktive Beteiligung der Aktionäre fördern soll. Die Einberufungsbekanntmachung ist in Deutschland im elektronischen Bundesanzeiger und in Rumänien im Amtsblatt und in einer am Ort des Sitzes der Gesellschaft verbreiteten Zeitung zu veröffentlichen. Die Einberufung soll nach rumänischem Recht Mindestangaben wie Ort und Zeitpunkt der HV sowie die Tagesordnung enthalten. Das deutsche Recht macht eine formelle Trennung zwischen Bekanntmachung der Einberufung und der Tagesordnung. Inhaltlich sind aber die Bestimmungen in beiden Rechtsordnungen ziemlich nah beieinander. Dementsprechend sind den Aktionären vor der (ordentlichen) HV folgende Dokumente zur Verfügung zu stellen: der Jahresabschluss, der Lagebericht, ggf. der Bericht des Aufsichtsrats, der Vorschlag der Verwaltung für die Verwendung des Bilanzgewinns.

Das Frage- und Auskunftsrecht ist eines der wichtigsten gesellschaftsrechtlichen Mittel zur direkten Informationsbeschaffung durch die Aktionäre. In Rumänien wurde das ursprüngliche Einsichtsrecht im Jahre 2006 abgeschafft und durch ein HV-bezogenes Auskunftsrecht ersetzt. In beiden Rechtsordnungen stellt das Auskunftsrecht ein bedeutendes Informationsmittel nicht nur für die Aktionäre selbst, sondern auch für die HV als kollektives Willensbildungsorgan dar. Alle Aktionäre sind antragsbefugt, unabhängig davon, ob sie Stamm- oder Vorzugsaktionäre sind und unabhängig von ihrer Beteiligungsquote. Während das rumänische Recht die Schriftform zwingend vorschreibt, erfolgt das Auskunftsverlangen nach deutschem Recht mündlich in der HV. Diese Flexibilität des deutschen Rechts wird aber dadurch relativiert, dass das Rederecht zeitlich beschränkt werden kann. Inhaltlich erlaubt das rumänische Recht Fragen zur Gesellschaftstätigkeit, die im Falle von vertraulichen Informationen nicht beantwortet werden dürfen. Die Auskunft ist nach deutschem Recht nur zu erteilen, wenn sie für die Tagesordnung erforderlich ist und nicht gegen die Schweigepflicht der Vorstandsmitglieder verstößt; darüber hinaus ist in bestimmten Fällen ein Auskunftsverweigerungsrecht vorgesehen. Bei der Auskunftserteilung sollen die Gesellschaftsorgane nach beiden Rechtsordnungen die Aktionäre gleich behandeln.

Die gesetzlich vorgeschriebene Dokumentation der HV-Sitzungen (darunter werden sowohl die Zusammenstellung eines HV-Teilnehmerverzeichnisses als auch die Protokollierung der HV-Sitzungen eingeordnet) und die Publizität der HV-Beschlüsse über das Handelsregister sind in beiden Rechtsordnungen besonders wichtig, und zwar sowohl als Informations- als auch als Beweismittel. Zur Information dienen sie insbesondere für die abwesenden oder zukünftigen Aktionäre, aber auch für interessierte Dritte im Allgemeinen. Als Beweismittel kommen sie insbesondere bei HV-bezogenen Streitigkeiten zum Tragen.

Als indirekte Formen der Informationsbeschaffung für die Aktionäre sieht das Gesellschaftsrecht die Bestellung eines Sonderprüfers und die Beanstandung gegenüber Zensoren bzw. internen Wirtschaftsprüfern vor. Beide Rechte sind typische Minderheitsrechte, d.h. an eine Mindestbeteiligung am Grundkapital gebunden. Das Recht auf Sonderprüfung betrifft einzelne Vorgänge bei der Gründung oder Geschäftsführung der Gesellschaft. Antragsberechtigt sind nach rumänischem Recht Aktionäre, die 10 % des Grundkapitals vertreten, wobei die Aktien im Voraus hinterlegt werden müssen. Nach deutschem Recht genügt es, dass eine Aktionärsminderheit nur 1 % des Grundkapitals oder dessen anteiligen

Betrag von 100.000 Euro erreicht. Die Person des Sonderprüfers soll gewisse Kriterien bezüglich Unparteilichkeit und Fachkenntnissen erfüllen. Nach beiden Rechtsordnungen müssen die Organmitglieder dem Sonderprüfer die ersuchten Informationen aktiv zugänglich machen und nicht nur das Prüfungsverfahren passiv gestatten. Die Kosten der Sonderprüfung sind grundsätzlich von der Gesellschaft zu tragen.

Das Recht der Minderheitsaktionäre auf Beanstandung gegenüber Zensoren bzw. internen Wirtschaftsprüfern wird nur vom rumänischen Recht vorgesehen. Es wurde im 19. Jahrhundert nach einem italienischen Muster in das rumänische HGB eingeführt und ist auf die spezifische Institution des Zensors zurückzuführen. 2006 wurde es ausgedehnt, um eine Ausübung auch gegenüber internen Wirtschaftsprüfern zu gestatten. Zum Bereich der Überprüfung gehören alle Vorgänge, die die Tätigkeit der Gesellschaft betreffen. Die Antragsberechtigung ist dahingehend abgestuft, dass jeder Aktionär zur Beanstandung befugt ist, jedoch erst beim Antrag einer 5 %igen Minderheit das betroffene Organ zur Überprüfung und Berichterstattung gesetzlich verpflichtet ist. Die unterschiedliche Regelung der Pflichten der Zensoren und der internen Wirtschaftsprüfer ist schwer nachvollziehbar, obwohl sie gewisse historische und wirtschaftliche Gründe hat.

# Viertes Kapitel: Mitwirkungs- und Klagerechte

## I. Mitwirkungsrechte in der HV

### *A. Rolle und Zuständigkeiten der Hauptversammlung*

#### *1. Hauptversammlung im AG-Machtgefüge*

Aufgrund der Tatsache, dass die AG eine juristische Person ist, bedarf sie zum Handeln bestimmter Organe. Im monistischen System sind dies der Verwaltungsrat und die HV, im dualistischen System das Direktorat bzw. der Vorstand, der Aufsichtsrat und die HV. Während bei den Personengesellschaften im Allgemeinen dieselben Personen, die das Unternehmensrisiko tragen, auch mit der Unternehmensleitung beauftragt sind, ist für die AG grundsätzlich kennzeichnend, dass die Aktionäre das wirtschaftliche Risiko (in Höhe ihrer Kapitaleinlage) tragen, ohne an der Leitung des Unternehmens beteiligt zu sein. Die Aktionäre üben ihre Rechte in der HV aus und entscheiden mehrheitlich über die Tätigkeit der Gesellschaft. Die Hauptversammlung ist daher dasjenige Organ der AG, in dem sich der Gesellschaftswille bildet.[420] Sie kann auch als Sitz der Aktionärsdemokratie[421] bzw. als „Parlament" der Gesellschaft[422] betrachtet werden.

Der Aktiengesellschaft ist eine bestimmte Gewaltenteilung spezifisch: Im monistischen System wählt die HV die Mitglieder des Verwaltungsrates aus, die dann selbst aus ihren Reihen oder von außerhalb des Verwaltungsrates Direktoren (*officers*) bestimmen können. Im letzteren Fall fungieren die nicht-exekutiven Mitglieder des Verwaltungsrates (die nicht zu Direktoren werden) als Kontrollstelle für die Tätigkeit der exekutiven Mitglieder. Im dualistischen System wählt die HV die Mitglieder des Aufsichtsrates, der dann selbst als Organ die Mitglieder des Direktorats bzw. des Vorstands bestimmt und als Kontrollstelle für die Tätigkeit dieser Organe fungiert. In beiden Systemen befindet sich die Hauptversammlung dadurch an der Basis der „demokratischen" Legitimation der Gesellschaftsorgane.

420 *Cristian Gheorghe*, Societăţile comerciale. Voinţa asociaţilor şi voinţa socială, Bukarest 2003, S. 78 ff.

421 BverfG, NJW 2000, 349, 351 – nach *Karsten Schmidt*, Gesellschaftsrecht, Köln 2002, S. 837.

422 *Günter Henn*, Handbuch des Aktienrechts, Heidelberg 2002, S. 380.

Die Fragen der Nominierung und Vergütung der Verwaltungsmitglieder in der Aktiengesellschaft und der entsprechenden Kontrolle durch die Hauptversammlung und im Endeffekt durch die Aktionäre sind für eine gute Corporate Governance zentral. Aufgrund der früheren Empfehlungen der OECD[423] wurden diese Angelegenheiten im rumänischen Recht durch das Reformgesetz Nr. 441/2006 neu und ausführlich geregelt.[424] Diese Bestimmungen wurden in 2009 durch das neue Rumänische Corporate-Governance-Kodex bestätigt.[425] Im deutschen Recht werden die Bestellung und Vergütung der Vorstands- bzw. der Aufsichtsratsmitglieder sowohl durch das Aktiengesetz als auch durch den Deutschen Corporate Governance Kodex geregelt.[426] Diese Bestimmungen wurden nicht zuletzt von den entsprechenden europarechtlichen Entwicklungen beeinflusst[427], deren Hauptanliegen die Verstärkung der Aktionärskontrolle und der Rolle der Hauptversammlung in der Aktiengesellschaft war.

### 2. *Zuständigkeiten der Hauptversammlung*

#### 2.1. *Rumänischer Regelungsansatz*

Die HV stellt nach rumänischem Recht sowohl im Falle einer monistischen als auch im Falle einer dualistischen AG das oberste Organ der AG dar. Dies drückt sich in dem breit gefassten Zuständigkeitsfeld der HV aus. Im Unterschied zum deutschen Recht, das in § 119 AktG die HV-Kompetenzen abschließend aufzählt, ist die Regelung der HV-Zuständigkeiten nach rumänischem Recht nicht abschließend, weder für die ordentliche (Art. 111 II LSC) noch für die außerordent-

---

423 Siehe den OECD-Bericht „Guvernanţa corporativă în România“ 2001, Punkt. 6.5, S. 15 (verfügbar unter http://www.oecd.org/dataoecd/17/13/2390809.pdf) sowie *A. Ene, N. Fatu*, Corporate Governance in Romania. 2001 – 2004, S. 75 ff. (verfügbar unter http://www.oecd.org/dataoecd/56/54/33716869.pdf).

424 Siehe dazu Art. $137^1$ und Art. $153^6$ LSC, bzw. Art. $153^{18}$ LSC. In Anlehnung an die Empfehlungen der Europäischen Kommission wurde vielmehr die Möglichkeit der Einsetzung spezieller Ausschüsse des Verwaltungsrates bzw. des Aufsichtsrates in Fragen der Nominierung, Vergütung und Prüfung durch Gesetz vorgesehen (siehe dazu Punkt 1.III.B.2.2 oben), so wie sie auch in Deutschland durch Sektion 5.3 des Deutschen Corporate Governance Kodex geregelt ist.

425 Siehe Art. 3 ff. RCGK.

426 Siehe z.B. § 84 und § 87 AktG bzw. § 101 und § 113 AktG, sowie Sektion 4.2 und Sektion 5.4 DCGK.

427 *Athanasios Kouloridas, Jens von Lackum*, Recent Developments of Corporate Governance in the European Union and their Impact on the German Legal System, in German Law Journal Nr. 10/2004 (verfügbar unter http://www.germanlawjournal.com/article.php?id=506).

liche HV (Art. 113 m LSC).[428] Als oberstes Organ der AG spricht ihr damit das Gesetz grundsätzlich eine Allzuständigkeit zu. Dies kann auch als ein Mittel des Aktionärsschutzes betrachtet werden, indem den Aktionären durch die HV ein großer Gestaltungsspielraum innerhalb der Gesellschaft eröffnet wird. In Verbindung mit dem Mehrheitsprinzip bei der Beschlussfassung kann dieser Spielraum aber von den Mehrheitsaktionären auch zum eigenen Vorteil und zum Nachteil der Minderheitsaktionäre ausgenutzt werden. Die Mechanismen des Minderheitsschutzes sowie des Individualschutzes des Aktionärs sind dazu gedacht, diesem Risiko vorzubeugen. Die Mitwirkungsrechte der Aktionäre stellen ein sehr wichtiges Gebiet dar, wo diese vertikalen und horizontalen Machtverhältnisse vielleicht mehr als in anderen Gebieten des Aktienrechts zum Ausdruck kommen.

Die Trennung des rumänischen Rechts zwischen ordentlicher und außerordentlicher HV (Art. 110 I LSC) ist selbst ein Mechanismus des Aktionärs- und Gläubigerschutzes, indem nämlich für die außerordentliche HV, die über wichtigere Angelegenheiten beschließt, höhere Quorums- und Mehrheitserfordernisse aufgestellt werden (siehe dazu Art. 115 LSC im Vergleich mit Art. 112 LSC; für eine detaillierte Darstellung dieser Erfordernisse siehe Punkt 4.I.B.2.2 sowie Punkt 4.I.D.3 unten). Praktisch gesehen kann eine und dieselbe Hauptversammlung sowohl über ordentliche als auch über außerordentliche Angelegenheiten beschließen, soweit die entsprechenden Quorums- und Mehrheitserfordernisse eingehalten werden.[429]

### *2.1.1. Ordentliche Hauptversammlung*

Die ordentliche HV tritt zumindest einmal im Jahr, binnen 5 Monaten nach dem Abschluss des Geschäftsjahres zusammen (Art. 111 I LSC). Zu ihren Zuständigkeiten zählen die Genehmigung des Jahresabschlusses aufgrund der Berichte des Verwaltungsrates (bzw. von Direktorat und Aufsichtsrat) sowie der Zensoren und des Abschlussprüfers und die Festsetzung der Dividende (Art. 111 II a LSC), die Wahl und Abberufung der Mitglieder des Verwaltungsrates und des Aufsichtsrates und der Zensoren bzw. die Festlegung ihres Entgeltes (Art. 111 II b bzw. c LSC), die Ernennung und Absetzung des Abschlussprüfers (Art. 111 II $b^1$ LSC)[430], die Entlastung des Verwaltungsrates bzw. des Direktorats (Art. 111 II d LSC), die Festlegung des Haushaltsplans und ggf. des Tätigkeitsprogramms für das folgende Rechnungsjahr (Art. 111 II e LSC).

---

428 Dabei soll aber darauf hingewiesen werden, dass bei der Zuschreibung einer ungeschriebenen Kompetenz die außerordentliche HV eine gewisse Priorität gegenüber der ordentlichen HV genießt, gerade um die Minderheitsaktionäre vor einer leichten Majorisierung zu schützen.

429 *Sorin David*, in *St. D. Cărpenaru u.a.*, a.a.O. (2009), Art. 110 Rn. 10.

430 Art. 111 II $b^1$ LSC wurde erst durch Gesetz Nr. 441/2006 eingeführt.

### *2.1.2. Außerordentliche Hauptversammlung*

Die außerordentliche HV tritt immer dann zusammen, wenn ein Beschluss innerhalb ihres Kompetenzfeldes zu fassen ist. Gemäß der rumänischen Doktrin[431] hat die außerordentliche HV eine Auffangkompetenz, d.h. sie ist dann zuständig, wenn das Gesetz oder die Satzung eine bestimmte Kompetenz der ordentlichen HV oder einem anderen Organ der Gesellschaft nicht ausdrücklich zuschreibt und wenn es sich nicht um die ordentliche Tätigkeit der Gesellschaft handelt. Darüber hinaus sieht Art. 113 LSC einige konkrete Fälle ihrer Zuständigkeit vor, nämlich die Änderung der Rechtsform der Gesellschaft (Art. 113 a LSC), Sitzverlegung (Art. 113 b LSC), Änderung des Tätigkeitsgegenstandes der Gesellschaft (Art. 113 c LSC), Errichtung oder Schließung von Zweitsitzen (Art. 113 d LSC), Verlängerung der Gesellschaftsdauer (Art. 113 e LSC), Kapitalerhöhung bzw. -herabsetzung (Art. 113 f bzw. g LSC), Verschmelzung oder Spaltung der Gesellschaft (Art. 113 h LSC), vorzeitige Auflösung der Gesellschaft (Art. 113 i LSC), Umwandlung von Namensaktien in Inhaberaktien und umgekehrt, bzw. Umwandlung der Aktien von einer Kategorie in eine andere (Art. 113 $i^1$ bzw. j LSC), Ausgabe von Schuldverschreibungen (Art. 113 l LSC), Umwandlung einer Kategorie von Schuldverschreibungen in eine andere Kategorie von Schuldverschreibungen oder in Aktien (Art. 113 k LSC), jede andere Satzungsänderung (Art. 113 m LSC). Die Zuständigkeiten nach Art. 113 b, c und f LSC können durch die Satzung oder durch Beschluss der außerordentlichen HV dem Verwaltungsrat bzw. dem Direktorat übertragen werden (Art. 114 I 1 LSC).

### *2.2. Deutscher Regelungsansatz*

In Deutschland sind die Beschlusskompetenzen der HV klarer umschrieben und von denen der anderen Organen abgegrenzt. Sie sind auf die im Gesetz oder in der Satzung ausdrücklich bestimmten Fällen beschränkt. Zur HV-Kompetenz gehören laufende Maßnahmen und Strukturmaßnahmen. Dies kann als Kehrseite der Tatsache betrachtet werden, dass das deutsche Recht nicht zwischen ordentlicher und außerordentlicher HV differenziert, sondern es bei einer einheitlichen HV belässt. Was die laufenden Maßnahmen betrifft, ist die HV gemäß dem Gesetz zuständig, die Mitglieder des Aufsichtsrates zu bestellen (§ 119 I Nr. 1 AktG), über die Verwendung des Bilanzgewinns zu beschließen (§ 119 I Nr. 2 AktG), die Mitglieder von Vorstand und Aufsichtsrat zu entlasten (§ 119 I Nr. 3 AktG) und den Abschlussprüfer zu bestellen (§ 119 I Nr. 4 AktG). Was die Strukturmaßnahmen anbelangt, kann die HV Satzungsänderungen beschließen (§ 119 I

---

431 *Sorin David*, in *St. D. Cărpenaru u.a.*, a.a.O. (2009), Art. 113 Rn. 1.

Nr. 5 AktG), Kapitalbeschaffungs- und Kapitalherabsetzungsmaßnahmen treffen (§ 119 I Nr. 6 AktG) bzw. über die Auflösung der Gesellschaft beschließen (§ 119 I Nr. 8 AktG). § 119 AktG ist aber bezüglich Strukturmaßnahmen nicht abschließend. Weitere solche Maßnahmen werden z.B. durch das Umwandlungsgesetz geregelt (Zustimmung zur Verschmelzung in §§ 65, 73 UmwG oder zu Umwandlungsbeschlüssen in §§ 226 ff. UmwG).

Neben laufenden und strukturellen Maßnahmen sieht das Gesetz auch einige Sonderfälle vor, in denen die HV zuständig ist, nämlich zur Bestellung von Prüfern zur Prüfung von Vorgängen bei der Gründung oder bei der Geschäftsführung (§ 119 I Nr. 7 AktG), Abberufung von Aufsichtsratsmitgliedern (§ 103 I AktG) oder Entscheidung über die Geltendmachung von Ersatzansprüchen (§ 147 AktG). Über Fragen der Geschäftsführung kann die HV nur entscheiden, wenn der Vorstand es verlangt (§ 119 II AktG). Zu fragen ist aber, ob der Vorstand bei Maßnahmen von besonderer Bedeutung zu einer Vorlage an die HV verpflichtet wäre. In seiner *Holzmüller*-Rechtsprechung ab den achtziger Jahren hat der BGH diese Frage bejaht.[432]

Wenn man die zwei Rechtsordnungen vergleicht wird ersichtlich, dass die Hauptversammlung nach rumänischem Recht über weiter gefasste Zuständigkeiten verfügt als nach dem deutschen. Dabei brauchen diese Zuständigkeiten nach rumänischem Recht nicht ausdrücklich durch Gesetz geregelt zu sein. Der Unterschied zwischen den zwei Rechtsordnungen ergibt sich daraus, dass die HV nach deutschem Recht nicht als das oberste Organ der Gesellschaft konzipiert ist.[433] Der deutsche Gesetzgeber von 1965 beabsichtigte vielmehr, ein gewisses Gleichgewicht zwischen den Gesellschaftsorganen, insbesondere zwischen HV und Vorstand zu schaffen.[434]

---

432 BGHZ 83, 122. Der BGH hat bei dieser Gelegenheit ungeschriebene Kompetenzen der Hauptversammlung anerkannt. Dementsprechend ist der Vorstand verpflichtet, bei Maßnahmen von besonderer Bedeutung die HV-Zustimmung nachzusuchen; dies betrifft: „grundlegende Entscheidungen, die ... so tief in die Mitgliedsrechte der Aktionäre und deren im Anteilseigentum verkörpertes Vermögensinteresse eingreifen, dass der Vorstand vernünftigerweise nicht annehmen kann, er dürfte sie in ausschliesslich eigener Verantwortung treffen, ohne die Hauptversammlung zu beteiligen." Zur *Holzmüller*-Rechtsprechung und zum Individualschutz des Aktionärs siehe auch *Thomas Liebscher*, Ungeschriebene Hauptversammlungszuständigkeiten im Lichte von Holzmüller, Macrotron und Gelatine, Zeitschrift für Unternehmens- und Gesellschaftsrecht (ZGR), Volume 34, Issue 1, Januar 2005, Pages 1-33.

433 *Uwe Hüffer*, a.a.O., § 119 Rn. 1.

434 Siehe auch *Christina Lorenz*, Die Zuständigkeit der Hauptversammlung im deutschen und US-amerikanischen Gesellschaftsrecht, Schriften zum Handels- und Gesellschaftsrecht, Bd. 48, Hamburg 2009.

### B. Einberufung und Teilnahme an der Hauptversammlung

### 1. Das Recht auf Einberufung der Hauptversammlung

#### 1.1. Einberufungsbefugnis

Die Hauptversammlung wird in der Regel vom Verwaltungsrat oder vom Direktorat (Art. 117 I LSC) bzw. vom Vorstand (§ 121 II AktG) einberufen. Sowohl das deutsche (§ 122 I AktG) als auch das rumänische Recht (Art. 119 LSC) erlauben aber einer 5 % Aktionärsminderheit, die Einberufung der HV zu verlangen.

Darüber hinaus sieht in Rumänien das LPC die Befugnis der CNVM (also der Nationalen Wertpapierkommission) vor, die HV-Einberufung durch den Verwaltungsrat bzw. das Direktorat der börsennotierten AGs zu verlangen und deren Tagesordnung festzusetzen. Sollte der Verwaltungsrat bzw. das Direktorat diesem Ersuchen nicht stattgeben, kann die CNVM sich an das zuständige Gericht wenden (Art. 2 V b und c LPC).

So wie unter Punkt 3.II.B.2.4 dargestellt, sind nach rumänischen Recht auch die Zensoren (Art. $164^1$ II LSC) zur HV-Einberufung befugt bzw. verpflichtet, wenn sie die Beschwerden der Aktionären, die 5 % des Grundkapitals vertreten, für begründet und dringlich halten.[435]

In den dualistisch verwalteten Aktiengesellschaften kann auch der Aufsichtsrat die HV einberufen. Dies ist aber nur als Ausnahmefall gedacht, wenn das Wohl der Gesellschaft es erfordert. Das rumänische Recht führte erst durch Gesetz Nr. 441/2006 das dualistische Verwaltungssystem ein und regelte diese Befugnis des Aufsichtsrats in dem neuen Art. $153^9$ LSC, der § 111 III 1 AktG ziemlich eng folgt.

435 Heutzutage, nach der LSC-Reform durch Gesetz Nr. 441/2006, ist die praktische Bedeutung des Rechts bzw. der Pflicht der Zensoren, die HV auf Antrag von 5 % der Aktionäre einzuberufen (Art. $164^1$LSC) gesunken, soweit die betroffenen Aktionäre die HV selbst einberufen können (Art. 119 LSC). Auch nach der früheren Fassung des Handelsgesellschaftengesetzes war dieser Schutzmechanismus nicht sonderlich effektiv, weil die HV-Einberufung durch Zensoren erst auf Antrag von 25 % der Aktionäre erfolgte (Art. 154 aF LSC), während 10 % der Aktionäre direkt die Einberufung beantragen konnten (Art. 119 aF LSC). Die Mehrwehrt besteht und bestand aber immerhin in der entsprechenden Untersuchung, die die Zensoren durchführen sollen/sollten.

### *1.2. Einberufung der HV auf Antrag einer Aktionärsminderheit*

#### *1.2.1. Aktivlegitimation*

In beiden Rechtsordnungen ist eine Gruppe von Aktionären antragsbefugt, deren Anteile zusammen 5 % des Grundkapitals erreichen. Vor Inkrafttreten des Gesetzes Nr. 441/2006 erkannte das rumänische LSC dieses Recht nur einer 10 % Aktionärsminderheit zu. Die Anteilsschwelle wurde also zugunsten des Aktionärsschutzes abgesenkt.[436] Dabei wurde auf einen oft anzutreffenden internationalen Standard Bezug genommen.[437] Sowohl das deutsche als auch das rumänische Recht lassen zu, dass die Satzung dieses Recht an eine niedrigere (jedoch nicht an eine höhere) Kapitalbeteiligung knüpft.

Die Gesetzestexte gehen nicht auf die Kategorien der Aktien ein, die ein Antragsrecht auf HV-Einberufung begründen. Insoweit sind sowohl Stamm- als auch Vorzugsaktionäre dazu berechtigt. Vor der 2006-Novelle war dies in Rumänien jedoch nicht offensichtlich. Das Recht der Vorzugsaktionäre auf Teilnahme an der Hauptversammlung wurde erst durch diese Novelle ausdrücklich anerkannt (Art. 95 I b LSC in der durch Gesetz Nr. 441/2006 geänderten Fassung). Aufgrund der früheren Rechtslage, die den Vorzugsaktionären das HV-Teilnahmerecht (sowie das Stimmrecht) grundsätzlich verweigerte, war es umstritten, ob das HV-Einberufungsrecht gemäß Art. 119 LSC ihnen überhaupt zustand.[438] Die Frage

436 Bezüglich der früheren Rechtslage in Rumänien wurde die Meinung vertreten, dass die 10 % Beteiligung auch eine Höchstgrenze darstellte; entsprechend durfte ein Aktionär, der mehr als den zehnten Teil des Grundkapitals vertrat, keine HV-Einberufung verlangen [*Sorin David*, in *St. D. Cărpenaru u.a.*, a.a.O. (2006), Art. 119 Rn. 1 und 2; *Marius Şcheaua*, a.a.O., S. 266]. Durch die 2006-Novelle wurde die neue 5 % Beteiligung ausdrücklich als eine Mindestgrenze bestimmt, was die frühere restriktive Auslegung nicht mehr erlaubt.

437 Neben § 122 I AktG in Deutschland sehen auch folgende Vorschriften grundsätzlich eine 5 % Beteiligung als Voraussetzung eines HV-Einberufungsrecht der Aktionäre vor: § 106 II öAktG in Österreich, Art. L 225-103 II Nr. 2 Code de commerce in Frankreich, Art. 100 II Ley de sociedades anónimas in Spanien, Art. 375 II Código das sociedades comerciais in Portugal, § 49 I Gesetz IV über Wirtschaftsgesellschaften in Ungarn, Art. 223 I Targovski zakon in Bulgarien usw. In Italien wurde die Mindestbeteiligung durch die 2003-Reform von 20 % auf 10 % herabgesetzt – siehe Art. 2367 Codice Civile in der alten und neuen Fassung: http://www.notarlex.it/testofronte_riforma.pdf).

438 Verneinend *Sorin David*, in *St. D. Cărpenaru u.a.*, a.a.O. (2006), Art. 119 Rn. 2. Befürwortend *M. Pascu, L.-N. Pârvu*, Convocarea adunării generale a asociaţilor de către instanţă, RDC Nr. 4/2005, S. 64. Zusätzlich wurde Art. 116 II LSC in dem Sinne ausgelegt, dass Art. 119 LSC auch auf spezielle Hauptversammlungen der Vorzugsaktionäre Anwendung findet: Einem Vorzugsaktionär, der 10 % (jetzt 5 %) der Vorzugsaktien innehat, ist dadurch das entsprechende Einberufungsrecht zu speziellen

des Zusammenhangs zwischen HV-Teilnahme- und HV-Einberufungsrecht wurde durch die erwähnte Reform zugunsten der Vorzugsaktionäre gelöst. Dabei spielte das deutsche Modell (§ 140 I iVm § 118 I 1 AktG) eine wichtige Rolle, so dass die entsprechenden Bestimmungen in beiden Ländern aktuell übereinstimmen.

Seit Inkrafttreten des Gesetzes zur Kontrolle und Transparenz im Unternehmensbereich (KonTraG)[439] am 1. Mai 1998 muss die 5 %-Beteiligung in Deutschland von den entsprechenden Aktionären mindestens 3 Monate vor dem Tag der Hauptversammlung beschafft worden sein (§ 122 I 3 iVm § 142 II 2 AktG), wodurch ein Missbrauch dieses Minderheitsrechts vermieden werden soll. Eine ähnliche Voraussetzung gilt nach rumänischem Recht nicht, das sich in diesem Punkt als flexibler erweist.

### *1.2.2. Weitere Bedingungen*

Neben der Kapitalbeteiligung werden sowohl nach deutschem als auch nach rumänischem Recht zusätzliche Bedingungen vorgesehen. Einerseits soll der Antrag schriftlich unter Angabe des Zwecks und der Gründe erfolgen, was allerdings durch Satzung abdingbar ist (§ 122 I AktG). Andererseits soll der Antrag Angelegenheiten betreffen, die in den HV-Kompetenzbereich[440] gehören (Art. 119 I LSC). Obwohl sie unterschiedlich formuliert sind, zielen diese zusätzlichen Bestimmungen in beiden Rechtsordnungen auf eine gewisse Einschränkung des Einberufungsrechts der Aktionäre, um die Gesellschaft vor dessen missbräuchlicher Ausübung zu schützen.[441]

### *1.2.3. Pflichten der Geschäftsführung*

Wenn der Verwaltungsrat oder das Direktorat bzw. der Vorstand dem Ersuchen der Aktionäre stattgibt, muss er die HV unverzüglich einberufen. Während das deutsche Recht auf die Festsetzung einer konkreten Einberufungsfrist verzichtet, sieht das rumänische Recht (Art. 119 II LSC) eine 30tägige Höchstfrist für die

---

HV (jedoch nicht zur generellen HV) zuzuerkennen – s. *Cristian Duţescu*, a.a.O., S. 393.

439 BGBl. I 1998, S. 786.

440 Ob es sich in diesem Fall um den Kompetenzbereich der ordentlichen oder der außerordentlichen HV handelt, spielt für die Zulässigkeit des Aktionärsantrags keine Rolle. Die besonderen Quorums- und Mehrheitserfordernisse für die außerordentliche HV müssen aber beim Zusammentreten bzw. bei der Entscheidungsfindung der einberufenen HV beachtet werden.

441 Für die deutsche Rechtsprechung bezüglich des Missbrauchs des Einberufungsrechts siehe *Uwe Hüffer*, a.a.O., § 122 Rn. 6 sowie *Dietmar Kubis*, Münchener Kommentar zum AktG, § 122 Rn. 18 ff.

HV-Einberufung, bzw. eine 60tägige Höchstfrist für das HV-Zusammentreten vor. Die Differenz ist durch die 30tägige Mindestfrist zu erklären, die gemäß Art. 117 II LSC zwischen Einberufung und Zusammentreten bestehen soll. Eine ähnliche Mindestfrist wird auch vom deutschen Recht bestimmt (§ 123 I AktG) und ist auch im Falle der Einberufung auf Verlangen einer Aktionärsminderheit zu beachten.[442]

Bezüglich der Tagesordnung der einzuberufenden HV sind der Verwaltungsrat oder das Direktorat bzw. der Vorstand an die von den Aktionären in ihrem Ersuchen aufgeführten Beschlussgegenstände grundsätzlich gebunden, soweit sie die übrigen gesetzlichen Voraussetzungen erfüllen. Zwar sieht weder das LSC noch das AktG eine solche Verpflichtung der Geschäftsführung ausdrücklich vor. Die Doktrin in beiden Ländern leitet aber vom HV-Einberufungsrecht das Recht der entsprechenden Aktionäre ab, die HV-Tagesordnung zu bestimmen.[443] Dieser Standpunkt der Doktrin findet in Rumänien eine Bestätigung im LPC, das seinerseits die Pflicht der Geschäftsführung zur Einhaltung der vom signifikanten Aktionär angegebenen Beschlussgegenstände ausdrücklich regelt (siehe den nächsten Punkt).

### *1.2.4. Spezielle kapitalmarktrechtliche Bestimmungen*

Zusätzlich zum LSC regelt in Rumänien das LPC das HV-Einberufungsrecht eines sog. signifikanten Aktionärs (Art. 243 IV-VI LPC), der seinerseits als ein Aktionär oder eine Gruppe von abgestimmt handelnden Aktionären definiert wird, der/die direkt oder indirekt zumindest 10 % des Grundkapitals oder der Stimmrechte bzw. eine Beteiligung aufweist/aufweisen, die ihm/ihnen erlaubt, einen bedeutenden Einfluss auf die Entscheidungsfindung in der HV oder im Verwaltungsrat bzw. im Direktorat u/o Aufsichtsrat auszuüben (Art. 2 I Nr.1 LPC). Die von den betroffenen Aktionären vorgeschlagene Tagesordnung ist von der Verwaltung einzuhalten.

Grundsätzlich wird in Rumänien der *lex specialis*-Charakter des Kapitalmarktsgesetzes im Verhältnis zum Handelsgesellschaftengesetz anerkannt, so dass die LPC bei der Anwendung Priorität gegenüber dem LSC genießt. In diesem Fall kann aber nach der 2006-Novelle des LSC teleologisch und chronologisch argumentiert werden, dass Art. 243 IV-VI LPC nur noch dann zur Anwendung kommt, wenn der signifikante Aktionär einer börsennotierten Gesellschaft eine Beteiligung von weniger als 5 % an deren Grundkapital hat und sich deshalb nicht auf Art. 119 LSC berufen kann. In der Praxis soll dies eher selten der Fall sein. Diese ziemlich widersprüchliche Rechtslage ist dadurch zu erklären, dass

442 *Uwe Hüffer*, a.a.O., § 122 Rn. 7.

443 Siehe z.B. *Cristian Duţescu*, a.a.O., S. 393 bzw. *Dietmar Kubis*, a.a.O., Rn. 13.

das geltende Kapitalmarktrecht hauptsächlich auf dem Gesetz Nr. 297/2004 beruht, das seinerseits mit Bezug auf die frühere Fassung des LSC entwickelt wurde, während die Aktienrechtsreform von 2006 auf die Bestimmungen des LSC beschränkt war. *De lege ferenda* wäre eine Anpassung beider Gesetzestexte wünschenswert.

Eine ähnliche parallele Regelung im Gesellschafts- und Kapitalmarktrecht ist in Deutschland nicht zu finden. Vielmehr stellt in Deutschland das Aktiengesetz das *ius commune* der Aktiengesellschaften dar, während sich das Kapitalmarktrecht auf den Handel und Erwerb von Wertpapieren beschränkt. Dieser Unterschied zwischen dem rumänischen und deutschen Recht ist vielleicht auch darauf zurückzuführen, dass in Deutschland die Form der Aktiengesellschaft grundsätzlich von einer kleinen Zahl von (größeren) Unternehmen in Anspruch genommen wird, während in Rumänien diese Rechtsform auch bei kleineren Gesellschaften verbreitet ist.

### *1.2.5. Gerichtliche Durchsetzung des Einberufungsrechts*

Sollte das zuständige Geschäftsführungsorgan dem Ersuchen der Aktionärsminderheit auf Einberufung der Hauptversammlung nicht stattgeben, ist den Aktionären in beiden Rechtsordnungen die Möglichkeit einer gerichtlichen Durchsetzung ihres Antrags eröffnet (Art. 119 III LSC bzw. § 122 III AktG). Die rumänische und die deutsche Regelung stimmen in dieser Frage grundsätzlich überein: Die Aktionäre, deren Ersuchen abgelehnt wurde, können vom Gericht ermächtigt werden, selbst die HV einzuberufen. Zuständig ist das Gericht des Gesellschaftssitzes. Dieses entscheidet in Deutschland nach dem Verfahren der freiwilligen Gerichtsbarkeit.[444] Dies war auch in Rumänien vor der 2006-Novelle der Fall; gemäß der früheren Fassung des Art. 119 III LSC fanden auf dieses Verfahren die Vorschriften der Art. 331-339 des Zivilprozessgesetzbuches (ZPGB) über die nicht streitigen Verfahrensarten Anwendung.[445] Dadurch aber, dass das Gesetz gleichzeitig die Ladung der Mitglieder des Verwaltungsrats vorsah (die durch die Ablehnung des Aktionärsantrags praktisch eine im Verfahren strittige Stellung besetzen), stellte sich in der Doktrin und Praxis die Frage, ob es sich letztendlich nicht doch um ein streitiges Verfahren handelt.[446] Um diese Schwierigkeiten zu vermeiden, wurde der ausdrückliche Verweis auf die freiwillige Gerichtsbarkeit durch die 2006-Novelle aufgegeben.

---

444 *Uwe Hüffer*, a.a.O., § 122 Rn. 10.

445 Der Verweis auf diese Vorschriften des ZPGB wurde in das LSC erst durch das Gesetz 161 vom 19. April 2003 (M.Of. Nr. 279 vom 21.4.2003) eingeführt, mit dem Ziel, die Vollziehung der Aktionärsanträge zu beschleunigen.

446 *M. Pascu, L.-N. Pârvu*, Convocarea adunării generale a asociaţilor de către instanţă, RDC Nr. 4/2005, S. 66; *Cristian Duţescu*, a.a.O., S. 394 ff.

Wenn das Gericht dem Antrag der Aktionärsminderheit stattgibt, muss es nach rumänischem Recht auch den Stichtag für die Feststellung der HV-relevanten Aktionärseigenschaft, das Datum des HV-Zusammentritts und denjenigen unter den Aktionären, der dabei die Vorsitzendenfunktion erfüllt, bestimmen (Art. 119 III 2 LSC). Die Möglichkeit der Bestimmung eines HV-Vorsitzenden durch das Gericht wird auch im deutschen Recht geregelt (§ 122 III 2 AktG). Durch die rumänische 2006-Novelle wurde eine Bestimmung über Versammlungs- und Verfahrenskosten eingeführt, die diese nach dem deutschen Modell des § 122 IV AktG grundsätzlich der Gesellschaft zuschreibt (Art. 119 IV LSC). Über dieses Mitwirkungsrecht soll die Effektivität des Minderheitsschutzes gewährleistet werden. Die frühere Rechtslage, die keine Kostenzuschreibung vorsah, ließ diese Frage zuungunsten der beantragenden Minderheitsaktionäre offen, was eine gewisse Zurückhaltung bei der Ausübung dieses Rechts förderte.

## 2. *HV-Teilnahme und Stimmbedingungen*

### 2.1. *HV-Anmeldung und Legitimation*

Weder das rumänische noch das deutsche Gesetz sieht eine zwingende HV-Anmeldung vor. Dies kann aber durch die Satzung verlangt werden (§ 123 II 1 AktG lässt dies ausdrücklich zu). Was die HV-Legitimation betrifft, sieht das rumänische Recht für Inhaberaktionäre eine Aktienhinterlegung vor. Das Erfordernis einer Aktienhinterlegung bestand früher auch nach deutschem Aktienrecht (§ 123 aF AktG), es wurde aber durch Art. 1 Nr. 5 UMAG zugunsten eines Nachweisstichtags gestrichen.[447]

#### 2.1.1. *Aktienhinterlegung*

Für die HV-Teilnahme und die Stimmrechtsausübung aufgrund Inhaberaktien verlangt das rumänische Recht die Aktienhinterlegung (Art. 123 I LSC). Hierdurch wird die Aktionärseigenschaft überprüft, was einerseits die HV-Teilnahme des Aktieninhabers erlaubt und andererseits dessen Stimmrechtsanteil feststellt. Die Aktien müssen 5 Tagen vor der HV hinterlegt werden und können erst 5 Tagen nach der HV zurückerhalten werden (Art. 123 I 1 und 3 LSC). Die Aktienhinterlegung gilt nicht für Namensaktionäre, denn bei Namensaktien sind die Aktionäre der Gesellschaft bekannt und im Aktienregister eingetragen. Aufgrund

447 Für rechtsvergleichende Aspekte bezüglich HV-Zulassung siehe auch die Anhänge 5.1, 5.2 und 5.3 der Folgenabschätzung zum Richtlinienvorschlag über die Ausübung des Stimmrechts durch die Aktionäre: http://ec.europa.eu/internal_market/company/docs/shareholders/comm_native_sec_2006_0181_en.pdf

dessen haben sie bereits einen Anspruch auf HV-Teilnahme und auf Stimmabgabe (Art. 123 III LSC). Erwähnenswert ist auch, dass die Aktien rumänischer börsennotierter Gesellschaften immer Namensaktien sind.[448] In Ansehung der erwähnten Entwicklung des deutschen Rechts als auch des Verbots einer Aktienhinterlegungspflicht in Art. 7 I Aktionärsrechte-RL (obwohl dies nur die börsennotierten AGs betrifft)[449], sollte auch der rumänische Gesetzgeber die Abschaffung der Aktienhinterlegung für Inhaberaktionäre in Betracht ziehen.

### *2.1.2. Nachweisstichtag*

Der Nachweisstichtag (*data de referință*)[450] ist der Tag, auf den sich die HV-Legitimation bezieht. Diejenigen, die an diesem Tag Aktionäre sind und dies nachweisen können, sind auch berechtigt, an der HV teilzunehmen und dort abzustimmen, unabhängig davon, ob sie an dem Tag der HV selbst noch Aktionäre der Gesellschaft sind. Nach dem Stichtag können also Aktien veräußert und erworben werden, ohne dass dies einen Einfluß auf die Berechtigung zur HV-Teilnahme und Stimmrechtsausübung hätte. Um Missbräuchen vorzubeugen, muss der Nachweisstichtag nach dem Tag der HV-Einberufung liegen. Dies ist ausdrücklich geregelt für rumänische Aktiengesellschaften (Art. 123 II 2 LSC). Im deutschen Recht ergibt sich das aus dem Zusammenhang der Einberufungsfrist von 30 Tagen vor der HV (§ 123 I AktG) und des 21 Tage vor der HV liegenden Stichtags (§ 123 III 3 AktG). Der Begriff eines Nachweisstichtags wurde auch durch Art. 7 Aktionärsrechte-RL für börsennotierte Aktiengesellschaften eingeführt. Diesbezüglich bestand noch bis vor kurzem ein Anpassungsbedarf für das rumänische Recht. Art. 123 II 2 LSC sieht nämlich vor, dass der Nachweisstichtag nicht auf früher als 60 Tagen vor dem Termin, zu dem die HV einberufen wird, festgesetzt werden darf, während Art. 7 III 3 der Richtlinie in diesem Sinne eine Höchstfrist von 30 Tagen bestimmt. Die 30-Tagen-Frist wurde aber in

---

448 *Cristian Duțescu*, a.a.O., S. 54-55.

449 Für die Entwicklungen auf europäischer Ebene siehe auch *Thomas Bachner*, Grenzüberschreitende Ausübung von Aktionärsrechten. Gedanken zum Vorschlag einer europäischen Expertengruppe, in: Kalss/Nowotny /Schauer (Hrsg.), Festschrift Peter Doralt zum 65. Geburtstag, Wien 2004, S. 45 f. Für eine Übersicht der Rechtslage in verschiedenen EU-Mitgliedstaaten, die mehrheitlich keine Aktienhinterlegung mehr vorsehen, vgl. die Folgenabschätzung zur Aktionärsrechte-RL, S. 11-12 und 75-77 (siehe dazu auch Fn. 447).

450 Die Aktionäre, denen das Bezugsrecht oder die Ausübung sonstiger Rechte nach rumänischem Recht zusteht, sind diejenigen, die am Nachweisstichtag (*data de referință*) als Aktionäre der Gesellschaft eingetragen sind (Art. 123 III LSC bzw. Art. 10 CNVM-VO Nr. 6/2009). Für die börsennotierten Gesellschaften gilt zusätzlich ein Registrierungsdatum (*data de înregistrare*), das um mindestens 10 Tagen nach der jeweiligen HV liegt (Art. 238 I LPC).

August 2009 durch Art. 10 I a CNVM-VO Nr. 6/2009 für rumänische börsennotierte Gesellschaften eingeführt.

### *2.2. Quorumsbedingungen*

Das deutsche Recht sieht traditionell keine Quorumsbedingungen für die HV-Beschlussfähigkeit vor. Dagegen waren Quorumsbestimmungen, in Anlehnung an ihre französischen und italienischen Muster, eine wichtige Angelegenheit für die Praxis und für die Doktrin des rumänischen Aktienrechts. Wie in der Doktrin unterstrichen wurde, hängen Quorumsbedingungen weniger mit Wirtschaftsangelegenheiten des jeweiligen Landes zusammen als vielmehr mit dessen Rechtstradition.[451] Ein Überblick über die Rechtslage in den EU-Mitgliedstaaten ist im Folgenabschätzungsbericht (Anhang 6.1.) der Europäischen Kommission zu finden, der 2005 im Rahmen der Vorarbeiten zur Aktionärsrechte-RL veröffentlicht wurde.[452] Dementsprechend werden neben Deutschland keine Quorumsbedingungen in den folgenden europäischen Ländern vorgeschrieben: Österreich, Dänemark, Finnland, Island, Niederlande, Norwegen, Poland, Portugal, Slowakische Republik, Slowenien, Schweden. In anderen Länder sind Quorumserfordernisse sehr flexibel, indem nur die Anwesenheit von mindestens 2 (Großbritannien und Malta) oder 3 (Zypern) Aktionären vom Gesetz verlangt wird. Dagegen werden starre Quorumsbedingungen in Ländern romanischer Rechtstradition wie Spanien (25 % der Aktionäre bei der ersten Einberufung), Italien (50 % des Grundkapitals bei der ersten Einberufung, 33,33 % bei der zweiten Einberufung der außerordentlichen HV, 20 % bei nachfolgenden Einberufungen) oder Frankreich (25 % bei der ersten Einberufung der ordentlichen HV, 33,33 % bzw. 25 % bei der ersten bzw. zweiten Einberufung der außerordentlichen HV) durch Gesetz vorgesehen.

Vor diesem Hintergrund lag das rumänische Aktienrecht vor der Gesellschaftsrechtsreform durch Gesetz Nr. 441/2006 ziemlich weit von beiden Richtungen entfernt, die Quorumsbedingungen kennen. So war in Rumänien eine 50 % Beteiligung am Grundkapital für die erste Einberufung der ordentlichen HV (Art. 112 I LSC aF), bzw. 75 % Beteiligung am Grundkapital für die erste und 50 % Beteiligung für die zweite Einberufung der außerordentlichen HV (Art. 115 LSC aF) vorgesehen. Nach der erwähnten Reform werden folgende Quorumsbedingungen durch Gesetz aufgestellt: 25 % der Stimmen bei der ersten Einberufung der ordentlichen HV (Art. 112 I LSC nF) und der außerordentlichen HV (Art. 115 I LSC nF) bzw. 20 % der Stimmen bei der zweiten Einberufung der außerordentlichen HV (Art. 115 I LSC nF). Diese Änderungen, d.h. einer-

451 *Christa Jessel-Holst*, a.a.O., S. 39 ff.

452 http://ec.europa.eu/internal_market/company/docs/shareholders/comm_native_sec_2006_0181_en.pdf

seits die Herabsetzung der Mindestschwellen und andererseits die Umstellung von Grundkapital auf Stimmenzahl, waren dazu gemeint, den rumänischen Aktiengesellschaften mehr Flexibilität bei der Beschlussfassung zu gewähren. Die Gesellschaften und im Endeffekt die Aktionäre sind frei, durch die Satzung als Quorum eine höhere Beteiligungsschwelle vorzusehen (Art. 112 I 3 und 115 III LSC).

Ein Hauptgrund der Reform durch Gesetz Nr. 441/2006 war auch die Angleichung des rumänischen Aktienrechts an den entsprechenden EU-*Acquis*. Art. 40 der Kapital-RL verlangt für gewisse Beschlüsse (zum Bezugsrechtsausschluss bei Kapitalerhöhung, zu Kapitalherabsetzung, bei der Tilgung des gezeichneten Kapitals ohne dessen Herabsetzung) entweder eine Mehrheit von 66,66 % der Stimmen der vertretenen Wertpapiere oder des vertretenen gezeichneten Grundkapitals ohne irgendwelche Quorumsbedingung, oder aber die einfache Mehrheit, sofern eine Quorumsbedingung von mindestens 50 % des gezeichneten Kapitals erfüllt ist. Dieselben Bedingungen werden von Art. 7 der Verschmelzungs-RL und von Art. 5 der Spaltungs-RL aufgestellt. Da diese HV-Beschlüsse in Rumänien von der außerordentlichen HV mit einer 66,66 % Mehrheit bei einem Quorum von mindestens 25 % bzw. 20 % der Stimmrechte verabschiedet werden (Art. 115 II LSC), entsprechen jetzt die rumänischen Vorschriften den Vorgaben des EU-Rechts.

Zur Feststellung des HV-Quorums, sei dieses durch Gesetz oder durch die Satzung vorgesehen, bedienen sich beide Rechtsordnungen eines HV-Teilnehmerverzeichnisses, das in Rumänien durch Art. 131 I-III LSC und in Deutschland durch § 129 AktG geregelt wird (für Einzelheiten dazu siehe Punkt 3.II.A.3.1.1 oben).

### C. *Ergänzung der Tagesordnung und Einbringung von Beschlussvorlagen*

Aktionäre können dadurch Einfluss auf die Hauptversammlung und damit auf die Tätigkeit der AG nehmen, dass sie ihr Recht auf Ergänzung der HV-Tagesordnung und auf Einbringung von Beschlussvorlagen ausüben. Auf diese Weise tragen sie zur Willensbildung der AG nicht nur durch ihre Teilnahme am Abstimmungsverfahren bei, sondern auch durch einen ursprünglichen Input bezüglich des Abstimmungsgegenstands. Zum Schutz der Minderheitsaktionäre werden diese Rechte durch Gesetz festgelegt und nicht der Satzungsfreiheit überlassen. Sie werden gesetzlich an gewisse Kapitalanteilsstufen gebunden, wobei die Satzung keine höheren Beteiligungsvoraussetzungen bestimmen kann. Auf europäischer Ebene ist in diesem Kontext Art. 6 RL 2007/36/EG von besonderer Bedeutung.[453]

---

453 ABl. L 184 vom 14.7.2007, S. 17.

Erwähnenswert ist ferner, dass das rumänische Recht bis vor kurzem nicht zwischen Ergänzung der Tagesordnung durch Einbringung von neuen Punkten und durch Einbringung von Beschlussvorlagen zu bestehenden Punkten differenzierte. Eine solche Trennung wurde aber durch Art. 7 CNVM-VO Nr. 6/2009 eingeführt, in Umsetzung der Aktionärsrechte-RL.

### *1. Das Recht auf Ergänzung der Tagesordnung*

#### *1.1. Die Rolle der Tagesordnungsergänzung*

Die HV-Tagesordnung wird grundsätzlich von der AG-Geschäftsführung (Verwaltungsrat oder Direktorat im rumänischen Recht bzw. Vorstand im deutschen Recht) bekannt gemacht (siehe dazu Punkt 3.II.A.1.1 oben). Die Aktionäre können diese Tagesordnung dadurch ergänzen, dass sie die Aufnahme zusätzlicher Punkte in die bereits veröffentlichte Tagesordnung verlangen. Sollten die Aktionäre die HV-Einberufung selbst verlangt haben, bestimmen sie von Anfang an deren Tagesordnung. Für die Minderheitsaktionäre sind diese Rechte ein wichtiges Mittel, trotz ihrer niedrigen Kapitalbeteiligung ihr Anliegen der HV zur Kenntnis zu bringen und dadurch auch einen gewissen Einfluss auf die HV-Beschlussfassung zu nehmen.

#### *1.2. Ergänzungsbefugnis*

Das Recht auf Ergänzung der Tagesordnung durch Bekanntmachung von Gegenständen zur Beschlussfassung steht sowohl in Rumänien (Art. $117^1$ I LSC) als auch in Deutschland (§ 122 II AktG) einer Minderheit zu, deren Kapitalanteil 5 % beträgt. Insoweit stimmen beide Rechtsnormen mit der europäischen Richtlinie überein, die selbst eine Mindestbeteiligung von höchstens 5 % vorsieht (Art. 6 II RL 2007/36/EG). Das deutsche Recht (§ 122 II AktG) erkennt darüber hinaus dieses Recht auch einer Minderheit zu, deren Kapitalanteile den Betrag von 500.000 Euro erreichen (wenn dieser Betrag unter 5 % des Grundkapitals liegt).

#### *1.3. Ausübungsfrist*

Wenn die Hauptversammlung bereits einberufen ist, sind die Anträge auf Ergänzung der Tagesordnung rechtzeitig zu machen, um sie den anderen Aktionäre zur Kenntnis bringen zu können. So sieht das rumänische Recht vor, dass die Anträge binnen 15 Tagen nach der Veröffentlichung der Einberufung dem Verwaltungsrat bzw. dem Direktorat weitergeleitet werden müssen, um veröffentlicht und den anderen Aktionären bekannt gemacht zu werden (Art. $117^1$ II LSC bzw. Art. 7 III 1. Halbsatz CNVM-VO Nr. 6/2009). Die ergänzte Tagesordnung soll selbst mindestens 10 Tagen vor der Hauptversammlung veröffentlicht werden (Art. 117[1] III LSC). Die Bekanntmachungspflicht ist nach deutschem Recht flexibler geregelt, indem die neuen Gegenstände „unverzüglich nach Zugang des Verlangens“ bekannt gemacht werden müssen (§ 124 I 2 AktG).

### *1.4. Gerichtliche Durchsetzung*

Eine gerichtliche Rechtsdurchsetzung ist in diesem Fall nur vom deutschen Recht vorgesehen. Im Unterschied zum deutschen Recht, das die HV-Einberufung und die Ergänzung der HV-Tagesordnung auf Verlangen einer Minderheit in einem einzigen Artikel regelt (§ 122 AktG) und für beide einen Rechtsweg vor dem Gericht bestimmt (§ 122 III AktG), regelt das rumänische Gesetz diese Minderheitsrechte getrennt (HV-Einberufung in Art. 119 LSC und Ergänzung der HV-Tagesordnung in 117[1] LSC), wobei die Möglichkeit einer Rechtsdurchsetzung nur im Falle der HV-Einberufung ausdrücklich erwähnt ist (Art. 119 III LSC). Der deutsche Ansatz könnte *de lege ferenda* auch für den rumänischen Gesetzgeber interessant werden. Dies würde den aktienrechtlichen Minderheitsschutz stärken.

## *2. Das Recht auf Einbringung von Beschlussvorlagen*

### *2.1. Gegenanträge zu bestehenden Beschlussvorlagen*

Nach deutschem Recht haben die Aktionäre nicht nur das Recht, die Tagesordnung durch Einbringung von neuen Gegenständen zu ergänzen, sondern auch, zu bestehenden Tagesordnungspunkten neue Beschlussvorlagen als Gegenanträge zu den Beschlussvorlagen der Geschäftsführung einzubringen (§ 126 AktG). Dieses Recht stellt die sog. Opposition der Aktionäre dar.[454] Auf diese Weise ist der Informationsfluss bezüglich HV-Angelegenheiten nicht mehr einseitig, von der Verwaltung zu den Aktionären, sondern mehrseitig, indem die Aktionäre selbst ihr Anliegen der Verwaltung und den anderen Aktionären bekannt machen können. Der Vorstand ist darüber hinaus verpflichtet, die Aktionärsanträge Kreditinstituten und Aktionärsvereinigungen zugänglich zu machen, sowie auf dessen Verlangen jedem Aufsichtsratsmitglied (§ 126 I iVm § 125 I-III AktG). So wie durch das bereits besprochene Recht auf Ergänzung der Tagesordnung können die Aktionäre durch die Gegenanträge die HV-Agenda gewissermaßen bestimmen. Das allgemeine rumänische Gesellschaftsrecht könnte auch *de lege ferenda* die Einführung eines solches Recht der Aktionäre in Betracht ziehen. Wie bereits erwähnt, wurde ein solches Recht vor kurzem für die börsennotierten AGs zwingend vorgesehen (Art. 7 CNVM-VO Nr. 6/2009), in Umsetzung der Aktionärsrechte-RL.

454 *Uwe Hüffer*, a.a.O., § 126 Rn. 1.

Gemäß Art. 6 I (b) RL 2007/36/EG stellen die Mitgliedstaaten nämlich sicher, dass Aktionäre einzeln oder gemeinsam das Recht haben, Beschlussvorlagen zu Punkten einzubringen, die bereits auf der Tagesordnung der Hauptversammlung stehen oder ergänzend in sie aufgenommen werden.

### 2.2. *Einbringungsfrist*

Die Aktionärsanträge sind spätestens zwei Wochen vor dem HV-Tag der Gesellschaft zu übermitteln (§ 126 I 1 AktG), so dass bis zur Hauptversammlung hinreichend Zeit bleibt, damit die Gesellschaft sie den Berechtigten mitteilt. Die neu eingeführten rumänischen Vorschriften erweisen sich in dieser Frage als viel flexibler, indem sie die Einbringung von Beschlussvorlagen ein Tag vor der HV zulassen (Art. 7 III 2. Halbsatz CNVM-VO Nr. 6/2009).

### 2.3. *Ausnahmen von der Mitteilungspflicht*

Nach deutschem Recht ist die AG-Verwaltung nicht verpflichtet, einen Gegenantrag der Aktionäre anderen mitzuteilen, wenn er einen der in § 126 II 1 AktG abschließend aufgezählten Mängel aufweist. Besonders erwähnenswert ist der Fall, wenn der Gegenantrag zu einem nichtigen oder anfechtbaren Beschluss führen würde (§ 126 II 1 Nr. 2 iVm §§ 241 und 243 AktG). Wenn die Begründung des Antrags mehr als 5000 Zeichen beträgt, ist sie selbst von der Mitteilungspflicht ausgenommen (§ 126 II 2 AktG). Solche Ausnahmefälle werden im rumänischen Recht nicht vorgesehen.

### 3. *Aktionärsforum*

In Erkenntnis der Tatsache, dass die Aktionärsstruktur, insbesondere in börsennotierten Aktiengesellschaften, teilweise gestreut ist und dass viele Kleinaktionäre oft das Mindestquorum nicht erfüllen können, das für die Ausübung bestimmter Minderheitsrechte vorgesehen ist, hat sich der deutsche Gesetzgeber entschieden, die Einsetzung einer elektronischen Infrastruktur vorzusehen, die die Kommunikation und das HV-bezogene Handeln der Aktionäre fördert. § 127a AktG zum Aktionärsforum wurde durch das UMAG eingeführt. Weitere Einzelheiten wurden durch die Aktionärsforumsverordnung (AktFoV) vom 22. November 2005[455] geregelt. Aufgrund dieser Rechtslage wurde das Aktionärsforum im Rahmen des elektronischen Bundesanzeigers eingerichtet.[456] Diese Kommunikationsplattform

455 BGBl. I 2005, S. 3193.

456 https://www.ebundesanzeiger.de/ebanzwww/wexsservlet?session.sessionid=b8d7a9ddaa422741c93dd8d67a238904&state.partid=6&state.category=67&page.navid=topartstart.

bietet den Aktionären und Aktionärsvereinigungen die Möglichkeit, einen Antrag in der Hauptversammlung gemeinsam zu stellen oder ihr HV-Stimmrecht gemeinsam auszuüben. Dadurch werden die Wahrnehmung der Mitwirkungsrechte der Aktionäre erleichtert und deren Effizienz gesteigert, was im Endeffekt zu einer verbesserten *Corporate Governance* in den betroffenen Aktiengesellschaften führt. Das rumänische Recht sieht noch keine parallele Kommunikationsmöglichkeit für die Anleger vor. In Ansehung des gestreuteren Aktienbesitzes bei börsennotierten Aktiengesellschaften und der zunehmenden Internationalisierung des rumänischen Kapitalmarktes wäre es aber *de lege ferenda* empfehlenswert, eine ähnliche Infrastruktur auch für die rumänischen Aktionäre verfügbar zu machen.

## *D. Das Stimmrecht*

### *1. Rechtsnatur des Stimmrechts*

Das Stimmrecht ist eines der Grundrechte des Aktionärs und Bestandteil seiner Mitgliedschaft in der AG. Ähnlich den übrigen Mitgliedschaftsrechten (wie dem Auskunftsrecht oder den Hauptvermögensrechten) und im Unterschied zu den sog. Gläubigerrechten des Aktionärs (siehe z.B. die Punkte 2.II.A.2.1 und 2.II.B.2.2.2 oben) kann es weder nach rumänischem noch nach deutschem Recht getrennt von der Aktie einem Dritten übertragen werden. In Rumänien ist dies ausdrücklich durch Gesetz geregelt (gemäß Art. 128 I LSC ist eine Abtretung des Stimmrechts unzulässig), während es in Deutschland als herrschende Meinung in der Doktrin anerkannt wird, die selbst auf der ständigen RG- und BGH-Rechtsprechung zum Abspaltungsverbot beruht (RGZ 132, 149, 159; BGH NJW 1987, 780 f.).[457]

### *2. Der Grundsatz „eine Aktie – eine Stimme"*

#### *2.1. Europäischer rechtspolitischer Kontext*

Das Verhältnis zwischen Kapitalbeteiligung und Stimmkraft oder anders ausgedrückt zwischen Eigentumsverhältnissen und Kontrolle in einer Aktiengesellschaft ist für die Rechtsstellung des Aktionärs im Allgemeinen und für die der Minderheitsaktionäre im Besonderen von höchster Bedeutung. Bei dieser Problematik nimmt der Grundsatz „eine Aktie – eine Stimme", der die Proportionalität zwischen Aktieneigentum und Kontrollrechten in der AG betrifft, eine zentrale Stellung ein. Die Anwendung dieses Grundsatzes ist europaweit nicht einheitlich. In einer 2005 veröffentlichten Studie, die die im FTSE 300 Euroindex eingeschlossenen Aktiengesellschaften betraf, konnte die Einhaltung der „eine Aktie –

457 Siehe auch *Uwe Hüffer*, a.a.O., § 8 Rn. 30.

eine Stimme“ Regel nur für ca. 65 % der betrachteten Fälle ermittelt werden.[458] Dies hat den europäischen Gesetzgeber dazu veranlasst, im September 2006 den Auftrag für eine ausführlichere Untersuchung der entsprechenden Regelungslandschaft in den EU-Mitgliedstaaten zu vergeben. Das Ergebnis war der Bericht vom 4. Juni 2007 zur „Proportionalität zwischen Eigentum und Kontrolle in der Europäischen Union“[459], der darauf hinweist, dass Abweichungen vom Proportionalitätsprinzip bei Aktienanlageentscheidungen oft eine negative Rolle spielen und dass in diesem Zusammenhang mehr Transparenz angezeigt wäre.[460]

### *2.2. Mehrstimmrechte, Höchststimmrechte und Höchstbeteiligungen*

Die Regeln über Mehrstimmrechte, Höchststimmrechte und Höchstbeteiligungen spielen im Kontext der Debatte um den Grundsatz „eine Aktie – eine Stimme“ eine sehr wichtige Rolle. Das Verhältnis Kapital/Kontrolle wird durch solche Bestimmungen erheblich beeinflusst, was den Grundsatz der Aktionärsgleichbehandlung selbst in Frage stellt. Dies spiegelt sich entsprechend bei der Rechtsstellung von Kleinaktionären wieder.

Nach deutschem Recht (§ 12 I AktG) gewährt jede Aktie das Stimmrecht, mit Ausnahme der Vorzugsaktien ohne Stimmrecht. Mehrstimmrechte sind dagegen grundsätzlich unzulässig (§ 12 II AktG), wobei dies erst seit dem Inkrafttreten des KonTraG am 1. Mai 1998 der Fall ist.[461] Dieser Ansatz wurde letztlich auch durch den Deutschen Corporate Governance Kodex bestätigt (Nr. 2.1.2. DCGK). Im rumänischen Recht ist der Grundsatz „eine Aktie – eine Stimme“ nicht vergleichbar streng geregelt. Während Art. 94 I LSC von der Wertgleichheit der Aktien und der Rechte ausgeht, die eine Aktie gewährt, sieht Art. 101 I LSC vor, dass jede bezahlte Aktie zu einer Stimme in der HV berechtigt, sofern die Satzung nicht etwas anderes bestimmt. Diese nicht so klare Regelung hat die ältere und die neuere Doktrin dazu veranlasst, über die Möglichkeit der Abweichung vom Proportionali-

---

458 www.deminor.be/download.do?doc=deminorratingDocs/ABIOneShareOneVoteFullReport.pdf.

459 Der Bericht wurde für die Europäische Kommission von Institutional Shareholder Services Europe (ISS Europe), European Corporate Governance Institute (ECGI) und der Anwaltskanzlei Shearman & Sterling erstattet – siehe dazu http://ec.europa.eu/internal_market/company/shareholders/indexb_de.htm.

460 Die Studie war einem möglichst umfassenden Überblick gewidmet und ihr Aufgabenbereich war entsprechend weit gefasst. Sie untersuchte Mechanismen wie Mehrfach- und Höchststimmrechte, stimmrechtslose Vorzugsaktien sowie Instrumente wie Aktionärsvereinbarungen, Überkreuzbeteiligungen und Pyramidenstrukturen.

461 *Uwe Hüffer*, a.a.O., § 12 Rn. 8 ff.

tätsprinzip und die Ausgabe von Aktien mit Mehrstimmrechten zu streiten.[462] Aus Art. 120 LSC kann aber abgeleitet werden, dass die Mehrstimmrechte keine gesetzlich zugelassene Ausnahme von der „eine Aktie – eine Stimme“ Regel darstellen.

Art. 120 LSC besagt, dass die Aktionäre ihr Stimmrecht in der HV im Verhältnis zur Anzahl ihrer Aktien ausüben, mit der einzigen Ausnahme des Art. 101 II LSC. Letzterer lässt nämlich zu, dass die Satzung Höchststimmrechte (*voting right ceilings*) schafft, indem sie die Zahl der Stimmen derjenigen Aktionäre begrenzt, die mehr als eine Aktie besitzen. Auch in Deutschland sind Höchststimmrechte kraft Satzungsbestimmung zulässig, jedoch nur bei nichtbörsennotierten Aktiengesellschaften (§ 134 I 2 AktG).[463] Diese Form der Stimmrechtsbegrenzung ist hauptsächlich dazu gedacht, zu verhindern, dass ein Großaktionär oder eine kleine Aktionärsgruppe die Kontrolle über die AG erreicht, indem er bzw. sie durch Aktienerwerb seine bzw. ihre Stimmkraft beliebig erhöhen können. Eine andere, indirekte Form der Stimmrechtsbegrenzung ist die Bestimmung einer Höchstbeteiligung (*ownership ceiling*). In einer solchen Situation können Aktionäre sich am Grundkapital nur in einem begrenzten Maße beteiligen, was wiederum vermeiden soll, dass sie eine zu hohe Stimmkraft erreichen. Im deutschen Recht sind Höchstbeteiligungen grundsätzlich unzulässig.[464] Dies gilt auch für rumänische Aktiengesellschaften mit Ausnahme der sog. Finanzanlagegesellschaften (*Societăţi de Investiţii Finanicare* – SIF)[465], die speziellen Regeln unterliegen. Ursprünglich

---

462 Siehe dazu *Marius Şcheaua*, a.a.O., S. 206 ff. und *Cătălin Predoiu*, in *St. D. Cărpenaru u.a.,* a.a.O. (2009), Art. 101 Rn. 2. Eine Gegenmeinung wird z.B. von *Cristian Duţescu*, a.a.O., S. 193 vertreten.

463 Eine Ausnahme besteht nur für die börsennotierte Volkswagen AG. Ihre Satzung sieht ein Höchststimmrecht von 20 % für diejenigen Aktionäre vor, die jeweils mehr als 20 % der Aktien besitzen. Diese Regelung beruht auf dem Volkswagengesetz vom 21. März 1961, das in der letzten Zeit unter verschärfte europäische Kritik aus dem Gesichtspunkt des freien Kapitalverkehrs geraten ist (siehe die Entscheidung des EuGH vom 23. Oktober 2007 in der Rechtssache C-112/05).

464 Für eine Ausnahme im Luftverkehrsnachweissicherungsgesetz (LuftNaSiG) siehe *Hans Diekmann, Peter O. Mülbert*, Germany, in: Bericht über das Proporzionalitätsprinzip in der Europäischer Union. Rechtsvergleichende Studie (http://ec.europa.eu/internal_market/company/docs/shareholders/study/study-exhibit_c_part1_en.pdf), S. 113-114.

465 Diese Gesellschaften (5 insgesamt) entstanden infolge der Privatisierung des Staatseigentums in den 90er Jahren. Zuerst wurden durch Gesetz Nr. 58/1991 (Privatisierungsgesetz) die sog. Privateigentumsfonds gegründet, die die privatisierten Beteiligungen an staatlichen Unternehmen verwalteten. Diese Privateigentumsfonds wurden durch Gesetz Nr. 133/1996 in Finanzanlagegesellschaften (SIF) verwandelt. Alle 5 SIF wurden in November 1999 in der ersten Kategorie der rumänischen Börse notiert und bilden zusammen einen speziellen Index (BET-FI). Die gesamte Marktkapitalisierung der SIF beträgt ca. 790 Mio. Euro (im Vergleich zu ca. 3500 Mio. Euro vor

war eine Höchstbeteiligungsschwelle an den SIF von 0,1 % gesetzlich vorgesehen. Durch AnO Nr. 41/2005[466] wurde diese Schwelle der Höchstbeteiligung auf 1 % erhöht (über die Einführung eines neuen Art. $286^1$ LPC).[467] Bei Erreichen der vorgesehenen Höchstbeteiligungsquote werden die Stimmrechte für die Aktien, die über 1 % Beteiligung liegen, suspendiert. Die betroffenen Anleger müssen binnen 3 Tagen nach Überschreitung der 1 % Beteiligung die Aufsichtsbehörde (CNVM) informieren und binnen 3 Monaten nach der Überschreitung die zusätzlichen Aktien veräußern.

Die Regeln zu Höchststimmrechten und Höchstbeteiligungen werden meistens eingeführt, um feindliche Unternehmensübernahmen zu verhindern. Ob sie dafür tauglich sind, darüber lässt sich streiten.[468] Im Verhältnis der Aktionäre untereinander können solche Maßnahmen zu einem gewissen Schutz der Kleinaktionäre führen, indem sie die Bildung von großen Stimmkraftblöcken verhindern. Im Verhältnis der Aktionäre zur Verwaltung der AG können aber solche Maßnahmen zu einer zu großen Entscheidungsautonomie der Verwaltung führen, die einer funktionalen Kontrolle durch die Aktionäre weniger ausgesetzt ist. Darüber hinaus stellen solche Bestimmungen für die börsennotierten Gesellschaften, wenn diese davon betroffen sind, ein Hindernis für den freien Handel mit ihren Wertpapieren dar. Wie im Falle des VolkswagenG bezeugt wird, ist dies auch europarechtlich bedenklich, insbesondere was die Regeln zum freien Kapitalverkehr betrifft (siehe dazu Fn. 463).

### *2.3. Stimmrechtslose Aktien und Stimmrechtsverbote*

#### *2.3.1. Vorzugsaktien ohne Stimmrecht und das Kapital/Kontrolle-Verhältnis*

Die Vorzugsaktien ohne Stimmrecht sind eine Aktiengattung, bei der die Vermögensrechte ausgeprägter sind, während die Mitwirkungsrechte minimal ausfallen.

---

dem Aufbruch der aktuellen Wirtschaftskrise) und bildet damit ca. 4 % (im Vergleich zu ca. 12,5 % Anfang 2008) der gesamten Kapitalisierung der rumänischen Börse. Die SIF wiesen Ende 2009 folgende individuelle Marktkapitalisierung auf: SIF 1 (Banat-Crisana) – 150 Mio. Euro, SIF 2 (Moldova) – 141,5 Mio. Euro, SIF 3 (Transilvania) – 180 Mio. Euro, SIF 4 (Muntenia) – 139 Mio. Euro, SIF 5 (Oltenia) – 179 Mio. Euro (siehe auch Punkt 1.II.B oben).

466 M.Of. Nr. 677 vom 28.7.2005.

467 Die AnO Nr. 41/2005 wurde durch Gesetz Nr. 97/2006 (M.Of. Nr. 375 vom 2.5.2006) angenommen. Dabei gab es im Parlament Vorschläge, die Höchstbeteiligung auf 5 % zu erhöhen, die aber abgelehnt wurden. Siehe z.B. folgenden Bericht in der Wirtschaftspresse: http://www.wall-street.ro/articol/Finante-Banci/28716/ Pragul-de-detinere-la-SIF-uri-a-ramas-de-1.html (10.5.2007).

468 *Uwe Hüffer*, a.a.O., § 134 Rn. 5.

Die besonderen Vermögensrechte der Vorzugsaktionäre sind die Priorität bei der Verteilung des Bilanzgewinns und das Recht auf Nachzahlung der ausgefallenen Vorzugsdividende (letzteres gibt es bis jetzt nur in Deutschland – siehe Punkt 2.II.A.2.3 oben). Diese sind als Gegengewicht zum Verlust des Stimmrechts gedacht. Den Vorzugsaktionären stehen aber auch das Recht auf HV-Teilnahme oder das Recht auf HV-Antragsstellung als Mitwirkungsrechte sowie die Klagerechte zu (Art. 95 I b LSC und § 140 I AktG). Falls der Vorzugsbetrag nicht rechtzeitig bezahlt wird, kann dies zum Aufleben des Stimmrechts selbst führen (Art. 95 IV LSC bzw. § 140 II AktG). Das von den Vorzugsaktien in diesem Ausnahmefall gewährte Stimmrecht kann deshalb als bedingt oder als ruhend bezeichnet werden.[469] Den Vorzugsaktionären stehen darüber hinaus verschiedene Minderheitenrechte zur Verfügung, die nicht vom Stimmrecht abhängen, so z.B. das Recht auf Beantragung einer HV-Einberufung (siehe dazu Punkt 4.I.B.1.2 oben) oder das Recht auf Beantragung einer Sonderprüfung (siehe dazu Punkt 3.II.B.1 oben).

Vorzugsaktien sind einerseits für solche Anleger von Bedeutung, die mehr Interesse am Vermögenszuwachs als am Einfluss auf die Gesellschaft haben. Andererseits stellen sie für die Gesellschaft eine Möglichkeit dar, sich durch Eigenkapital zu finanzieren (siehe dazu auch Punkt 2.II.A.2.3 oben), ohne dass es auf diese Weise zu Verschiebungen in der Kontrollstruktur der Gesellschaft kommt. Die Vorzugsaktien haben aber immerhin einen Einfluss auf das Verhältnis Kapital-Kontrolle in der AG, indem sie zur Erhöhung des Kapitalwerts und zur Minderung des Kreises der kontrollausübenden Aktionäre (Stammaktionäre) im Verhältnis zum gesamten Aktionärskreis beitragen. Dies ist für den Schutz der Minderheitsaktionäre besonders relevant, weil meistens die Kleinaktionäre diejenige sind, die an Vorzugsaktien Interesse haben. Eine Grenze für diese Verschiebung des Kapital/Kontrolle-Verhältnisses besteht in der gesetzlich vorgesehenen Höchstgrenze der Vorzugsaktienausgabe (25 % des Grundkapitals nach Art. 95 II LSC in Rumänien bzw. 50 % nach § 139 II AktG in Deutschland).

#### *2.3.2. Stimmrechtsausübungsverbot*

Beide Rechtsordnungen sehen vor, dass das Stimmrecht in gewissen Situationen nicht ausgeübt werden darf. Dies ist im rumänischen Recht der Fall, wenn für die gezeichneten Aktien die fälligen Einlagen nicht geleistet worden sind (Art. 101 III LSC). Die börsennotierten Gesellschaften fallen nicht in den Anwendungsbereich dieser Regel, weil gemäß Art. 215 LPC ihre Aktien voll geleistet werden müssen, um zum Handel zugelassen zu werden.[470] Nach deutschem Recht beginnt das Stimmrecht bei allen Aktiengesellschaften grundsätzlich erst mit der vollständigen

469 *Uwe Hüffer*, a.a.O., § 140 Rn. 1.
470 Siehe auch *Cristian Duţescu*, a.a.O., S. 197.

Leistung der Einlage, es sei denn die Satzung sieht abweichende Regeln vor (§ 134 II AktG). Ein anderer Fall des Ausübungsverbots ist für das Stimmrecht aus eigenen Aktien vorgesehen (Art. 105 LSC bzw. § 71b AktG), zur Umsetzung von Art. 22 I a) Kapital-RL. Darüber hinaus wird das Stimmrecht in solchen Fällen ausgeschlossen, in denen die Ausübung des Stimmrechts zu einem Interessenkonflikt führen kann. So darf ein Aktionär sein Stimmrecht nicht ausüben, wenn über seine eigene Entlastung abgestimmt wird oder wenn er dabei ein der Gesellschaft entgegengesetztes Interesse hat (Art. 126-127 LSC bzw. § 136 I AktG).

### *2.4. Kumulative Abstimmung*

#### *2.4.1. Rechtsrahmen*

Das rumänische Kapitalmarktrecht sieht eine weitere Ausnahme vom Grundsatz der Proportionalität zwischen Beteiligung und Kontrolle im Falle von Abstimmungen zur Wahl von Verwaltungsratsmitgliedern im monistischen System vor, nämlich die sog. „kumulative Abstimmung". Dieses Abstimmungssystem wurde ursprünglich unter Einfluss des amerikanischen Rechts durch Art. 110 DringAnO Nr. 28/2002 ins rumänische Kapitalmarktrecht eingeführt und ist 2004 in Art. 235 LPC übernommen worden.[471] Durchführungsmaßnahmen wurden durch Art. 124-129 CNVM-VO Nr. 1/2006 erlassen. Die Möglichkeit der kumulativen Abstimmung ist im deutschen Aktien- oder Kapitalmarktrecht nicht vorgesehen. Im Folgenden werden deshalb die Hauptmerkmale der entsprechenden rumänischen Regelung dargestellt.

Obwohl das rumänische Kapitalmarktgesetz formell noch nicht an die neueren Änderungen des LSC durch Gesetz Nr. 441/2006 zur Einführung des dualistischen Verwaltungssystems angepasst wurde, ist doch durch eine systematische Auslegung der geltenden Rechtslage anzunehmen, dass die Regeln zur kumulativen Abstimmung auch auf die Wahl der Aufsichtsratsmitglieder durch die HV börsennotierter AGs Anwendung finden. Ob dieses Minderheitsschutzmittel in einem dualistischen System ebenso effizient wie in einem monistischen System eingesetzt werden kann, ist es aber fraglich, denn während das im Wege einer kumulativen Abstimmung gewählte Mitglied des Verwaltungsrates einen direkten Einfluss auf die Geschäftstätigkeit der Gesellschaft ausüben und dadurch auch die Interesse seiner „Wählerschaft" unmittelbar zum Ausdruck bringen kann, ist ein kumulativ gewähltes Aufsichtsratsmitglied in einer weniger einflussreichen Stellung, um solche Interessen auch tatsächlich durchzusetzen. Dasselbe gilt für Art und Breite der Informationen, zu denen ein Verwaltungsratsmitglied im Vergleich zu einem Aufsichtsratsmitglied Zugang hat, um seine Kontrollfunktion zugunsten

471 *Cristian Duțescu*, a.a.O., S. 218.

seiner „Wähler“ auszuüben.[472] Über die kumulative Abstimmung kann daher behauptet werden, dass dadurch die Aktionäre einer monistisch geführten AG besser geschützt werden als Aktionäre einer dualistisch geführten AG.

### *2.4.2. Aktive Berechtigung*

Das Recht auf kumulative Abstimmung steht praktisch jedem Aktionär zu, soweit der Verwaltungs- bzw. Aufsichtsrat der betroffenen Aktiengesellschaft mindestens fünf Mitglieder hat (Art. 235 II LPC). Davon zu trennen ist das Recht auf HV-Einberufung zur Wahl dieser Mitglieder durch kumulative Abstimmung, das gemäß Art. 124 II CNVM-VO Nr. 1/2006 nur einem signifikanten Aktionär (d.h. Aktionären mit einer mindestens 10%igen Beteiligung am Grundkapital) zusteht und von diesem höchstens einmal im Geschäftsjahr ausgeübt werden darf. Jedem Aktionär ist es aber gestattet, die Methode der kumulativen Abstimmung zur Aufnahme auf die Tagesordnung einer HV vorzuschlagen, die zur Wahl der Verwaltungsratsmitglieder bereits einberufen wurde. Der Antrag muss 10 Tagen vor der entsprechenden HV gestellt werden. Über die Anwendung dieser Wahlmethode wird dann in der betroffenen HV zuerst abgestimmt, es sei denn der Antrag wurde von einem signifikanten Aktionär gestellt, in welchem Fall sie direkt angewandt wird (Art. 125 I CNVM-VO Nr. 1/2006). Diese Bestimmungen des Kapitalmarktrechts zur aktiven Berechtigung der Aktionäre sind zwingend und durch die Satzung unabdingbar. Es muss aber beachtet werden, dass sie vor Inkrafttreten des Gesetzes Nr. 441/2006 zur Änderung des LSC verabschiedet worden sind. Die neuen Regeln des LSC (siehe dazu Punkt 4.I.B.1 oben), die das allgemeine Regime der HV-Einberufung bei AGs (d.h. auch für die börsennotierten Gesellschaften) bestimmen, sind jetzt vorteilhafter für die Aktionäre und wurden zur Verbesserung ihres Schutzes erlassen. Der *lex specialis*-Charakter des Kapitalmarktrechts rechtfertigt einen Eingriff in die Rechte der Aktionäre, so wie sie durch das allgemeine Gesetz bestimmt sind, nicht. Die erwähnten Vorschriften des LPC und der CNVM-VO Nr. 1/2006 müssen also systematisch im Einklang mit den entsprechenden Vorschriften des LSC ausgelegt werden. In der Praxis des Kapitalmarkts erweist sich die Durchsetzung dieses Rechts durch die Minderheitsaktionäre als besonders schwierig.[473]

---

472 Inwieweit unmittelbare Aktionärsinteressenvertretung durch das kumulativ gewählte Mitglied des Verwaltungs- bzw. Aufsichtsrates überhaupt gestattet ist und in welchem Verhältnis sie zu seiner Loyalitätspflicht gegenüber der Gesellschaft selbst steht, wird weiter unter Punkt 4.I.D.2.4.4 untersucht.

473 *Cristian Duțescu*, a.a.O., S. 223.

### 2.4.3. Abstimmungsverfahren

Die kumulative Abstimmung besteht in der Multiplikation der Stimmen eines Aktionärs, so wie sie sich aus seiner Kapitalbeteiligung ergeben, mit der Zahl der Posten im Verwaltungsrat. Die auf diese Weise erreichte Stimmenzahl wird dann vom jeweiligen Aktionär autonom in der Wahlabstimmung einem Kandidaten gegeben oder auf mehrere Kandidaten verteilt (Art. 124 I und Art. 126 I CNVM-VO Nr. 1/2006). Diese Wahlmethode soll vermeiden, dass dieselbe Aktionärsmehrheit über die Wahl aller Mitglieder des Verwaltungsrats entscheidet. Die Tatsache, dass die Aktionäre ihre Stimmrechte differenziert ausüben können, kann dazu führen, dass das Mehrheit/Minderheits-Verhältnis für jeden Kandidaten unterschiedlich ist. Dabei können Minderheitsaktionäre, ggf. durch ein koordiniertes Abstimmungsverhalten, sicherstellen, dass zumindest ein Mitglied des Verwaltungsrats von ihnen mehrheitlich gewählt wird.[474] Wenn zwei wählbare Kandidaten dieselbe Stimmenzahl erhalten, wird derjenige von ihnen zum Verwaltungsratsmitglied, für den eine größere Aktionärszahl abgestimmt hat (Art. 126 V CNVM-VO Nr. 1/2006).[475] Diese letztere Bestimmung ist auch als Schutzmittel für Kleinaktionäre gedacht, auch wenn sie relativ selten zur Anwendung kommen sollte.

### 2.4.4. Minderheitsschutz und Gesellschaftsinteresse

Die kumulative Abstimmung ist als Schutzmittel der Minderheitsaktionäre in das Recht börsennotierter Gesellschaften eingeführt worden. Sie beabsichtigt, einen direkten Schutz dieser Aktionäre zu gewährleisten, indem sie ihnen eine Quasi-Vertretung in der Verwaltung der AG und damit verbesserte Informations- und Kontrollmöglichkeiten bieten will. Wie effektiv dieser Schutz ist, erscheint aber fraglich. Problematisch ist einerseits, dass die Interessendivergenz, die im Aktionariat besteht, durch diese Wahlmethode auf die Ebene der Verwaltung übertragen und bestätigt wird. Die soziale Willensbildung zur Wahl der Verwaltungsratsmitglieder ist nicht mehr einheitlich, und ihre Rolle als Legitimationsbasis für die Tätigkeit des Rates als Gesellschaftsorgan wird dadurch geschwächt. Andererseits soll überprüft werden, inwieweit das Handeln des kumulativ gewählten Verwaltungsratsmitglieds im Interesse bestimmter Aktionäre mit seiner Loyalitätspflicht gegenüber der Gesellschaft gemäß Art. $144^1$ IV LSC und mit seiner Verschwiegenheitspflicht gemäß Art. $144^1$ V LSC vereinbar ist. Die letzteren Bestimmungen wurden erst durch Gesetz Nr. 441/2006 in das LSC eingeführt und durch

474 Ein Beispiel über das Funktionieren dieses Wahlmechanismus wird im Anhang Nr. 36 zur CNVM-VO Nr. 1/2006 erläutert.

475 Für den Sonderfall, in dem sowohl die Stimmenzahl als auch die entsprechende Aktionärszahl für zwei Kandidaten gleich sind, dürfen spezielle Wahlkriterien durch HV-Beschluss festgestellt werden (Art. 126 VI CNVM-VO Nr. 1/2006).

Art. 1 Nr. 21 DringAnO Nr. 82/2007 umgestaltet. Die bestehenden Vorschriften des LPC und der CNVM-VO Nr. 1/2006 zur kumulativen Abstimmung müssen jetzt im Einklang mit diesen neuen Pflichten der Verwaltungsratsmitglieder ausgelegt und angewandt werden, wobei dem Gesellschaftsinteresse grundsätzlich Priorität gegenüber Aktionärsinteressen gewährt werden sollte.[476]

### 3. *Mehrheitsbedingungen*

#### 3.1. *Mehrheitsbedingungen und Minderheitsschutz*

Die Bestimmungen über die erforderliche Mehrheit bei der HV-Beschlussfassung stehen im Mittelpunkt des Mehrheit/Minderheits-Verhältnisses in der AG. Sie sind ein Kernelement, um über die Rechtsstellung der Minderheitsaktionäre aus dem Gesichtspunkt ihrer Mitwirkungsmöglichkeit bei der Bildung des Gesellschaftswillens entscheiden zu können. Die Regeln zur qualifizierten Mehrheit beabsichtigen grundsätzlich einen höheren Schutz der Klein- und Minderheitsaktionäre, indem sie die HV-Beschlüsse in wichtigen Fragen an einen höheren Anteil von positiven Stimmen knüpfen. Die qualifizierte Stimmenmehrheit kann in bestimmten Fällen durch eine zusätzliche Kapitalmehrheit ergänzt werden. Dieser kumulative Ansatz ist im deutschen Aktienrecht anzutreffen, das dadurch ein gewisses Gleichgewicht zwischen Wertung der Kapitalbeteiligung und Wertung der Stimmkraft herstellen will, um eventuellen Abweichungen vom „Eine Aktie – eine Stimme“ Grundsatz Rechung zu tragen.

#### 3.2. *Mehrheitsberechnung*

##### 3.2.1. *Stimmenmehrheit und Kapitalmehrheit*

Die notwendige Mehrheit für die HV-Beschlüsse kann entweder nach den Stimmen der in der jeweiligen HV vertretenen Aktien (Stimmenmehrheit) oder nach dem vertretenen gezeichneten Kapital (Kapitalmehrheit) berechnet werden. Eine europarechtliche Basis dieser Regeln ist Art. 40 Kapital-RL zu entnehmen. In seiner ursprünglichen Fassung (d.h. bei seinem Inkrafttreten in 1990) sah das rumänische LSC ausschließlich Kapitalmehrheiten vor, und zwar sowohl für Beschlüsse der ordentlichen HV (frühere Fassung von Art. 112 LSC) als auch für Beschlüsse der außerordentlichen HV (frühere Fassung von Art. 115 LSC). Dagegen setzt das deutsche AktG grundsätzlich bei den Stimmenmehrheiten an (§ 133 AktG), während es HV-Grundlagenentscheidungen sowohl von Stimmen- als auch von

476 Zu den Vor- und Nachteilen der kumulativen Abstimmung für die Gesellschaft und die Aktionäre siehe auch *Cristian Duțescu*, a.a.O., S. 219-220.

Kapitalmehrheiten abhängig macht (siehe Punkt 4.I.D.3.3.2 unten). Auf internationaler Ebene kann eine Tendenz festgestellt werden, die HV-Beschlussfassung hauptsächlich auf Stimmenmehrheiten zu gründen, was einer modernen, auf *Voice*-Mechanismen beruhenden Corporate Governance entspricht. In den meisten EU-Mitgliedstaaten wird die erforderliche HV-Mehrheit nach den Stimmen der vertretenen Aktien und nicht nach dem vertretenen Kapital berechnet.[477] Dies hat auch den rumänischen Gesetzgeber dazu veranlasst, die bestehenden Regeln zu ändern und 2006 anstatt der Kapitalmehrheit die Stimmenmehrheit einzuführen (siehe Art. I Nr. 60 und 63 Gesetz Nr. 441/2006).

#### *3.2.2. Auszählung der Stimmrechte*

Zur Berechnung der erforderlichen HV-Beschlussmehrheit werden die Stimmen der Aktionäre ausgezählt, die von diesen in der HV persönlich oder durch Vertreter oder aber *in absentia* (z.B. elektronisch oder per Post) ausgeübt wurden. Es kommt dabei nur auf die Ja- und Neinstimmen an, während Enthaltungen im Prinzip nicht zählen. Als Auszählungstechnik wird meistens die Additions- oder die Subtraktionsmethode angewandt.[478]

### *3.3. Einfache Mehrheit und weitere Erfordernisse*

#### *3.3.1. Grundsatz der einfachen Mehrheit*

Der Grundsatz der einfachen Stimmenmehrheit besagt, dass die HV-Beschlüsse der Mehrheit der abgegebenen Stimmen bedürfen. In diesem Kontext ist es wichtig noch einmal zu erwähnen, dass das rumänische Recht (Art. 110 ff. LSC) zwei HV-Arten regelt: die ordentliche und die außerordentliche HV, wobei die außerordentliche HV hauptsächlich über solche Angelegenheiten beschließt, die eine Änderung der Satzung voraussetzen (siehe auch Punkt 4.I.A.2.1 oben).[479] Das deutsche Recht folgt einem anderen Ansatz und unterscheidet nur zwischen ordentlichen und außerordentlichen Beschlüssen, wobei beide Beschlussarten in

---

477 Siehe in diesem Sinne die von der Europäischen Kommission 2006 veröffentlichte Folgenabschätzung (*impact assessment*) SEK(2006)181 zum Richtlinienvorschlag über die Ausübung des Stimmrechts durch Aktionäre (inzwischen RL 2007/36/EG), Anhang 3, Punkt 6.2, S. 83-85 (siehe auch Fn. 447).

478 Siehe *Uwe Hüffer*, a.a.O., § 133 Rn. 23 f.

479 Insoweit folgt das rumänische Gesellschaftsrecht der Tradition des romanischen Rechtskreises – siehe z.B. Art. L225-96 ff. *Code de Commerce* in Frankreich, Art. 2363 ff. *Codice Civile* in Italien, Art. 95 ff. *Ley de Sociedades Anónimas* in Spanien usw.

die Kompetenz derselben HV gehören.[480] Der erwähnte Grundsatz der einfachen Stimmenmehrheit gilt jeweils nur für die ordentliche HV in Rumänien bzw. für die ordentlichen HV-Beschlüsse in Deutschland. Dies wird durch Gesetz festgestellt (Art. 112 I 2 und II 1 LSC bzw. § 133 I AktG). Die Satzung kann aber nach beiden Rechtssystemen davon abweichen und eine höhere Mehrheit für diese Beschlüsse verlangen (siehe weiter unter Punkt 4.I.D.3.3.3).

*3.3.2. Gesetzliche weitere Erfordernisse*

Gewisse HV-Beschlüsse, die eine besondere wirtschaftliche Bedeutung für die Gesellschaft und ihre Aktionäre haben, sind nicht mit der einfachen Stimmenmehrheit, sondern mit einer höheren, durch Gesetz qualifizierten Stimmenmehrheit zu verabschieden. Dies ist der Ansatz des rumänischen Rechts (das aber zusätzlich Quorumsbedingungen für HV-Beschlüsse vorsieht). Dagegen werden solche HV-Beschlüsse nach deutschem Recht meistens mit einer einfachen Stimmenmehrheit und mit einer zusätzlichen Kapitalmehrheit getroffen (wobei das deutsche Gesetz auf Quorumsvoraussetzungen verzichtet). Das gesetzliche Erfordernis einer qualifizierten Mehrheit oder einer zusätzlichen Kapitalmehrheit bezweckt eine breitere Zustimmungsbasis und dadurch einen indirekten Minderheitsschutz durch Verhinderung einer leichten Majorisierungsmöglichkeit bei der Beschlussfassung. Durch diese gesetzlichen Erfordernisse wird einer sog. „Sperrminorität“ die Möglichkeit eingeräumt, das Zustandekommen eines HV-Beschlusses ggf. zu verhindern. In diesem Sinne kann von einem passiven Minderheitsschutz durch höhere HV-Mehrheitserfordernisse gesprochen werden, im Gegensatz zu sonstigen aktiven, individuellen oder kollektiven Rechten der Minderheitsaktionäre.

In Rumänien stellt das Gesetz spezielle Erfordernisse für die Beschlüsse der außerordentlichen HV auf, die grundsätzlich mit der Mehrheit der Stimmen der anwesenden bzw. vertretenen Aktionäre zu fassen sind (Art. 115 II 1 LSC). Zur Feststellung dieser Mehrheit werden also nicht nur die abgegebenen Stimmen (wie im Falle der ordentlichen HV), sondern auch die Enthaltungen berücksichtigt. Deshalb sind in diesem Zusammenhang auch die gesetzlichen Quorumsbedingungen[481] zu beachten. Eine höhere Mehrheit von zwei Drittel der Stimmen der

480 Für eine vergleichende Darstellung dieser unterschiedlichen Ansätze siehe *Christa Jessel-Holst*, a.a.O., S. 41-42.

481 Wie schon erwähnt (siehe Punkt 4.I.B.2.2 oben), wird im rumänischen Recht bei der ersten Einberufung der außerordentlichen HV für deren Beschlussfähigkeit die Anwesenheit von Aktionären verlangt, denen mindestens ein Viertel der Stimmrechte zustehen, während bei den eventuellen nachfolgenden Einberufungen ein Mindestquorum von einem Fünftel der Stimmen vorgesehen ist (Art. 115 I LSC). Der Beschluss der außerordentlichen HV zum Bezugsrechtsausschluss kann dagegen nur in

anwesenden bzw. vertretenen Aktionäre ist für folgende Maßnahmen erforderlich: Änderung des Hauptgegenstands des Unternehmens, Herabsetzung oder Erhöhung des Grundkapitals, Umwandlung, Verschmelzung, Spaltung oder Auflösung der AG (Art. 115 II 2 LSC). Wie bereits erwähnt (siehe Punkt 4.I.D.3.2.1 oben), haben diese qualifizierten Stimmenmehrheiten die früher vorgesehenen Kapitalmehrheiten (von einer Hälfte bzw. von einem Drittel des Grundkapitals bei der ersten Einberufung bzw. bei der zusätzlichen Einberufungen der außerordentlichen HV) ersetzt.

So wie das rumänische Recht, schreibt auch das deutsche Recht in einigen Fällen[482] qualifizierte Stimmenmehrheiten (von mindestens Dreiviertel der abgegebenen Stimmen) vor. Ein anderer, alternativer Mechanismus aber, der durch die Erweiterung der erforderlichen Aktionärszustimmungsbasis einen erhöhten Minderheitsschutz bezweckt, besteht im Verlangen einer gewissen Kapitalmehrheit (von mindestens Dreiviertel des bei der Beschlussfassung vertretenen Grundkapitals) für Grundlagenbeschlüsse. Dies ist z.B. der Fall bei der Nachgründung (§ 52 V AktG), bei der Satzungsänderung (§ 179 II 1 AktG), bei den Maßnahmen der Kapitalerhöhung wie Kapitalerhöhung gegen Einlagen (§ 182 I 1 AktG), bedingte Kapitalerhöhung (§ 193 I 1 AktG) oder genehmigtes Kapital (§ 202 II 2 AktG), bei der Kapitalherabsetzung (§ 222 I 1 AktG) oder bei der Auflösung der Gesellschaft (§ 262 AktG). Die deutsche Doktrin legt dies nicht als eine alternative Bedingung zur einfachen Stimmenmehrheit aus, sondern als ein zusätzliches Erfordernis; die erwähnten HV-Beschlüsse sind nämlich nur dann gültig, wenn sowohl die einfache Stimmenmehrheit als auch die verlangte Kapitalmehrheit vorliegen.[483] Diese kumulativen Voraussetzungen stellen sicher, dass auch bei Vorliegen bestimmter Abweichungen vom Proportionalitätsprinzip (in Form von Mehr- oder Höchststimmrechten) und bei entsprechendem Auseinanderfallen von Kapitalbeteiligung und Stimmkraft die einfache Stimmenmehrheit immer gewahrt bleibt.

### *3.3.3. Sonderbestimmungen durch die Satzung*

Beide Rechtsordnungen lassen zu, dass die Aktionäre durch die Satzung höhere Mehrheiten oder weitere Erfordernisse vorsehen. Dadurch können die bereits erwähnten gesetzlichen Erfordernisse im Prinzip verschärft, jedoch nicht flexibler

---

Anwesenheit von Aktionären gefasst werden, die mindestens drei Viertel des Grundkapitals vertreten (Art. 217 III LSC). Das deutsche Aktienrecht sieht grundsätzlich keine Quorumsbedingungen für die HV-Beschlüsse vor.

482 Z.B. bei vorzeitiger Abberufung von Aufsichtsratsmitgliedern (§ 103 I 2 AktG) – siehe *Rüdiger Volhard*, Münchener Kommentar zum AktG, § 133 Rn. 35-36.

483 *Uwe Hüffer*, a.a.O., § 133 Rn. 13; *Rüdiger Volhard*, a.a.O., § 133 Rn. 39.

gestaltet werden. Nach rumänischem Recht kann die Satzung eine höhere Mehrheit (als die gesetzlich vorgesehene einfache Stimmenmehrheit) für die erste Einberufung der ordentlichen HV verlangen, aber nicht für die eventuellen nachfolgenden Einberufungen (Art. 112 I 3 bzw. II 2 LSC). Für die außerordentliche HV ist eine höhere Mehrheit durch die Satzung sowohl für die erste als auch für zusätzliche Einberufungen gestattet (Art. 115 III LSC). Unter „höherer Mehrheit" kann hauptsächlich eine höhere Stimmenmehrheit verstanden werden. Die Möglichkeit der satzungsmäßigen Einführung einer kumulativen Kapitalmehrheit ist aber grundsätzlich nicht auszuschließen. Nach deutschem Recht können die Aktionäre durch die Satzung die Stimmenmehrheit bzw. die Kapitalmehrheit im Prinzip nur noch erhöhen. Ausnahmen sind z.B. bei den Mehrheitserfordernissen für die Wahlen (§ 133 II AktG) oder für die Abberufung der Aufsichtsratsmitglieder (§ 103 I 3 AktG) vorgesehen, die durch die Satzung auch herabgesetzt werden können.

### 4. *Stimmbindungsverträge*

### 4.1. *Begriff und Rechtsnatur*

Stimmbindungsverträge (auf rumänisch *convenţii cu privire la exercitarea dreptului de vot*) legen den Willen der jeweiligen Vertragsparteien fest, die ihnen gehörenden Stimmrechte in einer bestimmten Weise oder überhaupt nicht auszuüben. Als solche sind sie grundsätzlich schuldrechtlicher und nicht organisationsrechtlicher Natur. Damit gelten sie nur zwischen den Vertragsparteien und entfalten keine Drittwirkung.[484] Soweit sie aber in die Satzung aufgenommen werden, genießen sie die daran gebundene Publizität und erhalten dadurch einen gewissen formellen Charakter.

### 4.2. *Zulässigkeit von Stimmbindungsverträgen*

#### 4.2.1. *Abstimmungsfreiheit und Stimmbindung*

Jeder Aktionär ist grundsätzlich frei, die ihm zustehenden Stimmrechte nach seinem Ermessen auszuüben. Ein Ausdruck dieser Abstimmungsfreiheit ist aber auch die Möglichkeit der Aktionäre, die Art und Weise der Ausübung ihrer Stimmrechte im Wege einer vertragsrechtlichen Stimmbindung zu koordinieren bzw. im Voraus zu bestimmen. Einerseits schränkt der Stimmbindungsvertrag die Abstimmungsfreiheit der daran beteiligten Aktionäre zwar ein. Der Einfluss der einzelnen

484 *Uwe Hüffer*, a.a.O., § 133 Rn. 25.

Aktionäre auf die Gesellschaft wird aber andererseits dadurch erhöht, dass ihre Stimmkraft zusammen gefasst und so gemeinsam ausgeübt wird.[485]

Soweit der betroffene Stimmbindungsvertrag dem freien Wille der beteiligten Aktionäre entspricht, ist er mit dem Grundsatz der Abstimmungsfreiheit vereinbar und daher zulässig. Sollte er aber auf einer Erpressung durch die stärkere Vertragspartei bzw. auf einer Zwangslage der schwächeren Vertragspartei beruhen, ist ein solcher Vertrag unzulässig. Die Frage der Zulässigkeit ist insbesondere für Klein- und Minderheitsaktionäre von Bedeutung, die im Kontext eines Stimmbindungsverhältnisses dem Druck durch eine stärkere Vertragspartei ausgesetzt sein können.

### *4.2.2. Vertikale und horizontale Stimmbindungen*

Durch vertikale Stimmbindung wird in der vorliegenden Arbeit ein solches Verhältnis bezeichnet, in dem der Aktionär sich verpflichtet, seine Stimmrechte nach den Weisungen der Gesellschaft oder ihrer Organe auszuüben. Diese Form der Stimmbindung ist sowohl nach rumänischem (Art. 128 II LSC) als auch nach deutschem Recht (§ 136 II AktG) unzulässig. Der Hauptgrund dafür ist, dass sie die Entscheidungsmacht von den Trägern des Risikokapitals (den Aktionären) weg auf anderen Personen verlagern würde. Dagegen werden horizontale Stimmbindungen, d.h. Vereinbarungen zwischen Aktionären über die Ausübung ihrer Stimmrechte, von den erwähnten Vorschriften nicht verboten. Eine Stimmbindung zwischen Aktionären und Dritten, auch wenn nicht ausdrücklich durch Gesetz verboten, ist aber nicht ohne weiteres zulässig, weil sie die Treuepflicht der Aktionäre gegenüber der AG sowie das Abspaltungsverbot (demgemäß das Stimmrecht nicht von der Aktie getrennt werden darf[486]) in Frage stellt. Sie soll daher nach ihrem konkreten Inhalt geprüft werden.

In Rumänien ist die geltende Fassung von Art. 128 II LSC auf Art. I Nr. 71 Gesetz Nr. 441/2006 zurückzuführen. Früher bestand im rumänischen Recht ein allgemeines Verbot von Stimmbindungsverträgen (d.h. sowohl der vertikalen als auch der horizontalen Vereinbarungen). Dies erwies sich als sehr schwerfällig in der Praxis und machte eine Reform notwendig.[487] Für die 2006-Novellierung dieser Regelung diente § 136 II AktG als Hauptmuster.

---

485 *Henning Schröer*, Münchener Kommentar zum AktG, § 136 Rn. 56.

486 Siehe z.B. *Uwe Hüffer*, a.a.O., § 133 Rn. 17.

487 Siehe auch *Ionuţ Răduleţu*, Administrarea societăţii pe acţiuni şi drepturile acţionarilor – noi principii de guvernare corporativă în Legea nr. 31/1990, in Ad Honorem Stanciu D. Cărpenaru, Beck Verlag, Bukarest 2006, S. 171.

### 4.2.3. *Inhaltliche Schranken*

Die inhaltlichen Schranken der Stimmbindungsverträge ergeben sich aus den Grundsätzen der guten Sitten und der Aktionärstreuepflichten. Die Satzung selbst kann weitere inhaltliche Schranken bestimmen. Sollten die betroffenen Verträge gegen diese Grundsätze bzw. Regeln verstoßen, sind sie nichtig.

### 4.3. *Praktische Bedeutung*

Die Stimmbindungsverträge werden in der Praxis zu verschiedenen Zwecke eingesetzt. Ihre Hauptrolle besteht in der Steuerung der Kontrolle in der AG zugunsten gewisser Aktionäre oder Aktionärsgruppen im Verhältnis zu anderen Aktionären oder im Verhältnis zu Dritten. So werden sie in Familiengesellschaften zur Sicherung des Einflusses der ursprünglichen Aktionäre verwendet. In Poolverträgen bestimmen die teilnehmenden Aktionäre (z.B. Minderheitsaktionäre) ihr Abstimmungsverhalten im Voraus, um dadurch den Einfluss eines anderen Aktionärs (z.B. des Großaktionärs) einzudämmen. Schließlich können die Stimmbindungsverträge die Aktionäre im Verhältnis zu ihren Treuhändern schützen (als Stimmbindungen mit Dritten). Beide Rechtsordnungen stimmen überein, dass Ad hoc-Absprachen (die in Einzelfällen vor der Abstimmung getroffen werden) grundsätzlich keine Stimmbindungsverträge darstellen.[488]

## 5. *Stimmrechtsvertretung*

### 5.1. *Rechtspolitische Ansätze*

Die gesetzlich vorgesehene Möglichkeit, das Stimmrecht in der HV durch einen Vertreter auszuüben, verschafft den Aktionären mehr Flexibilität in der Äußerung ihres gesellschaftlichen Willens. Für die Minderheits- und Kleinaktionären sind die Mechanismen der Stimmrechtsvertretung sehr wichtig, weil der Anreiz für eine direkte HV-Teilnahme bei einer kleinen Kapitalbeteiligung nicht so groß ist und die Vertretung oft eine wirtschaftlich sinnvollere Lösung für die Ausübung ihrer Stimmrechte bietet.[489] Die Bedingungen der Stimmrechtsvertretung waren

---

488 *Sorin David*, in *St. D. Cărpenaru u.a.*, a.a.O. (2009), Art. 128 Rn. 4; *Henning Schröer*, a.a.O., § 136 Rn. 59.

489 Sowohl das rumänische (Art. 12 und Art. 18 II CNVM-VO Nr. 6/2009) als auch das deutsche Recht (§ 118 II AktG, in der durch ARUG geänderten Fassung) wurden vor kurzem reformiert, um den Aktionären auch eine Abstimmung per Brief zu gestatten (schriftlich oder im Wege elektronischer Kommunikation). Dies geschah in der Umsetzung von Art. 8 und Art. 12 RL 2007/36/EG. Nach der neuen Rechtslage

im rumänischen Recht traditionell strenger geregelt, während das deutsche Recht den Aktionären dabei mehr Spielraum bietet und sich dadurch als funktionsfähiger erweist. Durch die rumänische Gesellschaftsrechtsreform von 2006 ist dieser Unterschied teilweise überbrückt worden.[490] Auch die Entwicklungen auf europäischer Ebene (insbesondere Art. 10 und 11 der Aktionärsrechte-RL) sollen berücksichtigt werden, weil sie indirekt (durch das öffentliche EU-Gesetzgebungsverfahren) bzw. schon direkt (durch die entsprechende Umsetzung in Art. 14-17 CNVM-VO Nr. 6/2009 bzw. § 134 III und § 135 AktG) beide Rechtsordnungen geprägt haben.

Die Stimmrechtsvertretung ist von einer Übertragung des Stimmrechts zu unterscheiden. Als Mitgliedschaftsrecht kann das Stimmrecht nicht von der Aktie getrennt auf einen Dritten übertragen werden. Wie bereits erwähnt, gilt insoweit in diesem Zusammenhang ein Abspaltungsverbot. Die Ausübung des Stimmrechts durch Dritte ist dagegen zulässig, wenn die Entscheidung über die Art und Weise der Ausübung beim Aktionär bleibt.

### 5.2. *Vollmachtsart*

#### 5.2.1. *Form der Vollmacht*

Während das deutsche Recht für die Erteilung der Stimmrechtsvollmacht speziell die Schriftform vorsieht (§ 134 III 3 1. HS AktG), regelt das rumänische Recht diese Angelegenheit nicht ausdrücklich. Die Bedingung einer schriftlichen Form wird aber aus Art. 125 III LSC abgeleitet, das die Hinterlegung der Vollmachtsurkunden am Sitz der Gesellschaft vor der jeweiligen HV vorschreibt. Obwohl die Schriftform als solche nicht ausdrücklich geregelt, sondern nur vom Gesetz abgeleitet wird, ist sie nichtsdestoweniger nach rumänischem Recht immer einzuhalten.[491] Dagegen erweist sich das deutsche Recht als flexibler: Obwohl es grundsätzlich die Schriftform der Stimmrechtsvollmacht verlangt, lässt es Form-

---

könnte sich die Abstimmung per Brief für die Aktionäre wirtschaftlich vorteilhafter erweisen als die Stimmrechtsvertretung.

490 Zu erwähnen ist, dass nach rumänischem Recht noch keine Mitteilungspflicht (bezüglich der HV-Einberufung und HV-Tagesordnung) für den Verwaltungsrat bzw. für den Vorstand gegenüber Kreditinstituten und Aktionärsvereinigungen besteht, die in der HV üblicherweise Stimmrechte für die Aktionäre ausüben, so wie diese Pflicht von § 125 I und V AktG vorgesehen ist. Dies könnte bei einer zukünftigen Reform in Betracht gezogen werden, weil es die Stimmrechtsausübung durch Vertretung fördern würde.

491 Dieser Ansatz wird aber für die börsennotierten Gesellschaften durch die neuen Art. 14 VII und Art. 15 CNVM-VO Nr. 6/2009 ergänzt, die das Formular für die Stimmrechtsprokura regeln.

erleichterungen durch die Satzung zu (§ 134 III 3 2. HS AktG).[492] Dementsprechend kann die letztere z.B. vorsehen, dass auch die Vollmachtserteilung durch solche Kommunikationsmittel wie E-mail oder Fax erlaubt ist. Formerschwerungen dürfen dagegen durch die Satzung nicht vorgesehen werden. Dieser Regelungsansatz könnte *de lege ferenda* auch vom rumänischen Gesetzgeber in Betracht gezogen werden, weil er zur Erleichterung der Ausübung eines Hauptrechts der Aktionäre beitragen würde.

### 5.2.2. *Umfang der Vollmacht*

Nach ihrem Umfang kann die Stimmrechtsvollmacht generell oder speziell sein. Während das rumänische Recht darauf besteht, dass die Vollmacht eine spezielle sein soll, d.h. für jede Hauptversammlung einzeln (Art. 125 I 2. Halbsatz LSC), ist dies nach deutschem Recht nicht notwendig.[493] Unter einem „Bevollmächtigten" in § 134 III 1 AktG kann daher auch ein Generalbevollmächtigter verstanden werden. Wichtig dabei ist, dass sich aus der Vollmacht die Berechtigung zur Abstimmung ergibt.

## 5.3. *Person des Bevollmächtigten*

### 5.3.1. *Vertretung durch Aktionäre und durch Dritte*

Die Aktionäre sind in beiden Rechtsordnungen grundsätzlich frei darüber zu entscheiden, wer sie in der HV vertritt. Die frühere Rechtslage in Rumänien, der gemäß Aktionäre sich nur durch andere Aktionäre vertreten lassen konnten, wurde durch Gesetz Nr. 441/2006 zugunsten eines liberaleren Ansatz reformiert. Dies entspricht auch Art. 10 der Aktionärsrechte-RL, der auf der Freiheit des Aktionärs bei der Auswahl seines Stimmrechtsvertreters besteht. Eine etwaige Beschränkung der Vertretung nur durch Aktionäre ist damit in beiden Rechtssystemen der Satzung überlassen.

### 5.3.2. *AG-Stimmrechtsvertreter*

Obwohl es dem Aktionär grundsätzlich frei steht (abhängig auch von den Satzungsbestimmungen), seinen Stimmrechtsvertreter zu wählen, darf dies nicht dazu führen, dass Organe der AG durch ihre Mitglieder schrankenlos Stimmrechte der

---

492 Diese Ausnahme wurde 2001 durch das NaStraG ins AktG eingeführt – *Uwe Hüffer*, a.a.O., § 134 Rn. 22a.

493 *Uwe Hüffer*, a.a.O., § 134 Rn. 22; *Rüdiger Volhard*, Münchener Kommentar zum AktG, § 134 Rn. 56.

Aktionäre ausüben und aufgrund solcher „Verwaltungsstimmrechte"[494] ein kreisläufiges Legitimationssystem für diese Organe bilden. Dieser Rechtsgedanke liegt auch Art. 125 V LSC zugrunde, dementsprechend die Mitglieder des Verwaltungsrats und die Direktoren, bzw. die Mitglieder des Direktorats und des Aufsichtsrats oder die Angestellten der AG die Aktionäre bei der Abstimmung nicht vertreten dürfen, soweit ohne deren Stimme die erforderliche Mehrheit nicht erreicht worden wäre. Vielmehr verbietet Art. 243 III LPC eine Stimmrechtsvertretung durch Organmitglieder bei rumänischen börsennotierten Aktiengesellschaften. Auf denselben Rechtsgedanken gründet auch das Verbot vertikaler Stimmbindungsverträge (zwischen Aktionären und Verwaltung – siehe dazu Punkt 4.I.D.4.2.2 oben).

Beide Rechtsordnungen lassen aber im Prinzip (innerhalb der bereits erwähnten Schranken) zu, dass die Gesellschaft Stimmrechtsvertreter anbietet, die dann von den Aktionären eingesetzt werden (Art. 125 V LSC bzw. § 134 III 5 AktG).[495] Wichtig ist dabei einerseits, dass die Aktionäre Weisungen zur Stimmabgabe erteilen, und andererseits, dass die Stimmrechtsvertreter eine gewisse Unabhängigkeit gegenüber der Gesellschaft aufweisen (sie dürften also nur ausnahmsweise unter den Organmitgliedern ausgewählt werden). Dieses System, das in Deutschland durch das NaStraG in 2001 eingeführt wurde, kann nach seinem Vorbild im amerikanischen Recht als *Proxy-Voting* bezeichnet werden, trotz der bestehenden Unterschiede (wie z.B. SEC-Aufsicht über das Proxy-Verfahren in USA).[496] Die auf diese Weise stattfindende Liberalisierung der Stimmrechtsvertretung wurde durch Art. 10 Aktionärsrechte-RL bestätigt, der einen Abbau bestehender gesetzlicher Schranken vorsieht.

### *5.3.3. Gesetzlicher Vertreter*

Geschäftsunfähige Aktionäre werden bei der Stimmabgabe in der HV durch ihren gesetzlichen Vertreter vertreten (Art. 125 II LSC bzw. § 1629 I 2 BGB, § 1793 BGB, §§ 1909 ff. BGB). Die Aktionäre, die juristische Personen sind, werden durch ihren gesetzlichen, organschaftlichen Vertreter vertreten.

---

494 *Uwe Hüffer*, a.a.O., § 134 Rn. 26.

495 *Cristian Duțescu*, a.a.O., S. 186 ff.; *Rüdiger Volhard*, a.a.O., § 134 Rn. 37 ff.

496 *Uwe Hüffer*, a.a.O., § 134 Rn. 26a.

## II. Klagerechte

### *A. Klagerechte und gerichtlicher Aktionärsschutz*

Die Klagerechte ergänzen die materiellen Rechte (die bereits besprochenen Vermögens-, Informations- und Mitwirkungsrechte) und den von diesen gewährten internen, gesellschafts- und kapitalmarktrechtlichen Schutz der Aktionäre durch einen externen, gerichtlichen Schutz. Wenn die vom jeweiligen Rechtssystem angebotenen materiellen Rechte der Aktionäre in den betroffenen Aktiengesellschaften zu keinem Gleichgewicht und zu keinem angemessenen Schutz der Minderheitsaktionäre führen, haben die Aktionäre die Möglichkeit, sich vor Gericht zu wehren.

Sowohl in Rumänien als auch in Deutschland sind zwei Hauptkategorien von Klagerechten zu verzeichnen, nämlich die Klagen der Aktionären gegen Organmitglieder zur Geltendmachung von Ersatzansprüchen der Gesellschaft bzw. die Klagen der Aktionäre gegen HV-Beschlüsse (Nichtigkeits- und Anfechtungsklage). Diese beide Rechtskategorien entsprechen dem vertikalen (zwischen Aktionären und Organmitgliedern) bzw. dem horizontalen (zwischen Minderheits- und Mehrheitsaktionären) *Agency*-Problem und sind dazu gedacht, dieses Problem einer gerichtlichen Lösung zuzuführen.[497] Dem Gesellschaftsinteresse soll dadurch Priorität gegenüber Verwaltungsinteressen bzw. gegenüber dem Mehrheitsinteresse gewährt werden. Die Klagerechte stellen aber nichtsdestoweniger eine eher letztinstanzliche Lösung dar; weil sie für die Gesellschaft mit besonderen Kosten verbunden sind, sollen sie von den Aktionären nur als Sondermittel wahrgenommen werden können. Ihre Ausübung ist daher vom Gesetz selbst gewissen Schranken unterstellt.

### *B. Die Geltendmachung von Ersatzansprüchen*

#### *1. Sozialer Charakter*

Die Klage zur Geltendmachung von Ersatzansprüchen der Gesellschaft gegen die Organmitglieder wird durch Art. 155 LSC bzw. durch §147 AktG geregelt. Sie ist in beiden Rechtsordnungen als eine soziale Klage gestaltet, d.h. ihre Ausübung kommt primär der HV zu und sie wird im Namen der Gesellschaft erhoben. Ausnahmsweise kann das Recht von einer Aktionärsminderheit ausgeübt werden, um das Gesellschaftsinteresse vor einer passiven Aktionärsmehrheit zu schützen, wie in Art. $155^1$ LSC bzw. in §§ 148-149 AktG vorgesehen. Die Rechtsverfolgung

497 Siehe auch *Cristian Duțescu*, a.a.O., S. 273.

durch Minderheitsaktionäre hat also subsidiären Charakter im Verhältnis zu Geltendmachung der Ersatzansprüche durch die Gesellschaft selbst. Diese Subsidiarität drückt sich nach deutschem Recht auch darin aus, dass eine von Aktionären eingeleitete Haftungsklage von der Gesellschaft jederzeit übernommen werden kann (§ 148 III AktG).

Die besondere (und zwingende) Regelung der Haftungsklage beruht auf der Idee eines Schutzes der Gesellschaft und der Aktionäre vor der Gefahr einer Vereitelung der Klageerhebung durch die (selbst ersatzpflichtige) Verwaltung bzw. der Passivität von Verwaltungsmitgliedern, die an der Geltendmachung des Anspruchs selbst kein Interesse hätten. Das rumänische und das deutsche Recht weisen bei dieser Regelung gewisse Gemeinsamkeiten auf, die unter anderem auf die Reform der rumänischen Vorschriften durch Gesetz Nr. 441/2006 zurückzuführen sind, wobei das durch UMAG reformierte deutsche Aktiengesetz als Beispiel miteinbezogen wurde.[498]

### 2. *Geltendmachung durch die Hauptversammlung*

#### 2.1. *Anspruchsgegner*

Die Ersatzansprüche der Gesellschaft können nach rumänischem sowie nach deutschem Recht aus deren Gründung oder aus deren Geschäftsführung entstehen. Sie sind daher gegen die Gründer bzw. gegen die Organmitglieder (Verwaltungsratsmitglieder und Direktoren, bzw. Direktorats- und Aufsichtsratsmitglieder in Rumänien, Vorstands- und Aufsichtsratsmitglieder in Deutschland) gerichtet. Darüber hinaus sieht das rumänische Recht die Haftung der Zensoren und der Wirtschaftsprüfer vor (Art. 155 I LSC), während das deutsche Recht den Sonderfall der Schadensersatzpflicht für die unzulässige Benutzung des Einflusses auf die Gesellschaft regelt (§ 147 I 1 iVm § 117 AktG).

#### 2.2. *Mehrheitserfordernis*

Die Klage wird in beiden Rechtsordnungen von der Gesellschaft aufgrund eines HV-Beschlusses erhoben, der mit einfacher Stimmenmehrheit zustande gekommen ist (Art. 155 I iVm Art. 112 LSC und § 147 I 1 iVm § 133 I AktG). Die Voraussetzung der einfachen Stimmenmehrheit kann als ein Mittel des Aktionärsschutzes verstanden werden, indem auf diese Weise die Kontrolle der Verwaltung durch die Aktionäre von minimalen Mehrheitsbedingungen abhängt und keinen zusätz-

498 Dagegen ist die Haftungsklage nach französischem Recht nicht primär als soziale, sondern als individuale Klage gestaltet – siehe *Gheorghe Piperea*, Societăţi comerciale, piaţă de capital. Acquis comunitar, Bukarest 2005, S. 170 Rn. 266.

lichen Schranken ausgesetzt wird. Die Wahrscheinlichkeit der praktischen Ausübung dieser Kontrolle wird dadurch erhöht.

### *2.3. Bestellung eines Vertreters*

Zur Stärkung der Effizienz der Klageerhebung und der Rechtsverfolgung[499] sehen beide Rechtsordnungen die Möglichkeit der Bestellung eines speziellen Vertreters durch die Hauptversammlung vor, wobei das rumänische Recht diese Bestellung durch die HV zwingend vorschreibt (Art. 155 II LSC und § 147 II 1 AktG). Nach deutschem Recht erfolgt die Bestellung des Vertreters gerichtlich und im Interesse der Aktionäre, wenn das Gericht dem entsprechenden Antrag einer qualifizierten Aktionärsminderheit (deren Anteile zusammen 10 % des Grundkapitals oder den anteiligen Betrag von 1 Mio. Euro erreichen) stattgibt (§ 147 II 2 AktG). Dieses Mittel zum Minderheitsschutz ist dem rumänischen Recht nicht bekannt und könnte *de lege ferenda* in Betracht gezogen werden.

### *2.4. Weitere Bedingungen*

Das deutsche Recht sieht für die Klageerhebung eine sechsmonatige Frist seit dem Tag des entsprechenden HV-Beschlusses vor. Eine ähnliche Frist wird vom rumänischen Recht nicht gesetzt, was zur Rechtsunsicherheit beiträgt.[500] Darüber hinaus soll grundsätzlich nach beiden Rechtssystemen die Frage der Haftungsklage auf der HV-Tagesordnung angekündigt worden sein. Ausnahmsweise lässt das rumänische Recht einen Beschluss über eine nicht angekündigte Haftungsklage gegen Verwaltungsmitglieder zu, wenn die HV darüber im Rahmen der Sitzung zum Jahresbericht beschließt (Art. 155 III LSC).

### *2.5. Konsequenzen für Verwaltungsmitglieder*

An die Einbringung der Haftungsklage durch die HV knüpft das rumänische Recht direkte Konsequenzen für das Amt der betroffenen Verwaltungsmitglieder. So werden die Verwaltungsratsmitglieder, die Direktoren bzw. die Direktoratsmitglieder ihres Amtes enthoben, sobald die HV die entsprechende Klageerhebung beschließt (Art. 155 IV-V LSC). Eine ähnliche Sanktion trifft die Aufsichtsratsmitglieder nur, wenn die außerordentliche HV darüber beschließt (d.h. mit einem

499 *Uwe Hüffer*, a.a.O., § 147 Rn. 1.

500 Wegen des Schweigens des Handelsgesellschaftengesetzes findet grundsätzlich die allgemeine Verjährungsfrist von 3 Jahren Anwendung (Art. 3 I Dekret Nr. 167/1958). Siehe dazu *Gheorghe Piperea* in *St. D. Cărpenaru u.a.*, a.a.O. (2006), Art. 157 aF Rn. 10 (Art. 157 ist durch Gesetz Nr. 441/2006 zu Art. 155 geworden); *Cristian Duţescu*, a.a.O., S. 283.

Quorum von mindestens 25 % aller Stimmen bei der ersten Einberufung bzw. von mindestens 20 % bei eventuellen zusätzlichen Einberufungen) (Art. 155 VI LSC).[501] In einer rumänischen dualistisch geführten Aktiengesellschaft gehört die Kompetenz zur Erhebung einer Haftungsklage gegen das Direktorat nicht nur der HV, sondern auch dem Aufsichtsrat. Beschließt dieser die Klageerhebung mit einer Zweidrittelmehrheit, werden die Direktoratsmitglieder ihres Amtes automatisch enthoben (Art. 155 VII LSC). Im Unterschied zum rumänischen Recht verbindet das deutsche Recht mit der Geltendmachung von Ersatzansprüchen keine automatischen Konsequenzen für die betroffenen Mitglieder des Vorstands bzw. des Aufsichtsrats.

### 3. *Geltendmachung durch die Aktionärsminderheit*

#### 3.1. *Anfechtungs-, Haftungs- und Schadensersatzklage*

Sollte die HV keine Geltendmachung der Ersatzansprüche beschließen, können die an einer solchen Geltendmachung interessierten Aktionären (meistens die in der HV überstimmten Minderheitsaktionäre) zwei Rechtswege verfolgen. Einerseits können sie eine Anfechtungsklage gegen den betroffenen HV-Beschluss erheben (siehe dazu Punkt 4.II.C.3 unten); andererseits können sie selbst eine Haftungsklage erheben, um dadurch die Ersatzansprüche der Gesellschaft geltend zu machen.[502] Sollten die Aktionäre auch eigene Ersatzansprüche gegen die Verwaltungsmitglieder behaupten wollen, können sie darauf keine Haftungsklage der Gesellschaft begründen, sondern nur eine eigene Schadensersatzklage als ein Sonderfall des Deliktrechts erheben.[503]

#### 3.2. *Qualifizierte Minderheit*

Das Gesetz sowohl in Rumänien als auch in Deutschland sieht vor, dass eine qualifizierte Aktionärsminderheit unter gewissen Bedingungen die unter Punkt 4.II.B.1 erwähnten Ersatzansprüche der Gesellschaft im eigenen Namen geltend machen

---

501 Art. 155 VI LSC verweist hier auf die „Mehrheit in Art. 115 I", wobei Art. 115 I LSC nicht die Mehrheit, sondern das Quorum der außerordentlichen HV regelt. Diese Konfusion sollte bei einer künftigen Reform beseitigt werden. Wenn die Intention war, auf die spezielle Mehrheit in Art. 115 II 2 LSC zu verweisen, sollte der Verweis in Art. 155 VI LSC entsprechend angepasst werden.

502 Siehe auch *Gheorghe Piperea*, Societăţi comerciale, piaţă de capital. Acquis comunitar, Bukarest 2005, S. 172, Rn. 271.

503 *Gheorghe Piperea*, a.a.O., S. 173, Rn. 273. Für eine allgemeine Darstellung des rumänischen Deliktsrechts in englischer Sprache siehe *Ionuţ Răduleţu*, Romania, in Helmut Koziol/Barbara C. Steininger (Hrsg.), European Tort Law 2006, Wien 2006, S. 516 ff.

kann. Die dazu erforderliche Beteiligungsschwelle der Minderheitsaktionäre liegt in Rumänien bei 5 % des Grundkapitals (Art. $155^1$ I LSC). Das deutsche Recht (nach der UMAG-Reform von 2005) lässt zu, dass eine Minderheit, deren Anteile bereits 1 % des Grundkapitals oder einen anteiligen Betrag von 100.000 Euro erreichen (§ 148 I AktG)[504], ein Klagezulassungsverfahren beim Gericht einleiten kann, um in ihrem Namen die Ersatzansprüche der Gesellschaft geltend zu machen. Die notwendige Beteiligung liegt damit verhältnismäßig in Rumänien viel höher als in Deutschland. Erwähnenswert ist in diesem Zusammenhang, dass das LSC vor Inkrafttreten des Reformgesetzes Nr. 441/2006 keine Mindestbeteiligung vorsah, sondern jedem Aktionär die Aktivlegitimation zuerkannte (Art. 157 aF LSC). Aus dem Gesichtspunkt des Minderheitsschutzes wäre daher eine Annäherung an das deutsche Model wünschenswert, denn einerseits würden die Kleinaktionäre geschützt, indem sie z.B. bereits bei einer (gesamten) 1%igen Beteiligung ihr Recht ausüben könnten; andererseits würde die Gefahr von missbräuchlichen Klagen vermieden, die zuvor wegen der zu flexiblen Aktivlegitimation bestand. Um derselben Gefahr vorzubeugen, müssen die betroffenen Minderheitsaktionäre nach beiden Rechtsordnungen ihre Aktien zu einer bestimmten Zeit vor der Antragsstellung erworben haben (für Einzelheiten siehe den nächsten Punkt).[505]

### *3.3. Klageerhebungsverfahren*

Das Verfahren der Klageerhebung durch Minderheitsaktionäre ist im rumänischen Recht minimal reguliert, während es in deutschem Recht intensiver normiert wird (im Sinne einer zweistufigen Regelung, mit Klagezulassungs- und Klageerhebungsverfahren). Die HV genießt nach beiden Rechtssystemen die Handlungspriorität. Sollte sie aber in der Rechtsverfolgung nicht aktiv werden (gemäß Art. 155 LSC bzw. § 147 AktG), obwohl dazu von Aktionären aufgefordert (gemäß Art. $155^1$ I LSC bzw. § 148 I Nr. 2 AktG), kann die erwähnte qualifizierte Minderheit bei der Geltendmachung der Ersatzansprüche entsprechend aktiv werden. Nach rumänischem Recht heißt das, dass die Minderheitsaktionäre eine Schadens-

504 Dieses Quorum entspricht demjenigen, das für die Bestellung von Sonderprüfern auf Antrag der Minderheitsaktionäre notwendig ist (§ 142 II 1 AktG).

505 Bezüglich der Geltendmachung der Ersatzansprüche der Gesellschaft durch eine Aktionärsminderheit wurde auch die Frage gestellt, in wie weit ihr ein *class -action*-Charakter (im Sinne des amerikanischen Gesellschaftsrechts) zugeschrieben werden kann. Während die rumänische Doktrin dies nicht ausdrücklich ablehnt, wird in Deutschland die Möglichkeit von *class -action*-Verfahren grundsätzlich verneint. Für weitere Einzelheiten siehe z.B. *Gheorghe Piperea*, in *St. D. Cărpenaru u.a.,* a.a.O. (2009), Art. 155-$155^1$ Rn. 2 bzw. *Ulrich Noack, Dirk A. Zetzsche*, Corporate Governance Reform in Germany: The Second Decade, European Business Law Review Nr. 5/2005, S. 1050, verfügbar bei http://ssrn.com/abstract=646761.

ersatzklage (in eigenem Namen, aber auf Rechnung der Gesellschaft) gegen die Verwaltungsmitglieder, gegen Zensoren oder Wirtschaftsprüfer erheben können, wobei sie zur Zeit der HV-Handlungsaufforderung bereits Aktionäre gewesen sein müssen (Art. $155^1$ II LSC). Nach deutschem Recht heißt es, dass die Minderheitsaktionäre vor einer Klageerhebung gegen Verwaltungsmitglieder zur Geltendmachung entsprechender Ersatzansprüche der Gesellschaft bei Gericht die Klagezulassung zu beantragen haben. Dafür sollen sie ihre Aktien vor der Veröffentlichung erworben haben, die sie vom Pflichtverstoß durch Verwaltungsmitglieder in Kenntnis gesetzt hat oder haben musste (§ 148 I Nr. 1 AktG).[506]

### *3.4. Kostenregelung*

Sowohl nach rumänischem als auch nach deutschem Recht entfallen die Verfahrenskosten ursprünglich auf die Antragssteller, d.h. auf die aktiv gewordenen Minderheitsaktionäre. Soweit aber der Klage vom Gericht stattgegeben wird, sind die Kosten von der Gesellschaft zu tragen (Art. $155^1$ III LSC bzw. § 148 VI AktG).

### *3.5. Konsequenzen für Verwaltungsmitglieder*

Im Unterschied zur von der HV erhobenen Haftungsklage (siehe Punkt 4.II.B.2.5 oben), knüpft das rumänische Recht an die von den Minderheitsaktionären erhobene Klage keine direkten Konsequenzen für die betroffenen Verwaltungsmitglieder. Vielmehr obliegt es der HV selbst (Klage gegen Verwaltungsratsmitglieder, Direktoren und Aufsichtsratsmitglieder) bzw. dem Aufsichtsrat (Klage gegen Direktoratsmitglieder) und erst wenn der Klage vom Gericht stattgegeben wurde, zu beschließen, ob die pflichtwidrig handelnden Verwaltungsmitglieder ihres Amtes enthoben werden (Art. $155^1$ IV LSC). [507] Dies zeigt, dass der aktuellen Fassung der Haftungsklage der Aktionäre nach rumänischem Recht aus der Perspektive der Minderheitsaktionäre keine besondere praktische Effizienz zugesprochen werden kann. Was das deutsche Recht betrifft, verbindet es auch mit der von den Aktionären erhobenen Haftungsklage sowie im Falle der HV-Klage auf Geltend-

506 Darüber hinaus muss der Schaden nach deutschem Recht durch Unredlichkeit oder grobe Verletzung des Gesetzes oder der Satzung entstanden sein (§ 148 I Nr. 3 AktG) und dürfen der Klageerhebung keine höheren Gründe des Gesellschaftsinteresses entgegenstehen (§ 148 I Nr. 4 AktG). Diese zusätzlichen Bedingungen sind dazu gedacht, missbräuchlichen Klagen vorzubeugen.

507 In diesem Zusammenhang und nach einer systematischen Auslegung des Gesetzes kann die Frage gestellt werden, ob die Direktoren eigentlich nicht vom Verwaltungsrat ihres Amtes enthoben werden sollten, soweit sie vom Verwaltungsrat selbst eingesetzt werden (Art. 143 LSC).

machung von Ersatzansprüchen keine direkte Konsequenzen für die betroffenen Verwaltungsmitglieder.

### *C. Klagen gegen Hauptversammlungsbeschlüsse*

### *1. Gesellschaftswille und Rechtswidrigkeit von HV-Beschlüssen*

#### *1.1. Mehrheitsprinzip*

Wie zu Beginn der vorliegenden Studie bereits erläutert wurde, ist der Gesellschaftswille im Aktienrecht auf das Mehrheitsprinzip gegründet (siehe Punkt 1.I.A.1). Dies besagt, dass die in der HV überstimmten Aktionäre, d.h. die Minderheitsaktionäre, sowie die abwesenden Aktionäre sich dem Gesellschaftswillen und damit dem Willen der in der HV abstimmenden Mehrheitsaktionäre unterwerfen sollen[508] (indem sie den HV-Beschluss als solchen hinnehmen oder aus der Gesellschaft im Wege eines *sell-out* Verfahren oder durch einfachen Aktienverkauf austreten).[509] Von dieser allgemeinen aktienrechtlichen Regel wird eine Ausnahme anerkannt, wenn der HV-Beschluss rechtswidrig ist. Bei behaupteter Rechtswidrigkeit dürfen Aktionäre den betroffenen HV-Beschluss vor Gericht einer Rechtsmäßigkeitskontrolle unterziehen. Diese Möglichkeit ist vom Gesetzgeber nicht zuletzt als ein Mittel des Minderheitsschutzes gedacht.

#### *1.2. Rechtswidrigkeit von HV-Beschlüssen*

Rechtswidrigkeit wird hier in einem breiten Sinne verstanden. Als solche schließt sie sowohl Fälle der Nichtigkeit als auch Fälle der Anfechtbarkeit von HV-Beschlüssen ein. Unter Nichtigkeit (rum. *nulitate absolută*) werden in beiden Rechtsordnungen schwerwiegende Rechtsverstöße eingeordnet, während unter Anfechtbarkeit (rum. *nulitate relativă*) diejenigen Fälle verstanden werden, die nur zur Nichtigkeit führen können.

### *2. Nichtigkeitsklage*

#### *2.1. Begriffsbestimmung*

Die Nichtigkeit des HV-Beschlusses bezeichnet die Gesetzeswidrigkeit dieses Rechtsaktes und damit das Ausbleiben seiner von den abstimmenden Aktionären gewollten Rechtswirkungen. Die Nichtigkeit ist nicht davon abhängig, ob sie

---

508 *I. L. Georgescu*, Drept comercial român, Band II, Bukarest 2002, S. 355 f., Rn. 280.
509 *Sorin David*, in *St. D. Cărpenaru u.a.*, a.a.O. (2009), Art. 132 Rn. 2.

durch Klage geltend gemacht wird (dies ist aber bei der Anfechtbarkeit der Fall – siehe Punkt 4.II.C.3.1 unten). Jede betroffene Person ist berechtigt, sich auf die Nichtigkeit eines HV-Beschlusses zu berufen. Zur Erhebung der Nichtigkeitsklage bedarf es, im Unterschied zur Anfechtungsklage, keiner besonderen Legitimierung. Die Nichtigkeitsgründe sind Bestandteil der öffentlichen Ordnung und insoweit nicht vom Willen der Aktionäre abhängig; der Konsens aller Aktionäre lässt die Nichtigkeit eines HV-Beschlusses grundsätzlich unberührt.[510]

### *2.2. Regulierungsansatz*

Die Nichtigkeit als solche wird im rumänischen Recht nur minimal und erst seit einigen Jahren geregelt, denn Art. 132 III LSC („*Wenn Nichtigkeitsgründe geltend gemacht werden, ist das Klagerecht unverjährbar und die Klage kann von jeder interessierten Person gestellt werden*") ist erst durch Gesetz Nr. 161/2003[511] in das LSC eingeführt worden. Davor gab es keine klare Trennung zwischen Nichtigkeit und Anfechtbarkeit.[512] Durch die aktuelle minimale Regelung der Nichtigkeit lässt aber der rumänische Gesetzgeber Raum für die Judikatur und für die Doktrin, um eine Liste der Nichtigkeitsgründe zu bestimmen. Im Unterschied zum rumänischen Ansatz findet die Nichtigkeit im deutschen Aktienrecht eine abschließende Regelung (§ 241 AktG); dementsprechend gibt es nach deutschem Recht keine ungeschriebenen Nichtigkeitsgründe[513]. Zusätzlich werden auch Regeln zur Heilung der Nichtigkeit vorgesehen (§ 242 AktG). Wenngleich die Regulierungsansätze in beiden Rechtsordnungen unterschiedlich sind, lässt sich im Endergebnis, d.h. in der Feststellung der Nichtigkeitsgründe, eine bestimmte Konvergenz bemerken.

### *2.3. Nichtigkeitsgründe*

Da der deutsche Ansatz systematischer erscheint, wollen wir ihn als erstes erläutern, um uns danach mit der rumänischen Rechtslage zu beschäftigen. Der deutsche Gesetzgeber führt in § 241 AktG einen vollständigen Katalog der Nichtigkeitsgründe auf. Außer in einigen Fällen, die Kapitalerhöhung und Kapitalherabsetzung betreffen (nämlich §§ 192 IV, 212 S. 2, 217 II, 228 II, 234 III und 235 II AktG), ist ein HV-Beschluss in folgenden Fällen nichtig: (1) Wenn die Regeln zur Ein-

510 *Uwe Hüffer*, a.a.O., § 241 Rn. 4.
511 M.Of. Nr. 279 vom 21.4.2003.
512 Eine interessante Kritik dieser Rechtslage ist bei *I. L. Georgescu*, a.a.O., S. 356 ff. zu finden, der bereits 1947 die mangelnde positive Regelung der Nichtigkeit aufgriff und sich dabei auf das deutsche Aktiengesetz von 1937 (§§ 195-196) und auf das neue italienische Zivilgesetzbuch von 1942 (Art. 2377-2378) berief.
513 *Uwe Hüffer*, a.a.O., § 241 Rn. 7.

berufung der betroffenen HV (§ 121 II, III 1 und IV AktG) nicht beachtet wurden, (2) der betroffene Beschluss nicht gemäß § 130 I, II 1 und IV AktG beurkundet ist, (3) der Beschluss mit dem Wesen der Aktiengesellschaft unvereinbar ist oder inhaltlich Vorschriften verletzt, die primär zum Schutze der Gläubiger oder sonst im öffentlichen Interesse erlassen worden sind, (4) inhaltlich gegen die guten Sitten verstößt, (5) infolge einer Anfechtungsklage vom Gericht für nichtig erklärt worden ist, (6) gemäß § 398 des Gesetzes über das Verfahren in Familiensachen und in den Angelegenheiten der freiwilligen Gerichtsbarkeit auf Grund rechtskräftiger Entscheidung als nichtig gelöscht worden ist.

Die Punkte (3) und (4) sollen hier näher dargestellt werden, weil sie nicht nur technisch-formelle, sondern grundsätzliche, inhaltliche Fehler von HV-Beschlüssen zum Gegenstand haben. Was Punkt (3) betrifft, ist vom Konkretem (Gläubigerschutz) über das Mittlere (öffentliches Interesse) zum Allgemeinen (Wesen der AG) zu prüfen, ob der HV-Beschluss entsprechende Normen verletzt. Zum Gläubigerschutz gehören insbesondere Normen zur Kapitalerhaltung, während unter öffentlichem Interesse Normen zu subsumieren sind, die die AG-Verbandsstruktur und Mitgliedschaft betreffen. Das „Wesen der AG" erfüllt in diesem Zusammenhang nur eine Auffangfunktion.[514] Eine unterschiedliche Priorisierung, die vom Allgemeinem zum Konkreten ginge, würde zu Rechtsunsicherheit führen und dem abschließenden Ansatz des betreffenden Paragraphen zuwiderlaufen. Angesichts von Punkt (4) ist zu erwähnen, dass der allgemeine Tatbestand der zivilrechtlichen Sittenwidrigkeit gemäß § 138 I BGB durch § 241 Nr. 4 AktG enger gefasst wird, indem allein der Inhalt des HV-Beschlusses zur Prüfung von dessen Sittenwidrigkeit in Betracht gezogen wird.[515]

Das rumänische Recht beinhaltet keine (abschließende) Liste von Nichtigkeitsgründen. Die ältere und neuere Doktrin hat versucht, diese Lücke zu füllen. Als inhaltliche Nichtigkeitsgründe werden ein Verstoß der betreffenden HV-Beschlüsse gegen Normen des öffentlichen Interesses und gegen die guten Sitten genannt.[516] Unter öffentliches Interesse können solche Normen subsumiert werden, die sowohl den Aktionärs- als auch den Gläubigerschutz bezwecken, wie z.B. die Vorschriften betreffend die Bildung des Gesellschaftswillen (insbesondere zu den Quorums- und Mehrheitsverhältnissen oder zum Informations- und Stimmrecht der Aktionäre).[517] Als formelle Nichtigkeitsgründe können Verletzungen gegen HV-Einberufungs- und HV-Führungsvorschriften erwähnt werden, ferner solche gegen

514 *Uwe Hüffer*, a.a.O., § 241 Rn. 16.

515 *Uwe Hüffer*, a.a.O., § 241 Rn. 24.

516 *I. L. Georgescu*, a.a.O., S. 357, Rn. 281; *Sorin David*, in *St. D. Cărpenaru u.a.*, a.a.O. (2009), Art. 132 Rn. 4.

517 *Sorin David*, in *St. D. Cărpenaru u.a.,* a.a.O. (2009), Art. 132 Rn. 3; *Elena Cârcei*, Societățile comerciale pe acțiuni, S. 225 Rn. 233.

Normen der Beurkundung von HV-Beschlüssen.[518] Insoweit entsprechen die vom rumänischen Recht anerkannten Nichtigkeitsgründe zum größten Teil denjenigen des deutschen Aktienrecht, obwohl sie nicht positiv-rechtlich verankert sind.

### 3. *Anfechtungsklage*

#### 3.1. *Begriffsbestimmung*

Die Anfechtbarkeit eines HV-Beschlusses ergibt sich aus dessen Gesetzes- oder Satzungswidrigkeit. Durch Anfechtungsklage innerhalb der gesetzlich vorgesehenen Frist (15 Tagen nach der Veröffentlichung des Beschlusses im Amtsblatt gemäß Art. 132 II LSC bzw. ein Monat nach der Beschlussfassung gemäß § 246 I AktG) und nach entsprechendem Gerichtsverfahren und Urteil kann sie zur Nichtigkeit des betreffenden Beschlusses führen. Während eine direkte Nichtigkeit eines HV-Beschlusses nur das Ergebnis von schwerwiegenden Gesetzesverstößen sein kann (siehe Punkt 4.II.C.2.3 oben), deckt die Anfechtbarkeit in der Praxis in beiden Rechtsordnungen alle anderen Normverstöße durch HV-Beschlüsse ab. Diese Gestaltung des Verhältnisses von Nichtigkeit und Anfechtbarkeit, indem die erstere eher die Ausnahme und die letztere (einschließlich erwähnter Frist und Verfahren) die Regel darstellt, dient hauptsächlich der Rechtssicherheit. Trotz der erwähnten Unterschiede sollte aber nicht übersehen werden, dass Anfechtungsklage und Nichtigkeitsklage ein gemeinsames Ziel haben, und zwar die Klärung der Nichtigkeit eines HV-Beschlusses durch das Gericht, d.h. mit allgemeiner Wirkung.

#### 3.2. *Anfechtungsgründe*

Gemäß Art. 132 II LSC bzw. § 243 I AktG sind die Verletzungen des Gesetzes oder der Satzung Anfechtungsgründe. Unter Gesetz in diesem Sinne wird nicht nur das Gesetz über Handelsgesellschaften bzw. das Aktiengesetz verstanden, sondern alle geschriebenen oder ungeschriebenen Rechtsnormen und Rechtsprinzipien, die in Rumänien bzw. in Deutschland auf die Aktiengesellschaft Anwendung finden. Als Rechtsprinzipien kommen unter anderem das Gleichbehandlungsgebot (so wie es in Art. 93 I LSC bzw. in § 53a AktG vorgesehen ist – siehe auch Punkt 1.I.E.1 oben) und insbesondere für das deutsche Recht die Treuepflichten der Aktionäre[519] bzw. ihr Korrelat (die *affectio societatis*) im rumänischen Recht in Frage (siehe Punkt 1.I.E.2 oben). Was die Rechtsnormen betrifft, sollen zuerst diejenigen als Anfechtungsgründe ausgeschlossen werden, die bereits

518 *Sorin David*, in *St. D. Cărpenaru u.a.,* a.a.O. (2009), Art. 132 Rn. 4; *Elena Cârcei*, a.a.O, S. 225 Rn. 233.

519 *Uwe Hüffer*, a.a.O., § 243 Rn. 5.

als Nichtigkeitsgründe qualifizieren. Die übrigen Normen bieten Anfechtungsgründe, soweit von ihnen nicht durch die Satzung abgewichen wurde.[520] Schließlich stellen Verletzungen der Satzung in der Regel Anfechtungsgründe dar, wobei bedeutungslose Satzungsverstöße ausgenommen werden.[521]

Die Anfechtungsgründe können je nach der Art des betreffenden HV-Beschlussfehlers in Verfahrensmängel und inhaltliche Mängel unterteilt werden. Verfahrensmängel können sich beim Zustandekommen von HV-Beschlüssen ergeben und bestehen aus Verletzungen des Gesetzes oder der Satzung im Rahmen des HV-Verfahrens. Zum HV-Verfahren sind grundsätzlich die Einberufung und sonstige Informationmaßnahmen (zu den letzteren siehe auch die Sonderbestimmungen von § 243 IV AktG) sowie Durchführung, Abstimmung und Festellung des Abstimmungsergebnisses zu rechnen.

Dagegen liegen inhaltliche Mängel vor, wenn HV-Beschlüsse durch ihren Inhalt und nicht durch die Art und Weise ihres Zustandekommen gegen bestimmte gesetzliche Vorschriften (einschließlich Rechtsgrundsätzen wie die Treuepflichten oder das Gleichbehandlungsgebot) oder gegen die Satzung verstoßen. Die Anfechtbarkeit solcher Beschlüsse begründet nach deutscher Rechtsprechung die sog. materielle Beschlusskontrolle durch das Gericht.[522] Diese Kontrolle wird zugunsten von Minderheitsaktionären ausgeübt, indem der Mehrheitsmacht eine Rücksichtsnahmepflicht auf die Minderheitsinteressen auferlegt wird. Insoweit kann eine Parallele zu den Pflichten der Unternehmensleitung gezogen werden: Wenn ein Mehrheitsaktionär einen erheblichen Einfluss auf die Tätigkeit der Gesellschaft ausüben kann, trifft ihn, ebenso wie die Unternehmensleitung, eine entsprechende Verantwortung für die Ausübung seiner Aktionärsrechte.[523]

Das deutsche Recht sieht darüber hinaus in § 243 II AktG einen generalklauselmäßigen Anfechtungsgrund vor, wenn durch Ausübung des Stimmrechts eine unzulässige Verfolgung von Sondervorteilen zum Schaden der Gesellschaft oder der anderen Aktionäre bezweckt wird. Diese Klausel ist als Auffangregelung für solche HV-Beschlüsse gedacht, die inhaltlich nicht für den Nichtigkeitsgrund von § 241 Nr. 4 AktG qualifizieren.[524]

---

520 *I. L. Georgescu*, a.a.O., S. 358.

521 *Uwe Hüffer*, a.a.O., § 243 Rn. 8.

522 Siehe z.B. die ITT-Entscheidung von 1976 (BGHZ 65, 15 ff.), die Kali+Salz-Entscheidung von 1978 (BGHZ 71, 40 ff.), das Holzman-Urteil von 1982 (BGHZ 83, 319 ff.), die Linotype-Entscheidung von 1988 (BGHZ 103, 184 ff.) usw.

523 *Mathias M. Siems*, Die Konvergenz der Rechtssysteme im Recht der Aktionäre, Tübingen 2005, S. 264.

524 *Uwe Hüffer*, a.a.O., § 243 Rn. 30.

### 3.3. *Aktivlegitimation*

Die Frage nach der Aktivlegitimation zur Erhebung der Anfechtungsklage ist deshalb wichtig, weil durch die Anfechtungsbefugnis eine gewisse HV-Beschlusskontrolle ausgeübt wird. Nach beiden Rechtsordnungen sind zur Anfechtung die Aktionäre befugt, die an der HV teilgenommen haben (entweder persönlich oder durch Vertreter) und gegen den Beschluss Widerspruch zur Niederschrift erklärt haben (Art. 132 II LSC bzw. § 245 Nr. 1 AktG). Zusätzlich müssen diese Aktionäre nach deutschem Recht die Aktien vor der Bekanntmachung der betroffenen HV-Tagesordnung erworben haben. Was die bei der HV nicht erschienenen Aktionäre betrifft, unterscheiden sich die Lösungen. Während nach rumänischem Recht alle diese Aktionäre zur Anfechtung befugt sind (Art. 132 II LSC), stellt das deutsche Recht für ihre Anfechtungsbefugnis weitere Bedingungen auf. Dementsprechend müssen sie an der HV nicht teilgenommen haben, weil sie dazu zu Unrecht nicht zugelassen worden waren oder weil die HV-Einberufung nicht ordnungsgemäß erfolgte oder weil die Bekanntmachung des betroffenen Beschlussfassungsgegenstands nicht ordnungsgemäß war (§ 245 Nr. 2 AktG). Im besonderen Fall von § 243 II AktG (siehe auch Punkt 4.II.C.3.2 oben) sind nach deutschem Recht alle Aktionäre zur Anfechtung befugt, soweit sie die Aktien vor der Bekanntmachung der Tagesordnung erworben hatten (§ 245 Nr. 3 AktG).

Neben den Aktionären ist auch der Verwaltungsrat oder das Direktorat nach rumänischem Recht (Art. 132 VI und VII LSC) bzw. der Vorstand nach deutschem Recht (§ 245 Nr. 4 AktG) aktiv legitimiert. Die Formulierung der rumänischen Vorschriften ist mangelhaft, indem sie von einer Anfechtung durch „alle Mitglieder des Verwaltungsrates“ (bzw. des Direktorats) sprechen, als ob diese Mitglieder durch die Anfechtungsklage private Interessen verfolgen würden. Soweit sie auch Aktionäre sind, sind sie wie alle anderen Aktionäre dazu befugt. Die betreffenden Organe sollten aber selbst anfechtungsbefugt sein, unabhängig von den sonstigen Interessen ihrer Mitglieder. Eine Umformulierung im Sinne einer zusätzlichen Organbefugnis wäre daher im Rahmen einer zukünftigen Reform des rumänischen Gesellschaftsrechts wünschenswert.

### 4. *Unwirksamkeitsklage*

Neben nichtigen und anfechtbaren HV-Beschlüssen wird in beiden Rechtsordnungen eine dritte Kategorie anerkannt, nämlich die unwirksamen Beschlüsse (rum. *hotărâri ineficace*). Im Unterschied zur Nichtigkeit oder Anfechtbarkeit beruht Unwirksamkeit nicht auf einer Rechtswidrigkeit der betreffenden Beschlüsse; vielmehr bedarf es zu deren Wirksamkeit der Erfüllung weiterer Voraussetzungen, es geht also um eine Unvollständigkeit des rechtsgeschäftlichen Tatbestands.[525] So bedarf es z.B. eines Sonderbeschlusses der beteiligten Aktiengattungen, wenn der HV-Beschluss die Änderung der mit diesen Aktien assoziierten Rechte betrifft (Art. 116 LSC bzw. § 179 III AktG). Unwirksame Beschlüsse sind nach deutschem Recht schwebend oder endgültig unwirksam (das letztere ist der Fall, wenn feststeht, dass die zusätzlichen Wirksamkeitsbedingungen nicht erfüllt werden können). Beschlüsse, die endgültig unwirksam sind, können zum Gegenstand einer Nichtigkeitsklage werden.[526] Die rumänische Doktrin differenziert nicht zwischen schwebender und endgültiger Unwirksamkeit. Daher wird die Möglichkeit der Einbringung einer Nichtigkeitsklage gegen endgültig unwirksame Beschlüsse nicht erkannt.[527]

**Zusammenfassung**

Für die Aktiengesellschaft ist grundsätzlich kennzeichnend, dass die Aktionäre das wirtschaftliche Risiko tragen, ohne an der Leitung des Unternehmens beteiligt zu sein. Dafür üben die Aktionäre aber ihre Rechte in der HV aus und entscheiden mehrheitlich über die Tätigkeit der Gesellschaft. Nach dem Prinzip der Gewaltenteilung bildet die Verwaltung die Exekutive der Gesellschaft, während die HV als deren „Parlament“ und als Basis der „demokratischen” Legitimation aller Gesellschaftsorgane betrachtet werden kann. Die HV stellt nach rumänischem Recht sowohl im monistischen als auch im dualistischen System das oberste Organ der AG dar. Als ein Mittel zum Aktionärs- und Gläubigerschutz trennt das rumänische Gesetz zwischen der ordentlichen und der außerordentlichen HV, wobei für die letztere, die über wichtigere Angelegenheiten beschließt, höhere Quorums- und Mehrheitserfordernisse aufgestellt werden. Das deutsche Recht belässt es bei einer einheitlichen HV, unterscheidet aber zwischen laufenden Maßnahmen und Strukturmaßnahmen. Erwähnenswert ist auch, dass der deutsche Gesetzgeber von 1965 die HV nicht als das oberste Organ der HV betrachtete, sondern die Schaffung eines gewissen Gleichgewichts zwischen HV und Vorstand beabsichtigte.

Die Hauptversammlung wird in der Regel vom Verwaltungsrat oder vom Direktorat bzw. vom Vorstand einberufen. Sowohl das rumänische als auch das deutsche Recht erlauben aber einer 5 % Aktionärsminderheit, die HV-Einberufung zu verlangen. Dieses Recht steht sowohl Stamm- als auch Vorzugsaktionären zu, weil alle zur HV-Teilnahme befugt sind. In dieser Hinsicht diente das deutsche Recht als Muster für die rumänische Reform von 2006. Wenn das zuständige Gesellschaftsorgan dem Ersuchen der Aktionäre stattgibt, muss es die HV unverzüglich

525 *I. L. Georgescu*, a.a.O., S. 364; *Uwe Hüffer*, a.a.O., § 241 Rn. 6.
526 *Uwe Hüffer*, a.a.O., § 241 Rn. 6 und § 249 Rn. 3 und 21.
527 *Sorin David* in *St. D. Cărpenaru u.a.*, a.a.O. (2009), Art. 132 Rn. 5.

einberufen. Dabei ist es grundsätzlich an die von den Aktionären vorgeschlagene Tagesordnung gebunden. Ein ähnliches Minderheitsrecht ist in Rumänien auch im Kapitalmarktgesetz zugunsten eines signifikanten Aktionärs vorgesehen. Sollte das zuständige Organ dem Ersuchen der Aktionärsminderheit auf Einberufung der Hauptversammlung nicht stattgeben, ist den Aktionären in beiden Rechtsordnungen die Möglichkeit einer gerichtlichen Durchsetzung ihres Antrags eröffnet. Die Versammlungs- und Verfahrenskosten werden von der Gesellschaft getragen.

Zur HV-Legitimation sieht das rumänische Recht für Inhaberaktien die Aktienhinterlegung vor, was einer aktiven HV-Teilnahme der Aktionäre entgegen wirkt. Eine Pflicht zur Aktienhinterlegung bestand früher, vor Inkrafttreten des UMAG, auch in Deutschland. Eine entsprechende Reform der Gesetzgebung wäre auch in Rumänien notwendig, um die Ausübung der HV-Mitwirkungsrechte der Aktionäre zu fördern. Die Alternative zur Hinterlegung der Aktien ist die Festsetzung eines Nachweisstichtages, auf den sich die HV-Legitimation bezieht. Dieser soll nach dem Tag der HV-Einberufung liegen. Ein solches System besteht allgemein in Deutschland sowie auch in Rumänien, aber nur für Namensaktien, wobei rumänische börsennotierte AGs nur Namensaktien ausgeben dürfen. Eine zusätzliche Bedingung, die das rumänische Recht für die HV-Beschlussfähigkeit stellt, ist das Erreichen eines bestimmten Quorums. Dies hängt mit der romanischen Rechtstradition zusammen und ist daher dem deutschen Recht nicht bekannt. Vor der 2006-Reform lagen die Quorumsbedingungen sehr hoch, was zu einer Blockierung der HV-Beschlussfassung führte. Heutzutage liegen diese Erfordernisse bei 25 % der Stimmen bei der ersten Einberufung der ordentlichen oder außerordentlichen HV und bei 20 % der Stimmen bei der zweiten Einberufung der außerordentlichen HV, was sich als viel flexibler erweist. Die Angleichung an den EU-*Acquis* spielte in diesem Zusammenhang ebenfalls eine wichtige Rolle.

Die Aktionäre können zur Willensbildung der AG nicht nur durch ihre Teilnahme am Abstimmungsverfahren beitragen, sondern auch durch einen ursprünglichen Input bezüglich des Abstimmungsgegenstandes im Wege der Ergänzung der HV-Tagesordnung oder der Einbringung von Beschlussvorlagen. Das letztere Recht war bis vor kurzem nur vom deutschen Recht vorgesehen (sog. Opposition der Aktionäre). Weil es aber auch von der Aktionärsrechte-RL geregelt wurde, wurde es in 2009 auch im rumänischem Kapitalmarktrecht eingeführt. Die Tagesordnungsergänzung steht einer 5 % Minderheit zu (in Deutschland wird die Aktionärsminderheit alternativ nach einem 500.000 Euro betragenden Kapitalanteil bestimmt). Eine gerichtliche Rechtsdurchsetzung ist in diesem Fall nur vom deutschen Recht vorgesehen. Eine solche Regelung könnte auch für den rumänischen Gesetzgeber interessant werden, was den aktienrechtlichen Minderheitsschutz stärken würde. Zum selben Zweck könnte sich der rumänische Gesetzgeber darüber hinaus von der Einführung des Aktionärsforums in Deutschland im Jahre 2005 inspirieren lassen. Diese elektronische Infrastruktur bietet den Kleinaktionären die Möglichkeit, ihre HV-Mitwirkungsrechte gemeinsam geltend zu machen, um auf diese Weise das Mindestquorum für die Ausübung verschiedener Minderheitsrechte zu erfüllen und ihren Willen in der HV besser zum Ausdruck zu bringen.

Das wichtigste Mitwirkungsrecht der Aktionäre ist das Stimmrecht, das zu den Mitgliedschaftsrechten gehört. Als solches kann es nicht von der Aktie getrennt übertragen werden. Dem Gleichbehandlungsprinzip entspricht bezüglich des Stimmrechts der Grundsatz „eine Aktie – eine Stimme", der die Proportionalität zwischen Aktieneigentum und Kontrollrechten in der AG betrifft. Abweichungen von diesem Grundsatz spielen oft bei Aktienanlageentscheidungen eine negative Rolle. Die Regeln über Mehrstimmrechte, Höchststimmrechte und Höchstbeteiligungen sind vor diesem Hintergrund besonders relevant. Sie werden meistens eingeführt, um feindliche Unternehmensübernahmen zu verhindern. Mehrstimmrechte sind in der rumänischen Doktrin umstritten, in Deutschland dagegen seit 1998 durch Gesetz verboten. Höchststimmrechte sind in beiden Rechtsordnungen kraft Satzungsbestimmung zugelassen, wobei das deutsche Recht sie grundsätzlich nur bei nichtbörsennotierten AGs erlaubt (mit Ausnahme der börsennotierten Volkswagen AG). Eine indirekte Möglichkeit der Stimmrechtsbegrenzung ist die Bestimmung einer Höchstbeteiligung, was aber in beiden Rechtsordnungen verboten wird (mit Ausnahme der rumänischen börsennotierten Finanzanlagegesellschaften – SIF).

Für das Verhältnis Kapital/Kontrolle sind auch die stimmrechtslosen Aktien und die Stimmrechtsverbote von besonderer Bedeutung. Bei Vorzugsaktien ohne Stimmrecht wird der Verlust des Stimmrechts durch die Priorität bei der Verteilung des Bilanzgewinns und durch das Recht auf Nachzahlung der ausgefallenen Dividende kompensiert (das letztere bis jetzt nur in Deutschland). Die Grenze der Ausgabe solcher Aktien liegt in Rumänien bei 25 % und in Deutschland bei 50 % des Grundkapitals. In bestimmten Fällen fällt das Stimmrecht auch bei Stammaktien aus, so z.B. bei der Nichtleistung der fälligen Einlagen oder wenn es um das Stimmrecht aus eigenen Aktien der Gesellschaft geht (in Umsetzung der Kapital-RL).

Eine weitere Ausnahme vom Grundsatz der Proportionalität zwischen Beteiligung und Kontrolle wird vom rumänischen Recht in Form der sog. kumulativen Abstimmung bei der Wahl der Verwaltungs- oder Aufsichtsratsmitglieder gemacht. Die kumulative Abstimmung besteht in der Multiplikation der Stimmen eines Aktionärs mit der Zahl der Posten im betroffenen Organ. Die auf diese Weise erreichte Stimmenzahl wird dann vom jeweiligen Aktionär autonom in der Wahlabstimmung auf einen Kandidaten konzentriert oder auf mehrere Kandidaten verteilt. Diese Wahlmethode soll vermeiden, dass dieselbe Aktionärsmehrheit über die Wahl aller Verwaltungsmitglieder entscheidet. Dabei können Minderheitsaktionäre, ggf. durch ein koordiniertes Abstimmungsverhalten, sicherstellen, dass zumindest ein Mitglied des Verwaltungsrats von ihnen mehrheitlich gewählt wird. Problematisch bei dieser Wahlmethode ist, dass die soziale Willensbildung nicht mehr einheitlich ist und ihre Legitimationsfunktion geschwächt wird. Darüber hinaus sollen die Loyalitäts- und die Verschwiegenheitspflicht der Verwaltungsmitglieder durch das spezielle Verhältnis zu einer bestimmten Aktionärsgruppe nicht angetastet werden.

Die Bestimmungen über die erforderliche Mehrheit bei der HV-Beschlussfassung stehen im Mittelpunkt des Mehrheit/Minderheits-Verhältnisses in der AG. Sie sind ein Kernelement, um über die Rechtsstellung der Minderheitsaktionäre aus dem Gesichtspunkt ihrer Mitwirkungsmöglichkeit bei der Bildung des Gesellschaftswillen entscheiden zu können. Die gesetzlichen oder satzungsmäßigen Regeln zur qualifizierten Mehrheit (im Falle der Beschlüsse der außerordentlichen HV in Rumänien bzw. im Falle der außerordentlichen HV-Beschlüsse in Deutschland) beanspruchen grundsätzlich einen höheren Schutz der Klein- und Minderheitsaktionäre, indem sie die HV-Beschlüsse in wichtigen Fragen an einen höheren Anteil von positiven Stimmen knüpfen. Die qualifizierte Stimmenmehrheit kann in bestimmten Fällen durch eine zusätzliche Kapitalmehrheit ergänzt werden. Dieser kumulative Ansatz ist im deutschen Aktienrecht anzutreffen, das dadurch ein gewisses Gleichgewicht zwischen Wertung der Kapitalbeteiligung und Wertung der Stimmkraft herstellen will, um eventuellen Abweichungen vom „Eine Aktie – eine Stimme" Grundsatz Rechung zu tragen.

Grundsätzlich sind die Aktionäre frei, ihre Stimmrechte nach eigenem Ermessen auszuüben. Ein Ausdruck dieser Abstimmungsfreiheit ist aber auch die Möglichkeit der Aktionäre, die Art und Weise der Ausübung ihrer Stimmrechte im Wege einer vertragsrechtlichen Stimmbindung zu koordinieren bzw. im Voraus zu bestimmen. Solche horizontalen Stimmbindungsverträge (d.h. zwischen Aktionären) sind grundsätzlich zulässig. Sollte der Vertrag aber auf eine Erpressung durch die stärkere Vertragspartei (oft Mehrheitsaktionäre) bzw. auf eine Zwangslage der schwächeren Vertragspartei (oft Minderheitsaktionäre) beruhen, ist er unzulässig. Beide Rechtsordnungen sind sich aber darüber einig, vertikale Stimmbindungen (d.h. zwischen Aktionären und AG-Verwaltung) als solche zu verbieten. Die rumänische Bestimmung ist in dieser Frage nach der deutschen entsprechenden Regelung verfasst worden.

Für die Minderheits- und Kleinaktionäre sind die Mechanismen der Stimmrechtsvertretung sehr wichtig, weil der Anreiz für eine direkte HV-Teilnahme bei einer kleinen Kapitalbeteiligung nicht so groß ist und die Vertretung oft die einzige wirtschaftlich sinnvolle Lösung für die Ausübung ihrer Stimmrechte bietet. In beiden Rechtsordnungen wird grundsätzlich die Schriftform für die Stimmrechtsvollmacht verlangt, wobei nach deutschem Recht die Satzung Formerleichterungen (E-mail oder Fax) erlaubt. Dieser Regelungsansatz könnte auch vom rumänischen

Gesetzgeber in Betracht gezogen werden. Die Aktionäre können sich durch andere Aktionäre oder durch Dritte vertreten lassen. Die Gesellschaft darf ihnen aber Stimmrechtvertreter anbieten (*Proxy-Voting*), soweit die Erteilung der Weisungen zur Stimmabgabe bei den Aktionären bleibt und die Vertreter eine gewisse Unabhängigkeit gegenüber der AG aufweisen.

Was den gerichtlichen Aktionärsschutz betrifft, sind sowohl in Rumänien als auch in Deutschland zwei Hauptkategorien von Klagerechten zu verzeichnen, nämlich die Klagen der Aktionäre gegen Organmitglieder zur Geltendmachung von Ersatzansprüchen der Gesellschaft bzw. die Klagen der Aktionäre gegen HV-Beschlüsse. Diese beiden Rechtskategorien entsprechen dem vertikalen (zwischen Aktionären und Organmitgliedern) bzw. dem horizontalen (zwischen Minderheits- und Mehrheitsaktionären) *Agency*-Problem und sind dazu gedacht, dieses Problem einer gerichtlichen Lösung zuzuführen. Dem Gesellschaftsinteresse soll dadurch Priorität gegenüber dem Verwaltungsinteresse bzw. gegenüber dem Mehrheitsinteresse gewährt werden. Die Klagerechte sind aber für die Gesellschaft mit besonderen Kosten verbunden, weshalb ihre Ausübung durch Gesetz gewissen Schranken unterstellt ist.

Die Klage zur Geltendmachung von Ersatzansprüchen der Gesellschaft gegen die Organmitglieder ist in beiden Rechtsordnungen als eine soziale Klage gestaltet, d.h. ihre Ausübung kommt primär der HV zu, die darüber mit einer einfachen Stimmenmehrheit beschließt, und sie wird im Namen der Gesellschaft erhoben. Ausnahmsweise kann das Recht von einer Aktionärsminderheit ausgeübt werden, um das Gesellschaftsinteresse vor einer passiven Aktionärsmehrheit zu schützen. Die Rechtsverfolgung durch Minderheitsaktionäre hat also einen subsidiären Charakter im Verhältnis zur Geltendmachung der Ersatzansprüche durch die Gesellschaft selbst. An diesen letzteren Fall knüpft das rumänische Recht direkte Konsequenzen für die betroffenen Verwaltungsmitglieder, die nämlich grundsätzlich automatisch ihres Amts enthoben werden. Die qualifizierte Minderheit, die die Haftungsklage erheben kann, liegt in Rumänien bei 5 % des Grundkapitals und in Deutschland bei 1 % des Grundkapitals oder bei einem anteiligen Betrag von 100.000 Euro. Diese Minderheit soll zuerst die HV zum Handeln auffordern, und nur bei deren Passivität darf sie selbst die Klageerhebung einleiten. Die Verfahrenskosten sind von den Antragsstellern zu tragen. Soweit das Gericht der Klage stattgibt, sind die Kosten aber von der Gesellschaft zu tragen. Keine der zwei Rechtsordnungen verbindet mit der von Minderheitsaktionären erhobenen Klage direkte Konsequenzen für die betroffenen Verwaltungsmitglieder.

Wie eingangs bereits angedeutet, ist der Gesellschaftswille im Aktienrecht auf das Mehrheitsprinzip gegründet im Sinne, dass die überstimmten Aktionäre sich der Mehrheit unterwerfen sollen. Von dieser allgemeinen Regel wird eine Ausnahme anerkannt, wenn der HV-Beschluss rechtswidrig ist. Bei behaupteter

Rechtswidrigkeit dürfen Aktionäre den betroffenen HV-Beschluss vor Gericht einer Rechtsmäßigkeitskontrolle unterziehen. Diese Möglichkeit ist vom Gesetzgeber nicht zuletzt als ein Mittel des Minderheitsschutzes gedacht. Rechtswidrigkeit schließt sowohl Fälle der Nichtigkeit als auch Fälle der Anfechtbarkeit von HV-Beschlüssen ein. Unter Nichtigkeit werden in beiden Rechtsordnungen schwerwiegende Rechtsverstöße eingeordnet, während unter Anfechtbarkeit diejenigen Fälle verstanden werden, die zur Nichtigkeit nur führen können. Obwohl der Regelungsansatz in beiden Rechtsordnungen unterschiedlich ist (weil nur das deutsche Recht eine abschließende Liste von Nichtigkeitsgründe vorsieht), gibt es Ähnlichkeiten bei der Auslegung und Anwendung der gesetzlichen Vorschriften. Schließlich kennen beide Rechtssysteme die Kategorie der sog. unwirksamen Beschlüsse, wobei die Unwirksamkeit nicht auf Rechtswidrigkeit, sondern auf der Unvollständigkeit des rechtsgeschäftlichen Tatbestands beruht.

# Schlussfolgerungen

Hauptanliegen vorliegender Doktorarbeit war es, die Rechtsmechanismen zum Schutz von Minderheitsaktionären nach rumänischem und nach deutschem Aktienrecht rechtsvergleichend darzustellen. Die Rechtsvergleichung erfolgte vor dem Hintergrund der europarechtlichen Vorgaben zum Gesellschaftsrecht, die in beiden nationalen Rechtsordnungen ihren Niederschlag gefunden haben.

Es wurde festgestellt, dass der Zielkonflikt zwischen den Einzelinteressen der Aktionäre und den Interessen der Aktiengesellschaft als Zweckgemeinschaft durch die „demokratische" Willensbildung innerhalb der Hauptversammlung anhand des Mehrheitsbeschlusses sowie durch die „demokratische" Gewaltenteilung zwischen den mehrheitlich besetzten Gesellschaftsorganen gelöst wird. Weil aber ein Verband, eine AG, in denen ständig wechselnde Mehrheiten entscheiden, nur Idealtypen sind, wird das Mehrheitsprinzip im Aktienrecht durch das Institut des Minderheitsschutzes ergänzt. Die Fremdorganschaft als Kennzeichen der Körperschaften und die damit verbundene Trennung zwischen Eigentümer und Leitungsträger ist selbst ein Mittel zum Minderheitsschutz, weil dadurch der Einfluss der Mehrheitsaktionäre auf die Verwaltung transparenter gestaltet und der Aufsicht verschiedener Stellen unterzogen wird.

Ziel des Minderheitsschutzes ist es, die Aktie zum Mittel der Finanzierung der Wirtschaft zu gestalten, indem die Aktienanlagen auch für Kleinaktionäre sicherer und kontrollierbarer gemacht werden, um damit die Anlagebereitschaft des Publikums zu erhöhen. Dadurch soll die Beteiligung einer möglichst breiten Schicht der Bevölkerung am Produktivvermögen gefördert werden und eine Kapitalkonzentration zugunsten eines beschränkten Personenkreises vermieden werden.

Ein fundamentales Mittel des Minderheitsschutzes sind die allgemeinen Rechtsgrundsätze der Gleichbehandlung und der Treuepflicht. Es soll aber nicht unbeachtet bleiben, dass das Gleichbehandlungsgebot nicht horizontal, unter den Aktionären, sondern nur vertikal, zwischen Aktionären und Gesellschaft gilt. Die horizontalen Verhältnisse werden durch die Treuepflichten der Aktionäre bestimmt. Die letzteren haben sich insbesondere im deutschen Recht entwickelt, wo sowohl von Treuepflichten der Mehrheitsaktionäre als auch von Treuepflichten der Minderheitsaktionäre, gegenüber der Gesellschaft, aber auch gegenüber den übrigen Aktionären gesprochen werden kann. In Rumänien spielte lange Zeit das Institut der *affectio societatis* eine Ersatzfunktion für diese Treuepflichten.

Eine wichtige Feststellung ist, dass die Eigentumsstruktur der Aktiengesellschaften eine besondere Funktion in den Mechanismen des Minderheitsschutzes erfüllt. Auch wenn in Rumänien das Privatisierungsverfahren teilweise zu zerstreuten Eigentumsstrukturen führte, erwies sich die betroffene Aktionärschaft als passiv und nicht bereit, die *Corporate-Governance*-Standards der Unternehmen in Frage zu stellen. Meistens weisen aber die rumänischen Aktiengesellschaften eine konzentrierte Eigentumsstruktur auf. Dies ist auch in Deutschland der Fall, wo eine breite Verflechtung der Beteiligungsstrukturen an Aktiengesellschaften verzeichnet werden konnte. Diese wirtschaftlichen Tatsachen führen in beiden Rechtsordnungen dazu, dass es in der Praxis weniger zu einem vertikalen *Agency*-Problem (zwischen Aktionären und AG-Verwaltung) als vielmehr zu einem horizontalen *Agency*-Problem (zwischen Mehrheits- und Minderheitsaktionären) kommt, dessen Lösungen in beiden Länder teilweise ähnlich sind.

Sowohl in Rumänien als auch in Deutschland postuliert das Verfassungsrecht den Grundsatz des Grundrechtsschutzes des Aktieneigentums, während das Aktienrecht und das Gesellschaftsrecht dessen Inhalt und Schranken bestimmen. Auf diese Weise sollen die Klein- und Minderheitsaktionäre vor leichten Majorisierungen geschützt werden, ohne die Ausübung der Unternehmensfreiheit eines Groß- oder Mehrheitsaktionärs unnötig zu erschweren.

Eines der wichtigsten mitgliedschaftlichen Vermögensrechte der Aktionäre ist der Anspruch auf einen Anteil am Bilanzgewinn, der mit der Feststellung des Jahresabschlusses und ggf. des entsprechenden Bilanzgewinns entsteht. Das Spannungsfeld zwischen dem Interesse der Gesellschaft an Selbstfinanzierung und dem Interesse der Aktionäre am Gewinn aus Aktienanlagen kann in beiden Rechtsordnungen verfolgt werden. Dabei wurde aber festgestellt, dass das deutsche Recht besondere Vorkehrungen zum Schutze der Aktionärsminderheit vor einem „Aushungern“ durch die Mehrheit trifft, während das rumänische Recht einem Großaktionär viel Spielraum bei der Thesaurierung des Gewinns lässt, zum Nachteil der Kleinaktionäre.

Ein weiteres wichtiges Vermögensrecht der Aktionäre ist das Bezugsrecht, das bei der Kapitalerhöhung sicherstellen soll, dass die Aktionärsbeteiligung an der Gesellschaft qualitativ (Stimmrecht) und quantitativ (Anteile) bestehen bleibt und dass die Mehrheitsaktionäre die Minderheitsaktionäre nicht aus der AG hinausdrängen. Ein Ausschluss des Bezugsrechts darf nur ausnahmsweise und unter Einhaltung formeller und materieller Voraussetzungen erfolgen. Er ist durch die Hauptversammlung zu beschließen, wobei nach beiden Rechtsordnungen gewisse gesetzliche oder satzungsmäßige Quorums- und Mehrheitsvoraussetzungen erfüllt werden müssen. Erwähnenswert ist schließlich, dass das rumänische Recht nach deutschem Muster den automatischen Bezugsrechtsausschluss bei Sachkapitalerhöhungen gestrichen hat, um damit den Minderheitsaktionären einen besseren Schutz zu gewährleisten.

Der Schutz der Minderheitsaktionäre betrifft nicht nur die erwähnten Vermögensrechte in der AG, sondern auch Rechte der Aktionäre beim Exit aus der AG, wie dies beim Squeeze-out oder beim Sell-out der Fall ist. Ein gesellschaftsrechtliches Squeeze-out-Verfahren wird nur vom deutschen Recht vorgesehen, während ein gesellschaftsrechtliches Sell-out-Verfahren nur im rumänischen Recht geregelt ist. Die Umsetzung der Übernahme-RL hat beide Rechtsordnungen dazu veranlasst, übernahmerechtliche Squeeze-out und Sell-out Bestimmungen im Kapitalmarktrecht einzuführen. Während das Squeeze-out primär zugunsten von Mehrheitsaktionären vorgesehen wurde, erweist sich das Sell-out hauptsächlich als ein Mittel des Minderheitsschutzes.

Die Informationsrechte der Aktionäre bilden eine Grenzkategorie, zwischen den Vermögens- und den Mitwirkungsrechten. Sie bieten einerseits die Möglichkeit einer Kontrolle der Verwendung ihrer Kapitalbeteiligung durch die Gesellschaft bzw. durch die Verwaltung und andererseits eine Basis für die qualifizierte Ausübung der Mitwirkungsrechte. Nicht zuletzt wegen der rasanten Entwicklung der modernen Kommunikationsmedien wurden die Informationsrechte als eigenständige Kategorie des Minderheitsschutzes betrachtet. Systematisch wurde zwischen einem informationellen Außenschutz der Anleger durch die Handelsregister- und Kapitalmarktpublizität und einem informationellen Innenschutz der Aktionäre durch das Gesellschaftsrecht unterschieden.

Bezüglich der Voraussetzungen der Börsenzulassung sind für den Anlegerschutz insbesondere Informationen über die Finanzlage des Emittenten und über die Eigenschaften der Wertpapiere von Bedeutung, die in Form eines Prospekts veröffentlicht werden. Die Aufsichtsbehörden des Kapitalmarkts spielen durch ihre Prospektgenehmigungsfunktion die Rolle von externen *Gatekeepers* im Informationsverkehr zwischen Emittenten und Anlegerschaft.

Das Kapitalmarktrecht normiert die Pflicht einer HV-unabhängigen Berichterstattung börsennotierter AGs. Diese unterliegen nicht nur einer ursprünglichen Informationspflicht durch den Prospekt, sondern sollen die Anleger darüber hinaus mit regelmäßigen und laufenden Informationen über sich selbst versorgen. Die regelmäßigen Publizitätsverpflichtungen der Emittenten knüpften ursprünglich in beiden Rechtsordnungen an die Börsenzulassung an. Nach der Umsetzung der Transparenz-RL gilt jetzt aber sowohl in Rumänien als auch in Deutschland der Grundsatz der Herkunftslandskontrolle.

Als Ergänzung der regelmäßigen Publizitätspflichten sieht das Kapitalmarktrecht (in Umsetzung der Marktmissbrauchs-RL und der Transparenz-RL) laufende Publizitätspflichten der Emittenten vor, wie im Falle der Ad-hoc-Publizität bezüglich Insiderinformationen und der damit verwandten Offenlegung von sog. *directors' dealings* bzw. von sog. *related party transactions* oder im Falle der Veröffentlichung von Änderungen der Stimmrechtsanteile und von wesentlichen Beteiligungen der Aktionäre.

Während die kapitalmarktrechtlichen Publizitätspflichten nur für börsennotierte AGs gelten, sind für die Aktionäre aller AGs die gesellschaftsrechtlichen Informationsrechte von Bedeutung. Diese können in HV-bezogene Informationsrechte und Informationsrechte durch Sachverständige und Abschlussprüfer unterteilt werden. Zur ersten Kategorie gehören die Informationen vor und in der Hauptversammlung sowie die HV-Dokumentations- und Publizitätspflichten. Die Regelung des regelmäßigen HV-Einberufungsverfahren ist für den Dispositionsschutz des Aktionärs bezüglich der Teilnahme und ggf. Abstimmung in der HV besonders relevant. In beiden Rechtsordnungen gilt eine verhältnismäßig lange Einberufungsfrist von mindestens dreißig Tagen, was die aktive Beteiligung der Aktionäre fördern soll.

Das Frage- und Auskunftsrecht ist eines der wichtigsten gesellschaftsrechtlichen Mittel zur direkten Informationsbeschaffung durch die Aktionäre. In Rumänien wurde das ursprüngliche Einsichtsrecht im Jahre 2006 abgeschafft und durch ein HV-bezogenes Auskunftsrecht ersetzt. In beiden Rechtsordnungen stellt das Auskunftsrecht ein bedeutendes Informationsmittel nicht nur für die Aktionäre selbst, sondern auch für die HV als kollektives Willensbildungsorgan dar. Alle Aktionäre sind antragsbefugt, unabhängig davon, ob sie Stamm- oder Vorzugsaktionäre sind und unabhängig von ihrer Beteiligungsquote.

Als indirekte Formen der Informationsbeschaffung für die Aktionäre sieht das Gesellschaftsrecht die Bestellung eines Sonderprüfers und (nur in Rumänien) die Beanstandung gegenüber Zensoren bzw. internen Wirtschaftsprüfern vor. Beide Rechte sind typische Minderheitsrechte, d.h. an eine Mindestbeteiligung am Grundkapital gebunden. Das Recht auf Sonderprüfung betrifft einzelne Vorgänge bei der Gründung oder Geschäftsführung der Gesellschaft. Zum Bereich der Überprüfung durch die Zensoren bzw. internen Wirtschaftsprüfer gehören dagegen alle Vorgänge, die die Tätigkeit der Gesellschaft betreffen.

Kennzeichnend für die Aktiengesellschaft ist es, dass die Aktionäre das wirtschaftliche Risiko tragen, ohne an der Leitung des Unternehmens beteiligt zu sein. Dafür üben die Aktionäre aber ihre Rechte in der HV aus und entscheiden mehrheitlich über die Tätigkeit der Gesellschaft. Die HV stellt nach rumänischem Recht sowohl im monistischen als auch im dualistischen System das oberste Organ der AG dar. Als ein Mittel zum Aktionärs- und Gläubigerschutz trennt das rumänische Gesetz zwischen der ordentlichen und der außerordentlichen HV, wobei für die letztere, die über wichtigere Angelegenheiten beschließt, höhere Quorums- und Mehrheitserfordernisse aufgestellt werden. Das deutsche Recht belässt es bei einer einheitlichen HV, wobei der deutsche Gesetzgeber von 1965 die HV nicht als das oberste Organ der HV betrachtete, sondern die Schaffung eines gewissen Gleichgewichts zwischen HV und Vorstand beabsichtigte.

Zur HV-Legitimation sieht das rumänische Recht für Inhaberaktien die Aktienhinterlegung vor, was einer aktiven HV-Teilnahme der Aktionäre entgegen wirkt.

Eine Pflicht zur Aktienhinterlegung bestand früher, vor Inkrafttreten des UMAG, auch in Deutschland. Eine entsprechende Reform der Gesetzgebung wäre auch in Rumänien notwendig, um die Ausübung der HV-Mitwirkungsrechte der Aktionäre zu fördern. Die Alternative zur Hinterlegung der Aktien ist die Festsetzung eines Nachweisstichtages, auf den sich die HV-Legitimation bezieht. Ein solches System besteht allgemein in Deutschland sowie auch in Rumänien, aber nur für Namensaktien. Eine zusätzliche Bedingung, die das rumänische Recht für die HV-Beschlussfähigkeit stellt, ist das Erreichen eines bestimmten Quorums. Dies hängt mit der romanistischen Rechtstradition zusammen und ist daher dem deutschen Recht nicht bekannt.

Das wichtigste Mitwirkungsrecht der Aktionäre ist das Stimmrecht, das zu den Mitgliedschaftsrechten gehört. Dem Gleichbehandlungsprinzip entspricht bezüglich des Stimmrechts der Grundsatz „eine Aktie – eine Stimme", der die Proportionalität zwischen Aktieneigentum und Kontrollrechten in der AG betrifft. Abweichungen von diesem Grundsatz spielen oft bei Aktienanlageentscheidungen eine negative Rolle. Die Regeln über Mehrstimmrechte, Höchststimmrechte und Höchstbeteiligungen sind vor diesem Hintergrund besonders relevant. Für das Verhältnis Kapital/Kontrolle sind auch die stimmrechtslosen Aktien und die Stimmrechtsverbote von besonderer Bedeutung.

Grundsätzlich sind die Aktionäre frei, ihre Stimmrechte nach eigenem Ermessen auszuüben. Ein Ausdruck dieser Abstimmungsfreiheit ist aber auch die Möglichkeit der Aktionäre, die Art und Weise der Ausübung ihrer Stimmrechte im Wege einer vertragsrechtlichen Stimmbindung zu koordinieren bzw. im Voraus zu bestimmen. Solche horizontalen Stimmbindungsverträge (d.h. zwischen Aktionären) sind grundsätzlich zulässig (darunter kann grundsätzlich auch die im rumänischem Kapitalmarktrecht vorhandene sog. ,,kumulative Abstimmung'' bei der Wahl der Verwaltungsratsmitglieder subsumiert werden). Sollte der Vertrag aber auf eine Erpressung durch die stärkere Vertragspartei bzw. auf eine Zwangslage der schwächeren Vertragspartei (oft Minderheitsaktionäre) beruhen, ist er unzulässig. Beide Rechtsordnungen sind sich aber darüber einig, vertikale Stimmbindungen (d.h. zwischen Aktionären und AG-Verwaltung) als solche zu verbieten. Die rumänische Bestimmung ist in dieser Frage nach der deutschen entsprechenden Regelung verfasst worden.

Was den gerichtlichen Aktionärsschutz betrifft, sind sowohl in Rumänien als auch in Deutschland zwei Hauptkategorien von Klagerechten zu verzeichnen, nämlich die Klagen der Aktionäre gegen Organmitglieder zur Geltendmachung von Ersatzansprüchen der Gesellschaft bzw. die Klagen der Aktionäre gegen HV-Beschlüsse. Diese beide Rechtskategorien entsprechen dem vertikalen (zwischen Aktionären und Organmitglieder) bzw. dem horizontalen (zwischen Minderheits- und Mehrheitsaktionären) *Agency*-Problem und sind dazu gedacht, dieses

Problem einer gerichtlichen Lösung zuzuführen. Die Rolle der Gerichte bei der Anwendung und Weiterentwicklung des Gesellschaftsrechts und bei der Förderung der Aktionärsrechte im Wege einer konsequenten und einheitlichen Rechtsprechung sollte in Rumänien gestärkt werden.

Abschließend kann festgestellt werden, dass die rumänische Rechtslage bezüglich des Schutzes von Minderheitsaktionären sich seit der ersten postkommunistischen gesellschaftsrechtlichen Regelung in 1990 ständig verbessert hat. Die Übernahme des EU-*Acquis* und rechtsvergleichende Reformmaßnahmen (wie diejenige in 2006-2007, in welcher das deutsche Aktienrecht eine besondere Rolle gespielt hat) haben dazu erheblich beigetragen. Gewisse Schwächen bestehen aber immer noch und sollten *de lege ferenda* behoben werden.

# Vorschläge *de lege ferenda* für den rumänischen Gesetzgeber

1. *Einführung von festen Nennbeträgen (anteiligen Beträgen) für die Bestimmung der Minderheit:* Es wäre sinnvoll, dass das rumänische Recht zukünftig nach dem deutschen Modell auch solche festen Nennbeträge zur Ausübung der Aktionärsrechte einführt, was zu einem flexibleren und effizienteren Aktionärsschutz führen würde – siehe Punkt 1.I.D.2 (Fn. 19).

2. *Formulierung des Gleichbehandlungsprinzips:* Die aktuelle Formel des Gleichbehandlungsprinzips im rumänischen Recht entspricht nicht völlig derjenigen in Art. 42 Kapital-RL, weil sie keinen Bezug auf die Verhältnisse nimmt, in denen die Aktionäre sich befinden. Entsprechend wäre es empfehlenswert, bei einer zukünftigen Reform eine passende Formel zu finden, wobei § 53a AktG als Beispiel dienen kann – siehe Punkt 1.I.E.1 (Fn. 22).

3. *Gleichbehandlung bei Erwerb eigener Aktien:* Im Unterschied zum deutschen Recht (§ 71 I Nr. 8 Satz 3 AktG), das den Sonderfall der Aktionärsgleichbehandlung beim Erwerb eigener Aktien durch die Gesellschaft regelt, findet eine ähnliche Spezialregelung im rumänischen Recht nicht statt. Die Einführung einer solchen Bestimmung wäre *de lege ferenda* wünschenswert, weil sie mehr Klarheit und einer effektiveren Schutz der Minderheitsaktionäre mit sich bringen würde.

4. *Gesetzliche Rücklage und Dividendenanspruch der Minderheitsaktionäre:* Es kann festgestellt werden, dass das rumänische Recht einem herrschenden Aktionär einen großen Spielraum gewährt, indem einerseits die Obergrenze der gesetzlichen Rücklage den Wert des Grundkapitals übersteigen und andererseits die jährliche Einstellung durch Aktionärsbeschluss erhöht werden kann. Auf diese Weise kann der ausschüttungsfähige Gewinn von einer Aktionärsmehrheit wesentlich eingeschränkt werden, was den Dividendenanspruch von Minderheitsaktionären erheblich schwächt. Darüber hinaus wird die Mindestgrenze der gesetzlichen Rücklage durch Gesetz verhältnismäßig hoch gestuft (20 % des Grundkapitals in Rumänien gegenüber 10 % in Deutschland), was zur Minderung des möglichen Gewinnausschüttungsbetrags (und ggf. des Dividendenwerts) führen kann. Eine Neuregelung der gesetzlichen Rücklage im rumänischen Recht könnte in Betracht gezogen

werden, um den Minderheitsschutz zu verbessern. Die deutsche Regelung könnte als Beispiel dienen – siehe Punkt 2.II.A.1.2.1.

5. *Fakultative Rücklagenbildung:* Das Schweigen des rumänischen Aktienrechts bezüglich der Thesaurierung des Gewinns schafft einen großen Spielraum für die Verwaltung oder für die Mehrheitsaktionäre bei der fakultativen Rücklagenbildung. Dadurch werden die Interessen der Minderheitsaktionäre als Kleinanleger an einer Gewinnausschüttung zum größten Teil übersehen – siehe Punkt 2.II.A.1.2.2.

6. *Nachzahlungspflicht bei Vorzugsdividenden:* Das rumänische Recht sieht keinen nachzuzahlenden Vorzug bei der Verteilung des Gewinns, im Sinne von § 139 I AktG vor. Der Gewinnverteilungsvorzug ist dadurch in Rumänien durch den Bilanzgewinn des jeweiligen Geschäftsjahres begrenzt, was eine erhebliche Schwächung der Vermögensstellung der Vorzugsaktionäre mit sich bringt. Die Vorzugsaktionäre (in der Praxis meistens Kleinaktionäre) sollten *de lege ferenda* durch Einführung einer entsprechenden Nachzahlungspflicht besser geschützt werden – siehe Punkt 2.II.A.2.3.

7. *Übernahmerechtliches Squeeze-out:* Das rumänische Recht (Art. 206 I LPC) entspricht der Übernahme-RL nicht, weil es beim Squeeze-out nicht von stimmberechtigten Aktien spricht, sondern von Aktien im Allgemeinen. Darüber hinaus erfüllt es die kumulativen Bedingungen der Richtlinie nicht, die von stimmberechtigtem Kapital *und* Stimmrechten spricht und nicht einfach von Aktien. Die Absicht des rumänischen Gesetzgeber war, beide Alternativen von Art. 15 II RL 2004/25/EG offen zu halten. Die Umsetzung sollte aber *de lege ferenda* genauer gestaltet werden – siehe Punkt 2.III.A.2.2.

8. *Übernahmerechtliches Sell-out:* Wie beim Squeeze-out Verfahren erwähnt (siehe den vorigen Punkt), ist die Umsetzung von Art. 16 RL 2004/25/EG insoweit mangelhaft, weil sie die Erfordernis des stimmberechtigten Grundkapitals nicht anspricht. Diese Rechtslage sollte *de lege ferenda* verbessert werden – siehe Punkt 2.III.B.2.2.

9. *Ad-hoc Publizität und Insiderhandel:* Im Unterschied zum deutschen Recht wird in Rumänien einerseits eine Trennung zwischen Ad-hoc-Publizität und Insiderhandelsverbot gemacht; andererseits werden directors' dealings als solche (so wie sie durch Art. 6 IV Marktmissbrauchs-RL vorgesehen werden) nicht geregelt, sondern nur allgemeine Regeln zur Offenlegung von *related party transactions* bestimmt, die in keinem systematischen Verhältnis zu den Bestimmungen über die Ad-hoc-Publizität oder über Insiderhandel

gebracht wurden. Das Ergebnis dieses Regulierungsansatzes sind zersplitterte und sich überlappende Bestimmungen, die einer Gesetzesreform bedürfen – siehe Punkt 3.I.B.3.3.2.

10. *Directors' dealings:* Der mangelnde Ansatz des rumänischen Rechts zu *directors' dealings* im Vergleich zur Marktmissbrauchs-RL oder zum WpHG (§ 15a) besteht darin, dass Art. 225 LPC zum größten Teil auf Art. 123 DringAnO Nr. 28/2002 und damit auf einer Vorschrift basiert, die vor der Veröffentlichung der Marktmissbrauchs-RL in April 2003 in Kraft war. Es ist nicht ausgeschlossen, dass Art. 225 LPC bei der Überprüfung der Kompatibilität des rumänischen Kapitalmarktrechts mit dem EU-*Acquis* im Rahmen des EU-Beitrittsverfahren als eine dem Art. 6 IV Marktmissbrauchs-RL einigermaßen entsprechende Bestimmung bewertet wurde. Eine solche Bewertung ist aber fragwürdig, und der rumänische Gesetzgeber sollte seinen aus der EU-Mitgliedschaft stammenden Pflichten nachkommen und die europäischen Regeln zu *directors' dealings* ins rumänische Recht tatsächlich umsetzen – siehe Punkt 3.I.B.3.3.3.

11. *Stimmrechtsanteile und Übertragung des Stimmrechts:* Der deutsche Gesetzgeber hat auf eine Umsetzung von Art. 10 b) Transparenz-RL (der den Fall einer Vereinbarung zur zeitweiligen Übertragung von Stimmrechte gegen Gegenleistung regelt) ausdrücklich verzichtet, weil eine isolierte Übertragung des Stimmrechts nach deutschem Recht nicht zulässig ist. Obwohl letzteres auch nach rumänischem Recht der Fall ist, wurde Art. 10 b) Transparenz-RL umgesetzt, wobei er aber nur auf die in Rumänien tätigen ausländischen AGs Anwendung findet. Diese differenzierte Behandlung ist vom Gesichtspunkt der Anlegergleichbehandlung her fragwürdig. Der Ansatz des deutschen Gesetzgebers in dieser Frage könnte auch von CNVM bei einer zukünftigen Änderung der VO Nr. 1/2006 in Betracht gezogen werden – siehe Punkt 3.I.B.3.3.4.

12. *Typische Informationen im Vorfeld der HV:* Sollte die AG über eine eigene Webseite verfügen, verbinden die zwei Rechtsordnungen damit unterschiedliche Konsequenzen. Gemäß § 175 II 4 AktG ist die Gesellschaft von den typischen Informationspflichten befreit, wenn sie die entsprechenden Dokumente auf ihrer Webseite zugänglich macht. Gemäß Art. $117^2$ II LSC ist dagegen die AG verpflichtet, diese Dokumente (zusammen mit der Einberufung und der ergänzten Tagesordnung) auf ihrer Website für die Aktionäre zugänglich zu machen, ohne dass sie dadurch von den durch Art. $117^2$ I LSC auferlegten Pflichten befreit wäre. Das deutsche Recht erweist sich insoweit als flexibler, ohne die Informationsrechte der Aktionäre zu gefährden, was

vom rumänischen Gesetzgeber *de lege ferenda* berücksichtigt werden könnte – siehe Punkt 3.II.A.1.2.

13. *Form des Auskunftsersuchens:* Das Beharren des rumänischen Rechts auf der Schriftform des Auskunftsverlangens ist dadurch zu erklären, dass bis vor kurzem kein gesetzlich anerkanntes HV-bezogenes Auskunftsrecht vorhanden war und dessen Einführung in 2006 rechtspolitisch nur als ein erster Versuchsschritt betrachtet wurde. *De lege ferenda* wäre es aber empfehlenswert, dass auch mündliche Fragestellungen erlaubt werden, selbst wenn die Möglichkeit schriftlicher Fragen beibehalten wird. Ein rein schriftliches vorverlagertes Verfahren des Auskunftsverlangens kann die Kommunikation innerhalb der HV erheblich eingrenzen und die kollektive Willensbildung im HV-Rahmen beeinträchtigen. Das Auskunftsrecht würde dadurch seine breitere soziale Zielsetzung verfehlen – siehe Punkt 3.II.A.2.2.5.

14. *HV-Teilnehmerverzeichnis:* Das deutsche Recht erkennt den Aktionären ein Recht auf Kenntnisnahme dieses Verzeichnisses vor der HV zu, was ihnen die Möglichkeit verschafft, sich über die Teilnahme anderer Aktionäre und deren Beteiligungsquote bzw. Stimmkraft zu informieren und auf diese Grundlage eine gewisse Abstimmungsstrategie zu entwickeln. Ein solches Recht auf Einsichtsnahme ins Teilnehmerverzeichnis vor der ersten Abstimmung könnte *de lege ferenda* auch in Rumänien in Betracht gezogen werden, zumindest für die börsennotierten AGs, weil es den teilnehmenden Aktionären eine bessere und aktuelle Informationsgrundlage für ihre HV-bezogenen Entscheidungen verschafft – siehe Punkt 3.II.A.3.1.1.

15. *Antragsberechtigung bei Sonderprüfung:* Der rumänische Gesetzgeber könnte die Herabsetzung der Mindestbeteiligungsquote von 10 % auf 5 % des Grundkapitals in Betracht ziehen oder zumindest die Möglichkeit eröffnen, dass die Satzung im Vergleich zum Gesetz eine niedrigere Beteiligungsquote zulässt. Dies würde die Aktionäre in der aktiven Wahrnehmung ihrer Kontroll- und Informationsrechte fördern oder zumindest einen höheren Präventivschutz ihrer Interessen gewährleisten. Um Missbräuchen vorzubeugen könnte des Weiteren nach deutschem Muster vorgesehen werden, dass die betroffenen Minderheitsaktionäre die erwähnte Beteiligung schon drei Monate vor der HV besitzen und sie bis zur gerichtlichen Entscheidung über den Antrag halten müssen – siehe Punkt 3.II.B.1.2.

16. *Berichterstattung bei Sonderprüfung:* Nach deutschem Recht ist der Bericht des Sonderprüfers beim Handelsregister einzureichen. Eine ähnliche Publizitätspflicht besteht nach rumänischem Recht nicht und könnte *de lege ferenda* relevant sein, um die Transparenz und die beanspruchte Effizienz dieser Kontrollmaßnahme zu steigern – siehe Punkt 3.II.B.1.5.

17. *Aktivlegitimation bei HV-Einberufung – LSC/LPC:* Grundsätzlich wird in Rumänien der *lex specialis* Charakter des Kapitalmarktsgesetzes im Verhältnis zum Handelsgesellschaftengesetz anerkannt. In diesem Fall kann aber nach der 2006 Novelle des LSC teleologisch und chronologisch argumentiert werden, dass Art. 243 IV-VI LPC nur dann noch zur Anwendung kommt, wenn der signifikante Aktionär einer börsennotierten Gesellschaft eine Beteiligung von weniger als 5 % an deren Grundkapital hat und sich deshalb nicht auf Art. 119 LSC berufen kann. In der Praxis sollte dies eher selten der Fall sein. Diese ziemlich widersprüchliche Rechtslage ist dadurch zu erklären, dass das geltende Kapitalmarktrecht auf dem Gesetz Nr. 297/2004 beruht, das seinerseits mit Bezug auf die alte Fassung des LSC entwickelt wurde, während die Aktienrechtsreform von 2006 auf die Bestimmungen des LSC beschränkt war. *De lege ferenda* wäre eine Anpassung beider Gesetzestexte wünschenswert – siehe Punkt 4.I.B.1.2.4.

18. *Aktienhinterlegung:* Die Aktienhinterlegung war früher auch vom deutschen Recht für die Ausübung bestimmter Minderheitsrechte vorgesehen (wie z.B. in § 142 II 2 aF AktG bezüglich der Bestellung von Sonderprüfer). Inzwischen wurde sie aber durch das UMAG abgeschafft, was die aktive Wahrnehmung der Minderheitsrechte fördert. In Ansehung dieser Entwicklung des deutschen Rechts als auch des Verbots der Aktienhinterlegungspflicht in Art. 7 I Aktionärsrechte-RL (obwohl dies nur die börsennotierten AGs betrifft) sollte auch der rumänische Gesetzgeber die Abschaffung der Aktienhinterlegung für Inhaberaktionäre in Betracht ziehen – siehe Punkt 3.II.B.1.2 und Punkt 4.I.B.2.1.1.

19. *Nachweisstichtag:* Der Begriff eines Nachweisstichtags wurde durch Art. 7 Aktionärsrechte-RL für börsennotierte Aktiengesellschaften eingeführt. Diesbezüglich besteht ein Anpassungsbedarf des rumänischen Rechts, denn Art. 123 II 2 LSC sieht vor, dass der Nachweisstichtag auf nicht früher als 60 Tage vor dem Termin, zu dem die HV einberufen wird, festgesetzt werden darf, während Art. 7 III 3 der Richtlinie in diesem Sinne eine Höchstfrist von 30 Tagen bestimmt – siehe Punkt 4.I.B.2.1.2.

20. *Ergänzung der Tagesordnung – gerichtliche Durchsetzung:* Im Unterschied zum deutschen Recht, das die HV-Einberufung und die Ergänzung der HV-Tagesordnung auf Verlangen einer Minderheit in einem einzigen Artikel regelt (§ 122 AktG) und für beide einen Rechtsweg vor dem Gericht bestimmt (§ 122 III AktG), regelt das rumänische Gesetz diese Minderheitsrechte getrennt (Art. $117^1$ und 119 LSC), wobei die Möglichkeit einer Rechtsdurchsetzung nur im Falle der HV-Einberufung ausdrücklich er-

wähnt ist (Art. 119 III LSC). Der deutsche Ansatz könnte *de lege ferenda* auch für den rumänischen Gesetzgeber interessant werden. Dies würde den aktienrechtlichen Minderheitsschutz stärken – siehe Punkt 4.I.C.1.4.

21. *Aktionärsforum:* Das rumänische Recht sieht noch keine § 127a AktG entsprechende Kommunikationsmöglichkeit für die Anleger vor. In Ansehung des gestreuteren Aktienbesitzes bei börsennotierten Aktiengesellschaften und der zunehmenden Internationalisierung des rumänischen Kapitalmarktes wäre es aber empfehlenswert, eine ähnliche Infrastruktur auch für die rumänischen Aktionäre verfügbar zu machen – siehe Punkt 4.I.C.3.

22. *Stimmrechtsvertretung:* Nach rumänischem Recht besteht noch keine Mitteilungspflicht (bezüglich der HV-Einberufung und HV-Tagesordnung) für den Verwaltungsrat bzw. für den Vorstand gegenüber Kreditinstituten und Aktionärsvereinigungen, die üblicherweise in der HV Stimmrechte für die Aktionäre ausüben, so wie in § 125 I und V AktG vorgesehen. Dies könnte bei einer zukünftigen Reform in Betracht gezogen werden, weil es die Stimmrechtsausübung durch Vertretung fördern würde – siehe Punkt 4.I.D.5.1 (Fn. 490).

23. *Form der Vollmacht:* Nach deutschem Recht kann die Satzung vorsehen, dass die Vollmachtserteilung auch durch solche Kommunikationsmittel wie E-mail oder Fax erlaubt ist. Formerschwerungen dürfen dagegen durch die Satzung nicht vorgesehen werden. Dieser Regelungsansatz könnte *de lege ferenda* auch vom rumänischen Gesetzgeber in Betracht gezogen werden, weil er zur Erleichterung der Ausübung eines Hauptrecht der Aktionäre beitragen würde (aktuell ist in Rumänien die Schriftform immer einzuhalten) – siehe Punkt 4.I.D.5.2.1.

24. *Geltendmachung der Ersatzansprüche durch die HV – Bestellung eines Vertreters:* Nach deutschem Recht erfolgt die Bestellung des Vertreters gerichtlich und im Interesse der Aktionäre, wenn das Gericht dem entsprechenden Antrag einer qualifizierten Aktionärsminderheit (deren Anteile zusammen 10 % des Grundkapitals oder den anteiligen Betrag von 1 Mio. Euro erreichen) stattgibt (§ 147 II 2 AktG). Dieses Mittel des Minderheitsschutzes ist dem rumänischen Recht nicht bekannt (aktuell darf nur die HV den Vertreter bestellen) und könnte zukünftig berücksichtigt werden – siehe Punkt 4.II.B.2.3.

25. *Geltendmachung der Ersatzansprüche durch die Minderheit – Aktivlegitimation:* Aus dem Gesichtspunkt des Minderheitsschutzes wäre eine Annäherung an das deutsche Modell und eine Herabsetzung der aktuellen 5 % Beteiligung wünschenswert. Dadurch würden die Kleinaktionäre geschützt,

indem sie bereits bei einer 1 % Beteiligung ihr Recht ausüben könnten; auch würde die Gefahr von missbräuchlichen Klagen vermieden, die früher wegen der zu flexiblen Aktivlegitimation (bzw. fehlenden Mindestbeteiligung) bestand – siehe Punkt 4.II.B.3.2.

# Bibliographie

## I. Rumänisches Recht:


Băcanu, Ion – Modificarea şi completarea Legii nr. 31/1990 privind societăţile comerciale, RDC Nr. 9/1997, S. 5 ff.

–. – Noua reglementare a fuziunii şi divizării societăţilor comerciale, RDC Nr. 5/1999, S. 17 ff.

–. – Capitalul social al societăţilor comerciale, Lumina Lex Verlag, Bukarest 1999

Belu Magdo, Monna-Lisa – Majorarea capitalului social prin emisiunea de noi acţiuni. Condiţii, RDC Nr. 9/2003, S. 85 ff.

Bercea, Lucian – Regula judecăţii de afaceri: un transplant legal imposibil, PR Nr. 3/2006, S. 201 ff.

Bratiş, Marian – Calificarea juridică a acţiunilor emise de societatea comercială pe acţiuni, RDC Nr. 2/2006 (S. 30 ff.)

–. – Regimul juridic al operaţiunilor cu acţiuni emise de societatea comercială pe acţiuni, RDC Nr. 5/2006, S. 43 ff.

Catană, Radu Nicolae – Admisibilitatea acţiunii în dizolvarea societăţii comerciale pentru neînţelegeri grave între asociaţi, RDC Nr. 2/1998, S. 61 ff.

–. – Exercitarea facultăţii de retragere din societatea comercială, RDC Nr. 2/2002, S. 174 ff.

–. – Abuzul de majoritate, RDC Nr. 6/2002, S. 93 ff.

–. – Obligaţia de prudenţă şi diligenţă a administratorilor în contextul reformei dreptului societăţilor comerciale, PR Nr. 3/2006, S. 188 ff.

Căpăţână, Octavian – Mersul privatizării societăţilor comerciale cu capital de stat (coordonate juridice), RDC Nr. 6/1998 (S. 5 ff.), Nr. 7-8/1998 (S. 6 ff.), Nr. 9/1998 (S. 5 ff.), Nr. 10/1998 (S. 5 ff.)

–. – Societăţile comerciale în interpretarea jurisprudenţei, RDC Nr. 1/1999 (S. 5 ff.), Nr. 2/1999 (S. 5 ff.), Nr. 3/1999 (S. 5 ff.)

–. – Societăţile comerciale, Lumina Lex, Bukarest 1996

Cărpenaru, Stanciu D. – Drept comercial român, 7. Auflage, Universul Juridic Verlag, Bukarest 2007

Cărpenaru, S.D.; Predoiu, C.; David, S.; Piperea, Gh. – Legea societăţilor comerciale. Comentariu pe articole, 3. Auflage, C.H.Beck Verlag, Bukarest 2006

Cărpenaru, S.D.; Predoiu, C.; David, S.; Piperea, Gh. – Legea societăţilor comerciale. Comentariu pe articole, 4. Auflage, C.H.Beck Verlag, Bukarest 2009

Cârcei, Elena – Societăţile comerciale pe acţiuni, ALL Beck Verlag, Bukarest 1999

Corsiuc, Olia-Maria – Cenzorii societăţii comerciale şi auditul financiar, RDC Nr. 1/2006, S. 87 ff.

Costin, Mircea N.; Costin, Mircea Călin – Probleme teoretice şi practice privind constituirea şi funcţionarea societăţilor comerciale, RDC Nr. 2/1999, S. 49 ff.

–. – Semnificaţia juridică a sintagmei „data de referinţă“ utilizată de art. 122 alin. 2 şi 3 din Legea 31/1990 republicată în lumina jurisprudenţei, RDC Nr. 4/2001, S. 23 ff.

| | | |
|---|---|---|
| –. | – | Răspunderea administratorilor în lumina Legii nr. 31/1990 republicată şi Legii 85/2006, RDC Nr. 11/2006, S. 9 ff. |
| Cucu, Cristina; Gavriş, Marilena-Veronica; Bădoiu, Cătălin-Gabriel; Haraga, Cristian | – | Legea societăţilor comerciale nr. 31/1990: repere bibliografice, practică judiciară, decizii ale Curţii Constituţionale, adnotări, Hamangiu Verlag, Bukarest 2007 |
| Dumitrache, Simona | – | Consideraţii despre momentul când se naşte dreptul de vot în cazul acţiunilor subscrise şi neliberate integral, RDC Nr. 10/2001, S. 65 ff. |
| Duţescu, Cristian | – | Drepturile acţionarilor, Lumina Lex Verlag, Bukarest 2006 |
| Earle, John S.; Kaznovsky, Victor; Kucsera, Csaba; Telegdy, Almos | – | Corporate Control in Romania, ECGI Working Paper, 2001, www.ecgi.org/research/accession/romania_research_paper.pdf |
| Ene, Angela; Fatu, Narcisa | – | Corporate Governance in Romania. December 2001 – June 2004 (verfügbar auf http://www.oecd.org/dataoecd/56/54/33716869.pdf |
| Gârbaci, Freddy | – | Limitele delegării exerciţiului atribuţiilor adunării generale extraordinare către administratori în cadrul societăţilor pe acţiuni, RDC Nr. 6/2001, S. 112 ff. |
| –. | – | Consideraţii privind suspendarea dreptului de vot în adunarea generală a acţionarilor, RDC Nr. 10/2001, S. 122 ff. |
| Geană, Elena; Macri, Ana-Ilinca (Hrsg.) | – | România în contextul extinderii Uniunii Europene, Europäisches Institut in Rumänien, Bukarest 2003 |
| Georgescu, I. L. | – | Drept comercial român, Band II, Bukarest 2002 |
| Gheorghe, Cristian | – | Societăţi comerciale. Voinţa asociaţilor şi voinţa socială, All Beck Verlag, Bukarest, 2003 |

–. – Adunările generale ale societăților comerciale. Competențe și principii, RDC Nr. 2/2003, S. 62 ff.

–. – Structuri suprasocietare. Grupurile de societăți, RDC Nr. 3/2005, S. 61 ff.

–. – Nulitatea societății comerciale și nulitatea actului constitutiv, RDC Nr. 4/2006, S. 37 ff.

Hulot, Jean-Claude – Les firmes roumaines. Actionnariat et performance dans la post-privatisation, Le Courrier des Pays de l'Est. Politique, Economie et Société, Nr. 1031, Januar 2003

Ionescu, Stelian; Preutescu, Laurențiu – Codul comercial adnotat cu jurisprudența română la zi, Imprimeria Națională, Bukarest 1933

Ioniță, Angela – Functioning of Board of Directors in Romania, December 2002, verfügbar auf http://www.oecd.org/dataoecd/8/30/2482822.pdf

Jessel-Holst, Christa – Reforma dreptului românesc al societăților comerciale și armonizarea cu acquis-ul comunitar, in Ad Honorem Stanciu D. Cărpenaru, Beck Verlag, Bukarest 2006, S. 34 ff.

Jora, Cristian – Aspecte privind admisibilitatea suspendării hotărârii adunării generale în cazul intentării acțiunii în anularea acesteia, RDC Nr. 6/2006, S. 31 ff.

Leaua, Crenguța – Unele aspecte procedurale cu privire la excluderea asociaților din societățile comerciale, Dreptul Nr. 12/2002

Leonhardt, Peter – Rechtsetzung durch Dringlichkeitsanordnungen, in WGO-Monatshefte für Osteuropäisches Recht, Heft 3/1997

–. – Übersetzung des rumänischen Handelsgesellschaftengesetzes, in Handbuch Wirtschaft und Recht in Osteuropa-WIRO Band 3, München 2007, HGG 300 RO.

Mircea, Valentin – Distribuirea dividendelor – aspecte teoretice si practice, in RDC 2/1999

–. – Protecția acționarilor minoritari în dreptul românesc și comparat, RDC Nr. 11/1999, S. 57 ff.

–. – Convențiile extra-statutare ale acționarilor în dreptul românesc, RDC Nr. 3/2002, S. 66 ff.

–. – Suspendarea dreptului de vot în cazul acțiunilor neplătite, RDC Nr. 2/2003, S. 83 ff.

Panainte, Septimiu – Tranzacțiile bazate pe informații privilegiate, CJ Nr. 2/2006, S. 53 ff.

Pascu, Mihai; Pârvu, Liviu-Narcis – Convocarea adunării generale a asociaților de către instanță, RDC Nr. 4/2005, S. 62 ff.

Peligrad, Vlad – Reforma Legii nr. 31/1990 și armonizarea cu acquis-ul comunitar (Propuneri legislative), in Ad Honorem Stanciu D. Cărpenaru, Beck Verlag, Bukarest 2006, S. 23 ff.

Piperea, Gheorghe – Societăți comerciale, piață de capital. Acquis comunitar, All Beck Verlag, Bukarest 2005

Popa, Carmen – Etica afacerilor și protecția acționarului minoritar împotriva practicilor neloiale, abuzive și frauduloase în contextul noilor reglementări, cu referire la majorarea capitalului social prin aport în natură, RDC Nr. 4/2003, S. 101 ff.

–. – Obligația legală de abținere de la deliberări în cazul în care există un interes contrar aceluia al societății și sancțiunea aplicabilă, RDC Nr. 5/2003, S. 82 ff.

Prescure, Titus – Registrul comerțului, C.H.Beck, Bukarest 2001

Rădulețu, Ionuț – Rechtsangleichung Rumäniens an den acquis communautaire der EU, in *Thede Kahl, Michael Metzeltin, Mihai-Razvan Ungureanu (Hrsg.)*, Rumänien: Raum und Bevölkerung, Geschichte und Geschichtsbilder, Kultur, Gesellschaft und Politik heute, Wirtschaft, Recht und Verfassung, historische Regionen, Wien 2006, S. 777 ff.

–. – Administrarea societății pe acțiuni şi drepturile acționarilor – noi principii de guvernare corporativă în Legea nr. 31/1990, in Ad Honorem Stanciu D. Cărpenaru, Beck Verlag, Bukarest 2006, S. 151 ff.

–. – Romania, in Helmut Koziol/Barbara C. Steininger (Hrsg.), European Tort Law 2006, Wien 2006, S. 516 ff.

Sassu, Ciprian; Golub, Sergiu – Affectio societatis, RDC Nr. 10/2001, S. 74 ff.

Săuleanu, Lucian – Unele aspecte privind soluționarea cererilor de excludere a asociaților, RDC Nr. 4/2006

–. – Studiu cu privire la acțiunea în anulare şi acțiunea în constatarea nulității absolute a hotărârilor adunării generale a acționarilor. Suspendarea executării acestora, RDC Nr. 7-8/2007

Schiau, Ioan; Prescure, Titus – Legea societăților comerciale. Analize şi comentarii pe articole, Bukarest 2007

Schiau, Ioan – Despre consecințele prescrierii acțiunii de regularizare a încălcării cerințelor legale de constituire a societăților comerciale, PR Nr. 4/2006, S. 207 ff.

Stancu, Gheorghe; Buturugă, Ecaterina – Majorarea capitalului social prin fuziune şi divizare, RDC Nr. 9/2003, S. 34 ff.

Stoica, Cristiana Irinel – Subscripția publică internațională de acțiuni şi de obligațiuni, All Beck Verlag, Bukarest 2000

Şandru, Daniel – Societățile comerciale în Uniunea Europeană, Universitara Verlag, Bukarest 2006

Şcheaua, Marius – Legea societăților comerciale nr. 31/1990 comentată şi adnotată, ALL Beck Verlag, Bukarest 2000

Tăbăltoc, Dan Mircea – Aspecte teoretice şi practice privind organizarea şi funcționarea societăților comerciale. Adunarea

| | | |
|---|---|---|
| | | generală a acţionarilor. Statut juridic. Controlul legalităţii hotărârilor, RDC Nr. 1/2000, S. 43 ff. |
| Teau, Carmen; Săuleanu, Lucian | – | Transmiterea dreptului de proprietate asupra acţiunilor nominative, RDC Nr. 5/2000, S. 51 ff. |
| Turcu, Ion | – | Aspecte teoretice si practice ale majorarii capitalului societatilor comerciale, in RDC No. 2/1997 |
| Ţiclea, Alexandru | – | Excluderea asociaţilor, RDC Nr. 2/2001, S. 42 ff. |
| Ţucă, Florentin | – | Creanţe contra acţiuni sau utopia unui proiect, RDC Nr. 9/1999, S. 70 ff. |
| –. | – | Efectele cesiunii de acţiuni sau părţi sociale asupra calităţii de creditor al dividendelor, RDC Nr. 2/2000, S. 90 ff. |
| Velicu, Dan | – | O nouă dilemă în administrarea societăţii pe acţiuni. Sistemul monist şi cel dualist, RDC Nr. 1/2007, S. 35 ff. |
| Vonica, Romul Petru | – | Dreptul societăţilor comerciale, 2. Auflage, Lumina Lex Verlag, Bukarest 2000 |
| **** | – | (Festschrift) Ad Honorem Stanciu D. Cărpenaru, Beck Verlag, Bukarest 2006 |
| **** | – | „Report on the Observance of Standards and Codes – ROSC. Corporate Governance Country Assessment – Romania“ von 2004, verfügbar auf http://www.worldbank.org/ifa/rosc_cg_rom.pdf |
| **** | – | OECD-Bericht „Guvernanţa corporativă în România“ 2001, verfügbar auf http://www.oecd.org/dataoecd/17/13/2390809.pdf) |
| **** | – | Codul comercial Carol al II-lea, însoţit de referatul d-lui ministru al justiţiei către consiliul de miniştri şi de raportul consiliului legislativ, Bukarest 1938 |

## II. Deutsches und ausländisches Recht, EU-Recht:


Armour, John – Who should make corporate law? EC legislation versus regulatory competition, ECGI Working Paper Nr. 54/2005, verfügbar bei SSRN: http://ssrn.com/abstract=860444

Arzt-Mergemeier, Jörg – Der gesellschaftsrechtliche Minderheitenschutz in Deutschland, England und Frankreich. Eine rechtsvergleichende Untersuchung zur Ermittlung gemeinsamer Prinzipien des europäischen Gesellschaftsrechts, Peter Lang Verlag, Frankfurt/Main 2006

Assmann, Heinz-Dieter; Schneider, Uwe (Hrsg.) – Wertpapierhandelsgesetz. Kommentar, Köln 2006

Bachner, Thomas – Grenzüberschreitende Ausübung von Aktionärsrechten. Gedanken zum Vorschlag einer europäischen Expertengruppe, in: Kalss/Nowotny /Schauer (Hrsg.), Festschrift Peter Doralt zum 65. Geburtstag, Wien 2004, S. 33 ff.

Baums, Philipp A. – Ausschluss von Minderheitsaktionären, Frankfurt am Main, 2001

Bayer, Walter; Habersack, Mathias (Hrsg.) – Aktienrecht im Wandel: Band 1 – Entwicklung des Aktienrechts; Band 2 – Grundsatzfragen des Aktienrechts, Tübingen 2007

Becht, Marco; Boehmer, Ekkehart – Transparency of Ownership and Control in Germany (5. Februar 1999), verfügbar bei SSRN: http://ssrn.com/abstract=149774

Bellinghausen, Rupert – Der Missbrauch von Minderheitsrechten in den Kapitalgesellschaften – eine rechtsvergleichende Darstellung des französischen und deutschen Rechts, Diss. Bonn 1994

Berle, Adolf; Means, Gardiner – The Modern Corporation and Private Property, 1932

| | | |
|---|---|---|
| Bezzenberger, Tilman | – | Das Bezugsrecht der Aktionäre und sein Ausschluss, ZIP 2002, S. 1917 ff. |
| Boros, Elizabeth J. | – | Minority Shareholders' Remedies, Oxford 1995 |
| Brellochs, Michael | – | Publizität und Haftung von Aktiengesellschaften im System des Europäischen Kapitalmarktrechts, C.H.Beck, München 2005 |
| Brüls-Dehin, Christine | – | Die Schranken von Mehrheitsmacht und Minderheitsrechten im Kapitalgesellschaftsrecht (Deutschland, Niederlande, Frankreich, Belgien), Diss. Münster 1998 |
| Calliess, Christian; Ruffert, Matthias | – | EUV/EGV-Kommentar, C.H. Beck, München 2007 |
| Campbell, Dennis; Buckley, Sheila (ed.) | – | Protecting Minority Shareholders, Kluwer Law International 1996 |
| Charreaux, Gerard J.; Desbrières, Philippe | – | Corporate Governance: Stakeholder Value versus Shareholder Value, in Finance Controle Strategie, Vol. 1, Juni 1998. Verfügbar bei SSRN: http://ssrn.com/abstract=262902 |
| Doralt, Peter | – | Der Schutz von Minderheitsaktionären nach ungarischem Recht unter Berücksichtigung der Reform 1997/1998. Zugleich ein Beitrag zum ungarischen Konzernrecht, FOWI Arbeitspapier 54, Wien 1998 |
| Ekkenga, Jens | – | Anlegerschutz, Rechnungslegung und Kapitalmarkt, Mohr Siebeck Verlag, Tübingen 1998 |
| Fama, Eugene F.; Jensen, Michael C. | – | Separation of Ownership and Control, S. 3, in Michael C. Jensen, FOUNDATIONS OF ORGANIZATIONAL STRATEGY, Harvard University Press, 1998, und Journal of Law and Economics, Vol. 26, June 1983. Verfügbar bei SSRN: http://ssrn.com/abstract=94034 |
| Feinendegen, Stefan; Nowak, Eric | – | Publizitätspflichten börsennotierter Aktiengesellschaften im Spannungsfeld zwischen Regelberichterstattung |

und Ad-hoc-Publizität – Überlegungen zu einer gesetzeskonformen und kapitalmarktorientierten Umsetzung, Working Paper Series: Finance & Accounting No. 70, Frankfurt am Main März 2001

Fernández, Pablo – „A Definition of Shareholder Value Creation" (27. April 2001). Verfügbar bei SSRN: http://ssrn.com/abstract=268129

Fleischer, Holger – Das neue Recht des Squeeze out, ZGR 4-5/2002, S. 763 ff.

Franks, J.; Mayer, C. – Ownership and Control of German Corporations, Review of Financial Studies 14 (2001)

Fuhrmann, L.; Simon, S. – Der Ausschluss von Minderheitsaktionären. Gestaltungsüberlegungen zur neuen Squeeze-out-Gesetzgebung, WM 2002

Gelter, Martin – „The Structure of Regulatory Competition in European Corporate Law", Journal of Corporate Law Studies, Vol. 5, S. 247-284, 2005 Verfügbar bei SSRN: http://ssrn.com/abstract=742045

Gesmann-Nuissl, Dagmar – Die neuen Sqeeze-out-Regeln im Aktiengesetz, in WM 2002, S.1205 ff.

Gilson, Roland J. – „Controlling Shareholders and Corporate Governance: Complicating the Comparative Taxonomy" (August 2005). ECGI – Law Working Paper No. 49/2005. Verfügbar bei SSRN: http://ssrn.com/abstract=784744

Groß, Wolfgang – Kapitalmarktrecht. Kommentar zum Börsengesetz, zur Börsenzulassungs- Verordnung, zum Wertpapierprospektgesetz und zum Wertpapierprospektgesetz, 3. Auflage, C.H.Beck, München 2006

Grundmann, Stefan – Europäisches Gesellschaftsrecht, Heidelberg 2004

Grünewald, Barbara – Gesellschaftsrecht, Tübingen, 2005

Grünewald, Barbara; Schlitt, Michael – Einführung in das Kapitalmarktrecht, München 2007

Grünwald, Alfons – Europäisches Gesellschaftsrecht, Wien 1999

Henn, Günter – Handbuch des Aktienrechts, Heidelberg 2002

Henze, Hartwig – Aktienrecht. Höchstrichterliche Rechtsprechung, RWS Verlag, Köln 2002

Hirschman, Albert O. – Abwanderung und Widerspruch. Reaktionen auf Leistungsabfall bei Unternehmungen, Organisationen und Staaten, Tübingen 1974

Hirte, Heribert – Bezugsrechtausschluss und Konzernbildung, Köln 1986

Hollington, Robin – Minority Shareholders' Rights, London 1999

Horbach, Matthias – Der Gewinnverzicht des Großaktionärs, AG 2/2001, S. 78 ff.

Hueck, Götz; Windbichler, C. – Gesellschaftsrecht, München 2008

Hüffer, Uwe – Aktiengesetz, Beck'sche Kurzkommentare Band 53, 7. Auflage, C.H.Beck, München 2006

Joffe, Victor – Minority Shareholders: Law, Practice and Procedure, Butterworths London 2001

Kalss, Susanne – Der Minderheitenschutz bei Gründung und Sitzverlegung der SE nach dem Diskussionsentwurf, ZGR 2003, S. 593 ff.

Klunzinger, Eugen – Grundzüge des Gesellschaftsrechts, München 2004

Kolb, Andreas – Unternehmensintegrität, Minderheitenrechte und Corporate Governance. Die Änderungen des Aktiengesetzes durch das UMAG und deren Auswirkungen, DZWIR 2006, Heft 2, S. 50 ff.

Kouloridas, A.; von Lackum, J. – Recent Developments of Corporate Governance in the European Union and their Impact on the German Legal System, 5 German Law Journal No. 10 (1 October 2004)

Kunz, Peter V. – Der Minderheitenschutz im Schweizerischen Aktienrecht, Bern 2001

Kübler, Friedrich – Gesellschaftsrecht, Heidelberg, 1998

La Porta, R.; Lopez de Silanes, F.; Shleifer, A. – „Corporate Ownership Around the World“ (August 1998), S. 1. Harvard Institute of Economic Research Paper No. 1840. Verfügbar bei SSRN: http://ssrn.com/abstract=103130

Martin, John D. – „Shareholder Value Maximization: Is There a Role for Corporate Social Responsibility?“ (September 2008). Verfügbar bei SSRN: http://ssrn.com/abstract=1259985

Martinek, Michael; Wimmer-Leonhardt, Susanne – Handels-, Gesellschafts- und Wertpapierrecht. 58 Fälle mit Lösungen, Heidelberg 2001

Martinek, Michael – Recent Developments in Corporate Finance in Europe – From Diversity to Convergence and Harmonization, Vortrag an der Universität Craiova in Mai 2007

Mestmäcker, Ernst-Joachim – Verwaltung, Konzerngewalt und Rechte der Aktionäre, Karlsruhe 1958

Meyer, Andreas – Änderungen im WpÜG durch die Umsetzung der EU-Übernahmerichtlinie, WM 24/2006, S. 1142 f.

–. – Aspekte einer Reform der Prospekthaftung – eine Würdigung der Verhandlungen des 64. Deutschen Juristentages – Teil I, WM 27/2003, S. 1306 ff.

Mock, Sebastian – Harmonization, Regulation and Legislative Competition in European Corporate Law, in German Law Journal, Vol. 3, No. 12 vom 1.12.2002

Moebert, Jechen; Tydecks, Patrick – Power and Ownership Structures among German Companies. A Network Analysis of Financial Linkages (21. Juni 2007), S. 3, abrufbar unter: http://www.bwl.tu-darmstadt.de/vwl/forsch/veroeff/papers/ddpie_179.pdf

Montalenti, Paolo – Persona giuridica, gruppi di società, corporate governance. Studi in tema di società per azioni, Padova 1999

Mooney Sirotinsky, Lelia – „On Corporate Citizenship“ (Juni 2004), S. 10 ff. Verfügbar bei SSRN: http://ssrn.com/abstract=556665

Mülbert, Peter – Konzeption des Europäischen Kapitalmarktsrechts für Wertpapierdienstleistungen, WM 2001

Noack, Ulrich – Die neue Unternehmenspublizität nach EHUG und TUG (The 2007 reform of the German disclosure system for company data: A one-stop-shop system in the making?), CBC-RPS No. 0027, verfügbar bei SSRN: http://ssrn.com/abstract=980289.

Noack, Ulrich; Zetzsche, Dirk A. – Corporate Governance Reform in Germany: The Second Decade, European Business Law Review Nr. 5/2005, S. 1050, verfügbar bei http://ssrn.com/abstract=646761

Nodoushani, Andreas – Die Treuepflicht der Aktionäre und ihrer Stimmrechtsvertreter, Baden-Baden 1997

Nowak, Eric – „Investor Protection and Capital Market Regulation in Germany“, in Jan Pieter Krahnen, Reinhard H. Schmidt (eds.), The German Financial System, Oxford University Press 2004, S. 425 ff.

Pfitzer, Norbert; Oser, Peter (Hrsg.) – Deutscher Corporate Governance Kodex. Ein Handbuch für Entscheidungsträger, Stuttgart 2005

Pistor, Katharina – Eigentumsreform mittels institutioneller Investoren. Eine rechtsökonomische Analyse der Massenprivatisierung in Russland und der Tschechischen Republik, Duncker & Humbolt Verlag, Berlin 2000 (zugl. Diss. München 1998)

Raiser, Thomas – Recht der Kapitalgesellschaften, 3. Auflage, München 2001

Reul, Jürgen – Die Pflicht zur Gleichbehandlung der Aktionäre bei privaten Kontrolltransaktionen, Tübingen 1991

Ringleb, Henrik-Michael; Kremer, Thomas; Lutter, Marcus; v. Werder, Axel – Kommentar zum Deutschen Corporate Governance Kodex: Kodex-Kommentar, München 2008

Roitzsch, Frank – Der Minderheitenschutz im Verbandsrecht, Diss. Tübingen 1980, Hanstein 1981

Romano, Roberta – The Advantage of Competitive Federalism for Securities Regulation (AEI Press, 2002)

–. – The Need for Competition in International Securities Regulation (July 2001), Yale ICF Working Paper No. 00-49; Yale Law & Economics Research Paper No. 258. Verfügbar bei SSRN: http://ssrn.com/abstract=278728

Rübsaamen, Hans-Dieter – Minderheitenrechte in einer konzernfreien Gesellschaft, Würzburg 1971

Rühland, Philipp – Der Ausschluss der Aktionäre aus der Aktiengesellschaft (Squeeze-out), Nomos Baden-Baden 2004

Sajdik, Martin; Schwarzinger, Michael – Die EU-Erweiterung. Hintergrund, Entwicklung, Fakten, Wien 2003

Schmidt, Dominique – Les droits de la minorité dans la société anonyme, Paris 1970

Schmidt, Dominique – Les conflits d'intérêt dans la société anonyme, Paris: Joly 1999

Schmidt, Karsten – Gesellschaftsrecht, Köln 2002

–. – Handelsrecht, Köln 1999

Schmidt-Aßmann, Eberhard – Der Schutz des Aktieneigentums durch Art. 14 GG, in: M. Brenner/P.M. Huber/M. Möstl (Hrsg.), Der Staat des Grundgesetzes – Kontinuität und Wandel. FS Badura, Tübingen 2004

Schön, Wolfgang – Das Bild des Gesellschafters im Europäischen Gesellschaftsrecht, RabelsZ 64/2000, S. 1 ff.

–. – Der Aktionär im Verfassungsrecht, in: FS Peter Ulmer, Berlin 2003

Sedatis, Lutz – Einführung in das Wertpapierrecht, Berlin 1988

Seibert, U.; Decker, D. – Das Gesetz über elektronische Handelsregister und Genossenschaftsregister sowie das Unternehmensregister (EHUG) – Der „Big Bang" im Recht der Unternehmenspublizität, Der Betrieb, Heft 45/2006

Seibt, Christoph H.; Heiser, Kristian J. – Analyse des Übernahmerichtlinie-Umsetzungsgesetzes (Regierungsentwurf), AG 9/2006, S. 301 ff.

Seuffert, Gabriel – Der Schutz des Aktieneigentums nach Art. 14 GG und seine Auswirkungen im Zusammenhang mit dem Ausschluss von Minderheitsaktionären gemäß §§ 327a ff. AktG, Würzburg 2006

Jürgen Sieger, Kai Hasselbach – Der Ausschluss von Minderheitsaktionären nach den neuen §§ 327a ff. AktG, in ZGR 2002

Siems, Matthias – Die Konvergenz der Rechtssysteme im Recht der Aktionäre. Ein Beitrag zur vergleichenden Corporate Governance in Zeiten der Globalisierung, Mohr Siebeck, Tübingen 2005

Stecher, Matthias W. (Hg.) – Protection of Minority Shareholders, AIJA Kluwer, London – The Hague – Boston 1997

Stelzig, Peter – Zur Treuepflicht des Aktionärs unter besonderer Berücksichtigung ihrer geschichtlichen Entwicklung, Münster 2000

Timm, Wolfram – Treuepflichten im Aktienrecht, in WM 12/1991

Vitols, Sigurt – Changes in Germany's Bank-Based Financial System: A Varieties of Capitalism Perspective, Discussion Paper SP II 2004 – 03, Wissenschaftszentrum Berlin, 2004

Vogel, Christian – Vom Anlegerschutz zum Verbraucherschutz. Informationspflichten im europäischen Kapitalmarkt-, Anlegerschutz- und Verbraucherschutzrecht, Baden-Baden 2005

Wand, Peter; Tillmann, Tobias – EU-Richtlinienvorschlag zur Erleichterung der Ausübung von Aktionärsrechten, AG 12/2006, S. 443 ff.

Wellenhofer-Klein, Marina – Treuepflichten im Handels-, Gesellschafts- und Arbeitsrecht. Eine Untersuchung zum deutschen, ausländischen und europäischen Recht, RabelsZ Bd. 64 (2000) S. 564 ff.

Wellkamp, Ludger – Vorstand, Aufsichtsrat und Aktionär, Bonn 2000

Wiedemann, Herbert – Minderheitenschutz und Aktienhandel. Eine rechtsvergleichende Studie zum amerikanischen und deutschen Gesellschaftsrecht, Ferdinand Enke Verlag, Stuttgart 1968

–. – Gesellschaftsrecht, Bd.1, München 1980

Worch, Karl-Heinz – Treuepflichten von Kapitalgesellschaftern untereinander und gegenüber der Gesellschaft, Frankfurt am Main 1983

Wymeersch, Eddy – Das Bezugsrecht der alten Aktionäre in der Europäischen Gemeinschaft: eine rechtsvergleichende Untersuchung, AG 8/1998, S. 389 f.

Zetzsche, Dirk – Aktionärsinformation in der börsennotierten Aktiengesellschaft, Carl Heymanns Verlag, Köln 2006

Zöllner, Wolfgang – Gerechtigkeit bei der Kapitalerhöhung, in Die AG 11/2002, S. 585 ff.

**** – OECD-Grundsätze der Corporate Governance 2004, verfügbar auf: http://www.oecd.org/dataoecd/57/19/32 159487.pdf

**** – White Paper on Corporate Governance in South East Europe, Juni 2003, verfügbar auf http://www.oecd.org/dataoecd/9/21/20490351.pdf

**Saarbrücker Studien zum Privat- und Wirtschaftsrecht**

Herausgeber:
Johann Paul Bauer, Michael Martinek und Helmut Rüßmann

Band 1 Susanne Jaschinski: Die Haftung von Schwestergesellschaften im GmbH-Unterordnungskonzern. Ein Beitrag zum Konzernverfassungsrecht. 1997.

Band 2 Roman Sascha Ahnert: Die *actio individualis*. Ein Beitrag zur verfassungsrechtlichen Fundierung der Aktionärsklage bei sogenannten Aktien-Interessenverbänden. 1997.

Band 3 Torsten Peters: Der Cateringvertrag. Rechtstatsachen, Rechtsnatur und Rechtsprobleme eines modernen Dienstleistungsvertrags. 1998.

Band 4 Michael Meissner: Persönlichkeitsschutz juristischer Personen im deutschen und US-amerikanischen Recht. Eine rechtsvergleichende Untersuchung des allgemeinen Persönlichkeitsrechts juristischer Personen. 1998.

Band 5 Thomas Tegen: Joint Venture-Vertrag und Projektträgergesellschaft im amerikanischen und deutschen Recht. 1998.

Band 6 Gerhard Wolter: Treuhandrecht im Umbruch? Ein Blick nach Frankreich, Luxemburg, in die Schweiz und in den Libanon sowie auf das Haager Trust-Übereinkommen. 1999.

Band 7 Thomas Dehlfing: Das Recht der irreführenden Werbung in Deutschland, Großbritannien und Frankreich. 1999.

Band 8 Hanno Dornseifer: Börsentermingeschäfte und Börsentermingeschäftsfähigkeit. Zur börsengesetzlichen Behandlung von finanzwirtschaftlichen Festgeschäften, Options- und Optionsscheingeschäften. 1999.

Band 9 Patrick Lenz: Absatzförderung durch *zinssubventionierte* Darlehen. Eine wettbewerbs- und kartellrechtliche Studie zur Zulässigkeit von Niedrigzins-Kreditangeboten unter besonderer Berücksichtigung des Automobilmarktes. 1999.

Band 10 Mansur Pour Rafsendjani: Der Goodwill-Ausgleichsanspruch des Franchisenehmers. Ein Vergleich des deutschen, französischen und US-amerikanischen Franchiserechts. 1999.

Band 11 Jörg Hartmann: Juristische und ökonomische Regelungsprobleme des Insiderhandels. Eine rechtsvergleichende Darstellung USA – Deutschland. 1999.

Band 12 David Altmeier: Rückstellungsbilanzierung in Deutschland und Frankreich. Eine vergleichende Untersuchung der französischen Rückstellungsbilanzierung aus der Perspektive des deutschen Bilanzrechts. 1999.

Band 13 Barbara Günther: Aktivische Bilanzierungshilfen im deutschen und französischen Bilanzrecht. 1999.

Band 14 Bernhard Glasow: Vertikale Preisbindung, Wettbewerbstheorie und Wettbewerbsrecht in den USA, Deutschland und Europa. Bestandsaufnahmen, Kritik und Zukunftsperspektiven. 2000.

Band 15 Dorota Nowak-James: Der Börsenzugang für Anleger in Deutschland und Polen. Eine rechtsvergleichende Untersuchung zum deutschen Finanzkommissionsgeschäft und zum polnischen Brokerauftragsvertrag. 2000.

Band 16 Mathias Queck: Der Nießbrauch am Anteil einer offenen Handelsgesellschaft. Eine Form der (un-)mittelbaren Unternehmensbeteiligung. 2000.

Band 17 Ina Roth: Umweltbezogene Unternehmenskommunikation im deutschen und europäischen Wettbewerbsrecht. 2000.

Band 18 Jörg Preiss: Die Anwendung des markenrechtlichen Erschöpfungsgrundsatzes auf Dienstleistungsmarken. 2000.

Band 19 Kevin M. McDonald: Der Begriff der Dienstleistung im europäischen Binnenmarkt und WTO-System (GATS). 2001.

Band 20 Carolin Opgenhoff: Die europäische Fusionskontrolle zwischen Wettbewerbsrecht und Industriepolitik. 2001.

Band 21 Susanne Schäfer: Die Deliktsfähigkeit juristischer Personen. Eine rechtsvergleichende Untersuchung zur Übertragbarkeit des englischen Modells. 2001.

Band 22 Kay Diedrich: Die Interventionswirkung – Ausprägung eines einheitlichen Konzepts zivilprozessualer Bindungswirkung. 2001.

Band 23 Michael Fröhlich: Zentrale Institutionen des deutschen Urheberrechts und des französischen Droit d'auteur auf dem Prüfstand der elektronischen Netzwerke. 2001.

Band 24 Joël Benjamin Münch: Abtretungsverbote im deutschen und französischen Recht. Rechtsvergleichende Untersuchung der Übertragungshindernisse im deutschen und französischen Forderungsverkehr als Beitrag zu einer weiteren Schuldrechtsvereinheitlichung in Europa. 2001.

Band 25 Monika Prieß: Der Begriff des Sachmangels im deutschen und englischen Kaufrecht. Reformbedarf aufgrund der Verbrauchsgüterkauf-Richtlinie 1999/44/EG. 2001.

Band 26 Katharina Siegel: Produkthaftung im polnischen, tschechischen und slowenischen Recht. 2001.

Band 27 Carolin Kühne: Die gesetzliche Form der Rechtsgeschäfte im deutschen und italienischen Recht. Eine rechtsvergleichende Untersuchung. 2002.

Band 28 Nina Scherf: Die Nachschußpflicht im Gesellschaftsrecht. Eine rechtsformübergreifende Bestandsaufnahme, Analyse und Kritik. 2002.

Band 29 Marc Laukemann: Fernsehwerbung im Programm. Die zunehmende Kommerzialisierung des Fernsehprogramms im Zeitalter einer Ökonomisierung der Aufmerksamkeit als verfassungs-, wettbewerbs- und rundfunkrechtliches Problem. 2002.

Band 30 Michael Bo Jaspers: Nachträgliche Rechtswahl im internationalen Schuldvertragsrecht. Unter besonderer Berücksichtigung der Rechtspraxis in England, Frankreich, Dänemark und Deutschland. 2002.

Band 31 Christina Pernice: Die Insolvenzverschleppung durch das Geschäftsführungsorgan der kleinen Kapitalgesellschaft im deutschen, französischen und englischen Recht. Eine rechtsvergleichende Untersuchung zur Entwicklung eines europäischen Lösungsansatzes. 2002.

Band 32 Anne Christine Janert: Der sachliche und persönliche Anwendungsbereich des deutschen Verbraucherkreditrechts und des britischen Consumer Credit Act 1974. Ein Beitrag zu den Möglichkeiten und Grenzen verbraucherrechtlicher Harmonisierung in Europa. 2002.

Band 33 Annette Trost: Faktische Sitzverlegung unter Sitz- und Gründungstheorie im Vergleich. Unter besonderer Berücksichtigung ihrer gesellschafts- und zivilrechtlichen Folgewirkungen. 2003.

Band 34 Esther Cordula Hilpert: Die Gründerhaftung in der Gesellschaft mit beschränkter Haftung in Deutschland, Frankreich und England. 2003.

Band 35 Wei-ming Liao: Die Schiedsgerichtsbarkeit in Taiwan. Unter besonderer Berücksichtigung der internationalen Handelsschiedsgerichtsbarkeit und mit Hinweisen zu der Entwicklung in Deutschland. 2003.

Band 36 Stefan Stork: Sitzverlegung von Kapitalgesellschaften in der Europäischen Union. Zur Reichweite der Niederlassungsfreiheit unter Berücksichtigung der positiven und der negativen Integration. 2003.

Band 37 Marc Pfeffer: Interbrand-Kartellverbot und Intrabrand-Vereinbarungen. Die Ablösung horizontaler und vertikaler Eingriffsmerkmale im GWB zu Gunsten einer Betrachtung produktexterner und -interner Wettbewerbsfaktoren. 2003.

Band 38 Nicole Burkardt: Der arbeitsrechtliche Aufhebungsvertrag. Einvernehmliche Beendigung von Arbeitsverhältnissen unter Berücksichtigung der Rechtslage nach der Schuldrechtsreform. 2004.

Band 39 Christian Schmeling: Die Entlastung von Mitgliedern geschäftsführender Organe im Recht der Kapitalgesellschaften. Eine rechtsvergleichende Studie zum deutschen, schweizerischen und französischen Recht. 2004.

Band 40 Andreas Wolf: Wege zur virtuellen Haupt- und Gesellschafterversammlung. Eine vergleichende Untersuchung über die Einbeziehung elektronischer Medien in die Hauptversammlung einer Aktiengesellschaft und die Gesellschafterversammlung einer GmbH. 2004.

Band 41 Bianca Natalie Baldus: Der elektronisch geschlossene Vertrag mit Schiedsabrede. Zulässigkeit und anwendbares Recht in nationalen und internationalen Schiedsverfahren. 2004.

Band 42 Vania Dilek: Der Wettbewerbsschutz in Bulgarien und in der Russischen Föderation während des Übergangs vom Dirigismus zur Privatautonomie. 2004.

Band 43 Rudolf Lenders: Treuhand am Gesellschaftsanteil. Die Einbindung des Treugebers in das gesellschaftsrechtliche Organisationsgefüge. 2004.

Band 44 Weizuo Chen: Rück- und Weiterverweisung (Renvoi) in staatsvertraglichen Kollisionsnormen. 2004.

Band 45 Stefan Hahn: Neue Ansätze im Anlegerschutz durch die Ad-hoc-Publizität des § 15 WpHG. 2004.

Band 46 Pietro Graf Fringuelli: Internet TV. Filmurheberrecht im Internet. 2004.

Band 47 Caspar Frhr. v. Schnurbein: Missbrauch von Minderheitsrechten im deutschen und italienischen Aktienrecht. 2005.

Band 48 David Kereselidze: Der allgemeine Teil des Georgischen Zivilgesetzbuches von 1997. Eine rechtsvergleichende Untersuchung. 2005.

Band 49 Miguel A. García Mateos: Das neue Recht der Namensaktie. Bestandsaufnahme, Analyse und Kritik. 2005.

Band 50 Christine Eckstein-Puhl: Prozessbetrug im Schiedsverfahren. Eine Studie zu den vom erschlichenen Schiedsspruch aufgeworfenen Fragen des Aufhebungsverfahrens gemäß § 1059 ZPO. 2005.

Band 51 Steffen Paulmann: Wirksamkeit von Haftungsausschlüssen und –begrenzungen im deutsch-französischen Warengeschäftsverkehr. Unter besonderer Berücksichtigung der UNIDROIT-Principles und der Principles of European Contract Law. 2005.

Band 52 Ina Krischek: Wirtschaftsmediation als alternatives Streitbeilegungsverfahren. Gerichtsverfahren, Schiedsverfahren und Mediation im Vergleich. 2005.

Band 53 Olaf Pick: Verkehrspflichten und Handlungsfreiheit des „Schädigers". 2005.

Band 54 Thomas Paul: Die Gesellschafterfähigkeit von Gesamthandsgemeinschaften. 2005.

Band 55 Dieter Friedrich Unger: Das Recht der Kapitalaufbringung und -erhaltung bei der Aktiengesellschaft im Rechtsvergleich Deutschland, Österreich und Schweiz. Eine Analyse des Kapitalsicherungsrechts in Deutschland, Österreich und der Schweiz. 2006.

Band 56 Nicole Schröder: Perspektiven der Europäisierung des GmbH-Rechts und der Europäischen Privatgesellschaft vor dem Hintergrund der Europäischen Aktiengesellschaft. 2007.

Band 57 Ivo du Mont: Die Kombination von Rücktritt und Schadensersatz im neuen Schuldrecht. Eine ökonomische und rechtsvergleichende Analyse am Beispiel des Kaufvertrags. 2007.

Band 58 Matthias Kühn: Umweltschutz durch Privatrecht. Eine Studie zur ökologischen Analyse der privatrechtlichen Schutzrechte und des Vertragsrechts in Deutschland und England. 2007.

Band 59 Komninos Komnios: Die elektronische Signatur im deutschen und griechischen Recht. 2007.

Band 60 Matthias Kühl: Die Gewinnzusage nach § 661a BGB. Dogmatische Einordnung und rechtsvergleichende Untersuchung. 2007.

Band 61 Barbara Jeanne Attinger: Der Mittelpunkt der hauptsächlichen Interessen nach der EuInsVO – erfolgreiches Konzept oder Quelle der Rechtsunsicherheit? Eine Auseinandersetzung mit dem Zuständigkeitskriterium der Europäischen Insolvenzverordnung unter Heranziehung der Erkenntnisse der ökonomischen Analyse des Rechts. 2008.

Band 62 Dorothee Stober: Der deutsch-schweizerische Erbfall. Eine rechtsvergleichende und international-privatrechtliche Analyse. 2009.

Band 63 Daniel Marc Protz: Das zivilrechtliche Anforderungsprofil mezzaniner Strukturen der Unternehmensfinanzierung. 2009.

Band 64 Manuela Schäfer: Die Verträge zur Durchführung des Schiedsverfahrens. Analyse und Vergleich zweier Lösungsmodelle am Beispiel des deutschen und US-amerikanischen Rechtsraums. 2010.

Band 65 Ionut Raduletu: Der Schutz von Minderheitsaktionären nach rumänischem und deutschem Aktienrecht unter Berücksichtigung des EU-Acquis. 2010.

Band 66 Christoph Thomas Koehler: Lastschriftverfahren in der Insolvenz des Schuldners. Im Lichte der neuen BGH-Rechtsprechung. 2010.

www.peterlang.de